浙江改革开放四十年研究系列

乡村发展
浙江的探索与实践

陈野 等 ◎ 著

中国社会科学出版社

图书在版编目（CIP）数据

乡村发展：浙江的探索与实践/陈野等著 .—北京：中国社会科学出版社，2018.10

（浙江改革开放四十年研究系列）

ISBN 978 - 7 - 5203 - 3349 - 8

Ⅰ.①乡… Ⅱ.①陈… Ⅲ.①农村—社会主义建设—研究—浙江 Ⅳ.①F327.55

中国版本图书馆 CIP 数据核字（2018）第 237561 号

出 版 人	赵剑英
责任编辑	王莎莎
责任校对	闫 萃
责任印制	王 超

出　　版	中国社会科学出版社
社　　址	北京鼓楼西大街甲 158 号
邮　　编	100720
网　　址	http://www.csspw.cn
发 行 部	010 - 84083685
门 市 部	010 - 84029450
经　　销	新华书店及其他书店
印刷装订	北京君升印刷有限公司
版　　次	2018 年 10 月第 1 版
印　　次	2018 年 10 月第 1 次印刷
开　　本	710×1000　1/16
印　　张	23.5
字　　数	349 千字
定　　价	98.00 元

凡购买中国社会科学出版社图书，如有质量问题请与本社营销中心联系调换
电话：010 - 84083683
版权所有　侵权必究

浙江省文化研究工程指导委员会

主　任： 车　俊

副主任： 葛慧君　郑栅洁　陈金彪　周江勇
　　　　　成岳冲　陈伟俊　邹晓东

成　员： 胡庆国　吴伟平　蔡晓春　来颖杰
　　　　　徐明华　焦旭祥　郭华巍　徐宇宁
　　　　　鲁　俊　褚子育　寿剑刚　盛世豪
　　　　　蒋承勇　张伟斌　鲍洪俊　许　江
　　　　　蔡袁强　蒋国俊　马晓晖　张　兵
　　　　　马卫光　陈　龙　徐文光　俞东来
　　　　　陈奕君　胡海峰

浙江文化研究工程成果文库总序

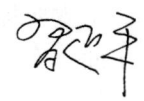

  有人将文化比作一条来自老祖宗而又流向未来的河，这是说文化的传统，通过纵向传承和横向传递，生生不息地影响和引领着人们的生存与发展；有人说文化是人类的思想、智慧、信仰、情感和生活的载体、方式和方法，这是将文化作为人们代代相传的生活方式的整体。我们说，文化为群体生活提供规范、方式与环境，文化通过传承为社会进步发挥基础作用，文化会促进或制约经济乃至整个社会的发展。文化的力量，已经深深熔铸在民族的生命力、创造力和凝聚力之中。

  在人类文化演化的进程中，各种文化都在其内部生成众多的元素、层次与类型，由此决定了文化的多样性与复杂性。

  中国文化的博大精深，来源于其内部生成的多姿多彩；中国文化的历久弥新，取决于其变迁过程中各种元素、层次、类型在内容和结构上通过碰撞、解构、融合而产生的革故鼎新的强大动力。

  中国土地广袤、疆域辽阔，不同区域间因自然环境、经济环境、社会环境等诸多方面的差异，建构了不同的区域文化。区域文化如同百川归海，共同汇聚成中国文化的大传统，这种大传统如同春风化雨，渗透于各种区域文化之中。在这个过程中，区域文化如同清溪山泉潺潺不息，在中国文化的共同价值取向下，以自己的独特个性支撑着、引领着本地经济社会的发展。

  从区域文化入手，对一地文化的历史与现状展开全面、系统、扎实、有序的研究，一方面可以藉此梳理和弘扬当地的历史传统和文化资源，繁荣和丰富当代的先进文化建设活动，规划和指导未来的文化发展蓝图，增强文化软实力，为全面建设小康社会、加快推进社会主义现代化提供思想保证、精神动力、智力支持和舆论力量；另一方面，这也是深入了解中国文化、研究中国文化、发展中国文化、创新中国文化的重要途径之一。如今，区域文化研究日益受到各地重视，成为我国文化研究走向深入的一个重要标志。我们今天实施浙江文化研究工程，其目的和意义也在于此。

千百年来，浙江人民积淀和传承了一个底蕴深厚的文化传统。这种文化传统的独特性，正在于它令人惊叹的富于创造力的智慧和力量。

浙江文化中富于创造力的基因，早早地出现在其历史的源头。在浙江新石器时代最为著名的跨湖桥、河姆渡、马家浜和良渚的考古文化中，浙江先民们都以不同凡响的作为，在中华民族的文明之源留下了创造和进步的印记。

浙江人民在与时俱进的历史轨迹上一路走来，秉承富于创造力的文化传统，这深深地融汇在一代代浙江人民的血液中，体现在浙江人民的行为上，也在浙江历史上众多杰出人物身上得到充分展示。从大禹的因势利导、敬业治水，到勾践的卧薪尝胆、励精图治；从钱氏的保境安民、纳土归宋，到胡则的为官一任、造福一方；从岳飞、于谦的精忠报国、清白一生，到方孝孺、张苍水的刚正不阿、以身殉国；从沈括的博学多识、精研深究，到竺可桢的科学救国、求是一生；无论是陈亮、叶适的经世致用，还是黄宗羲的工商皆本；无论是王充、王阳明的批判、自觉，还是龚自珍、蔡元培的开明、开放，等等，都展示了浙江深厚的文化底蕴，凝聚了浙江人民求真务实的创造精神。

代代相传的文化创造的作为和精神，从观念、态度、行为方式和价值取向上，孕育、形成和发展了渊源有自的浙江地域文化传统和与时俱进的浙江文化精神，她滋育着浙江的生命力、催生着浙江的凝聚力、激发着浙江的创造力、培植着浙江的竞争力，激励着浙江人民永不自满、永不停息，在各个不同的历史时期不断地超越自我、创业奋进。

悠久深厚、意韵丰富的浙江文化传统，是历史赐予我们的宝贵财富，也是我们开拓未来的丰富资源和不竭动力。党的十六大以来推进浙江新发展的实践，使我们越来越深刻地认识到，与国家实施改革开放大政方针相伴随的浙江经济社会持续快速健康发展的深层原因，就在于浙江深厚的文化底蕴和文化传统与当今时代精神的有机结合，就在于发展先进生产力与发展先进文化的有机结合。今后一个时期浙江能否在全面建设小康社会、加快社会主义现代化建设进程中继续走在前列，很大程度上取决于我们对文化力量的深刻认识、对发展先进文化的高度自觉和对加快建设文化大省的工作力度。我们应该看到，文化的力量最终可以转化为物质的力量，文化的软实力最终可以转化为经济的硬实力。文化要素是综合竞争力的核心要素，文化资源是经济社会发展的重要资源，文化素质是领导者和劳动者的首要素质。因此，研究浙江文化的历史与现状，增强文化软实力，为浙江的现代化建设服务，是浙江人民的共同事业，也是浙江各级党委、政府的重要使命和责任。

2005年7月召开的中共浙江省委十一届八次全会，作出《关于加快建设文化大省的决定》，提出要从增强先进文化凝聚力、解放和发展生产力、增强社会公共服务能力入手，大力实施文明素质工程、文化精品工程、文化研究工程、文化保护工程、文化产业促进工程、文化阵地工程、文化传播工程、文化人才工程等"八项工程"，实施科教兴国和人才强国战略，加快建设教育、科技、卫生、体育等"四个强省"。作为文化建设"八项工程"之一的文化研究工程，其任务就是系统研究浙江文化的历史成就和当代发展，深入挖掘浙江文化底蕴、研究浙江现象、总结浙江经验、指导浙江未来的发展。

浙江文化研究工程将重点研究"今、古、人、文"四个方面，即围绕浙江当代发展问题研究、浙江历史文化专题研究、浙江名人研究、浙江历史文献整理四大板块，开展系统研究，出版系列丛书。在研究内容上，深入挖掘浙江文化底蕴，系统梳理和分析浙江历史文化的内部结构、变化规律和地域特色，坚持和发展浙江精神；研究浙江文化与其他地域文化的异同，厘清浙江文化在中国文化中的地位和相互影响的关系；围绕浙江生动的当代实践，深入解读浙江现象，总结浙江经验，指导浙江发展。在研究力量上，通过课题组织、出版资助、重点研究基地建设、加强省内外大院名校合作、整合各地各部门力量等途径，形成上下联动、学界互动的整体合力。在成果运用上，注重研究成果的学术价值和应用价值，充分发挥其认识世界、传承文明、创新理论、咨政育人、服务社会的重要作用。

我们希望通过实施浙江文化研究工程，努力用浙江历史教育浙江人民、用浙江文化熏陶浙江人民、用浙江精神鼓舞浙江人民、用浙江经验引领浙江人民，进一步激发浙江人民的无穷智慧和伟大创造能力，推动浙江实现又快又好发展。

今天，我们踏着来自历史的河流，受着一方百姓的期许，理应负起使命，至诚奉献，让我们的文化绵延不绝，让我们的创造生生不息。

2006 年 5 月 30 日于杭州

浙江文化研究工程（第二期）序

车俊

  文化是一个国家、一个民族的灵魂。文化兴国运兴，文化强民族强。没有高度的文化自信，没有文化的繁荣昌盛，就没有中华民族伟大复兴。文化研究肩负着继承文化传统、推动文化创新、激发文化自觉、增强文化自信的历史重任和时代担当。

  浙江是中华文明的重要发祥地，文源深、文脉广、文气足。悠久深厚、意蕴丰富的浙江文化传统，是浙江改革发展最充沛的养分、最深沉的力量。2003年，时任浙江省委书记的习近平同志作出了"八八战略"重大决策部署，明确提出要"进一步发挥浙江的人文优势，积极推进科教兴省、人才强省，加快建设文化大省"。2005年，作为落实"八八战略"的重要举措，习近平同志亲自谋划实施浙江文化研究工程，并亲自担任指导委员会主任，提出要通过实施这一工程，用浙江历史教育浙江人民、用浙江文化熏陶浙江人民、用浙江精神鼓舞浙江人民、用浙江经验引领浙江人民。

  12年来，历届省委坚持一张蓝图绘到底，一年接着一年干，持续深入推进浙江文化研究工程的实施。全省哲学社会科学工作者积极响应、踊跃参与，将毕生所学倾注于一功，为工程的顺利实施提供了强大智力支持。经过这些年的艰苦努力和不断积淀，第一期"浙江文化研究工程"圆满完成了规划任务。通过实施第一期"浙江文化研究工程"，一大批优秀学术研究成果涌现出来，一大批优秀哲学社会科学人才成长起来，我省哲学社会科学研究水平站上了新高度，这不仅为优秀传统文化创造性转化、创新性发展作出了浙江探索，也为加快构建中国特色哲学社会科学提供了浙江素材。可以说，浙江文化研究工程，已经成为浙江文化大省、文化强省建设的有力抓手，成为浙江社会主义文化建设的一块"金字招牌"。

新时代，历史变化如此深刻，社会进步如此巨大，精神世界如此活跃，文化建设正当其时，文化研究正当其势。党的十九大深刻阐明了新时代中国特色社会主义文化发展的一系列重大问题，并对坚定文化自信、推动社会主义文化繁荣兴盛作出了全面部署。浙江省第十四次党代会也明确提出"在提升文化软实力上更进一步、更快一步，努力建设文化浙江"。在承接第一期成果的基础上，实施新一期浙江文化研究工程，是坚定不移沿着"八八战略"指引的路子走下去的具体行动，是推动新时代中国特色社会主义文化繁荣兴盛的重大举措，也是建设文化浙江的必然要求。新一期浙江文化研究工程将延续"今、古、人、文"的主题框架，通过突出当代发展研究、历史文化研究、"浙学"文化阐述三方面内容，努力把浙江历史讲得更动听、把浙江文化讲得更精彩、把浙江精神讲得更深刻、把浙江经验讲得更透彻。

新一期工程将进一步传承优秀文化，弘扬时代价值，提炼浙江文化的优秀基因和核心价值，推动优秀传统文化基因和思想融入经济社会发展之中，推动文化软实力转化为发展硬实力。

新一期工程将进一步整理文献典籍，发掘学术思想，继续对浙江文献典籍和学术思想进行系统梳理，对濒临失传的珍贵文献和经典著述进行抢救性发掘和系统整理，对历代有突出影响的文化名家进行深入研究，帮助人们加深对中华思想文化宝库的认识。

新一期工程将进一步注重成果运用，突出咨政功能，深入阐释红船精神、浙江精神，积极提炼浙江文化中的治理智慧和思想，为浙江改革发展提供学理支持。

新一期工程将进一步淬炼"浙学"品牌，完善学科体系，不断推出富有主体性、原创性的研究成果，切实提高浙江学术的影响力和话语权。

文化河流奔腾不息，文化研究逐浪前行。我们相信，浙江文化研究工程的深入实施，必将进一步满足浙江人民的精神文化需求，滋养浙江人民的精神家园，夯实浙江人民文化自信和文化自觉的根基，激励浙江人民坚定不移沿着习近平总书记指引的路子走下去，为高水平全面建成小康社会、高水平推进社会主义现代化建设凝聚起强大精神力量。

目　录

导论　有关乡村现代化发展的理论分析 …………………………（1）
　　第一节　先进思想引领浙江乡村发展 ………………………（2）
　　第二节　走向现代化的两次地位跃迁 ………………………（16）
　　第三节　建设兴旺和美、自信开放的现代村社共同体 ………（28）
　　第四节　为乡村走向现代化贡献中国智慧与经验 …………（54）

第一章　改革开放40年乡村发展的基本轨迹 ……………………（59）
　　第一节　回望1978：基础与困境 ……………………………（59）
　　第二节　实行家庭联产承包责任制,建立农村基本经营
　　　　　　制度 …………………………………………………（65）
　　第三节　乡镇企业"异军突起",乡村工业化、城镇化
　　　　　　加快 …………………………………………………（68）
　　第四节　深化农村改革,市场经济体制在乡村全面建立 …（72）
　　第五节　由统筹城乡发展到推进城乡融合发展 ……………（80）
　　第六节　不断深化农村改革,释放乡村发展内生动力 ……（84）
　　第七节　从村庄整治入手,建设生态宜居宜游的美丽
　　　　　　乡村 …………………………………………………（88）

第二章　全域覆盖、日臻完善的浙江乡村基础设施建设 ………（91）
　　第一节　乡村基础设施建设：从民间自发到城乡统筹 ……（92）
　　第二节　乡村基础设施建设全面加强 ………………………（98）
　　第三节　乡村基础设施建设的做法和经验 …………………（105）

　　　　第四节　乡村基础设施建设新空间 …………………………（112）

第三章　多措并举、标本兼治的浙江乡村环境整治 ……………（117）
　　　　第一节　乡村环境问题的产生和影响 ………………………（117）
　　　　第二节　实施"千万工程"，建设"美丽乡村" ………………（125）
　　　　第三节　发展生态循环农业，改善乡村生态环境 ……………（135）
　　　　第四节　乡村环境整治新空间 ………………………………（142）

第四章　市场导向、农民主体的浙江乡村经济发展 ……………（147）
　　　　第一节　乡村经济蓬勃发展 …………………………………（147）
　　　　第二节　建设产业兴旺的富裕乡村 …………………………（158）
　　　　第三节　不断壮大村级集体经济　实现村民共富共享 ……（167）
　　　　第四节　培育新型农业经营主体 ……………………………（172）
　　　　第五节　乡村经济发展新空间 ………………………………（178）

第五章　三治合一、推进协商的浙江乡村基层治理 ……………（182）
　　　　第一节　乡村治理体系不断完善 ……………………………（182）
　　　　第二节　乡村治理实践不断创新 ……………………………（189）
　　　　第三节　乡村治理经验不断丰富 ……………………………（203）
　　　　第四节　乡村基层治理新空间 ………………………………（210）

第六章　以人为本、重在铸魂的浙江乡村文化复兴 ……………（223）
　　　　第一节　以人为本：40年浙江文化建设之魂 ………………（223）
　　　　第二节　礼堂与最美：浙江农民的精神家园 ………………（235）
　　　　第三节　合力与传承：浙江乡村文化建设经验 ……………（243）
　　　　第四节　乡村文化建设新空间 ………………………………（256）

第七章　城乡一体、普惠共享的浙江乡村公共服务
　　　　　　体系建构 ………………………………………………（261）
　　　　第一节　走向融合共享：乡村公共服务体系建设之路 ……（261）
　　　　第二节　乡村公共服务体系建设为乡村振兴筑基铺路 ……（276）

第三节　乡村公共服务体系建设的浙江经验…………………（294）
　　第四节　乡村公共服务建设新空间………………………………（303）

第八章　浙江乡村发展实践的价值启迪……………………………（310）
　　第一节　乡村建设中国实践的重要前提与基础…………………（310）
　　第二节　对解决乡村发展动力问题的启迪………………………（317）
　　第三节　对解决乡村人居环境问题的启迪………………………（322）
　　第四节　对解决乡村社会治理问题的启迪………………………（325）
　　第五节　对解决城乡关系时代困境的启迪………………………（328）
　　第六节　对解决乡村文化价值整合问题的启迪…………………（334）

参考文献………………………………………………………………（342）

后　记…………………………………………………………………（358）

导论　有关乡村现代化发展的理论分析

回溯中国乡村自1840年中国社会开启现代转型以来所走过的历程，其兴衰起伏的命运轨迹，可谓千回百转，曲折萦纡。数辈乡民身居不同时代，应对多重挑战，于颠沛流离间求生存，于故土倾颓中建家园，于阳光雨露中获新生，守望相助，躬耕桑麻，载沉载浮，悲欢交加，以吃苦耐劳、隐忍柔韧、顽强进取的品格精神，维系了村庄的百年命脉和厚重历史。其曲折艰难的现代化进程，与一个东方大帝国的现代化追求始终相伴随，步履艰难而又波澜壮阔；其意蕴之丰沛，与中国生活、中国社会和中国文化深切相连。

1978年改革开放以来的40年，是人类历史上发展中国家走向现代化的奇迹，是全体中国人民在中国共产党领导下众志成城、砥砺奋进书写的国家和民族发展的壮丽史诗。40年改革开放的成果足以彪炳史册，40年改革开放也为实现中华民族伟大复兴的"中国梦"奠定了坚实的物质基础与精神财富。40年间，浙江乡村大地发生了翻天覆地的变化，乡村的经济体制改革不断得以深化，农民创生创业的内生动力得到充分释放，城乡关系持续有效调整，村庄人居环境日益得到改善，产业经济向着生态文明转型升级，基层社会治理走向"三治合一"，乡风文明守正出新，公共服务补齐短板。2017年，浙江农村常住居民人均可支配收入24956元，比上年增长9.1%，连续33年位居全国各省（区）第一，城乡居民收入比缩小为2.054∶1，是全国城乡收入差距最小的省份。浙江的乡村发展经历，是全国乡村共同历程的缩影；浙江的乡村建设成就，以其干在实处、走在前列、勇立潮头的先行先试，可为中国乡村的现代化发展提供分析参照的经验。

我们今天站在改革开放 40 年的节点上，回顾、记述浙江乡村建设的历程和成就，是一种基于历史维度的审视研析。然而，在我们的理解中，这种历史维度并非只是单纯地回望以往岁月，而是过去、现在和未来的整体统一。它既体现在回望文明积淀的已逝空间、立足借古鉴今的当下本位，也体现在"后之视今，尤今之视昔"的前瞻视角、继往开来的预判擘画。因此，我们在此导论所作的有关乡村现代化发展的历史性审视和理论分析，既来自乡村命运的历史轨迹、乡村民众的当代际遇，更相关于中国乡村现代化发展道路的未来走向，国家强大和中华民族伟大复兴的未来愿景。

第一节　先进思想引领浙江乡村发展

始于 1978 年的改革开放，从乡村起步。历经 40 年而至今日，围绕乡村的改革与发展再一次成为中国特色社会主义进入新时代的关键战略。习近平新时代中国特色社会主义思想是团结带领全国人民奋力实现"两个一百年"奋斗目标，谱写中国特色社会主义伟大新篇章的时代最强音，也是不断深化改革、实施乡村振兴战略的"冲锋号"。千帆逐春潮、奋进新时代。由习近平新时代中国特色社会主义思想所擘画的乡村振兴美好图景，传递了中国共产党解决发展不平衡、不充分问题的决心，也让世界看到了发展中国家乡村走向现代化的中国智慧和经验。

习近平同志在河北、福建等地工作和主政浙江期间，积累了丰富的乡村工作经验，作出了深刻的理论探索和思考；他于党的十八大以来发表的系列重要讲话中，有丰富的关于乡村建设工作的科学论述；在党的十九大上，提出了乡村振兴战略。习近平新时代中国特色社会主义思想，既是浙江取得乡村建设重大成就的思想指引，也是当下实施乡村振兴战略的行动纲领。

一　站在全局与战略高度引领乡村建设方向

党的十九大报告提出，中国特色社会主义进入新时代，我国社会主要矛盾已经转化为人民日益增长的美好生活需要和不平衡不充分的发展之间的矛盾。乡村振兴战略关系到是否能从根本上解决城乡差别和乡村发展不平衡、不充分的问题，也关系到建成富强民主文明和谐美丽的社会主义现代化强国目标是否能真正实现。因此，乡村振兴战略不仅是与科教兴国战略、人才强国战略、创新驱动发展战略、区域协调发展战略、可持续发展战略、军民融合发展战略并列的党和国家未来发展的"七大战略"之一，也是习近平新时代中国特色社会主义思想对于乡村发展具有前瞻性、全局性和战略性的理论判断。

从全局性和战略性高度思考乡村发展问题是习近平同志的一贯风格。在地方工作积累的关于农业农村工作的丰富一手经验，不仅让习近平同志不拘泥于理论教条，而且能将视野放到更加博大深远的城乡关系与产业结构上，从人类历史发展规律中寻找解决农业乡村现代化问题的破解之法，深刻地认识到乡村建设关系到我国现代化的顺利推进和坚持走和平发展之路、实现民族伟大复兴的战略目标："建设社会主义新农村绝不仅仅是为了农业、农村发展和农民富裕，而是关系到国家长治久安和民族伟大复兴的重大战略部署。"[1]

早在1984年在河北正定工作时，习近平同志就强调"搞经济，搞大农业，都需要多一些战略眼光，从时间上看得远一些，从空间上看得宽一些"[2]。在深入调研基础上，以系统思维和战略眼光对乡村经济的功能定位和发展路径进行科学谋划，提出正定县"要积极研究探索发展'半城郊型'经济的新路子"。1984年正定全县经济实现了"九翻""十超"，工农业总产值、农民人均收入等九项指标比1980年翻一番，粮食总产、社会商品零售总额等十项指标超历史。[3]

在福建省委工作期间，习近平同志进一步将推动区域协调发展的理念应用在促进省域内以及东西部省份之间发达地区与欠发达地区的对口合作上。习近平同志亲力亲为推动山海协作，建立福建全省山海

---

[1] 习近平：《干在实处　走在前列——推进浙江新发展的思考与实践》，中共中央党校出版社2006年版，第172页。
[2] 中央农村工作领导小组办公室、河北省省委省政府农村工作办公室：《习近平总书记"三农"思想在正定的形成与实践》，《人民日报》2018年1月18日第1版。
[3] 同上。

协作对口帮扶制度,并强调"沿海和山区都要树立全省'一盘棋'的思想",提出"山区和沿海地区都要充分发挥自身优势,找准经济发展的着力点和突破点,依靠自身的力量,抢抓发展机遇,加速发展自己","形成互帮互补、互促共进的经济发展新格局"①。在闽宁对口扶贫工作上,他提出"东西合作,优势互补,长期合作,共同发展"的战略构想至今仍对全国东西扶贫协作发挥着重要指导意义。②

习近平同志主政浙江期间,一直将乡村发展与党和国家的发展紧密相连。他放眼1949年以来我国乡村发展的历史,在把握历史发展的规律中研判乡村发展大势:"农民占绝大多数是中国的基本国情,工农联盟是党执政的政治基础,农业是安天下、稳民心的基础产业,'三农'问题始终与我们党和国家的事业休戚相关。"他从全面建设小康社会的目标要求指出,"没有农民的小康就没有全国人民的小康。农村是全面建设小康社会的重中之重、难中之难、急中之急"。他高度重视城乡统筹发展,将之列入"八八战略"的举措之一。2005年1月,中共浙江省委、省政府在总结浙江实践基础上率先在全国制定实施了《浙江省统筹城乡发展推进城乡一体化纲要》,明确了全省统筹城乡发展的目标、六大任务和七项举措。在全省农村工作会议上作出"浙江已全面进入以工促农、以城带乡的新阶段"的重要判断,强调"要切实做到执政为民重'三农'、以人为本谋'三农'、统筹城乡兴'三农'、改革开放促'三农'、求真务实抓'三农'"③,直接推动了浙江省强农、惠农、富农政策体系和城乡一体化制度框架的构建和完善,使浙江城乡发展一体化步伐走在了全国前列。

党的十八大以来,习近平总书记从全面建成小康社会和实现"两个一百年"奋斗目标出发,一再强调"中国要强,农业必须强;中国要美,农村必须美;中国要富,农民必须富"④。坚持把解决好

---

① 中央农村工作领导小组办公室、福建省委农村工作领导小组办公室:《习近平总书记"三农"思想在福建的探索与实践》,《人民日报》2018年1月19日第1版。
② 同上。
③ 中央农村工作领导小组办公室、浙江省农业和农村工作办公室:《习近平总书记"三农"思想在浙江的形成与实践》,《人民日报》2018年1月21日第1版。
④ 《中央农村工作会议在北京举行》,《人民日报》2013年12月25日第1版。

"三农"问题作为全党工作的重中之重，加大推进新形势下农村改革力度，加强城乡统筹，全面落实强农惠农富农政策，促进农业基础稳固、农村和谐稳定、农民安居乐业。[①] 党的十八大报告将"推动城乡发展一体化"专门列出一条，并明确指出城乡发展一体化是解决"三农"问题的根本途径。2015年4月30日，习近平在中共中央政治局第二十二次集体学习时强调："要把工业和农业、城市和乡村作为一个整体统筹谋划，促进城乡在规划布局、要素配置、产业发展、公共服务、生态保护等方面相互融合和共同发展。着力点是通过建立城乡融合的体制机制，形成以工促农、以城带乡、工农互惠、城乡一体的新型工农城乡关系，目标是逐步实现城乡居民基本权益平等化、城乡公共服务均等化、城乡居民收入均衡化、城乡要素配置合理化，以及城乡产业发展融合化。"[②]

数十年来，习近平同志站在全局与战略高度，对具有中国特色的社会主义乡村现代化建设事业深入思考、理性研判、扎实推进，以高远站位、宏观视野将乡村建设放在工作的重中之重，从党和国家事业发展的高度持之以恒地积极推进乡村发展。党的十九大报告明确提出要大力实施乡村振兴战略，是与新时代推进中国特色社会主义事业的战略目标紧密联系的重大举措，开拓出乡村发展的新方略与新格局。

二 以整体思考和总体布局推动乡村全面发展

党的十九大对于实施乡村振兴战略提出"产业兴旺、生态宜居、乡风文明、治理有效、生活富裕"的总要求。在《中共中央国务院关于实施乡村振兴战略的意见》中，进一步明确"紧紧围绕统筹推进'五位一体'总体布局和协调推进'四个全面'战略布局"，"建立健全城乡融合发展体制机制和政策体系，统筹推进农村经济建设、

[①] 《坚持把解决好"三农"问题作为全党工作重中之重》，《南方日报》2016年4月29日第F02版。
[②] 《习近平：健全城乡发展一体化体制机制　让广大农民共享改革发展成果》，2015年5月1日，新华网（http://www.xinhuanet.com/2015-05/01/c_1115153876.htm）。

政治建设、文化建设、社会建设、生态文明建设和党的建设"①。

以高屋建瓴的整体思维和经济、政治、文化、社会、生态总体布局全面推进工作，是习近平同志理论思考和工作实践中的一个非常鲜明的特点。实施乡村振兴战略20字总要求，是习近平同志"五位一体"总体布局在"三农"领域的具体体现，是他乡村建设思想一以贯之的核心内涵。主政浙江期间，习近平同志就指出："建设社会主义新农村是一个全面的目标，绝不单纯是搞新村建设，而是包含了农村经济建设、政治建设、文化建设、社会建设和党的建设，具有鲜明的时代特征。"②"从浙江来讲，就是要通过推动产业新发展、建设新社区、培育新农民、树立新风尚、构建新体制，全面推进社会主义新农村建设，达到'三改一化'的目标，即把传统农业改造建设成为具有持久市场竞争力和能持续致富农民的高效生态农业；把传统村落改造建设成为让农民也能过上现代文明生活的农村新社区；把传统农民改造培育成为能适应分工分业发展要求的有文化、懂技术、会经营、高素质的新型农民，形成城乡互促、共同繁荣的城乡一体化发展新格局。"③

浙江2003年实施的"千村示范，万村整治"工程④，从其工作内容来看，是一项以农民反映最强烈的环境脏乱差问题作为突破口、以万里清水河道建设为推动、开展以"垃圾处理、污水治理、卫生改厕、村道硬化、村庄绿化"为重点的乡村环境综合整治工程。但是，习近平同志亲自部署、亲自实施这项工程的深刻意蕴，却并不止于此，而是具有更为宏大的战略目标："千万工程就是要以建设全面体现小康水准的社会主义新农村为目标，以农村新社区建设为重点，以村庄的整理和整治建设为切入点，充分发挥政府的主导作用，统筹城

---

① 《中共中央国务院关于实施乡村振兴战略的意见》，《人民日报》2018年2月5日第1版。
② 习近平：《干在实处　走在前列——推进浙江新发展的思考与实践》，中共中央党校出版社2006年版，第168页。
③ 同上书，第169页。
④ "千村示范，万村整治"工程作为浙江近15年来乡村建设的重要战略，对浙江乡村发展的各个方面都产生了深远影响，本书多章均有述及。为使行文方便，除文件等的原文引用外，以下简称"千万工程"。

乡生产力和人口布局，科学规划城乡基础设施、公共服务和居民社区建设，推动社会公共资源向农村倾斜、城市公共设施向农村延伸、城市公共服务向农村覆盖、城市文明向农村辐射，促进乡镇企业向工业园区集中、农村人口向城镇集中、农民居住向农村新社区集中、农田经营向农业专业大户集中，把传统村落整治建设成为规划科学、经济发达、文化繁荣、环境优美、服务健全、管理民主、社会和谐、生活富裕的农村新社区。"①

事实证明，"千万工程"的实施，确实达到了环环相扣、步步推进的多重实践成果：一是加快了农村新社区建设，改善了农村生产生活条件、提高了农民生活质量，促进了生活方式的转变和文明素质的提高，在农村全面小康建设中发挥了基础工程的作用。二是增强了统筹城乡发展中的规划意识，加快基础设施建设和社会事业发展，促进了公共财政和公共服务向农村覆盖，在加快推进城乡一体化中发挥了龙头工程的作用。三是推进了生态建设，发展了特色经济，既保护了绿水青山，又带来了金山银山，使越来越多的村庄成了绿色生态富民家园，形成经济生态化、生态经济化的良性循环，在促进人与自然的和谐中发挥了生态工程的作用。四是形成了合力共建美好家园的氛围，加快了政府职能和机关作风转变，推动党委、政府各部门的职能工作向农村延伸，促进了党群干群关系改善和基层组织建设，在推动为民办实事长效机制建立中发挥民心工程的作用。②

这种整体思考和总体布局的思维方式和工作方式，体现了习近平同志视野宏观、格局博大、谋略深远的理论品质，成为浙江乡村建设的思想引领，并据此部署了种种科学领先的实施举措，取得了成效卓著的建设成就。《中共中央　国务院关于实施乡村振兴战略的意见》要求在乡村振兴战略实施中，要坚持乡村全面振兴，"准确把握乡村振兴的科学内涵，挖掘乡村多种功能和价值，统筹谋划农村

---

① 习近平：《深入实施"千村示范、万村整治"工程　全面推进社会主义新农村建设》，2005年10月7日，浙江三农网（http://www.zj3n.gov.cn/html/main/ldjhzyview/31923.html）。

② 习近平：《干在实处　走在前列——推进浙江新发展的思考与实践》，中共中央党校出版社2006年版，第169页。

经济建设、政治建设、文化建设、社会建设、生态文明建设和党的建设，注重协同性、关联性，整体部署，协调推进"。"全面"二字，正是习近平新时代中国特色乡村振兴思想的一个重要精髓，既是浙江下一步乡村建设的方向指引，更为中国乡村的现代化发展铺就了前进道路。

三 积极构建乡村现代产业体系，加速推进农业现代化

在经济建设方面，习近平同志十分重视促进一二三产业融合发展，培育乡村产业发展新动能，为乡村振兴奠定物质基础。习近平总书记在中共中央政治局第二十二次集体学习时提出："要加快推进农业现代化，夯实农业基础地位，确保国家粮食安全，提高农民收入水平。要加快建立现代农业产业体系，延伸农业产业链、价值链，促进一二三产业交叉融合。"[1] 这既是对农业基础性地位的高度肯定，也是对发展乡村现代产业体系提纲挈领的战略布局。

加速推进农业现代化是习近平同志在地方履职期间长期重视的一项工作。在河北正定工作期间，他就提出"农业不再是自给自足的小农经济，也不再是仅仅提供原料的传统农业，而已升华为商品化生产的现代农业"[2]。在福建工作期间，针对福建人多地少、农业多样性资源丰富的特点，提出要发展特色农业、大农业，指出"大农业是朝着多功能、开放式、综合性方向发展的立体农业。它区别于传统的、主要集中在耕地经营的、单一的、平面的小农业"[3]。担任中共浙江省委书记以后，习近平同志推进农村现代产业体系的思想进一步成熟，强调着力转变农业增长方式，用现代发展理念指导农业，用现代生产要素投入农业，用现代生产方式改造农业。他提出"要以发展高效生态农业为主攻方向，加快建设农村现代产业体系，集中力量培育

---

[1] 《习近平：健全城乡发展一体化体制机制 让广大农民共享改革发展成果》，2015年5月1日，新华网（http://www.xinhuanet.com/2015-05/01/c_1115153876.htm）。

[2] 中央农村工作领导小组办公室、河北省省政府农村工作办公室：《习近平总书记"三农"思想在正定的形成与实践》，《人民日报》2018年1月18日第1版。

[3] 中央农村工作领导小组办公室、福建省委农村工作领导小组办公室：《习近平总书记"三农"思想在福建的探索与实践》，《人民日报》2018年1月19日第1版。

一批有比较优势、有竞争力的农业主导产业，形成一批区域化布局、产业化经营、品牌化产品的特色农业块状经济，形成一批带动能力强的农业龙头企业，全面实现传统农业向现代农业的转变"①。进入中央工作以来，习近平同志进一步明确"农业出路在现代化，农业现代化关键在科技进步"，并对中国特色农业现代化道路进行了更完善的诠释。他提出"促进农业技术集成化、劳动过程机械化、生产经营信息化、安全环保法治化，加快构建适应高产、优质、高效、生态、安全农业发展要求的技术体系"②。

构建一二三产业融合发展体系是习近平同志基于对农业农村的深刻理解，提出的发展农村经济，促进农民增收的重要途径。在河北正定工作时，他就深刻认识到"乡村工业和商业将在农村经济孕育中迅速发展起来，使农业生产资料供应—农业生产—农产品加工、贮藏、运输、销售联成一体，形成中国式的农工商一体化"③。在乡村工商业比较发达的浙江工作期间，他制定支持工商企业投资农业，鼓励现代经营管理方式改造农业，引导资本、技术、人才等要素流向农业，鼓励利用国际国内资源，在更广领域上促进农业资源的优化配置等政策措施。通过促进农业与工业、农业与服务业融合，提高农业的产业化、国际化、现代化水平，实现一二三产业融合发展。

基于长期的乡村经济建设实践，党的十九大以后，习近平总书记将乡村产业振兴战略中的经济建设内涵具体阐述为，"紧紧围绕发展现代农业，围绕农村一二三产业融合发展，构建乡村产业体系，实现产业兴旺"④，为产业兴旺指明了发展方向。

---

① 习近平：《干在实处　走在前列——推进浙江新发展的思考与实践》，中共中央党校出版社 2006 年版，第 178 页。
② 《习近平：汇聚起全面深化改革的强大正能量》，2013 年 11 月 28 日，新华网（http://www.xinhuanet.com/politics/2013-11/28/c_118339435.htm）。
③ 中央农村工作领导小组办公室、河北省委省政府农村工作办公室：《习近平总书记"三农"思想在正定的形成与实践》，《人民日报》2018 年 1 月 18 日第 1 版。
④ 《习近平等分别参加全国人大会议一些代表团审议》，2018 年 3 月 8 日，新华网（http://www.xinhuanet.com/politics/2018lh/2018-03/08/c_1122508329.htm）。

四 整治乡村人居环境，以"两山"理论引领乡村生态发展

在生态建设方面，习近平同志十分重视在花大力气解决乡村突出环境问题的同时，通过人居环境整治与美丽乡村建设让乡村生活有更多的获得感、幸福感。他指出："要推动乡村生态振兴，坚持绿色发展，加强农村突出环境问题综合治理，扎实实施农村人居环境整治三年行动计划，推进农村'厕所革命'，完善农村生活设施，打造农民安居乐业的美丽家园，让良好生态成为乡村振兴支撑点。"[①]

生态环境不仅是乡村最宝贵的优势资源，还是中华民族农耕文明乡愁的重要寄托。习近平同志在各地工作期间，长期重视乡村环境治理与生态保护工作。在河北正定，他就提出"农业经济早已超出自为一体的范围，只有在生态系统协调的基础上，才有可能获得稳定而迅速的发展"。在福建工作期间，他提出"生态省"建设战略构想，并亲自担任福建省生态建设领导小组组长。他强调"通过以建设生态省为载体，转变经济增长方式，提高资源综合利用率，维护生态良性循环，保障生态安全，努力开创'生产发展、生活富裕、生态良好的文明发展道路'，把美好家园奉献给人民群众，把青山绿水留给子孙后代"。在浙江主持工作期间，他针对浙江先期遇到保护生态环境与加快经济发展的尖锐矛盾和激烈冲突，提出著名的"绿水青山就是金山银山"论断，指出"如果能够把这些生态环境优势转化为生态农业、生态工业、生态旅游等生态经济的优势，那么绿水青山也就变成了金山银山"[②]。进入中央后，在他主持起草的党的十八大报告中，生态文明建设上升为党的执政方针。党的十八大以来，习近平总书记的生态思想又有新发展，他站在中华民族永续发展、人类文明发展的高度，明确地把生态文明作为继农业文明、工业文明之后的一个新阶段。

美丽乡村建设是对人与自然关系认知的再次提升。其在注重生态

---

① 《习近平等分别参加全国人大会议一些代表团审议》，2018 年 3 月 8 日，新华网（http://www.xinhuanet.com/politics/2018lh/2018-03/08/c_1122508329.htm）。

② 习近平：《之江新语》，浙江人民出版社 2007 年版，第 153 页。

环境保护的同时，注重乡土味道，保留乡村风貌，坚持传承文化，改善生活设施，把乡村打造为具有历史记忆、地域特色和生活品质的美丽景观。2015年1月20日习近平在大理考察工作时强调"新农村建设一定要走符合农村实际的路子，遵循乡村自身发展规律，充分体现农村特点，注重乡土味道，保留乡村风貌，留得住青山绿水，记得住乡愁"。

自2003年浙江实施"千万工程"15年来，从推进乡村道路硬化、卫生改厕、河沟清淤，到以畜禽粪便、化肥农药等面源污染整治和农房改造为重点全面推进人居环境改善，再到生活污水治理、垃圾分类、历史文化村落保护利用，浙江坚持稳扎稳打、久久为功，取得乡村环境大为改观的成绩。而乡村人居环境的提升，也直接带来了对人才的吸引力和新产业新业态发展的竞争力。2018年4月23日，习近平总书记的批示充分肯定了浙江的经验做法，提出"建设好生态宜居的美丽乡村，让广大农民在乡村振兴中有更多获得感、幸福感"[1]。

五　加强基层党建，建立"三治"结合的乡村治理体系

在政治建设方面，习近平同志十分重视加强农村基层党组织建设，建立健全自治、法治、德治"三治"相结合的乡村治理体系，确保乡村社会充满活力、和谐有序。习近平同志提出创新乡村治理体系，走乡村善治之路，即建立健全党委领导、政府负责、社会协同、公众参与、法治保障的现代乡村社会治理体制，健全自治、法治、德治相结合的乡村治理体系，加强农村基层基础工作，加强农村基层党组织建设，深化村民自治实践，严肃查处侵犯农民利益的"微腐败"，建设平安乡村，确保乡村社会充满活力、和谐有序。[2]

创新乡村自治、法治、德治"三治"相结合的治理机制是按照推进国家治理体系和治理能力现代化的要求，坚持依法治国和以德治国相结合在乡村社会的具体体现。习近平同志在福建工作期间，对农村

---

[1] 桂从路：《久久为功建设美丽乡村——浙江实施"千万工程"的启示（上）》，《人民日报》2018年4月25日第5版。
[2] 《中央农村工作会议在北京举行　习近平作重要讲话》，2017年12月29日，新华网（http：//www.xinhuanet.com/politics/2017-12/29/c_1122187923.htm）。

治理工作展开了深入调研,通过总结提升南平选派干部驻村的经验,提出"开创农业和农村发展新局面,必须在继承的基础上创新农村工作机制","从农村工作的领导方式、目标任务、运行方式、制度管理等多方面加强建设"①。在浙江工作期间,他建立推行了农村工作指导员制度,总结提炼了"建立村务监督委员会"的"后陈经验",创新发展了"矛盾不上交、问题不出村"的"枫桥经验",提升实践了"生产供销联合与合作"的"新仓经验"。这些都是完善乡村治理机制,强化农村基层民主、基层管理和新型联合的创新实践。② 担任中共中央总书记以来,习近平同志进一步将城市社区治理的经验应用于乡村社区,着力推动社会治理重心向基层下移,高度重视农村社会组织的培育和发展,培育农村居民的社区参与意识,实现政府治理和社会调节、居民自治良性互动。

"办好中国的事情,关键在中国共产党"。习近平同志在各个领导岗位上均高度重视农村基层党组织的建设工作,发挥基层党组织在农村各类经济、社会组织中的领导核心作用。在河北正定工作期间,习近平同志就指出"搞好农村基层班子建设,充分发挥它的职能作用,是搞好农村各项工作的保证"③。在福建,他强调"农村基层组织是党在农村全部工作和战斗力的基础,也是保持农业、农村经济发展和农村社会稳定的组织保证",要"把加强村级组织建设作为农村小康建设的一项根本性措施来抓"④。在浙江,他进一步强调"要把农村基层党组织建设成为带领农民建设社会主义新农村的坚强战斗堡垒,使农村基层党员和干部成为建设社会主义新农村的排

---

① 中央农村工作领导小组办公室、福建省委农村工作领导小组办公室:《习近平总书记"三农"思想在福建的探索与实践》,《人民日报》2018 年 1 月 19 日第 1 版。
② 中央农村工作领导小组办公室、浙江省农业和农村工作办公室:《习近平总书记"三农"思想在浙江的形成与实践》,《人民日报》2018 年 1 月 21 日第 1 版。
③ 中央农村工作领导小组办公室、河北省省政府农村工作办公室:《习近平总书记"三农"思想在正定的形成与实践》,《人民日报》2018 年 1 月 18 日第 1 版。
④ 中央农村工作领导小组办公室、福建省委农村工作领导小组办公室:《习近平总书记"三农"思想在福建的探索与实践》,《人民日报》2018 年 1 月 19 日第 1 版。

头兵"①。

在提出乡村振兴战略之后,习近平总书记提出乡村组织振兴的思想,要发挥党管农村工作的优良传统,只有各级党委政府真正把乡村振兴作为一把手工程,五级书记齐抓共管,把乡村振兴摆到优先位置,才能把美好蓝图变为现实。②

六 坚持以文化人,塑造乡村文明新风

在文化建设方面,习近平同志十分重视以社会主义先进文化与中华优秀传统文化为主体,培养教育农民,树立优良文明乡风。在阐述乡村文化振兴的内涵时,习近平总书记提出要加强农村思想道德建设和公共文化建设,以社会主义核心价值观为引领,深入挖掘优秀传统农耕文化蕴含的思想观念、人文精神、道德规范,培育挖掘乡土文化人才,弘扬主旋律和社会正气,培育文明乡风、良好家风、淳朴民风,改善农民精神风貌,提高乡村社会文明程度,焕发乡村文明新气象。③

"乡村振兴既要塑形,也要铸魂"。习近平同志一直以来都高度重视乡村发展中的乡村文化工作的独特作用。在河北正定,他提出"建设科学化生活的现代农村,逐步把农村建成高度精神文明和高度物质文明的高水平的文明村,使农村成为优良传统、先进思想、现代文明的集合体"。在福建,他提出"要注意通过多种形式培育农民讲卫生、学科学、树新风的文明习惯"。在浙江,他提出"文明兴村"的理念,强调营造农村科学、民主、健康、向上的社会氛围。要用现代文明、先进理念武装农民,培育健康的价值观和道德观念,倡导合作共事与和谐共处的意识,革除农村中的陈规陋习和思想懒散现象。④

---

① 中央农村工作领导小组办公室、浙江省农业和农村工作办公室:《习近平总书记"三农"思想在浙江的形成与实践》,《人民日报》2018年1月21日第1版。

② 韩长赋:《用习近平总书记"三农"思想指导乡村振兴》,《学习时报》2018年3月28日第1版。

③ 《习近平等分别参加全国人大会议一些代表团审议》,2018年3月8日,新华网(http://www.xinhuanet.com/politics/2018lh/2018-03/08/c_1122508329.htm)。

④ 习近平:《以建设社会主义新农村为主题 深入开展农村先进性教育活动》,《求是》2006年第8期。

进入中央工作以来，习近平同志一方面高度重视社会主义核心价值观对于乡村文明的引导作用，另一方面重视发挥中华优秀传统文化在凝聚人心、淳化民风中的作用。习近平总书记在党的十九大报告中指出，要"深入挖掘中华优秀传统文化蕴含的思想观念、人文精神、道德规范，结合时代要求继承创新，让中华文化展现出永久魅力和时代风采"。

根据这一系列思想，《中共中央国务院关于实施乡村振兴战略的意见》将繁荣农村文化的工作任务具体部署为加强农村思想道德建设、传承发展提升农村优秀传统文化、加强农村公共文化建设、开展移风易俗行动四个方面。新时代乡村文化建设必须要发扬中华传统文化蕴含的优秀思想观念、人文精神、道德规范，吸取现代文明的优秀成果，充分发挥乡村文化在凝聚人心、提升自信、价值引领、教化民众、淳化民风中的重要作用。

七 推进公共服务均等化，提升乡村生活品质

在社会建设方面，习近平同志十分重视努力补齐乡村在基础设施、公共服务等方面的欠账和短板，加快交通、水利、电力、通信、环保等基础设施建设城乡一体化，加快教育、医疗、社会保障等基本公共服务城乡均等化，让农村群众过上幸福美好的日子。

"小康不小康，关键看老乡"。在全面建成小康社会的进程中，农民增收成为短板，习近平同志再三强调要补齐这个短板。除了发展乡村产业，拓宽农民增收渠道，还需要从加强农村基础社会建设和提升农村公共服务水平入手。在浙江工作期间，他针对农民公共服务需求日益增长而农村公共服务发展明显滞后的问题，强调"要加大公共财政向农村倾斜的力度，把基础设施建设和发展教科文卫体等社会事业的重点放到农村，全面改善农村的供水、供电、环保、交通、通信、广播电视、信息网络等公共服务的基础条件，继续大力实施城乡教育均衡工程、农民健康工程、农村文化建设工程、小康健身工程，全面提高农村社会事业发展水平；建立健全多层次、普惠性的农村社保体系，不断提高农村社保水平，逐步缩小城乡公共服务的差距"。进入中央工作后，习近平同志也再三强调推动城乡基本公共服务均等化。

2014年12月13日在江苏镇江考察期间,他就提出"没有全民健康,就没有全面小康。要推动医疗卫生工作重心下移、医疗卫生资源下沉,推动城乡基本公共服务均等化,为群众提供安全有效方便价廉的公共卫生和基本医疗服务,真正解决好基层群众看病难、看病贵问题"。2015年4月30日在中共中央政治局第二十二次集体学习上,他提出"要完善农村基础设施建设机制,推进城乡基础设施互联互通、共建共享,创新农村基础设施和公共服务设施决策、投入、建设、运行管护机制,积极引导社会资本参与农村公益性基础设施建设"①。

实施乡村振兴战略需要贯彻农业农村优先发展指导思想,在要素配置上优先满足,在资源条件上优先保障,以城乡公共服务均等化促进城乡居民收入均衡化。提高农村民生保障水平,就是要围绕农民群众最关心最直接最现实的利益问题,加快补齐农村公共服务、基础设施和信息流通等方面短板,一件事情接着一件事情办,一年接着一年干,显著缩小城乡差距。充分尊重广大农民意愿,调动广大农民积极性、主动性、创造性,把广大农民对美好生活的向往化为推动乡村振兴的动力,把维护广大农民根本利益、促进广大农民共同富裕作为出发点和落脚点②,把乡村建设成为幸福美丽新家园。

综上所述,习近平同志的乡村建设理论和实践,立意高远、思考深入、理念超前、内涵丰富、布局全面、举措务实。浙江作为习近平新时代中国特色社会主义思想的重要萌发地,浙江的乡村建设历程和成就,凝聚着习近平同志的精心擘画、超前布局和辛勤付出。党的十九大首次把乡村振兴提升到战略高度,为浙江在新时代继续做好"三农"工作指明了方向、提供了遵循。正如省委书记车俊所指出,在乡村振兴的新时代里,要按照"产业兴旺、生态宜居、乡风文明、治理有效、生活富裕"总要求,沿着高质量发展的方向,以万亿现代农业产业培育、万个景区村庄创建、万家文化礼堂引领、万村善治示范、

---

① 习近平:《健全城乡发展一体化体制机制 让广大农民共享改革发展成果》,2015年5月1日,新华网(http://www.xinhuanet.com/2015-05/01/c_1115153876.htm)。
② 《习近平等分别参加全国人大会议一些代表团审议》,2018年3月8日,新华网(http://www.xinhuanet.com/politics/2018lh/2018-03/08/c_1122508329.htm)。

万元农民收入新增的"五万工程"为主抓手，全面实施乡村振兴战略，大力推进城乡融合发展，奋力谱写新时代浙江"三农"工作新篇章。

第二节 走向现代化的两次地位跃迁

今天的人们时常这样评价浙江："在浙江，城与乡的边界，已经很模糊。乡村是城市的后花园，城市是乡村的CBD。"这是对浙江坚决贯彻城乡融合发展体制，实现城乡基础设施和公共服务"无缝对接"的真实写照。行走在浙江许多乡村，能够真实感到"产业兴旺、生态宜居、乡风文明、治理有效、生活富裕"的乡村振兴美好画卷已在眼前。为何浙江的经验能够给发展中国家乡村走向现代化这道"世界难题"给出成功解答？本节将借助著名左翼思想家沃勒斯坦"世界体系"的分析范式，对于改革开放40年来浙江乡村发展所经历的不同阶段，以及其在世界经济体系中所对应的不同地位展开分析。

一 从全球视域俯览浙江乡村四十载巨变

早在2003年习近平同志就在《浙江日报》上发表文章指出："要有世界眼光和战略思维"，"要努力增强总揽全局的能力，放眼全局谋一域，把握形势谋大事"①。浙江乡村走向现代化的四十载巨变，正是发生在人类世界政治经济格局进行深刻调整，不同国家和民族在新一轮科技革命带动下剧烈碰撞的历史背景下，极其辉煌，同样也是艰苦卓绝的发展历程。

如果把观察的视域放得足够长远，从地球同步轨道卫星的角度来对比1978年与2018年的浙江大地，一定能看到两幅截然不同的图景。

1978年夜空下的浙江大地，除了杭宁温等少数大城市有着暗橙色的细小光团，只有个别难以辨认的光点零星地分布在这片10.18万平方公里的土地上。到了白天，如果将视角再拉近一些，也只有几十

---

① 习近平：《之江新语》，浙江人民出版社2007年版，第20页。

列火车,以及数量稍多一些的轮船、汽车在省际之间穿梭运输。如同那时地球上很多偏僻一隅那样,这片土地仍然远离于世界一体化的脉动,在近乎自给自足的生产生活圈内被辛勤耕耘着。

2018年,再以同样的视角俯视夜空下的浙江大地,不仅整个浙北平原已经与上海、苏南连在一起形成亮金色的致密网络,整个环杭州湾产业带、温台沿海产业带和金衢丽高速公路沿线产业带的大大小小光团,几乎勾勒出连绵不绝的光带。那一条条沿着高速公路走向分布的光点,像是在诉说这片古老土地上从未有过的欣欣向荣。无论白天还是黑夜,数以千计的客运、货运飞机繁忙地穿梭,中欧铁路、万吨巨轮更是将"一带一路"倡议的梦想描画在天空、陆地与海洋。生活在这片土地上的人们从未如此真切地感受着自己作为人类命运共同体的一员,在为地球上其他地方人们发挥着越来越重要的影响。

浙江得以在改革开放后的40年间取得如此翻天覆地的变化,离不开中国特色社会主义道路的正确方向,也离不开浙江五千万城乡居民的共同努力。在城市中一座座比肩接踵的摩天大厦群拔地而起的同时,浙江乡村也在以经济繁荣、政治昌明、社会和谐、文化兴盛、生态优美的崭新面貌展现在世人面前,为中国乡村发展呈现"五位一体"全面振兴的现代化经验。有鉴于此,以世界眼光和全球视域去认识和把握40年来浙江乡村走向现代化的逻辑脉络,提炼发展中国家乡村实现现代化问题的共同经验,不仅能帮助我们纪念浙江乡村改革开放取得的伟大成就,更有助于认清我们实施乡村振兴战略的未来方向。

二 发展中国家乡村走向现代化的普遍困境

第二次世界大战后,广大亚、非、拉第三世界国家先后实现民族解放和独立。由于生产水平较不发达,农业和农民占据产业和人口的绝大部分,如何对传统的农业和农村实施改造、以实现工业化和国强民富的目标,成为广大发展中国家普遍面对的难题。因此,发展中国家的乡村发展与国家实现现代化成为休戚与共的两个世界性难题。

在此历史背景下,20世纪中叶之后逐渐催生出以发展中国家经济社会发展为主要研究内容的一系列社会发展理论。按照其理论侧重的差异，先后演化出现代化理论、依附理论和世界体系理论三种分析范式。

现代化理论兴起于20世纪50年代，当时美国为遏制社会主义力量在亚非拉国家的崛起，从自身战略利益出发对这些国家实施了规模庞大的对外援助计划。以亨廷顿（S. P. Huntington）和帕森斯（T. Parsons）为代表的一大批美国学者在该计划的支持下，对发展中国家发展路径、发展战略、目标模式等一系列问题展开研究。该理论强调发展中国家必须从社会系统内部的组织、制度、技术、资本、教育与推广、基础设施建设、价值和态度等方面进行改造，进而实现经济、社会、政治、文化和人的全面现代化。① 现代化理论的基本理论预设包括：（1）传统与现代化是两极对立的，现代化就是由传统社会向现代社会的转型；（2）现代化社会的社会结构是基本一致的，只要改变落后的文化传统、社会制度，代之以现代社会的制度结构，现代化就能实现；（3）现代化是非西方国家朝向西方国家社会、经济和政治系统线性演变的过程。尽管这种对历史演化机械、片面和单线的解释已经被绝大多数当代研究者所抛弃，但现代化理论从社会整体出发，通过对包括社会结构转型、社会制度变迁、生活方式世俗化等各方面社会事实互动关系研究来总结现代社会变迁动力、运作机制和运动规律的研究思路，仍然具有重要价值。

依附理论兴起于20世纪60年代初至70年代中期，以普雷维什（R. Prebisch）、巴兰（P. A. Baran）、弗兰克（A. G. Frank）和卡多索（F. H. Cardoso）为代表的一批拉丁美洲学者以当时拉美国家遭遇经济失败和社会动荡为案例，认为造成发展中国家长期落后的根本原因是西方发达国家对其的长期剥削。依附理论认为在世界资本主义体系中存在"中心—外围"的基本区分，发达资本主义国家构成世界经济的"中心"，发展中国家处于世界经济的"外围"。"外围"国家通过农业生产或原料出口的专门化，固然获得了短期发展，但长远来看，持续依赖"中心"国家的市场、资本和技术的不平等会造成"外围"

---

① Cyril E. Black, *The Dynamics of Modernization: A Study in Comparative History*, New York: Harper & Row, 1966, pp. 151 – 154.

国家经济的结构性畸变，进而导致长期的依附与不发达。因而，在巴兰、弗兰克、阿明（S. Amin）等激进主义依附论者看来，只有当作为外围的发展中国家与发达资本主义国家彻底"脱钩"的时候，发展中国家才有可能真正实现现代化。而卡多索提出的依附发展理论则指出"发展和依附是同时发生、并存的一个过程，而不是相互对立、相互排斥的两个范畴"[①]，依附性发展既能够为外围国家提供资本的积累，同时也依靠进口替代战略实现一定程度的工业化。相较于现代化理论，依附理论将研究视野从时间纵向维度转向了空间横向维度，可以说迈出了全球化理论的一大步。而且当桑托斯（T. D. Santos）提出的新依附理论将历史维度纳入对依附关系的分析，其划分了殖民地型依附、金融/工业型依附、科技/工业型依附三种类型[②]后，更是与世界体系理论相靠近。

世界体系理论兴起于 20 世纪 70 年代中后期，以沃勒斯坦（I. Wallerstein）为首的一批学者观察到东亚新兴工业化国家和地区不仅经济增长速度惊人，并且开始向传统西方发达资本主义国家发起了挑战。这些现象很难用依附发展等既有概念加以解释。沃勒斯坦认为之前的发展理论用"部族"、社会共同体、民族国家作为社会体系的实体，但该分析单位本身就有局限性，更合适的做法应当是以世界体系为分析单位，关注世界性劳动分工体系与世界性商品交换关系。[③]世界体系作为一个有机的整体，有其发展和变化的规律，支配和制约着各个国家和地区的局部发展与变化。这种从整体到部分的分析方法，不仅借用了依附理论"中心"与"外围"两极对立的理论结构，并且在全球化的视野下进一步提出了"中心—半边缘—边缘"的分析结构。在世界体系中，既存在工业发达、产业完备、资产阶级强大的中心国家，也存在以生产原材料为主、缺乏强大资产阶级的边缘国

[①] 严波：《论当代国际政治经济学流派》，《国外社会科学》2004 年第 3 期。

[②] ［巴西］特奥托尼奥·多斯桑托斯：《帝国主义与依附》，杨衍永等译，社会科学文献出版社 1999 年版，第 305—320 页。

[③] Immanuel Wallerstein, *The Modern World-System I Capitalist Agriculture and the Origins of the European World-Economy in the Sixteenth Century*, New York: Academic Press, 1980, pp. 347–352.

家，同时还存在介于两者之间的半边缘地区。半边缘地区是世界体系不可缺少的结构性要素，"半边缘"国家出口"边缘性产品"到中心国家，同时也出口"中心性产品"到边缘国家。如此，现代化是在全球范围内的多极之间不断演进，任何国家都不可能脱离"中心—半边缘—边缘"的全球结构关系而实现自主发展。从16世纪以来，世界体系存在两种周期性的过程：其一是世界体系作为一个整体以50年到60年作为一个周期的扩展与停滞过程；其二是世界霸权在不同国家间兴起与衰落的缓慢而巨大的周期过程[1]。

换言之，尽管世界体系伴随着全球化进程在不断成熟扩大，不同国家在"中心—半边缘—边缘"结构体系中的地位却可能发生改变，即"中心"国家会因为发展速度相对缓慢而沦为"半边缘"国家，发展中国家也可能从"边缘"进入"半边缘"，甚至处在"中心"的位置上[2]。

比较三种研究范式，现代化理论偏重从内因寻找发展中国家通过实现工业化进而实现现代化的发展路径；依附理论偏重从外因寻找不平等的国家间关系如何限制了发展中国家的充分发展；世界体系理论用"中心—半边缘—边缘"的理论结构实现了由二元结构到有机体系，由外因决定论到结构决定论的转变，进一步拓宽了社会发展研究的全球化视野。

习近平总书记强调，当今世界是一个变革的世界，是一个新机遇新挑战层出不穷的世界，是一个国际体系和国际秩序深度调整的世界，是一个国际力量对比深刻变化并朝着有利于和平与发展方向变化的世界[3]。乡村走向现代化，尤其是中国的乡村振兴不能仅从一村一隅微观剖析，而必须将乡村振兴的经验与挑战与中华民族伟大复兴的时代命运，以及全球视域下世界体系深刻调整变化的时代主题紧密联系在一起，去发现和总结推动乡村实现赶超式发展的逻辑动因，对其

---

[1] Immanuel Wallerstein, *The Modern World-System IV Centrist Liberalism Triumphant, 1789 – 1914*, Berkeley, CA: University of California Press, 2011, p. 276.

[2] Terence K. Hopkins, Immanuel Wallerstein, *The Age of Transition: Trajectory of the World-System 1945 – 2025*, London: Zed Books, 1996, pp. 209 – 225.

[3] 《中央外事工作会议在京举行》，《人民日报》2014年11月30日第1版。

他地区实施乡村振兴战略提供示范，也为回答发展中国家乡村实现现代化的世界性难题提供探索经验。

三　地位跃迁：从单兵突进到全面振兴

面对改革开放40年来浙江农村发生的翻天覆地变化，我们要总结浙江乡村发展经验，并为全面实施乡村振兴计划制定目标适当、切实可行的规划，就必须形成相对清晰的理论框架，用以解释事实，提出具有指引价值的政策。

世界体系理论并非是社会发展理论的终结，沃勒斯坦也没有为发展中国家和地区指明一条可行的现代化道路。但作为一种分析范式，世界体系理论为系统总结改革开放40年来的浙江乡村发展历程及其未来发展轨迹提供了纵向时间维度、横向空间维度与内部要素维度的宏达理论分析纵深。其理论价值主要体现在以下三个方面。

第一，在时间维度上，浙江乡村发展与改革开放以来中国在世界体系中的复兴历程高度关联。中华人民共和国成立后前30年的自立更生、艰苦创业，使中国建立了相对完备的工业体系，但不利的国际环境也造成中国与世界经济体系近乎处于完全"脱钩"状态。回顾40年来的历程，通过坚定不移地走改革开放、和平发展道路，中国不仅成功利用融入世界经济体系的战略机遇使经济得到持续高速发展，也使中国在世界体系中地位不断上升，乃至成为促进全球化不断加速的一股主导力量。浙江乡村发展紧密贴合这一时代主题，在不同发展阶段均积极主动地参与到改革开放进程之中，利用自身优势寻找最适合的发展道路，并在不断探索中逐步掌握对自身发展的主导权。

第二，在空间维度上，浙江乡村走向现代化成功实现从"边缘"到"半边缘"的地位跃迁，并正在迈向与城市"中心"相对等的地位。[①] 正如世界体系理论所揭示的那样，劳动分工、资本与技术等因素共同影响了特定国家或地区在世界体系中的结构位置。在起始状态

---

① 注：此处所论述的浙江乡村迈向与城市"中心"对等的地位，并非是指城乡关系发生颠倒，而是强调乡村发展的自主性不断增强，城市与乡村各美其美，各具特色，并且可以美美与共、平等合作。

上，欠发达国家乡村地区发展普遍面临"双重边缘"的困境，即在世界体系中处于"边缘"国家，在城乡关系上处于"边缘"乡村。在改革开放的前 25 年中，通过适时适地推进市场化、工业化与农业现代化，积累人才、资本、技术等发展要素，浙江乡村逐渐实现从"边缘"到"半边缘"的地位跃迁；进入 21 世纪以来，依靠信息化、生态化与城乡一体化等新动能，浙江乡村在多方面呈现崭新发展特征，在与发达国家、先进城市等具有"中心"地位主体的多重关系中互利合作、更为平等，形成真正意义上城乡一体、各具魅力的发展实践。

第三，在要素维度上，浙江乡村发展经历了从经济领域"单兵突进"向"五位一体"全面发展的转变。世界体系并非单一按照经济体系的逻辑来运行，政治、社会和文化等非经济因素同样影响特定国家或地区在世界体系中的结构性地位。在改革开放初期，浙江乡村在很大程度上是依靠农村和农民在经济领域的改革创新获得突破性发展。但经济领域的"单兵突进"很快就对乡村其他领域带来巨大冲击，乡村治理弱化、社会秩序涣散、道德价值失范、生态环境恶化等转型不适应、发展不协调的问题逐渐显现。有鉴于此，进入 21 世纪以来，通过推进农村基层民主与政权建设，提升乡村公共服务水平，强化乡村文化建设与传承，深化美丽乡村建设与环境治理，浙江乡村逐渐补上政治、社会、文化和生态领域的发展短板，并将协调发展的成果转化为发展的新动能，实现"五位一体"的全面发展。

乡村发展的本质是乡村居民的经济和社会福利，及其生活的制度环境与生态环境的整体改善。[①] 产业发展为乡村发展提供了最基本的动力。乡村地区的一二三产业发展，不仅提升区域经济发展水平，为乡村居民提供了就业机会，也带动了基础设施建设和医疗、教育等公共服务的改善。依循这一思路，我们按照产业发展的基本动力，以及

---

① J. Dean Jansma et al., "Rural Development: A Review of Conceptual and Empirical Studies," in Lee R. Martin, eds., *A Survey of Agricultural Economics Literature*, Volume 3: *Economics of Welfare, Rural Development, and Natural Resources in Agriculture*, Minneapolis, MN: University of Minnesota Press, 1981, p. 285.

在世界体系和城乡关系中的结构位置，将改革开放40年的浙江乡村发展大致划分为两个阶段，并用以对应浙江乡村发展实践的两次转型。[①]

第一个阶段是从1978—2002年的25年间，浙江乡村以市场化、工业化与农业现代化为发展动力，改变了单一初级农业产品输出，为城市提供劳动力的"边缘"地位，基本达到了工农业同步发展，并向其他地区输出初级工业产品和农业加工品的"半边缘"地位。在经济领域，改革之初浙江乡村处于整个计划经济体系最为边缘的位置，不仅农业总量不及其他大省，农业机械化水平也相对较低。1978年浙江农林牧渔业总产值为65.7亿元，而同期江苏和山东的产值分别为105.9亿元和102.2亿元；浙江农业机械总动力为392.9万千瓦，而同期江苏和山东的总动力分别为855.2万千瓦和1085.0万千瓦。[②] 但边缘位置同样意味乡村商品经济流通领域受到的管制相对有限，为浙江部分乡村地区率先走上市场化道路提供发展条件。在蜂窝状经济影响下，温州、义乌等地区的乡村居民在改革之初便纷纷投身生产原材料与初级工业制成品的流通[③]，商品流动又进一步刺激了乡村地区原有的"五小"社队企业转变为村办企业或各种"挂户经营"的民营生产单位。[④] 通过承接周边城市转移的工业生产设备，延聘城市工厂的工程师与技术工人，浙江乡村工业企业不断发展。浙江工业企业单位数量从1978年的2.13万个增长到1998年的70.64万个[⑤]，部分乡村地区很早就实现了第二产业收入超过第一产业收入的情况。与此同时，大量化肥、良种和农业机械投入也使

[①] 注：关于浙江农村两次转型的理论判断受益于浙江大学毛丹教授的赐教，在此表示感谢。

[②] 国家统计局国民经济综合统计司编：《新中国五十年统计资料汇编》，中国统计出版社1999年版，第120页。

[③] 王平：《蜂窝状经济中的灰色市场——1978年以前的温州民营经济萌芽》，载周晓虹、谢曙光编《中国研究（2011年春季卷）（总第13期）》，社会科学文献出版社2012年版，第170—185页。

[④] 张仁寿、李红：《温州模式研究》，中国社会科学出版社1990年版，第19—21页。

[⑤] 国家统计局国民经济综合统计司编：《新中国五十年统计资料汇编》，中国统计出版社1999年版，第123页。

得农业现代化水平得到快速提升，大批适应市场需求的经济类作物和农副土特产品生产也逐渐取代单一的粮食种植，为农业效益提升提供了新的发展方向。

但乡村经济的快速发展并未从根本上解决农村劳动力过剩的问题。随着人民公社体制的终结，浙江农村大量青壮年劳动力前往城市，乃至国外寻求发展机遇，这对乡村基层治理结构与社会关系带来很大冲击。原有单一自上而下的基层治理单元，转变为由乡村精英或"能人"主导村民自治组织与国家共同治理的单位。而脱离公社集体生产单位束缚的乡村居民的日常社会生活也更多地体现"个体化"的特征[1]，传统乡村道德秩序以及公社时代的政治道德在乡村公共生活中的作用也逐渐式微。而随着电视机这一文化传播与大众娱乐工具在浙江乡村地区的普及，由电视节目所传播的城市文化与西方文化在乡村文化领域中的影响力逐步扩大，深入影响到乡村的公共生活与私人生活。[2] 大规模的基础设施建设和资源开发在使乡村交通条件得到改善的同时，乡村工业生产的废水废物、种养殖业的农药化肥残留与畜禽业排污，以及矿业与石料开采均对乡村生态环境带来严重的负面影响。

总结来看，通过第一个阶段的发展，浙江乡村基本改变了单一初级农业产品输出，为城市提供廉价劳动力的"边缘"地位，基本达到了工农业同步发展，并向其他地区输出初级工业产品的"半边缘"地位。但经济领域转型对乡村治理领域、社会领域、文化领域与生态领域带来的冲击，也对浙江乡村的持续发展提出严峻挑战。

第二个阶段是从2003年至今的15年间，浙江乡村按照"五位一体"协调发展的理念，依靠信息化、生态化与城乡一体化等新动能，迈上从"半边缘"向与城市"中心"对等地位跨越的新征程。从2003年开始，按照统筹城乡发展的理念和乡村全面小康建设的要求，以乡村生产、生活、生态的"三生"环境改善为重点，开展"千万

---

[1] 阎云翔：《私人生活的变革：一个中国村庄里的爱情、家庭与亲密关系（1949—1999）》，龚小夏译，上海书店出版社2006年版，第243—246页。

[2] 申端锋：《电视下乡：大众媒介与乡村社会相关性的实证研究》，《华中科技大学学报》（社会科学版）2008年第6期。

工程"。习近平同志分析了"千万工程"的重要性和紧迫性,部署了总体任务。以此为契机,浙江乡村进入新的发展阶段。在经济领域,信息技术革命的成果不仅使供给、需求之间的资源配置变得更为科学经济,更催生出一大批农业与工业的新兴业态。在中国加入WTO之后,浙江乡村工业企业主动投身全球化大生产潮流之中,承接来自世界各地的工业生产订单,更是借助转型升级的机会将越来越多具有自主知识产权与自主品牌的"中国智造"产品行销世界。同时,在习近平同志"绿水青山就是金山银山"的思想指引下,生态农业、观光农业、生态旅游等一系列生态产业正在全省乡村地区蓬勃发展。党的十八大报告指出,城乡发展一体化是解决"三农"问题的根本途径。随着国家将基础设施建设和社会事业发展的重点放到乡村,浙江乡村迎来新一轮产业发展的战略机遇,越来越多的城市居民有意愿来到乡村生活、娱乐和创业,尤其是旅游、休闲、养老等服务业的发展更是为乡村居民在家乡创业就业提供了机会。仅在2002—2016年间,浙江农村居民的全年人均可支配收入就从4940元增长到22866元[①],增长了4.6倍,其中工业和服务业收入的增长幅度更为明显。

　　浙江乡村发展新阶段的重要契机是习近平同志主政浙江以后,省委、省政府依照"八八战略"的整体思路,开启了新农村建设之路。2003年6月5日,浙江省"千村示范、万村整治"工作会议首次召开。2004年,省委专门制定出台《浙江省统筹城乡发展推进城乡一体化纲要》,重点是扩大公共财政、社会保障、社会事业和公共服务向乡村的覆盖。2006年,习近平同志在接受专访时谈到浙江的新农村建设,指出要大力实施统筹城乡发展方略,全面推进农村的经济建设、政治建设、文化建设、社会建设和党的建设,加快建立以工促农、以城带乡的长效机制,努力在高效生态的现代农业、繁荣兴旺的乡村经济、整洁优美的乡村社区、城乡一体的公共服务、文明健康的生活方式、丰富多彩的文化生活、奋发向上的精神风貌、民主和谐的社会管理、全面发展的新型农民、城乡协调的发展体制十个方面不断

---

① 浙江省统计局、国家统计局浙江调查总队编:《浙江统计年鉴2017》,中国统计出版社2017年版。

取得新进展，努力使浙江成为社会主义新农村建设水平最高的省份之一。[①]可以说，正是在习近平同志高瞻远瞩的指引下，"五位一体"的总体布局、"五大发展理念"的规律认识才能率先应用于浙江乡村发展，使浙江乡村振兴能提前起步，保持领先。

尽管仍是"进行时"，但新一阶段浙江乡村发展已然在各个领域结出丰硕成果。在政治领域，通过不断探索农村基层民主协商机制，加强基层党组织的领导作用，让乡村群众更广泛、更直接地参与乡村公共事务的决策、管理、监督，真正实现决策过程由"少数人说了算"向"多数人参与决策"的转变，促使行政与自治形成有效衔接的状态。[②]在文化领域，以文化礼堂为载体，推进乡村精神文明建设，不仅使乡村公共文化服务水平得到实质性提升，还让乡村传统文化中的精华得以保护和传承，家风家训与村规民约在礼仪教化、气质养成中发挥更大作用。在社会领域，通过加强财政转移支付力度，完善"四个平台"建设等系列举措，不断提升乡村基层公共服务水平，强化对困难、弱势群体的保障与扶持，形成城乡有机衔接的村落共同体。[③]在生态领域，按照美丽乡村的建设要求，把"五水共治"作为突破口，持续推进农村截污纳管、生活垃圾分类处理、美丽田园建设等工作，让更多乡村成为生态优美、生活舒适、独具魅力的空间。

总结来看，在新的发展阶段，浙江乡村正在逐步实现经济、政治、文化、社会、生态的全面发展，并且与大城市、中小城市、小城镇和其他村庄形成一个经济上互为支持和补充，文化风格不同但是彼此平等、社区基本生活类型不同但品质差异并不悬殊的链接带。[④]借助经济全球化的动力，以及后工业化生产对于生态与品质的独特要求，未来的浙江乡村将在与城市和世界其他国家的互动中占据更为平

---

① 董少鹏：《中共浙江省委书记习近平："八八战略"从头越——专访中共浙江省委书记习近平》，2006年2月9日，人民网（http：//unn.people.com.cn/GB/14748/4088491.html）。
② 任强、毛丹：《中国农村社区建设中的五种实践逻辑——基于对浙江省的政策与实践观察》，《山东社会科学》2015年第9期。
③ 毛丹：《村落共同体的当代命运：四个观察维度》，《社会学研究》2010年第1期。
④ 毛丹：《赋权、互动与认同——角色视角下的城郊农民市民化问题》，《社会学研究》2009年第4期。

等的地位，以和而不同、互为中心的方式相互有机嵌入彼此的生产领域与生活领域，从而更大程度地掌握自身发展的主导权。

浙江乡村振兴的未来前景光明，但一些可能的问题仍然在考验着政策制定者与实践者的智慧与勇气。首先，以信息化、生态化为中心的乡村产业发展实践在多大程度上能实现资本、技术和劳动力的可持续性，并让市场谈判能力较弱的乡村居民也能够充分共享新产业、新业态所带来的利益；其次，当越来越多的城市居民自愿到乡村从事生产生活活动，如何保障本地村民与外来市民能够在保障各自的权益的前提下，平等融洽地实现社区交往；再者，如何深入挖掘乡村文化与生态文明的内在魅力，吸引和留住更多青年人群在乡村生活和创业，乡村人才振兴，真正实现"让愿意留在乡村、建设家乡的人留得安心，让愿意上山下乡、回报乡村的人更有信心，激励各类人才在农村广阔天地大施所能、大展才华、大显身手"。

表1是对本节所阐述的过去40年间浙江乡村两次转型特点的总结。由于浙江全省各地乡村发展水平存在一定差异，不同乡村结合自身特点选择的发展实践与发展道路也各有千秋，然而有充足的理由相信，浙江乡村无论南北西东，只要遵循五大发展理念，实现经济、政治、文化、社会、生态"五位一体"全面协调发展，必然能在全面实施乡村振兴战略，建设美丽浙江、创造美好生活的道路上殊途同归。

表1　　　　　　　　浙江乡村发展的两次转型

	经济领域	政治领域	社会领域	生态领域	文化领域
改革之前（边缘位置）	集体化农业	人民公社制度	集体主义生活	开发程度有限	革命道德、传统秩序
第一次转型					
改革前期（半边缘位置）	市场化、工业化、农业现代化	村民选举、能人治村	个体化、传统秩序失范	资源开发、环境污染	城市文化与西方文化挑战
第二次转型					
改革深化阶段（中心位置）	信息化、生态化、城乡一体化	协商民主、广泛参与	完善公共服务、构建村落共同体	环境美化、人居改善	传播核心价值观，传承传统文化

第三节　建设兴旺和美、自信开放的现代村社共同体

工业革命以来，在隆隆的蒸汽机轰鸣中，现代世界是一个工业化、城市化高歌猛进的时代，一个农业边缘化、农村走向凋敝的悲歌时代，是人们不知乡关何处而乡愁弥漫的时代。在现代化过程中，乡村如何既跟上现代化的步伐、享受现代文明的成果，又保护好自身的传统特色，避免边缘化的凋敝厄运，这是一个全球性的难题。中华人民共和国成立以来，中国共产党领导广大农民群众进行了社会主义新农村建设的探索，从土地改革、人民公社到家庭联产承包责任制、村民自治、美丽乡村建设等，这一系列的政策举措都是党领导人民群众探索乡村现代化、建设社会主义新农村的努力。改革开放为乡村探索中国特色社会主义新农村建设道路提供了广阔舞台。浙江省处于改革开放的前沿，浙江的广大乡村在改革开放的初期较早地闯出了一条乡村工业化和农业市场化的道路，在这个过程中也伴随产生了村庄空心化、人际关系原子化和环境污染等一系列问题。但是，浙江乡村的广大干部群众始终没有忘记乡愁，没有失去对乡村美好生活的记忆和向往，在各级党委和政府的领导下，浙江人民应对了现代化对传统乡村生活的挑战，探索出了一条城乡融合的乡村现代化道路——人与人、人与社会、人与自然和谐共生的现代村社共同体建设道路，让乡村大地重新成为希望的田野。

一　现代村社共同体的概念与理论分析

我们在本书中所使用的"村社共同体"概念与德国社会学家斐迪南·滕尼斯所界定的"共同体"概念有一定的差异。按照滕尼斯的经典性刻画，现代化基本上是一个传统共同体走向解体而迈入契约式社会的过程。照此来看，本书的"现代村社共同体"概念，似乎是一个矛盾的概念组合，村社共同体是传统的、自发有机的稳固社会形态，现代社会的聚合是人为的、短暂的契约关系。因此，"现代村社共同体"不仅要面对"何以可能"的考问，更要首先面对"是否可

能"的考问。浙江省近年来的美丽乡村建设，对这一考问做出了肯定的回答。

需要解释的是，我们所使用的"共同体"概念比滕尼斯要宽泛，并不限于指家庭、自然村落这类自然聚落，也不限于教会、僧团那样关系紧密的精神团体，而是泛指各种不同于原子式离散状态，也不同于互利型契约社会的团体构成形态。在外延上，本书研究的村社共同体基本上与建制的行政村重合。它相比自然村落具有更多人为组织因素，大小空间更有弹性；相比乡镇而言具有更强的血缘、地缘因子，不只是一级基层行政区划。这种共同体兼具家族亲情共同体、自然村落地缘共同体的有机团结，股份制经济合作社的契约精神，村民民主管理的自治原则，以及基层党组织的政治领导。这种浙江改革开放过程中所产生出来的"现代村社共同体"，具有汇通古今的特点，开启了一条颇具中国特色的社会主义的乡村现代化发展道路。

改革开放以来，尤其是在改革深化阶段，浙江的乡村建设方向可以概括为一个重建村社共同体的过程。村社共同体的重建，是当前乡村振兴中的经济、政治、社会、文化、生态"五位一体"建设的轴心。在农业文明时代，以耕读文化为本的村社共同体是广大村民生于斯长于斯作息于斯的家园，也是为国家提供赋役的仓库、为朝廷输送优秀人才的摇篮。在工业化和信息化的时代，随着乡村人口大量向城镇转移和人的血缘、地缘联系的弱化，乡村社会的传统纽带呈现出松散、解体的趋向，乡村现代化在一定阶段中表现为村社共同体解体的过程，这个特征在改革开放初期的浙江乡村也有所表现。随着改革开放的深化，在各级党委和政府的重视推动下，浙江省的社会主义新农村建设呈现出日新月异的面貌，乡村的凝聚力也逐渐复苏，各方合力共建的现代村社共同体正在浙江大地上生成。这种正在转型和重建中的村社共同体，已经不是德国社会学家滕尼斯的"共同体"概念所能涵盖的，其中包含了很多更复杂的内涵，我们有必要对它与滕尼斯"共同体"概念的差异做一些分析，以免理论上的混淆和实践中的误区。

滕尼斯的代表作《共同体与社会》出版于1887年，正是德国在铁血宰相俾斯麦手下完成统一、现代工商经济突飞猛进的时代。滕尼斯此著回应着德国和欧洲社会近代以来的巨大转型给人们内心带来的冲击，具有明显的保守主义哀歌色调。他这样界定"共同体"（Gemeinschaft）和"社会"（Gesellschaft）的差别：

> 一切亲密的、秘密的、单纯的共同生活，（我们这样认为）被理解为是在共同体里的生活。社会是公众性的，是世界。人们在共同体里与同伴一起，从出生之时起，就休戚与共，同甘共苦。人们走进社会就如同走进他乡异国。青年人被告诫别上坏的社会的当；但是，说坏的共同体却是违背语言的含义的。……人们说语言的、习俗的、信仰的共同体；但是（却说）职业的、旅行的、学术的协会。商业的公司尤其重要，而尽管在主体之间也有某种亲密和共性，但是人们几乎不能说有商业共同体。若说组成股份共同体，那会令人难以忍受。但是有财产的共同体：农田，森林，牧场，夫妻之间的财产共同体，不说是财产公司。①

在这段看起来只是描述性的文字里面，滕尼斯的感情态度非常鲜明。他无限怀念共同体的亲密、单纯，对疏离的、以利相合的"社会"带着某种敌意。滕尼斯从历史变迁的角度看待共同体与社会的概念。他指出，"共同体是古老的，社会是新的"，城市，尤其是大城市中弥漫着一种社交的文化，农村地区的人们则过着一种共同体的生机勃勃的生活，"共同体是持久的和真正的共同生活，社会只不过是一种暂时的和表面的共同生活。因此，共同体本身应该被理解为一种生机勃勃的有机体，而社会应该被理解为一种机械的聚合和人工制品"②。在这里我们可以听出滕尼斯对古老的乡村生活的怀念、对现代城市文明的批判，有一股浓浓的乡愁味。

滕尼斯把共同体分为三种——血缘共同体、地缘共同体和精神共同体。它们的结合原则分别是：1. 亲属；2. 邻里；3. 友谊。③ 他还

---

① ［德］斐迪南·滕尼斯：《共同体与社会》，林荣远译，北京大学出版社2010年版，第44页。
② 同上书，第45页。
③ 同上书，第54页。

提出了共同体的三大主要规律：

1. 亲属、邻里乡党或朋友之间的相亲相爱。2. 相爱的人等等之间存在着默认一致；3. 相爱的人和相互理解的人长久待在一起，居住在一起，安排他们的共同生活。①

照他的划分，村社应该属于"地缘共同体"。但是大概只有"自然村"才最切合滕尼斯的地缘共同体概念，"行政村"是否能算作共同体非常模糊，因为未必能满足"长久待在一起，居住在一起"并且有"默认一致"这些共同体生活的条件。

滕尼斯对"社会"的理解是，"在这里，人人为己，人人都处于同一切其他人的紧张状况之中。他们的活动和权力的领域相互之间有严格的界限，任何人都抗拒着他人的触动和进入，触动和进入立即被视为敌意"，这是一种霍布斯笔下的"自然状态"。人们在社会中也发生交换关系，但目的是自利，"没有人会为别的人做点儿什么，贡献点儿什么，没有人会给别人赏赐什么，给予什么，除非是为了报偿和回赠。他认为，报偿和回赠与他给予的东西相比，至少要同等"②。在滕尼斯的"社会"概念中，社会最典型的形态是"市民社会"或"交换社会"，是一种亚当·斯密所刻画的"全民皆商"的状况。③ 照这一解释，我们所研究的"行政村"也不是滕尼斯意义上的"社会"，至少不是典型的"社会"，因为它们不是按交换和契约原则结合在一起的；同时，它们也不是严格的"共同体"，因为其中未必有长久的共同生活和亲密关系。在这里，我们可以看到滕尼斯的"共同体"和"社会"这对概念在解释中国乡村现实时的局限性。

实际上，从中国近现代以来乡村社会变迁的动力和形态看，用滕尼斯的"共同体"和"社会"这对概念来分析会显得削足适履。譬如，人民公社对传统宗法共同体的瓦解和取代就不能看作"社会"

---

① ［德］斐迪南·滕尼斯：《共同体与社会》，林荣远译，北京大学出版社2010年版，第60页。
② 同上书，第77页。
③ 同上书，第87页。

对"共同体"的取代。因为人民公社严格说来并非是按照契约原则结合起来的，而是在执政党的思想动员下进行互助合作的组织。改革开放的政社分开和村庄自治也不能简单看作"社会"对"共同体"的取代，因为人民公社也很难看作滕尼斯意义上的"共同体"。这里面的关键在于政党和国家政权的宣传动员和政治组织作为亲密关系（共同体原则）和契约交换（社会原则）之外的第三种力量介入进来了，并且在中国当代村社共同体的建设中起着引领性的作用。

毛丹在对当代乡村社区的分析中观察到："通常，只在理论上存在着村落共同体完全由社区内部力量自发形构的可能性，实际上国家力量、市场力量总是参与、影响甚至决定村落共同体的边界、机制和功能。因此，清末民初以来国家影响，甚至划分村落边界，本身并不一定意味着取消了中国的村落共同体，而是意味着村落共同体的边界、方式、功能以及自治（如果有的话）受到共同体之外力量的形塑，以便适合国家选择的乡村治理模式。"[1] 这意味着我们没有必要墨守滕尼斯的"共同体"概念，在国家动员的背景下建立的人民公社和生产队，也可以看作广义上的"共同体"，我们可以称为区别于家族、自然村这类原生共同体的衍生共同体。这种广义的"衍生共同体"与滕尼斯所称的"共同体"分享的共同特点是超出资本主义契约交换原则的友爱精神。人民公社虽然是经由阶级斗争的过程建立的，但其结合原则不只是基于国家行政力量的干预，也有阶级友爱、同志友爱的因素。与之对照，当前主要基于行政管理效率的考虑合并而成的行政村，则不适合被看作"村社共同体"，这类合并成的行政村要想成为实质性的共同体，必须通过有效的富于友爱精神的长期互动与融合。

实际上，在20世纪50年代激励毛泽东与中国共产党人及广大农民建立人民公社的共产主义理想，本身就包含着特定的"共同体"精神。马克思关于"自由人联合体"的共产主义理想是一种要超越

---

[1] 毛丹：《村落共同体的当代命运：四个观察维度》，《社会学研究》2010年第1期。我们不用"村落共同体"而用"村社共同体"的概念，是因为"村落"是一种自然形态的聚落，更适合用来指自然村而不是行政建制村。

资本主义社会的终极共同体设想。这种终极性的共同体不仅要超越唯利是图的资本主义社会，而且也要超越传统的宗法小共同体（包括家庭）。按照马克思的设想，这种以全民所有制为经济基础的终极性共同体需要以生产力的高度发达为条件，需要政治上的高度民主自治作为保障、文化上的崇高集体主义精神作为引领。在刚刚由传统的小农经济、宗法社会步入现代化中国的20世纪50年代乡村，人民公社的尝试无论是在经济方面还是政治、文化方面都过于超前了，对中国农业以小规模多样化精耕细作为主的经济状况和农村聚族而居、宗法本位的文化状况重视不够。改革开放的家庭联产承包责任制则自觉不自觉地重新肯定了"家庭"这一原生共同体在农业生产和农民生活中的基础性地位，也是这一改革成功的深层动力。

改革开放重新肯定家庭在农业生产和农民生活中的基础性地位，这并不意味着对社会主义原则的放弃，因为土地这一最基本的生产要素还是集体所有的，这为集体经济的复苏、壮大和乡村社区公共服务的强化保留了制度基础，也是"村社共同体"重建的坚实经济基础。除此之外，单个家庭也难以面对市场化大潮的冲击，乡村公共服务的有效提供离不开国家力量的支持。实际上，改革开放深化阶段浙江乡村的各方面建设，都有党和政府的积极作为在推动，并非仅仅凭借市场化和村民自治力量就能完成。这种积极作为在改革开放深化阶段的浙江美丽乡村建设中，表现出两大特点：其一，国家政权充分尊重村民自治的意愿和乡村优秀文化传统，避免了人民公社时代的亢进改造和集体包揽；其二，党和政府在乡村建设中的积极作为乃是基于帮助村民筑造幸福家园、谋求乡村永续发展的初心和使命，而不仅仅只是追求一时的行政绩效。前者保证了在党和政府引领下的乡村建设是要构建以村民自治为基础的村社共同体，是具有中国乡村耕读文明的深厚底蕴和现代民主法治新风貌的现代村社共同体。后者保证了我们要建设的村社共同体具有真正的共同体所需要的伦理精神，是广大村民能够回归也能起航的港湾，而不只是一个基层行政组织。

二　村社共同体的转型和重建：从乌托邦、乡愁到当下家园

中国是一个有悠久农耕文明和村社记忆的国度。在现代工业化、

城市化的大潮中，这个悠久而处于巨变中的乡村传统是人们的乡愁所寄。小桥流水、炊烟袅袅的乡村田园风光，里仁为美、守望相助的邻里亲情，在现代工业化、城市化所带来的疏离感中一再激发人们的浪漫追想。在西方社会学理论中，自滕尼斯、涂尔干和韦伯这些社会学的创立者以来，现代化的过程基本上被解释为一个传统共同体纽带被基于市场和工业的契约社会所瓦解和取代的过程。在保守主义倾向的思想家看来，这是一个家园毁坏、无家可归的局面。波兰裔英国社会学家齐格蒙特·鲍曼以饱含感情的语调说道："共同体是一个'温馨'的地方，一个温暖而又舒适的场所。它就像是一个家（roof），在它的下面，可以遮风避雨。"① 郎友兴对此评论说："令人遗憾的是，共同体'总是过去的事情'或者是'将来的事情'。因为在当今迅速私人化、个体化和全球化的世界中，人们之间的信任、认同和忠诚持续弱化，共同体陷入解体之中。中国的情况似乎也是如此。共同体'总是过去的事情'，但是，它又是期待性的'将来的事情'。"② 作为过去的事情，共同体是人们的乡愁所寄，作为将来的事情，共同体是我们所期待的某种乌托邦。然而，在改革开放新时代的浙江乡村，村社共同体不只是过去的事情或者将来的事情，也是正在建设中的美好愿景，它的基点在于浙江在改革开放中探索出来的一条具有先进性的乡村现代化道路。这条道路吸取了人民公社时期社会主义新农村建设的经验教训，又没有任由资本和市场化力量的摆布而听任乡村社会走向原子化的解体，而是在政府引领、村民自觉和传统复兴三股力量的良性互动下走向了村社共同体重建的希望之路。

　　背靠绵绵群山，面临万顷东海，浙江大地自古以来就孕育着一种寓稳健厚重于开拓进取之中的地域文化性格。如果说钱塘江上的弄潮儿象征着浙江人民在改革开放中的大胆开拓精神，那么江边的六和塔和连绵群山就象征着这片土地上的人民建设家园的坚韧意志和守护家园的厚重情怀。改革开放中的浙江乡村也回荡着这种开拓进取的时代

---

① [英]齐格蒙特·鲍曼：《共同体》，欧阳景根译，江苏人民出版社2007年版，第2—3页。

② 郎友兴：《村落共同体、农民道义与中国乡村协商民主》，《浙江社会科学》2016年第9期。

旋律和不忘本来的历史底蕴之间的交响,这一交响织就了仍在进行中的浙江乡村村社共同体转型与重建的华章。

浙江这片古老的土地有着非常久远的农耕文明传统,早在新石器时代就已经孕育了河姆渡文化、良渚文化为代表的农耕文明。另外,除浙北平原外,浙江地貌具有多丘陵山地——民间俗称"七山一水二分田"——的特征,随着人口的繁衍,人均耕地不足的局限越来越突出,促使浙江农民在农业之外探索工商业的谋生和致富途径,很早就形成了工商与农业并重的传统。这一传统在改革开放的契机中重新焕发了生机,促成了乡村工商业的异军突起和农业多样化经营的繁荣景象,也促动了村社共同体的转型和重建。

自中华人民共和国成立以来,中国的乡村发生了巨大的变化,浙江也不例外。从乡村共同体形态的演变角度看,第一次巨大变化发生于1949年后土地改革的完成和人民公社制度的建立。在经济上,土地改革剥夺了地主和富农占有的超出平均数的土地和财产,将之均分给贫雇农,实现了耕者有其田的均贫富理念。在社会政治形态上,土地改革以阶级意识和阶级划分打破了传统的血缘宗法共同体,建立了党支部和工作队对农村的思想政治领导,完成了农村的新民主主义革命。土地革命完成以后,农村即进行农业的社会主义改造,经过互助组、合作社到人民公社的集体化运动,在所有制上完成了从农民个体所有制到社会主义集体所有制的转变,生产组织上建立了从生产小队、生产大队到人民公社三级统合的政社合一模式,家庭作为经济生产单位的传统功能大大弱化而几近消失。人民公社是一种高度依赖思想动员和政治运动的集体化组织,具有一定的半军事化共产主义性质。这种组织架构在集中力量兴建大型农业水利工程方面有一定的优势,但是生产上的划一经营和分配上的平均主义不适合农副业生产,不利于发挥农民的生产积极性,导致了农产品产量增长的缓慢、农村副业的凋敝与农民的贫穷。人民公社这种高度集中的乡村组织之所以会遭遇严重的困境而运行不下去,从组织层面看是统得过多、过死,对农民自主的生产、生活安排权利尊重不够;从思想层面看是对人的道德觉悟期待过高,幻想所有人都能做到尧舜一般的大公无私,跳出对自身和家庭利益的关心而以集体和国家利益为先,就此而言人民公社这种集体组织具有乌托邦色彩。农村的改革开放是对人民公社高度集中的组织体制和道德理想主义预设的突破，在经济、政治和社会、文化各个方面都带来了新的变化。

浙江的农村改革始于建立家庭联产承包责任制并始终以完善统分结合的双层经营体制为基础，其基本框架在20世纪80年代中期基本奠定。高度集中的生产组织和平均主义的分配体制的打破，极大地解放了农村生产力，在浙江，这不仅表现为农业生产的迅速发展、农民生活的改善，更表现为村办企业和乡镇企业的异军突起，村庄工业化、城镇化的快速发展，这是沿海的浙江与内地省份的农村很不一样的地方。改革开放以来，随着人民公社制度的解体，国家政权力量对村民生产、生活的行政性干预弱化，浙江乡村也和全国各地一样出现了"各家自扫门前雪"的"原子化"倾向。但是，由于民营经济和契约规则意识的发展，浙江的乡村没有落入集体组织弱化所带来的某种无序化自然状态，而是逐步发展出了自组织的契约性社会形态。这表现在经济上就是股份制企业、农业专业合作社的蓬勃发展和村集体经济的股份制改造，表现在政治上就是以村委会选举、村民自治为特征的基层民主进程，表现在文化上就是权利和法治意识的强化。这个过程表现出村社共同体的解体和新的乡村社会组织逐渐生成的趋势，比较接近于西方社会学家所描述的从身份性共同体向契约社会的转型。

但值得注意的是，中国的乡村毕竟仍然是熟人、半熟人社区，宗族意识和重人情的传统具有很强的影响，因此不太可能彻底变成一个市场化的契约社会。浙江的西部和南部山区多为宗族聚居的村落，宗族意识比较深厚。改革开放以来，由于集体化时期激进反传统的革命话语有所纠正，乡村的宗亲意识有所恢复，再加上村民的财力日渐雄厚，重修族谱、宗祠等宗亲联谊活动蔚然成风。这可以看作乡村小共同体传统的复苏。当然，由于市场经济条件下乡村的开放性和村民生活的个体化趋向，宗族不可能再恢复土改前所具有的对于乡村秩序的凝聚作用。

传统宗族文化中积极元素的提炼、村庄选举和自治的健康运行、村庄环境的整治和公共服务的提升，都呼唤党和政府在乡村建设中有更积极的作为。在这样的背景下,浙江各级党委和政府顺应民情和时势,在改革开放的深化阶段将浙江省的新农村建设提升到了一个新的台阶。

党的十六大以来浙江大力实施统筹城乡发展方略,乡村建设的各个方面都有新的气象。习近平同志主政浙江期间,非常重视"三农"工作,多次深入各地农村进行调研,在此基础上提出了一系列新农村建设的有力举措。2003 年,实施"千万工程",农村基础设施和公共服务得到大力提升,社会管理和文化生活也得到逐步改善。其后各届浙江党委、政府领导坚持一张好的蓝图绘到底,持续深入推进美丽乡村建设。2013 年开始,浙江在农村基本公共文化服务标准化、均等化建设的基础上开展农村文化礼堂建设,有效地推动了乡风文明和乡村秩序的改善。浙江农村文化礼堂建设的一大特点,是对乡村社会中各种聚合力元素的整合。以文化礼堂建设为载体,浙江的乡村振兴逐渐实现着党组织引领、乡村优秀传统文化复兴、村民自治完善这几大基本元素的良性互动,迈向村社共同体建设的新阶段。

习近平总书记在中国共产党的十九大报告中提出"实施乡村振兴战略",提出"坚持农业农村优先发展,按照产业兴旺、生态宜居、乡风文明、治理有效、生活富裕的总要求,建立健全城乡融合发展体制机制和政策体系,加快推进农业农村现代化"[①]。产业兴旺、生态宜居、乡风文明、治理有效、生活富裕,这是"五位一体"总体布局在乡村振兴战略中的落实目标。就乡村振兴而言,"五位一体"的"一体"就是包含了产业、生态、文化、政治、社会各个方面在内的现代村社共同体。如果说在改革开放的初期阶段,浙江乡村现代化的主题是体制改革和经济发展,在改革深化阶段,则是更全面的"五位一体"建设。我们可以从"五位一体"总体布局的角度来总结分析改革开放以来,特别是习近平同志主政浙江以来浙江新农村建设的发展轨迹和经验做法,展望村社共同体在乡村振兴战略中的发展远景。

---

① 习近平:《决胜全面建成小康社会 夺取新时代中国特色社会主义伟大胜利——在中国共产党第十九次全国代表大会上的报告》,人民出版社 2017 年版,第 32 页。

三 走向"五位一体"的现代村社共同体建设

古人说"衣食足而知荣辱,仓廪实而知礼节"。改革开放40年来浙江乡村社会的发展表明,人不仅是追求温饱富足的经济人,也是有群体和文化生活的政治人、社会人、文化人,是栖居在天地山川之中与众生万物共生息的人。浙江省各级党委、政府顺应村民对美好生活的立体性需要,勇敢地应对改革开放中出现的新情况、新问题,将经济、政治、社会、文化、生态的全方位要求贯彻在社会主义新农村建设中,通过"千万工程""五水共治"、文化礼堂建设等各项为民实事工程让浙江省的新农村建设走在了全国前列,涌现了一个个产业兴旺、生态宜居、乡风文明、治理有效、生活富裕的美丽乡村。在这个过程中,广大浙江乡村人民也发挥了自己创造美好家园的主动性、创造性,集体事务的参与度、集体荣誉感和责任感得到增强,呈现出村社共同体在新的"五位一体"建设布局中得以修复更新的趋势。

(一) 推动一、二、三产业融合发展,强化集体经济,夯实村社共同体的经济基础

改革开放后,农村实行家庭联产承包责任制,农户承包经营权与土地集体所有权分离,不仅带动了农业生产的发展,而且促成了农业剩余劳动力向非农产业的转移,带动了乡村第二、三产业的快速发展,广大农民富起来了,政府财政收入也随之增长,有了更多的财力投入农村各项公共服务建设。党的十九大报告以"产业兴旺"为乡村振兴基础性的要求,是切合实际的。在改革开放初期,浙江乡村的产业兴旺主要表现为农业生产的发展,其中特别是大农业中林、牧、副、渔业在产业比重中的上升,推动了农民收入的快速增长;其次是乡村工商业的发展,在沿海和近郊一些乡村出现了一批生机勃勃的乡村工厂和农民企业家。

在改革开放的深化阶段,浙江乡村的产业兴旺首先表现为农业生产结构的调整、高效生态农业的兴起。1992年,浙江确定了调整农业生产结构、发展具有地域特色的优质高产高效农业的基本思路,从过去以追求产量数量增长为主转向以追求效益为主。2001年,浙江率先在全国进行了粮食购销市场化改革,全面取消粮食指令性生产任

务和计划收购任务，农业生产全面走上了市场化发展道路。2004年，根据农业面临的新形势和浙江农村的实际，中共浙江省委、省政府把大力发展高效生态农业作为浙江现代农业的主攻方向，全省进入了发展高效生态农业的新时期，逐渐形成了蔬菜、茶叶、果品、畜牧、水产养殖、竹木、花卉苗木、蚕桑、食用菌和中药材等十大主导产业。新阶段浙江乡村产业发展的另一个趋势是工业的转型升级和第三产业的蓬勃兴起，逐渐走向一、二、三产业融合发展的道路。改革开放初期一些村庄工业的发展固然造就了一批先富起来的村民，但是粗放型的发展也给乡村生态环境带来了严重破坏。改革开放深化时期，浙江逐步迈入了向生态文明的转型，2003年开始实施的"千万工程"推动了浙江美丽乡村建设的大步迈进，乡村工业逐步开始了关停整顿、向工业园区集聚的步伐。环境整治、生态改善再加上古村落保护修复为乡村观光休闲产业的发展夯实了生态和人文基础，让浙江的乡村走向了生态效益和经济效益双赢的道路。习近平同志在安吉余村考察时所提出的"绿水青山就是金山银山"论点是对这一道路的适时总结和预见，并进一步引领了浙江乡村美丽经济的发展。将观光休闲产业与农业、文创相结合，发掘农业和生态的附加值，浙江美丽乡村建设中的这一道路实际上就是一、二、三产业融合发展的田园综合体路子。"田园综合体"的概念虽然首倡于江苏无锡的阳山镇，但其集现代农业、休闲旅游和田园社区为一体的综合发展模式也是浙江的美丽乡村建设正在蓬勃展开的实践和将来的发展方向。

产业兴则人气旺。人气旺需要和气来。浙江乡村在高效生态农业和一、二、三产业融合发展的过程中也带动了乡村生产关系和组织方式的发展。在发展高效生态农业的专业化、集约化过程中农民的组织化水平也相应提高，其中一个表现就是各种农业专业合作社的发展，探索了在家庭联产承包责任制的制度条件下小农经济如何通过各种合作应对现代大市场的问题。2004年，浙江省在全国率先出台了《浙江省农民专业合作社条例》，2009年根据《农民专业合作社法》修订了这一条例，为支持、引导农民专业合作社的发展提供了法律和政策保障，促进了现代农业的组织化程度。在村集体经济的组织形式方面，浙江省在20世纪90年代就开始了村经济合作社集体经营性资产的股份合作制改革的探索，2005年省委、省政府下发了《关于全省农村经济合作社股份合作制改革的意见》，推进村经济合作社的股份制改造。其中温州市在工作中将村集体资产分为土地资产和非土地资产，对经营性非土地资产实行股改，对土地资产组建村土地合作社，负责村集体土地的经营管理。应该说，这种差异化的工作思路是稳健全面的，有助于避免股份制改造片面地以分割方式处理集体资产的弊端。[①] 农业生产合作社和村集体经济的股份制改革严格说来都是现代市场经济条件下契约文明的产物，与滕尼斯笔下传统共同体的概念有差别。但相对分散的小农经济而言这毕竟需要更多的村民之间的合作，有助于村社共同体内聚力的加强。

除了农业生产合作社这类合作经济蓬勃发展之外，浙江乡村的集体经济近年来也有所发展壮大，但仍存在发展不平衡和不能满足村集体各项公共建设、公共服务需要的问题。近年来，由于乡村各项公共事务——例如村庄环境整治、文化礼堂建设等——的开支增大，集体经济薄弱的问题显得越来越突出。中共浙江省委、省政府正视了这一问题，提出了"壮大农村集体经济、消除集体经济薄弱村"的任务[②]，要求"多措并举、广开门路，找对消除集体经济薄弱村的路子"，其中包括提供基础设施使用有偿服务，土地征收时按一定比例安排集体经济发展留用地等。[③]

浙江省是沿海经济比较发达的省份，部分乡村有相当好的乡镇企业基础，集体经济有比较雄厚的来源。但也还是有不少集体经济薄弱村。我国农村实行土地集体所有、家庭联产承包的土地制度，按理说发展集体经济有相当良好的制度基础，但是包括浙江这样经济发达省份在内的部分农村仍有较为严重的集体经济薄弱现象，影响到农村各

[①] 李昌平提出过一个观点，认为"共同体进行股份制改造，容易形成共同体成员的分化，形成占股少的给少数占股多的打工的现象。这样共同体就面临分化的危险。所以共同体的股份改造一定要慎重，搞得不好就会使共同体走向灭亡"，他建议村社共同体对外投资可以搞股份制，土地所有权不能搞股份制。这个观点值得参考。见杨琪、田文玲《村社共同体不是人民公社的复活》，《中国老区建设》2013年第1期。

[②] 夏宝龙：《省委农村工作会议上的讲话》，2017年2月。

[③]《唐一军同志在全省消除集体经济薄弱村视频会议上的讲话摘要》，浙办通报[2017年]第72期，第6—13页。

项公共事务的建设,原因主要有两个:其一,农业在国民经济中整体比较薄弱,有限的集体土地资源很难通过农业(农林牧副渔在内的广义农业)经营变成稳定的集体收入;其二,村民集体观念淡化,加之由于存在管理不善、分配不公引起的农村集体资产流失现象,部分村民因为对负责村集体资产管理的村干部不信任而倾向于将村集体资产直接分配到个人。针对后一情况,浙江省要求"各地要认真贯彻浙江省农村集体资产管理条例,健全民主监督、会计监督、审计监督、网络监督和责任追究'五位一体'的监督体系,建立完善村级各项资产和财务管理制度,把村干部的'权力'关进制度的笼子","要实行集体资产和财务全面公开,健全村务联席会议制度和民主理财制度,执行好集体经济'三年一轮审'制度,对发现的违法违纪违规问题依纪依法严肃处理"①。这说明了公开、公正的村务管理是村集体经济持久健康发展的保障。

我国的农村土地集体所有制是发展集体经济的强大制度基础。王颖认为,广东南海的乡村走向现代化之时选择了新集体主义而不是全面私有化,其中第一位的因素就是现行土地集体所有制的制约,在土地没有实行私有化,个人仅仅拥有承包权的情况下,乡村经济的发展无论如何都不可能摆脱集体这个利益主体去实现所谓的全面私有化。②贺雪峰也认为"中国农村基层组织建设的最大优势和重要基础正是农村土地集体所有制",他指出农村"当前的土地制度一直在强化农户承包经营权而虚化集体所有权,集体所有权完全没有利益也没有权力,基层组织就是想为村民办事也相当困难",因此他主张将村社集体所留机动地的比例由现行《土地承包法》规定的5%上限提高到10%,使得村社集体有一笔稳定的机动地租金的收入,夯实村民自治的经济基础,培育村庄内生秩序。③ 这一主张在宪法中也有依据,我国宪法第八条规定"农村集体经济组织实行家庭承包经营为基础、统分结合的双层经营制度"。这种统分结合的双层经营制度所体现的其

---

① 《唐一军同志在全省消除集体经济薄弱村视频会议上的讲话摘要》,浙办通报〔2017年〕第72期,第9页。
② 王颖:《新集体主义与乡村现代化》,《读书》1996年第10期。
③ 贺雪峰:《治村》,北京大学出版社2017年版,第260页。

实就是我国古老的井田制所包含的"雨我公田，遂及我私"[①]的公私兼顾的精神。当然，对集体资产和集体经济的强化必须要有公正、良好的村务管理和村务监督作为保障，不宜"一刀切"地冒进推行。在发展村集体经济的政治保障方面浙江省农村可以说走在了全国前列，在村集体经济的管理、村民委员会和村民代表的选举履职、村务监督委员会的运行等方面逐渐走向有序化、规范化。这也体现了政治上层建筑对经济基础的能动作用。

概而言之，浙江乡村在改革开放初期确立家庭联产承包责任制，废除人民公社制度，建立家庭承包经营权和集体所有权分离的统分结合的双层经营体制。这一改革是对人民公社政社合一体制统得过多过死问题的应对，较多地体现出了分的趋势，解放了广大农户、个体的生产积极性，带来了乡村经济的繁荣。改革开放的深化阶段，浙江的乡村在保持家庭联产承包责任制这一基本制度不变的前提下更多地出现了由分而合的趋势，以应对小农经济过于分散、缺乏规模效应的局限性，其中包括农业生产合作社的蓬勃发展、集体经济的再强化等。我们可以将这个趋势简要概括为"统—分—合"过程：

　　　　　　　合（农业合作社的蓬勃发展，集体经济的再强化）
统（政社合一的人民公社体制）——→分（家庭联产承包责任制）

（二）推进德治、法治和自治一体的乡村治理，完善村社共同体的治理秩序

与经济组织方式的"统—分—合"过程相关，在改革开放的深化阶段浙江的乡村治理也出现了新的特点。改革开放以来，乡村政治体制的最大变革是终结人民公社制度，在原来公社一级恢复乡镇政府，在原来大队一级实行村民自治制度。相对政社合一的人民公社体制，乡镇政府不再全方位地统管农村的生产、生活，只是在税收、计划生育、治安、教育等方面承担一些基本的政府职能，村党支部则配合协助乡镇党委和政府完成这些工作。相比人民公社时代的全方位统管，

---

① 《诗经·小雅·大田》。

改革开放初期的乡村治理表现出一定程度的行政后撤趋势，这一"后撤"为乡村自治的发育提供了空间，但在一些自治发育不够成熟的村庄，国家行政力量的后撤也造成了乡村程度不一的涣散无序局面。在改革开放深化阶段，浙江乡村治理的发展表现出三个方面的新趋势：其一是乡村自治制度的逐步完善和协商民主的发展；其二是基层党建的强化；其三是传统村社共同体德治因素的复兴。

中国的乡村有悠久的自治历史，费孝通关于中国传统的皇权不下县的观点在知识界广为人知。虽然这一观点对中国传统乡村皇权与绅权交织的复杂性考虑得不够，过于突出了"皇权无为"、绅权自治的一面，但皇权在乡村的作为确实有限，主要限于征收捐税、执行地方上难以完成的缉捕和赈灾之类事务，至于教育、纠纷调解、普通慈善、修桥造路等小型公共事务大多由地方上的宗族和乡绅完成。费孝通将传统的乡土社会称为"礼治"的社会[①]，这基本上是一个如实的概括。如果用现代政治学中的国家—社会两端模式来分析中国传统的乡村政治，那么我们可以说这是一种既强国家（皇权）也强社会（绅权）的构造。只不过，传统乡村社会不同于现代市民社会，它的范围要小得多，主要限于家族和姻亲关系构成的宗法社会。与传统乡村宗法性共同体的绅权自治不同，现代乡村的村民自治是具有公民契约色彩的民主自治。

伴随民营经济的发展，浙江广大乡村农民的民主意识觉醒很早，浙江乡村的基层民主政治一直走在全国前列。党和政府顺应老百姓的民主要求，注重在村民自治中完善公开民主的选举方式，一些地方很早就实行了自荐海选和自荐直选等推进选举民主化的举措，基层民主的深度和规范化越来越强。在1987年第六届全国人大常委会通过《中华人民共和国村民委员会组织法（试行）》和1998年九届全国人大修订通过《中华人民共和国村民委员会组织法》之后，浙江省很快制定了相应的实施办法，在村民委员会选举制度的设计和内容方面都处于全国领先地位，促进了浙江乡村自治的规范化。

基层民主调动了普通村民参政议政的积极性，落实了村民自治，加强了村民对村庄公共事务的参与意识和参与权利，对选拔能够代表

---

① 费孝通：《乡土社会》，上海世纪出版集团2007年版，第47页。

村民利益的村庄能人、贤人具有重要意义。但是，公开竞争性的民主选举在乡村熟人社会中也带来一定问题，无序竞争的现象在一定程度上存在①，激烈的竞争对村庄熟人社会的人际和谐也带来很大冲击。②近年来，鉴于选举民主的某种不足和弊端，浙江乡村发展了协商民主的乡村治理方式。协商民主在程序上注重民众的广泛参与和理性对话，弥补选举民主只看票数多少的片面性，在目标追求上注重团结和谐、达成共识，避免选举民主派系竞争的弊端。这些做法在乡村的熟人社会中具有良好的土壤，容易生根发芽。郎友兴指出："中国诸多的协商民主实践之所以能够发生于农村，农民之所以主动地走向协商的平台并创造出为数不少的协商新机制，有一个重要的前提就是要有一个共同体为基础。中国协商民主创新案例尤其是授权性的协商民主通常发生于农村（社区）而不是城市（社区）中，究其原因在于前者是一个滕尼斯意义的共同体（社区），而后者则不是。协商民主需要共同体为依托，同时也是重构共同体的一次机会，一个重要的渠道。"③ 这一观点深刻揭示了乡村在发展协商民主方面的独特优势和必要性，表明了以协商民主为特征的乡村自治中所包含的德治因素，其中包含对浙江乡村协商民主实践经验的总结。

改革开放新时期浙江乡村治理的第二个基本特征是基层党建的强化。从2003年起，浙江省全面开展了农村"五好"党支部建设活动，开展了大力评选"千名好支书"的活动。浙江在基层党建方面的先进做法得到了中共中央组织部的表彰，其先进经验在全国范围内得以推广。从近年来浙江乡村发展的实际情况看，那些欣欣向荣、治理有序的村庄大多有一位德才兼备的支书和一个团结有为的党支部。基层党建的强化在村委会选举把关、村集体经济发展等村庄各项事务中都

---

① 郑军：《村民自治在浙江的实践与发展》，《浙江蓝皮书：2013年浙江发展报告（政治卷）》，杭州出版社2013年版，第219页。

② 笔者今年在浙西某村调研时就有村民反映村委会选举中竞争过于激烈、"残酷"，认为这种选举不是好制度。这当然只是部分村民所看到的民主选举的一些负面效应，不能因此就全盘否定掉基层民主的积极意义。但村民的这种反应也说明了竞争性的民主在乡村的推行确实要兼顾乡村社会熟人社会、半熟人社会的现实，避免激化矛盾的负面效应。

③ 郎友兴：《村落共同体、农民道义与中国乡村协商民主》，《浙江社会科学》2016年第9期。

发挥了积极的引领作用。通过"党建+"的多种样式，基层党建成为引领乡村发展的新动力，如"党建+电商""党建+生态""党建+治理"等实现了基层党组织对乡村各项工作的全面引领。

新时期浙江乡村治理的第三个基本特征是各种新型乡村社会组织的兴起与乡村传统德治元素的复兴。这方面浙江的乡村也涌现了很多的先进做法和典型，如浙北桐乡市借鉴人民公社时期诸暨县枫桥经验而形成的高桥经验，如较早从丽水市兴起的乡贤参事会。1949年后的土改和人民公社运动在很大程度上摧毁了宗法制度，党支部和工作组的权力深入村庄，国家政权的力量空前强大。但即便这样，乡村内部的自治因素也还在发生某种作用，因为乡村的熟人社会性质并没有发生改变，乡村社会的无讼追求和调解传统仍然在以某种变化的方式在新社会中起作用。20世纪60年代，诸暨县枫桥镇在社会主义教育运动中创造性地继承发挥了中国乡村的德治和自治传统，用四先四早[①]和大调解的办法化解乡村社会中的矛盾，做到了"小事不出村，大事不出镇，矛盾不上交，就地解决"。枫桥经验作为解决人民内部矛盾的基层治理经验得到了毛泽东同志的肯定，被作为典型介绍到全国。改革开放以后，枫桥经验进一步得到了提炼发展。近年来，浙北的桐乡市借鉴枫桥经验，探索德治、法治、自治共建的乡村治理方式，成立百姓参政团、道德评判团、百事服务团，探索社会管理创新，形成了"大事一起干，好坏大家判，事事有人管"的高桥经验。[②] 从枫桥经验到高桥经验，我们看到浙江的乡村治理很注重继承发展传统乡村以礼治、德治为特征的自治经验，作为现代民主法治的村庄治理方式的有益补充。无论枫桥经验、高桥经验还是在浙江全省范围内蓬勃发展的乡贤参事会，都发扬了乡村社会重亲情、重舆论、重人际和谐的传统，其德治因素中具有很强的文化治理色彩，这在近年来浙江农村文化礼堂建设的效果中也可以看到。

---

① 四先四早，即预警在先、矛盾问题早消化；教育在先，重点对象早转化；控制在先，敏感时期早防范；工作在先，矛盾纠纷早处理。参见吴锦良《"枫桥经验"演进与基层治理创新》，《浙江社会科学》2010年第7期。

② 许威：《德治、法治、自治语境下的基层社会治理创新》，《浙江万里学院学报》2015年第5期。

综合以上三个方面，我们看到在改革开放新时期浙江的乡村治理呈现出治理主体的多元协调和治理方式的多样并举局面，可以图式如下：

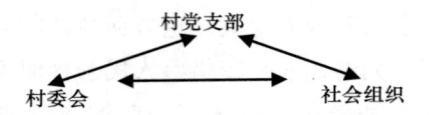

```
            村党支部
           ↗        ↖
       村委会  ←→  社会组织
```

在这个三方关系中，村党支部为村庄自治提供政治引领和组织保障，为乡贤理事会等乡村社会组织的健康发展提供思想政治指导，是统领性的核心；村委会、村务监督委员会以及村经济合作社是村民自治的主干和法定形式，是村民民主自治权利的落实；乡贤参事会等社会组织则在乡村协商民主中发挥协同性的作用。这种一核多元的乡村治理结构充分发挥了乡村各个层面的治理潜能，为村社共同体的建设提供了丰富的治理元素。

（三）乡村公共服务供给主体的变迁与村社共同体的服务关爱体系建设

共同体就像一个温馨的港湾，村社共同体是村民共同的家园。这种家园认同不仅要靠文化宣传、价值引领，也需要"家长"和"家人"的相互关爱所提供的保障、散发出来的温暖。在传统乡村社会，乡村地方性公共服务和慈善救助主要由本族长老和地方士绅精英为主导的村社互助来提供。传统乡村成熟稳定的宗族往往有祠堂和族田，族田收入除了用于祭祀祖先，还用来周赡贫家、救济疾病等。一些有儒家济世情怀的士绅还通过发起建立社仓、路会、义学、慈善会等形式为乡村提供公共和慈善服务。可以说，儒家大同理想中所表达的"鳏寡孤独废疾者皆有所养"的慈善理想在乡村主要是通过宗族共同体内部的互助和士绅主导的慈善组织所承担的。宗族和村落共同体通过提供公共服务也培植了共同体认同。不过，也要看到，由于宗族的公共财产有限、士绅所主导的乡村慈善公益组织也具有不稳定性，传统村落共同体所能提供的公共服务和慈善救济是非常有限的，鸦片战争后，千疮百孔的半殖民地半封建社会下的旧中国农村更是如此。

中华人民共和国成立后，国家政权嵌入乡村基层，土地改革和阶级斗争打击了传统乡村士绅阶层，消灭了宗族共同体的经济基础，通过集体化改造实现了社会资源向生产队、人民公社的集中，农村公共服务也主要由国家和乡村集体组织供给。在20世纪50年代，浙江建立了比较健全的农村社会保障服务体系，普及了"五保户"供养和"赤脚医生"为代表的农村合作医疗，普遍设立了文化站、广播站和小学等公共服务机构，农村各项公共服务的水平有较大提升。凭借有限的集体和国家财力，人民公社为农村居民提供了普惠但低水平的社会保障。

人民公社解体之后，原有的农村公共服务生产和供给体系瓦解，新的生产供给体系尚未建立，导致农村公共服务能力和水平出现"转型性衰退"。进入21世纪以来，由于国家财力的上升和中央对新农村建设的重视，农村公共服务体系衰退的趋势得到了一定扭转，原先由乡村集体组织承担的农村公共服务供给功能越来越多地由国家承担起来。2002年国家逐渐取消农业税后，乡镇和村一级的集体提留随之也取消了，农村公共服务越来越依赖政府公共财政的扶持。中共浙江省委、省政府高度重视农村公共服务的改善，深入贯彻中央加快推进基本公共服务均等化的各项方针。尤其在习近平同志主政浙江时期，浙江省市地方政府明显加大了对农村各项公共服务的投入，全面推进农村社会保障体制改革，城乡一体的最低生活保障制度、被征地农民社会保障制度、农村新型合作医疗制度、城乡居民养老保险制度、农村"五保"集中供养等各方面制度越来越完善。这些社会事务的支出都是由政府财政负担的。从这个角度看，改革开放后，尤其国家实行分税制改革和取消农业税之后，乡村社会进入了一个政府强、集体和社会弱的局面，各项社会公共事务均由公共财政来承担。

最近10余年来，浙江农村公共服务体系的一个重要改革，是公共服务的承担重心下沉到农村社区。2006年下半年，浙江省确定11个县（市、区）的46个村，围绕完善基础设施、深化村民自治和构建服务体系组织等开展新型农村社区建设试点工作，走在全国前列，受到民政部高度重视。浙江省在2012年新修订公布的《浙江省实施

〈中华人民共和国村民委员会组织法〉办法》中明确了农村社区的职能定位，规定了农村社区基础设施、公共服务设施建设和开展社区服务所需经费可以通过政府财政、村集体经济、村民筹资筹劳等方式解决。不过，由于目前浙江乡村村集体经济普遍不够雄厚，农村社区不足以在财力上独自承担农村公共服务的多方面功能，更多的是起到一种衔接村民自我服务与政府公共服务、社会公益服务的作用。

由于浙江省有较强的民营经济基础和民间社会力量，社会力量参与新农村建设的力度也不断加大，参与形式逐步从行政动员走向"自觉行动、基金化运行"。一大批诸如老年协会、文体协会、环保协会、调解组织、志愿者团体等民间组织已经开始承担和提供公益性互助性的公共服务，社会公益基金快速发展，一些民营企业家积极组建公益基金，用于新农村公益事业建设和扶贫开发，一些地方还建立村级公益基金，动员本村先富群体捐资参与乡村建设。例如，丽水市庆元县就首创了村级慈善爱心基金并加以推广，村级慈善爱心基金主要面向本村企业及企业主、个体户、公职人员等先富群体募集，持续用于本村奖学助学、尊老敬老、扶贫济困等慈善公益事业，村级成立基金的理事会、监事会，制定基金的章程和管理办法，做好基金管理、监督等日常事务。基金的创建和运行增加了国家财政和集体经济之外的慈善事业的新鲜血液，促进了邻里和睦和先富群体与未富群体的和谐。[①]乡村社会中各类基金会、理事会的创建与运行加强了公益建设和慈善救助的社会力量，减轻了国家财政的负担，也增强了村民对村集体的认同，让村民能感觉到社会互助的温暖。

综上所述，浙江乡村的公共服务供给主体在最近10年左右已经出现从政府包揽转向政府为主、多元投入的趋势，政府、乡村社区和社会公益组织正在共同承担起乡村公共服务和慈善救济的功能，三者之间的关系类似于在乡村治理结构中村党支部、村委会和社会组织之间的关系：

---

① 邵峰：《城乡一体化趋势下浙江乡村社会治理的分析与评估》，载《浙江蓝皮书：2014年浙江发展报告（社会卷）》，浙江人民出版社2014年版，第34—35页。

```
           政府提供的农村社会保障体系
                    ↗        ↖
         农村社区服务  ←→  公益慈善组织
```

(四) 以文化复兴引领乡村振兴,加强村社共同体的价值融合与文化认同

人民公社时期,浙江乡村的文化生活虽然比较活跃,但是主题单一,主要是社会主义、集体主义文化宣传,对乡村传统文化采取了批判否定的态度,对欧美的外来文化则基本处于封闭状态。改革开放以后,乡村文化的发展呈现出多元化的面貌,包括外来宗教在内的西方文化随着国门的开放而进入浙江沿海乡村,各种传统的信仰、习俗也有所恢复。同时,由于电视机、计算机、手机等现代娱乐和通信方式在乡村的普及,村民的文化生活日益家庭化、私人化,村庄公共文化生活有所弱化。由于市场经济的冲击,一些传统的文化生活形式也面临式微、失传的危险。

针对这些情况,浙江各级党委、政府采取了多种措施加强乡村文化的建设,推动乡风文明的再造。首先,是推进农村公共文化服务建设。2007年,浙江省文化厅等各家单位联合实施了农村文化建设十大工程,其中包括农村文化基础设施建设工程、文化遗产保护工程、农民体育健身工程、农村文化队伍素质提升工程等。这些工程为乡村文脉的保护、农民公共文化生活的丰富提供了有力支持。其次,是推进农村公共文化资源的整合和村民价值观的融合。这方面比较突出的是近年来的农村文化礼堂建设。

浙江农村文化礼堂建设从2012年开始启动,2013年在全省范围内展开,中共浙江省委、省政府顺应广大农民群众对文化生活的需要,始终把文化礼堂建设摆在重要的位置,连续5年把文化礼堂建设纳入当年省政府10件为民办实事项目。文化礼堂在展陈设施上包括两堂(礼堂、讲堂)、五廊(村史廊、民风廊、成就廊、励志廊、艺术廊),内容上包括春节祈福迎新礼、婚礼、学童开蒙礼、庆祝国庆暨"成人礼"、重阳敬老礼等节庆礼仪活动,以及道德和政策宣讲、科技培训、乡村公共性的文体娱乐活动等。农村文化礼堂虽然在有些村是由旧有的祠堂改建而成,但在定位和功能上与宗祠有很大不同。

文化礼堂是属于全村人的公共文化空间，而不是像祠堂那样只属于某一族姓的祭祀、议事场所；礼堂陈列村史、表彰全村的优秀人物（乡贤）和道德模范，举办春节迎新祈福等具有新时代风尚的礼仪活动，构建的是村庄集体认同、引领的是村风乡俗，这与修家谱、祭祖宗的构建家族认同、塑造家风族风不一样；文化礼堂昭告村规民约和社会主义核心价值观、浙江人共同的价值观，宣讲国家的法律政策等，与祠堂的训示族规家训有不同，是国家意志与村庄民情之间上传下达的沟通空间。简而言之，农村文化礼堂的建设是要以文化引领来培育现代村社共同体，以村社记忆、共同愿景构造村社认同，以"我们的村晚""我们的村歌"等公共文化活动塑造有别于家族自豪感的乡村自信。

但是，文化礼堂建设对传统宗族文化、家文化又不是采取简单粗暴的排斥态度，不同于"文化大革命"时期极端反传统的做法。以文化礼堂建设为平台，响应习近平同志"注重家庭，注重家教，注重家风"[①]的讲话，浙江乡村广泛开展了立家训、评家风活动，以好家风的倡导促进良好民风、村风培育。家庭是最原初、最具体而微的集体，是感受关爱、承担责任、克服个人主义膨胀的第一所人生学校。农村文化礼堂建设着眼于爱国主义的引领和村集体认同的塑造，同时又注意家庭小集体的培育，并且尊重个体的合法权利，构筑了核心价值观引领下的价值融合空间。在庄严而不失亲切的礼堂空间里，浙江人的共同价值观——务实、守信、崇学、向善——与社会主义核心价值观一同书写在醒目的位置，同时礼堂还为能够体现乡村传统价值观中优秀元素的家风家训提供陈列室、陈列墙，在各种文化礼仪活动中也努力推动时代新风与优秀传统文化的融合，构筑社会主义乡村价值观与新的乡风文明。我们可以将以文化礼堂为载体的浙江乡村价值观融合图示如下：

---

① 习近平：《注重家庭，注重家教，注重家风》，载《习近平谈治国理政》第二卷，外文出版社2017年版，第353页。

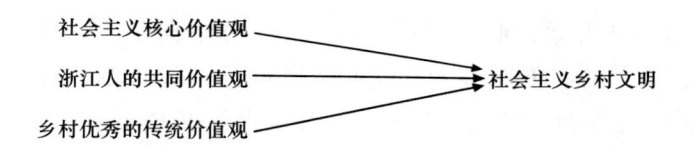

```
社会主义核心价值观 ─────┐
浙江人的共同价值观 ─────┼──→ 社会主义乡村文明
乡村优秀的传统价值观 ───┘
```

浙江省的农村文化礼堂建设既注重高端引领和顶层设计，又注重让各地村庄发挥自己的主动性、创造性，提倡一村一品、一村一韵。在此过程中，千百个乡村发挥了自己的创造性，追溯村史、凝聚乡贤、教唱村歌、举办"我们的村晚"等，这些活动让广大农民群众在丰富的文化生活中潜移默化地加强了村社共同体的认同感，切实感受到了党和政府对农民、农村、农业的关注和投入，因此也加强了对各级政府和国家的认同，在热爱家乡的同时潜移默化地培养起热爱祖国的感情。

农村文化礼堂建设、历史文化村落保护这类政策举措不仅保护了乡村的文脉、丰富了村民的文化生活，而且很大程度上改善了村庄的景观和风貌，形成了一道道亮丽的乡村风景线，增强了村民的文化自信和乡村生活的吸引力，为乡村旅游的发展增加了文化底蕴。浙江省各级党委和政府很重视文化引领在建设美丽乡村、发展农旅结合新产业方面的作用，努力实现文化建设与政治、经济、社会、生态建设各方面的良性互动。例如，近年来，浙南山区丽水市松阳县积极探索文化引领的乡村复兴之路，在古村落保护开发、发展民宿经济等方面坚持文化引领，倡导有文化品质的田园乡村生活，为浙江省和全国的乡村振兴提供了一个以文化引领为特征的松阳经验。浙北湖州的安吉市坚持以"两山理论"、生态文化指引美丽乡村建设，发展美丽经济，实现了乡风文明、生态修复和产业发展、农民增收的良性互动。

（五）强化环境整治和生态保护，培育开放型永续发展的田园社区

在现代工业文明中，经济发展与生态环境保护之间普遍存在着一定矛盾。在改革开放初期，浙江乡村由于工业大发展而存在一定程度的无视环境后果的无序现象，环境污染、生态破坏的情况一度比较严重。2003年开始，实施"千万工程"，大力整治农村环境脏、乱、差

问题。2013年开始，浙江省强力推行治污水、防洪水、排涝水、保供水、抓节水的"五水共治"工程，普遍推行河长制，落实治水责任，推进污染治理的制度化，农村水环境得到很大改善。

中国农民在长期的小农经济中形成了"各人自扫门前雪"的小农意识，改革开放实行家庭联产承包责任制以后，以农户为单位的个体化生产使得这种小农意识有所加强。但是生态环境的问题本质上是一个集体性的问题，需要以集体力量和集体智慧解决。湖州市安吉余村是习近平同志"绿水青山就是金山银山"重要思想的发源地，从一个改革开放初期以环境污染严重的石灰岩采矿业致富的安吉首富村转变为浙江省美丽乡村建设的先进典型，在这一华丽转变中，村集体的整体规划和村民的理解配合发挥了关键作用。以安吉余村为典型的一批浙江省美丽乡村强化经营村庄理念，形成了环境美化与经济发展互促、美丽乡村与农民富裕并进的良好局面。这些美丽乡村把生态良好的潜在优势转化为产业发展的现实优势，发展山水养心、绿色保健等养生经济，运动探险、拓展训练等运动经济，寻根探史、写生摄影等文创经济，农房出租、会堂入股等物业经济，产品直销、电子商务等商贸经济，来料加工、旅游品加工等劳务经济，培育了一大批"美丽产业"，实现了生态环境整治与经济发展的互促共赢。[①] 同时，通过发展景区经营、物业经营和配套服务等产业村级集体经济也得到了壮大，村集体开展生态环境整治和其他各项公共事务的经济基础也得到增强。

绿水青山、渔歌樵唱，是天地和先人馈赠给我们最宝贵的财富，是乡村繁衍生息的生态和文化根基。浙江省美丽乡村建设的生动实践证明，乡村生态环境的保护和修复需要村民集体的努力，其成果也为村民集体乃至更多的人所共享。"樵不竭兮渔无穷，耕且读兮世绵隆。"这是杭州市富阳区常安镇董家村祠堂柱子上刻写的一副对联，充满诗意地表达了传统乡村生态优良、环境优美、人文繁盛的风貌和愿景。这一诗意田园情景的关键在于中国乡村耕读传统对山水生态的

---

① 邵峰、杨圆华：《新型城镇化进程中浙江新农村建设评估与分析》，载《浙江蓝皮书：2014年浙江发展报告（社会卷）》，浙江人民出版社2014年版，第48页。

依恋、对宗族人文绵续的素朴守护。这种人文与生态协同永续发展的理念，值得我们在美丽乡村建设中继承发展。

生态环境的问题在根底上是人心的问题、世界观的问题。在改革开放初期[①]，人们用绿水青山去换金山银山，一味索取资源而很少考虑环境的承载能力，这个时期人们的行为是利己取向的、自我中心的，与自然环境的关系是疏离的。与之相关，人与人的关系也出现了各顾自家的疏离化倾向。在改革开放的深化阶段，经济发展和环境恶化之间的矛盾凸显出来，人们把金山银山和绿水青山之间的取舍看作两难。自利主导的行为模式面临困境。科学发展观所带来的新发展理念在一定程度上应对了这一矛盾，看到了"绿水青山就是金山银山"，生态优势可以变成经济优势，这就是从建设美丽乡村中创造出美丽经济的阶段。在这一阶段中人们看到了人与生态环境之间的依存关系，人的行为也从自利模式转向互利共赢的模式。

这一阶段还蕴含了向一个更高阶段转变的契机。因为"美丽经济"的前提是消费者能够超出"经济"而享受"美丽"，能发现"绿水青山"的内在韵味。这就超出了对自然的利用态度而开启了超功利的行为模式——悠然见南山，"见山还是山"。这种在山水生态中培养的超功利心态也将带来人际相处模式的变化——从功利主义的互利共赢到陶然忘机的和乐相与。这才是真正的共同体生活理想，是中国人乡愁深处的"桃花源"，中国人所理解的"诗意栖居"。从学理上说，这是超出美丽经济的"生态宜居"阶段，也是"田园综合体"的乡村振兴理念超出农旅结合模式的地方。因为"田园综合体"的概念里面除了现代农业、休闲旅游之外还有一个"田园社区"的向度。"田园社区"也就是生态宜居的社区，是原住民、新住民和游客三类人群和谐共融的现代开放型村社共同体。这或将是浙江美丽乡村建设的新方向。我们可以借用习近平同志的"两山"理论，将浙江乡村振兴中的生态文明建设图示为四个阶段：

[①] 改革开放之前的人民公社时代中国人与自然的关系已经相对传统中国的"天人合一"观发生了重要变化，战天斗地、改造自然的思想已经占上风，生态环境破坏的现象也出现了，只是当时农村的生产力有限，对生态环境的破坏还没有引起人们的普遍关注。

绿水青山胜过金山银山（未来的田园社区）
↑
绿水青山就是金山银山（美丽经济）
↑
既要金山银山，也要绿水青山（经济发展与保护生态矛盾）
↑
用绿水青山去换金山银山（先污染后治理）

改革开放40年来，尤其是进入21世纪的改革深化阶段以来，浙江乡村的建设和发展成就表明，乡村在现代化过程中面临的一些问题，并不是不可解决的。乡村的经济发展和生态环境之间并不必然构成难以兼顾的对立关系，市场经济并不必然导向人际关系的原子化，乡村的德治传统与现代民主法治可以并行不悖，乡村的优秀传统文化可以与当代价值观有机融合，在信息化和生态文明时代乡村的命运未必是走向边缘化的凋敝状态。相反，乡村完全可以重新焕发出内在的生机、经久的魅力。这种魅力就是兴旺和美、自信开放的田园社区的魅力，现代村社共同体生活的魅力。通过城乡融合发展的社会主义新农村建设，浙江大地上涌现出了一个个兼具传统底蕴和现代化成就的美丽乡村，这些美丽乡村向人们展示了乡村现代化的结局未必是共同体的解体、人群的离散、生态环境的破坏、乡村的边缘化。相反，只要广大乡民仍然记得住乡愁、能够将乡愁中美丽田园的记忆化为建设美丽乡村的奋斗动力，只要各级党委政府能够响应广大村民对美好生活的向往而积极作为，那么乡村就会仍然是一片兴旺和美的希望的田野，就能建设成为自信开放的现代村社共同体，走出一条具有中国特色的社会主义乡村现代化道路。

第四节　为乡村走向现代化贡献中国智慧与经验

习近平总书记在党的十九大报告中指出，中国特色社会主义进入新时代，意味着中国特色社会主义道路、理论、制度、文化不断发展，拓展了发展中国家走向现代化的途径，给世界上那些既希望加快发展又希望保持自身独立性的国家和民族提供了全新选择，为解决人类问题贡献了中国智慧和经验。习近平总书记的理论判断不仅从人类社会演进的宽阔视野审视了发展中国家走向现代化的实践命题，更深刻阐明了坚持和发展中国特色社会主义对于人类命运共同体的思想价值。乡村振兴作为中国特色社会主义现代化建设事业当前与未来很长一段时期内的重点任务，同样需要坚定"四个自信"，为世界其他发展中国家乡村走向现代化贡献中国智慧和经验。

道路决定命运。事实证明，西方现代化道路并非发展中国家乡村实现现代化的最佳选择。以拉丁美洲诸国为代表的很多发展中国家简单照搬和复制西方模式，在经济政策和国内治理上盲目推崇新自由主义，不仅使得这些国家的政府和政党丧失了对于经济社会发展的有效领导能力，难以解决由片面经济发展所导致的复杂社会矛盾，而且使得本国经济被外国资本控制、政权沦为跨国资本和本国既得利益集团的附庸，乡村急剧凋敝，社会贫富分化严重，国家发展陷入"中等收入陷阱"。

与之形成对比，中国共产党领导人民不走封闭僵化的老路，不走改旗易帜的邪路，不断探索完善中国特色社会主义乡村建设的制度体系、发展战略、基本方略，始终把"三农"工作作为工作的重中之重，坚持农业农村优先发展，加快推进农业农村现代化，不断提高农民群众的民生福祉，为世界各国人民，尤其是生活在乡村的人民追求更加美好的生活展示了不同于西方模式、乡村走向现代化的中国探索。由此可见，中国的乡村发展实践，关键在于有一个先进政党作为坚强领导核心，党的领导是中国特色社会主义现代化建设取得辉煌成就的最根本原因，也是实现乡村走向现代化的根本保证。

在乡村"五位一体"全面振兴的总体布局下，"创新、协调、绿色、开放、共享"五大发展理念对于实施乡村振兴战略具有格外重要的意义。2016年1月，习近平总书记在重庆调研时指出，党的十八届五中全会提出创新、协调、绿色、开放、共享的发展理念，是针对我国经济发展进入新常态、世界经济复苏低迷开出的药方。[①] 五大发展理念在乡村振兴战略中的具体应用同样能为乡村走向现代化的时代

---

① 《习近平在重庆调研时强调确保如期实现全面建成小康社会目标》，2016年1月16日，新华网（http://www.xinhuanet.com/politics/2016-01/06/c_1117691671.htm）。

命题分享更多的中国智慧。

创新发展理念居于乡村振兴战略全局的核心位置。习近平总书记指出"农村要发展,根本要依靠亿万农民。要坚持不懈推进农村改革和制度创新,充分发挥亿万农民主体作用和首创精神,不断解放和发展农村社会生产力,激发农村发展活力"①。2018年的中央一号文件提出提升农业发展质量,培育乡村发展新动能的目标,关键在于推进各项体制机制创新,深化涉及农业农村各项制度的改革。贯穿创新发展理念,既涉及转变乡村经济发展方式,实现从资源扩张向科技创新驱动的转变,也涉及巩固和完善农村基本经营制度,深化农村土地制度与农村集体产权制度改革,还涉及激励各类人才在农村广阔天地大施所能、大展才华、大显身手。

协调发展理念是实施乡村振兴战略的根本途径。在制定第十三个五年规划中,习近平总书记指出:"必须全力做好补齐短板这篇大文章,着力提高发展的协调性和平衡性。"② 对于乡村振兴战略而言,建立健全城乡融合发展体制机制和政策体系、坚持经济、政治、文化、社会、生态"五位一体"同步发展,保障物质文明与精神文明并重,是践行协调发展理念的三个重要维度。其具体表现在持续改善农村人居环境,逐步建立健全全民覆盖、普惠共享、城乡一体的基本公共服务体系,以及加快形成工农互促、城乡互补、全面融合、共同繁荣的新型工农城乡关系,让乡村在各项事业全面发展的有力环境下,实现乡村居民物质富裕和精神富有。

绿色发展理念是打造乡村振兴的核心竞争力。习近平同志指出:"绿色发展,就其要义来讲,是要解决好人与自然和谐共生问题。"首先是在乡村生态环境整治中践行绿色发展理念。中央农村工作会议强调:"以绿色发展引领生态振兴,统筹山水林田湖草系统治理,加强农村突出环境问题综合治理,建立市场化多元化生态补偿机制,增

---

① 《习近平:健全城乡发展一体化体制机制 让广大农民共享改革发展成果》,2015年5月1日,新华网(http://www.xinhuanet.com/2015-05/01/c_1115153876.htm)。

② 《习近平:关于〈中共中央关于制定国民经济和社会发展第十三个五年规划的建议〉的说明》,2015年11月3日,新华网(http://www.xinhuanet.com/politics/2015-11/03/c_1117029621.htm)。

加农业生态产品和服务供给。"其次是在促进乡村产业发展方式转型中践行绿色发展理念，包括依靠科技，发展循环农业，发展污染处理技术，降低乡村工业环境影响。最后是在改善乡村人居环境中践行绿色发展理念，推进农村"厕所革命"，完善农村生活设施，让良好生态成为乡村振兴支撑点。

开放发展理念是乡村振兴的宏观战略视野。在浙江工作期间，习近平同志就提出："以开放促发展，大力实施'走出去''引进来'的战略，不断拓展'三农'发展新空间。"① 践行开放发展，一方面是在保障国家粮食安全的前提下，加快引进国外在农业农村发展方面的资金、人才、技术和管理，从而增强中国乡村农业、工业和服务业的综合实力和国际竞争力，另一方面更广泛地开拓国际市场，通过对外贸易与对外经济合作使中国乡村的优势产品和服务能在更广阔的消费市场中赢得青睐。在实施乡村振兴战略中不搞闭门造车，始终保持开放的心态吸纳人类文明在乡村景观规划、农业科技、创新业态等领域的一切先进成果，同时积极向世界各国，尤其是发展中国家推介中国实施乡村振兴战略的理念与成果，讲好中国故事，构建广泛的利益共同体。

共享发展理念是实施乡村振兴战略的根本落脚点。习近平同志强调，消除贫困、改善民生、逐步实现共同富裕，是社会主义的本质要求，是我们党的重要使命。② 共享发展首先是要让全体乡村群众共享发展成果，对于工商资本下乡要防止排挤农民，剥夺农民的机会和利益，老板下乡要带动老乡，不能代替老乡、富了老板、亏了老乡。③ 其次是要让乡村群众全面共享经济、政治、文化、社会、生态各方面建设成果。他所强调的"人民对美好生活的向往"，包括"更好的教育、更稳定的工作、更满意的收入、更可靠的社会保障、更高水平的医疗卫生服务、更舒适的居住条件、更优美的环境，期盼着孩子们能

---

① 习近平：《之江新语》，浙江人民出版社 2007 年版，第 106 页。
② 《习近平：脱贫攻坚战冲锋号已经吹响 全党全国咬定目标苦干实干》，2015 年 11 月 28 日，新华网（http：//www.xinhuanet.com/politics/2015-11/28/c_1117292150.htm）。
③ 韩长赋：《用习近平总书记"三农"思想指导乡村振兴》，《学习时报》2018 年 3 月 28 日第 1 版。

成长得更好、工作得更好、生活得更好"。这些都是通过实施乡村振兴战略需要为群众提供的美好生活要件。最后是充分尊重广大农民意愿，调动广大农民积极性、主动性、创造性，把广大农民对美好生活的向往化为推动乡村振兴的动力，通过共建实现共享，形成人人参与、人人尽力、人人都有成就感的生动局面。

在习近平新时代中国特色社会主义乡村建设思想的指引下，我们不仅能走出一条符合中国国情，城乡融合、"五位一体"全面发展的乡村现代化道路，也必将为发展中国家乡村走向现代化提供可资借鉴的中国探索，贡献"创新、协调、绿色、开放、共享"发展的中国智慧。浙江作为最早践行习近平同志城乡一体化发展战略的先进省份，已经而且还将继续在浙江大地上培育出美丽的乡村振兴之花，为世界各国人民带去惊艳与芳香。

第一章 改革开放40年乡村发展的基本轨迹

系统梳理改革开放40年浙江乡村发展的基本历程，我们可以清晰地看到：浙江的改革始于农村。以农村经济体制改革为突破口，带动农村所有制变革；以建立社会主义市场经济体制为主线，不断深化农村改革，充分发挥市场对资源配置的决定性作用，释放乡村发展内生动力；打破城乡分割壁垒，实现城乡统筹发展；以高效绿色生态为引领，推动单一农业产业向一、二、三产业融合发展，村庄向宜居宜业宜游的美丽乡村发展；充分尊重和调动农民群众的积极性和主动性，激励农民创业创新，由摆脱贫困到解决温饱再到全面实现小康、促进农民全面发展。

第一节 回望1978：基础与困境

中华人民共和国成立后，传统的自然村落经历了互助组、合作社、人民公社等组织化的过程。在人民公社（三级所有、队为基础）的体制框架内，生产队是农民生产、生活、分配核算的基本单元，自然村落只是一个居住单元，其他功能弱化了。[1] 由于长期以来实行城乡分割的户籍制度严格限制农民进入城市，导致农业人口比重大，1978年全省年末按公安户籍统计的农业人口达3321.96万人，比

---

[1] 王景新：《村域集体经济：历史变迁与现实发展》，中国社会科学出版社2013年版，第2页。

1949年增长87.2%，占年末全省总人口的88.6%，比1940年增加了3.4个百分点。

一 农业为主、多种经营与落后的乡镇工业并存

浙江农业自然资源丰富，有适合多种农作物种植和动物养殖的气候条件，有富饶的平原和海拔不等的丘陵和山地，更有广阔的水面。历史上孕育了以河姆渡文化、良渚文化为代表的农业文化，是典型的鱼米之乡。中华人民共和国成立后，土地改革解放了农业生产力，轰轰烈烈的群众运动恢复和发展了农业生产，粮棉油等主要农产品有了较大增长，社队集体经济逐渐有了基础，成为全国最早实现粮食亩产超《纲要》[①]跨千斤的省。但在改革开放前，由于农业管理上实行"大一统"，生产上搞"大呼隆"，分配上吃"大锅饭"，农民生产积极性不高，生产效率较低，农业产值从1949—1977年仅增长1.82倍（按可比价计算），粮食和肉类人均占有量只增长了60%和58%。农村经济主要是以传统农业经济为主。1978年，全省农业总产值65.71亿元，其中种植业产值48.86亿元，占74.4%，林业产值1.99亿元，占3.0%，牧业产值9.42亿元，占14.3%，副业产值1.96亿元，占3.0%，渔业产值3.48亿元，占5.3%。

浙江虽然农业自然资源丰富多样，但人均农业资源稀少。人地矛盾的压力一直比较突出。浙江土地总面积10.18万平方公里，其中丘陵山地占全省陆域总面积的70.4%，平原占23.2%，水域占6.4%，被称为"七山一水二分田"。自1949年以来浙江人口持续增长，1953年第一次人口普查浙江人口为2241.58万人，其中农村人口为1952.42万人；1982年第三次人口普查浙江人口为3888.46万人，其中农村人口为3305.97万人。与此同时，耕地面积呈下降趋势。1953年全省人均耕地为1.39亩，1964年全省人均耕地降为1亩，到1982年全省人均耕地0.7亩，按当时全省农村人口计算，人均耕地0.82亩，两者均只及1953年的一半左右。人多地少、人均农业资源稀少这一基本省情决定了浙江农村经济的多种经营相对较发达，传统的手

---

① 全称为：《1956到1967年全国农业发展纲要》或《农业发展纲要四十条》。

工业、小商业长期存在。浙江历史上能工巧匠较多，家庭手工业较为普遍。特别是中华人民共和国成立后农村传统的以"五匠"（竹、木、铁、泥、漆）和土纺土织为主体的多种经营得到恢复和发展，农村二、三产业有了一定的发展。1978年全省农村社会总产值98.72亿元，占全省总产值的比重79.61%；农业总产值为65.71亿元、农村工业总产值21.48亿元、农村建筑业总产值6.38亿元、农村运输业总产值0.9亿元、农村商业饮食业总产值4.25亿元，分别占农村社会总产值的比重为66.6%、21.7%、6.5%、0.9%、4.3%。但从全省来看，改革开放初期，浙江已经初步形成了以机械、建材、化工、食品、纺织、电力、燃料、造纸、钢铁、有色金属等行业为主，门类比较齐全的工业生产体系。工业生产基本分布于城镇，城市工业占全省工业总产值的84%。相对于城镇工业，农村工业行业分布面较窄，主要集中在机械（农机制造和修理）、建材、纺织、化工等行业。1978年"社办工业"中，这四个行业产值所占比重分别为28.5%、21.2%、19.6%和9.1%，四个行业产值所占比重高达78.4%。而且农村工业以手工业为主，技术装备原始，劳动生产率低下，发展缓慢。1978年，全省有乡镇企业7.91万家，年末职工人数190.14万人，平均每个企业只有24人。年末固定资产原值11.07亿元，平均只有1.4万元；实现乡镇企业总产值138.24亿元，平均只有17.5万元；实现纯利润4.12万元，平均每个企业只有5200元。农村工业劳动生产率仅1681元/人，不及城镇工业劳动生产率7288元/人的1/4。

在农村劳动力中，从事传统种养业劳动力所占比重近九成，从三次产业的劳动力构成情况来看，农业劳动力所占比重更是高达75%。而从事第二、三产业的仅占11%。广大农村人口几乎被隔绝在工业化进程之外，农村劳动力中工业从业人员仅占8%左右。此外，建筑业、运输业和商业，城镇也明显比农村发达，三者占社会总产值的比重，城镇分别比农村高3.5个、1.4个和0.9个百分点。

二 农民生活普遍贫困

中华人民共和国成立初期，由于人民政府采取了一系列政策和措施,农民生活水平有了一定的提高。人均纯收入从1949年的47.3元提高到1952年的73.4元。但从1952—1978年改革开放前,由于人民公社化、"文化大革命"时期的农业农村经济发展缓慢,再加上受严重自然灾害影响,导致浙江农民收入和消费水平一直比较低下,大多数农民生活水平长期处于贫困状态。1978年浙江农村居民人均纯收入165元,30年间仅增加117.7元;人均生活消费支出仅157元,其中食品消费支出93元,而同期全省人均国民收入从103元增至290元,增幅是前者的1.75倍。部分地区农民处于"吃粮靠返销,生产靠贷款,生活靠救济"的艰难困境。贫困发生率为36.1%,高于全国平均水平5.4个百分点。

三 基础设施薄弱,社会事业发展滞后

改革开放前,浙江农村基础设施建设和社会事业发展虽已取得了显著成绩,但是从整体看,农田水利基础设施建设还很薄弱,有效抗御自然灾害的能力还很低;农村交通设施发展缓慢,特别是山区公路建设严重滞后;农村电气化水平和邮政通信水平相对较低。

(一) 农田水利基础设施薄弱

中华人民共和国成立以后,党和政府十分重视农田水利基础设施建设,开展了大量的江河防洪、钱塘江海塘、浙东海塘和治涝工程建设。建设了黄坛口水电站、新安江水电站、富春江水电站、湖南镇水电站,还修建了横锦、铜山源等36座大中型水库;苕溪流域与杭嘉湖平原1949年以来建设了青山、对河口、老石坎、赋石4座以防洪为主的大型水库和一批中小型水库。曹娥江流域1973年在支流长乐江上扩建完成了南山水库;涌江流域与姚江宁奉平原"一五"以后相继兴建了姚江闸御咸蓄淡工程和四明湖、皎口、亭下3座大型水库和一批中型水库。灵江流域1964年建成了总库容6.9亿立方米的长潭水库,瓯江飞云江流域1963年建成了泮江大型翻水站等。[①]

同时,大规模地开展蓄水灌溉工程建设。建设了大量小型水库及

[①] 顾益康等:《农民创世纪》,浙江大学出版社2009年版,第22—23页。

众多的小型塘库。大力推进机电排灌建设，有效抵御水旱灾害。在沿海地区和岛屿地区开展大规模的围垦造田。到1978年年末，浙江已有水库3336座，总库容量224.98亿立方米；塘坝16153处，蓄水量4.58亿立方米；水库泵站973处，水轮泵1185台，堰坝5.48万处，受益面积256.65万亩；水闸1974座，机电井2171眼。在长期大量投工投劳的情况下浙江农田水利基础设施建设获得了快速发展，但还不能有效抵御自然灾害，农田水利基础设施建设还相对比较薄弱。

（二）交通设施

改革开放以前，虽然初步形成了一个由铁路、公路、航运、民航组成的综合运输网，但是复杂的地形地貌和稀有的国有投资，使浙江交通基础设施依旧薄弱，特别是农村交通设施尤其落后，特别是山区公路建设严重滞后。

为改变浙江山区交通十分闭塞状况，中华人民共和国成立后浙江省经过历年改造修复，"一五"期间重点打通山区县城和县城通乡镇的公路，到1959年，山区县全部通了公路，但是山区县乡村之间仍然相当闭塞。1973年，全省每平方公里面积通车里程平均只有13.7公里，全省公社（乡）通公路的只占总社（乡）数的58.5%。山区县通乡公路的比例就更低。这种状况与支援农业生产、开发山区经济、改善山区农民群众的生活还有很大距离。

（三）通信电力设施

改革开放以前，农村生活照明还没有完全普及电灯，农村生活用能基本上还是以薪柴、秸秆为主，农村电气化水平相对较低。20世纪60年代中后期，农副产品加工开始使用电力，低压配电线路从机埠和加工厂延伸到农户，农村生活照明用电开始有较快发展。1978年，农村生活照明用电量为26077万千瓦时，是1962年的25.3倍。但是全省仍有158个乡、8403个村没有通电。

邮政事业基本普及，1978年全省拥有农村电话交换机总容量128732门，拥有农村电话机74153万部，但是全省农村电话普及率只有0.22部/百人，普及率还相当低。

（四）农村社会事业发展仍比较落后

改革开放前，浙江农村小学教育已基本普及，职业教育和中等教育相对落后。

农村文化事业有了一定发展，1978年全省有电影放映单位4375个，艺术表演单位128个，文化馆372个，公共图书馆63个，藏书761万册，但整体水平还不高。

农村卫生院的医疗条件和医疗水平有所提高，在一定程度上解决了农民"看病难"的问题，基本消灭了大规模瘟疫和重点传染病，但农村卫生医疗整体水平不高。

农村社会保障也得到一定发展。但农村养老保险、农村医疗保险、家庭财产保险、农村救灾保险等社会保障等还没有开展，农村社会福利保障水平相对较低。

四　家庭生产功能基本消失，村组集体成为村域经济单一主体

"一大二公""政社合一"的人民公社体制，主要经营特征是统一经营、统一核算、统一分配、统一派工，家庭生产功能基本消失。生产队是农民生产、生活、分配核算的基本单元。人民公社这种集行政管理和生产经营为一体的社会组织形式是高度集中的管理方式，是国家试图帮助村庄从小农经济直接跨越到集体农庄的生产组织形式。农业生产经营的"大呼隆"和分配上的"大锅饭"平均主义制约了农业资源配置和利用效率，脱离了当时的农业生产发展水平，压抑了农民生产积极性。人民公社体制导致了农产品产量增长缓慢、农业人口激增，贫困人口大量产生。以至于影响了国民经济的整体发展，对城市的工业生产、居民生活也产生了明显的负面影响，引发了很多社会、政治问题。[①] 因此，需要从改革乡村生产经营形式着手，建立适合生产力发展的经营组织形式以解放农村生产力，提高农村劳动力的生产积极性。

五　城乡二元结构使乡村发展固化

自1949年中华人民共和国成立到1978年改革开放，我国城乡关

---

① 杜润生：《杜润生自述：中国农村体制变革重大决策纪实》，人民出版社2005年版，第98页。

系主要表现为二元结构。一方面,实行重工业优先发展战略,大量农业剩余转化为工业化的原始资本积累。在计划经济体制下,通过实行农产品统购统销制度、工农产品价格"剪刀差"政策、征收农业税政策等将大量农业剩余转化为工业化的原始资本积累,并通过实行农村土地集体化和农业生产资料统一供应等手段,确保农民为工业化持续做贡献。在城市工业不断扩张的同时,并没有带来农村的繁荣,工农业产值比1952年的3∶7变为1978年7∶3;另一方面,实行限制城乡人口流动政策。1978年城乡人口比为2∶8。农业剩余劳动力被挡在工业化、城市化之外,在大量转化农业剩余、农业支持城市现代工业不断扩张的同时,农业剩余劳动力却被长期固化在土地上,农业劳动生产率和农民收入长期难以提高,工农差别、城乡差别越来越大,造成了"城乡二元经济结构"长期得不到转化而被"固化"。同时,还因以实行户籍制度为基础的一系列城乡社会不平等,城乡之间发生了严重的"社会断裂",城乡居民社会地位越来越不平等。[①] 农民没有自由选择居住地的权利,没有自由选择工作和生活的权利,限制了农民的地域流动,把农民牢牢地钉在了土地上。1978年全省按户籍统计的农业人口达3321.96万人,比1949年增长了87.2%,占全省年末总人口的88.6%,比1949年增加了3.4个百分点。

第二节 实行家庭联产承包责任制,建立农村基本经营制度

浙江的农村改革始于建立家庭联产承包责任制并始终以完善农业生产责任制为基础。在20世纪80年代初期,浙江农村普遍废除了人民公社制度,建立了以农户家庭经营为基础的统分结合的双层经营体制。但是这一过程具有明显的渐进特征,经历了不联产→联产到组→联产到户→包干到户,并逐渐健全完善的过程。

[①] 邵峰:《均衡浙江——统筹城乡发展新举措》,浙江人民出版社2006年版,第63页。

一 初创阶段（1979—1980）[①]

这一时期的农业生产责任制形式包括"小段包工，定额计酬"和"统一经营，包工到组"等。

1978年12月，党的十一届三中全会通过了《中共中央关于加快农业发展若干问题的决定（草案）》，要求在农业集体经济组织内部加强定额管理，纠正分配上的平均主义，但明确不允许分田单干和包产到户。1979年4月中共中央批转的《关于农村工作问题座谈会纪要的通知》和十一届四中全会通过的《中共中央关于加强农业发展若干问题的决定》都要求保持人民公社的"三级所有，队为基础"的制度，在生产资料集体所有、劳动力统一使用、生产队统一核算和分配的前提下，实行多种形式的生产责任制，但除了在深山、偏僻地区的孤门独户之外，仍然不允许包产到户和分田单干。但是这些改变还是为各地的实践突破创造了政策条件。[②] 1979年浙江农村开始实行分组作业、联产计酬的生产责任制。1979年6月，中共浙江省委发布了《关于农村人民公社若干政策问题的补充规定（试行草案）》，文件指出，生产队根据农业生产需要，可以组织临时的或季节性的田间操作组，建立"任务到组、定额包干、检查验收、适当奖励工分"的小组责任制。零星作业和小型副业要在集体统一经营下实行个人岗位责任制，可以规定产量（产值），实行超产（值）奖励，也可以交产交钱记工。到1980年春，实行小段包工的占62.1%，承包到组的占21.7%，包干和包产到户的占2.5%，有13.8%没有实行责任制。

二 农业生产责任制大发展阶段（1981—1982）

这一时期以包产到户和包干到户的"双包"责任制为主。

1980年9月，中共中央发出了《关于进一步加强和完善农业生

[①] 温州永嘉县1956.02—1957.10，首创包产到户经营模式，曾扩展到当时整个温州专区1000个农业合作社，17.8万多农户，占温州专区入社农户15%。杜润生称其为"包产到户第一县"。本书主要指1978年改革开放后。

[②] 毛丹等：《村庄大转型——浙江乡村社会的发育》，浙江大学出版社2008年版，第44页。

产责任制的几个问题》（中发〔1980〕75号文件），提出"吃粮靠返销，生产靠贷款，生活靠救济"的生产队可以包产到户，也可以包干到户，并在一个较长的时期内保持稳定，并明确指出"在生产队领导下实行的包产到户是已存于社会主义经济，而不会脱离社会主义轨道的，没有什么复辟资本主义的危险"。1980年10月，中共浙江省委召开工作会议，传达贯彻了中央这一文件精神，提倡推行专业承包、联产计酬责任制，允许少数贫困落后地区搞包产到户。此后，家庭联产承包这一新生事物以不可阻挡之势迅猛向前发展。1981年9月，建立各种责任制的生产队占全省95.3%，其中联产责任制的队占70%，实行"双包到户"责任制的队占总数的37.4%。

三 农业生产责任制完成阶段（1983—1984）

1982年8月，中共浙江省委、省政府在全省农村工作会议上进一步学习了《中共中央批转〈全国农村工作会议纪要〉》（中发〔1982〕1号文件）精神，提出在经济发达地区也可以实行家庭联产承包责任制，使家庭联产承包责任制在浙江大地得到迅速普及。从山区推进到半山区再到平原，从经济落后地区推向经济发达地区。到1984年春全省实行"双包到户"生产队已达到总队数的99.5%。同时积极推进行政体制改革，到1984年9月，全省政社分开的工作全面完成，撤销原有人民公社2985个，建立了乡镇人民政府3276个，全省人民公社体制彻底废除。这标志着浙江已进入了全面推行家庭联产承包责任制的阶段。这一阶段，大田家庭联产承包责任制由粮食生产迅速向经济特产、林业、渔业和开发性农业等领域大面积扩展。

四 健全完善阶段

根据家庭联产承包初期农村土地承包期普遍过短易导致掠夺式经营的实际，1984年春浙江各级领导根据《中共中央关于一九八四年农村工作的通知》（中发〔1984〕1号）文件精神，在全省普遍进行了延长土地承包期的工作。在调整中坚持"大稳定、小调整"的原则，不搞打乱重分。多数地方，水田的承包期延长到15年以上，山林等多年生的作物延长到30年以上。1984年，全省首次完成承包土地的调整，各地调整面积在10%左右。同时，针对不少承包合同不规范、不完整，指标偏低，条款不清不细不齐，文字表达不清，责权不明等情况，开展了完善承包合同的工作。[①]

家庭联产承包责任制确立了农村基本经营制度，极大地调动了广大农民的生产积极性，极大地释放了农村生产力。浙江农业生产迅速发展，农民生活得到改善，解决了温饱问题。据统计，1984年全省农业增加值从1978年的47.09亿元增加到104.4亿元，增长47.47%（按不变价）；粮食产量从1467.2万吨增加到1817.15万吨，增长23.9%；畜牧业与其他经济作物产量也都有大幅增加。1984年全省农村居民人均纯收入为446元，人均生活消费支出为369元，分别是1978年的2.7倍和2.35倍；人均居住面积达20.45平方米；人均粮食消费量达到622.08公斤，人均蔬菜消费量达273.65公斤，人均肉禽及制品消费量达13.67公斤，分别比1980年增长99.4%、133.9%、58.4%。

第三节　乡镇企业"异军突起"，乡村工业化、城镇化加快

浙江是中国农村工业化起步较早并迅速拓展的省区，作为农村工业化载体的乡镇企业贡献重大。以农户家庭经营为基础的统分结合的双层经营体制赋予了农民发展商品生产的经营自主权和财产权。随着农村改革的不断深入，广大农民已不满足于仅在几分田地里搞生产，开始向农业和农村生产的各个领域拓展，农村改革的重点也引向了调整农村产业结构和搞活农村经济的更高层次。

一　大力发展乡镇企业，推进乡镇企业"异军突起"

1978年以来，浙江乡镇企业发展在时空演进和模式选择上都具有鲜明的区域特色。

[①] 参见顾益康等《农民创世纪》，浙江大学出版社2009年版，第39页。

(一) 乡镇企业的起步阶段

从发展时序上看,1978—1983 年为乡镇企业的起步阶段。这一阶段乡镇企业受到政策扶持而快速发展。其特点是新建乡镇企业迅速增加,并在浙东北、浙西南地区分别形成以集体企业为主体和以家庭联户企业为主体的区域性发展模式。1978 年浙江省成立了社队企业管理局,并在《中共浙江省委、省革委会转发省社队企业管理局关于贯彻执行国务院〈关于发展社队企业若干问题的规定(试行草案)〉的实施办法》(浙省委〔1979〕85 号)中明确规定各地、市、县要"将社队企业工作列入议事议程,有一位负责同志分管,一年抓几次",有布置、有检查、有措施,经常督促主管部门搞好这项工作,明确把发展社队企业作为振兴农村经济的重要途径来抓。一批集体企业、联办企业、股份制企业、合作企业如雨后春笋般发展起来。从 1978—1983 年,全省乡镇企业总收入从 26.4 亿元增长到 82.4 亿元,乡镇工业产值从 21.7 亿元增长到 77.3 亿元,年均增长率分别为 25.8% 和 28.9%。乡镇企业个数由 6.69 万个增加到 17.87 万个,年递增率为 21.7%。

(二) 1984—1991 年为乡镇企业高速发展阶段

这一阶段,在《中共中央关于一九八四年农村工作的通知》和国务院转发农牧渔业部《关于开创社队企业新局面的报告》精神指导下,在 1984 年中央明确把社队企业改为乡镇企业后,1984 年 8 月,浙江省人民政府下发了《关于加快发展乡镇企业的若干规定》(浙政〔1984〕44 号),进一步统一了全省各级领导干部的思想认识,明确加快发展乡镇企业是浙江省经济发展的重要战略。浙江各级政府把发展乡镇企业作为农村经济发展的战略重点,鼓励乡镇企业增加投入和上新项目,放水养鱼,涵养财源,多轮驱动,多轨运行,使乡镇企业进入了高速发展的轨道。省委、省政府制定出台了一系列对乡镇企业放权松绑的政策。1985 年省委、省政府首次提出乡镇企业要坚持多路并进,几个轮子一起转;1987 年省委、省政府又出台了乡镇企业所得税税负超过 30% 部分实行减半征收、乡镇企业奖金税一律免交、乡镇企业可按工资总额的 15% 提取企业职工养老保险金等多项激励政策,充分发挥市场调节的作用,调动和保护乡镇企业发展的积极性。一批集体企业、联办企业、股份制企业、合作企业如雨后春笋般发展起来,形成了"四轮驱动"、多种形式协调发展的局面,一跃成为全省国民经济的生力军,产销利税均名列全国前茅,到1988年年底全省乡镇企业已经发展到50.4万家,从业人员达到540万人,总产值达到622亿元。1988年国家对乡镇企业进行调整和整顿,但浙江省乡镇企业经过优化重组和调整后,增长质量得到提升,产值、销售收入、利税等仍快速上升。

1991年年底,全省农村不同所有制乡镇企业已发展到51.56万个,从业人数达到525.38万人,实现全省乡镇企业总收入增加到686.66亿元,总产值达1002.37亿元,其中工业总产值达到925.66亿元。[①]

党的十一届三中全会后,农村多种经营的发展及乡镇企业的异军突起促进了农村产业结构、经济结构、农民就业结构的调整。1991年浙江农村工业总产值为869.46亿元,是1984年的7.15倍,年均增长32.4%,占农村社会总产值的比重从1984年的39.1%提高到61.7%,提高了22.6个百分点;同时,农林牧渔业总产值占社会总产值的比重从1984年的47.4%下降到25.8%,下降了21.6个百分点,农村产业结构的变动在这个阶段明显快于农村改革的第一阶段。

二 工业化、市场化快速发展推动乡村城镇化

改革开放以来,浙江乡镇企业的"异军突起",推动了乡村工业化,工业化促成了乡村产业、人口积聚和村域分化,促进了乡村城镇化。浙江乡镇企业经济结构具有"轻、小、集"的特点,这种以劳动密集型为主的经济结构经营机制灵活,可以在相同的资金条件下吸纳更多的劳动力。同时,乡镇企业的发展推动了农民收入的快速提高,使浙江农民收入水平高于全国。1984年浙江农民的人均纯收入为446元,而全国农民人均纯收入为355.33元。浙江农民相对较高的收入水平使他们有可能利用自有资金建设小城镇。温州市龙港镇就

---

① 张仁寿主编:《浙江农村经济变革的系统考察》,浙江人民出版社1999年版,第70页。

是在 1984 年通过农民集资建设，由沿江乡方岩村、河底高村，龙江乡金钗河村、江口村、下埠村组建而成。到 1997 年该镇建成区面积达 8 平方公里，总人口 14 万人，其中建成区人口 8 万人。工农业总产值 44.7 亿元，其中工业总产值 43.7 亿元，市场成交额 32.3 亿元。[①] 被誉为"中国农民第一城"。

浙江是市场大省。改革开放促进了乡镇企业及农村多种经营的发展，激发了具有经商传统的浙江农民经商积极性。发展商品市场是在建立家庭联产承包责任制，确立了农民作为独立商品生产经营者的主体地位基础上形成的，是浙江农民在摆脱土地束缚后探索农村经济发展的新模式时的一种自发性行为。乡镇工业的发展促成了产销基地型商品市场；农产品产量的激增及多种经营的发展促成了在集贸市场基础上形成农副产品交易市场。如台州路桥、乐清市虹桥等市场。依托贩运专业户在集散、中转某一类商品基础上形成以销售外地产品为主的集散型商品市场。温州永嘉县桥头镇由不生产一颗纽扣的偏僻小镇发展为全国最大的纽扣专业市场。繁荣的专业性市场和生产要素市场带动了仓储、运输、交通、电信信息、饮食、娱乐、旅馆等直接为市场提供配套的第三产业和主要为市场供货的加工业的大发展，吸引了大批分散的个私企业和乡镇企业，成为乡镇企业的聚集中心和辐射中心。加工业大部分都分布在要素价格相对便宜的周边农村。凡是规模大的专业市场在它周围通常会形成一批为其提供货源的专业村。专业市场与当地经济的关系，用当地老百姓的话说，就是"办一个市场，活一片经济，兴一批产业，富一方百姓"。另外，专业市场的发展促成了民间资金的积累和投资预期的改善，进而使城镇基础设施建设投资的多元化成为可能。而城镇化进程的加快和城镇功能的逐步健全，又为商品交易市场的发展提供了更加有利的环境和条件，形成了良性循环。同时由于这些市场周边突破了户籍制度的束缚，吸引了四面八方的农民前来创业、经商、定居，在这些大型市场基础上形成了柳市、桥头、路桥、稠州、柯桥等大型农民城，由此拉开了浙江乡村城

---

① 张仁寿主编：《浙江农村经济变革的系统考察》，浙江人民出版社 1999 年版，第 163 页。

镇化的序幕。

浙江省因势利导采取措施，同时积极引导乡镇企业、民营经济向城镇工业园区集中，把农民摆摊经商的集贸市场发展成规模化的各类专业批发市场，形成了以工兴商、以商促城，民营经济、专业市场与小城镇建设互促互进的小城镇发展机制。乡镇企业的发展促进了农村城镇化，农村城镇化水平的提高又给大力发展乡镇企业提供了条件和可能，这两者相互促进、相辅相成直接导致浙江的农村城镇化快速发展。到1991年全省市镇人口已经达到2733.1万人，占全省总人口的64.1%，比1984年提高了38.6个百分点，已经在全省各地形成了数量众多、星罗棋布、类型多样的小城镇。

第四节　深化农村改革，市场经济体制在乡村全面建立

1992年年初，邓小平同志发表南方谈话和同年10月党的十四大召开，明确了建立社会主义市场经济体制的改革目标，浙江农村改革也就进入了第三阶段（1992—2001），这也是浙江农村全面实行市场化改革的时期。在这一阶段，农村改革重心是推进乡镇企业产权制度改革、小城镇综合改革和粮食购销市场化改革。

一　积极推进乡镇企业产权制度改革

实行家庭联产承包责任制使浙江农村经济总量迅速增长、农村工业化急剧拓展和农民收入逐年提高，改革在浙江农村取得了巨大成效。而乡镇企业产权制度改革是继实行家庭联产承包责任制之后，在农村经营体制上又一次带有普遍意义的重大改革。在推进整个农村改革深化、在乡村建立社会主义市场经济体制中起着极其关键的作用。

承包经营责任制是对农村集体产权改革的初次探索并在农业领域取得成功及发展，但并不能说明承包制在非农领域同样会取得良好效果。当时浙江乡镇企业发展初期普遍实行企业承包经营责任制，也取得了一些效果。但是承包制是以承认既有产权为前提的，因而，在原有产权不清晰的情况下，实行承包制的企业由于不是独立的产权主

体，权责不清，导致很多企业承包者"负盈不负亏"和短期行为，以及因缺乏有效监督机制而无法对承包者自身行为进行规范。表明在承包制基础上对产权改革进行新的探索是十分必要的。

(一) 股份合作制的兴起与发展

浙江农村股份合作制20世纪80年代中期发端于温州、台州地区。家庭联产承包责任制在农村广泛推行后，温、台农村以家庭工业为主体的非农产业得到迅速发展，农户成为相对独立的经营主体和财产主体，形成了既承包集体土地又独立从事家庭工副业的家庭经济组织，涌现出大批一业为主的专业户。但随之而来的是面对家庭经营组织难以适应扩大生产规模的弱点，迫切需要一种新的产权制度安排来发展生产要素的联合和重组，协调由资本联合、重组形成的新的经济关系，并且尽可能降低由此而产生的交易成本和管理成本。在温、台地区农村的家庭经济发展中，逐步形成了合伙制和雇工制来扩大家庭企业规模。并在当地政府的肯定和支持下，逐渐探索股份合作制，并逐渐成长为家庭经济进一步发展的主要形式。在20世纪80年代中期，温州农村在家庭经济和家庭工业基础上形成了上千家股份合作制企业，到1993年温州农村股份合作制企业已发展到3.4万家，占温州农村及村以下企业数的70%。台州农村股份合作制企业1993年也达到2.1万家，总产值181亿元，占台州乡镇企业总产值279亿元的60%以上。股份合作制成为温、台两地农村发展非农产业的一种主要经济形式。[1]

温、台两地股份合作制成功实践和政府决策部门对其制度创新意义的肯定，在政策导向上就鼓励把股份合作制引入浙江乡村集体企业的产权改革中。1993年上半年，中共浙江省委、省政府转发省委农村政策研究室、省乡镇企业局《关于乡镇集体企业推行股份合作制试行意见》（省委办〔1993〕6号），充分肯定了股份合作制是继家庭联产承包责任制之后农村经营体制改革的又一次重大突破，在政策上正式把股份合作制作为乡村集体企业改革的突破口和重大举措。1994

---

[1] 张仁寿主编：《浙江农村经济变革的系统考察》，浙江人民出版社1999年版，第232页。

年，中共浙江省委办公厅、浙江省人民政府办公厅出台了《关于进一步完善乡村集体企业产权制度改革的若干意见》（省委办〔1994〕39号），要求各地按照"认真试点、分类指导、稳步推进、不断完善"的工作方针，以转换企业经营机制、提高企业整体素质和经济效益为目标，坚持政企职责分开，对具有一定经营规模、生产发展正常、经济效益较好的乡村集体企业，一般都应逐步改建成股份合作制企业，积极探索农村社会主义公有制多种实践形式。从而推动了全省乡村集体企业向股份合作制改制的迅速发展。此后，全省以股份合作制和"小微亏"企业租赁、兼并、拍卖等形式为主的乡村集体企业产权改革又由点到面逐步铺开，取得了明显成效。

在杭嘉湖、宁波、绍兴等原来乡村集体企业比较发达的地区，自20世纪90年代以后，股份合作制因其兼有合作制和股份制的双重特性，产权明晰，与现代企业制度相接近的经营方式成为乡村集体企业产权制度改革的主要形式。到1995年全省农村乡村集体企业合作经营企业进行股份合作制改革已达25143家。其中，从乡村集体企业改制的股份合作制企业5851家，占全省乡村集体企业数的8.15%；职工数58.68万人，占全省乡村集体企业职工数的15.56%；固定资产165.65亿元，占全省乡村集体企业营业总收入的18.32%；利润总额（含所得税）22.87亿元，占全省乡村集体企业利润总额的24.79%。[①]从产业领域来看，股份合作制已从农村工业扩展到农业和第三产业，浙江农村已有1万多个各种类型的股份合作制的经济类型。到2001年年底，全省乡镇企业改制面达到97%。

（二）促进乡镇企业大发展

进入20世纪90年代中后期，浙江省在乡镇企业改制后，紧紧抓住改革开放的有利时机，着重扶持大中型企业、出口创汇企业、星火示范企业、产品畅销和高效益企业，鼓励改制后的乡镇企业参与国际市场竞争以提高市场竞争力。1997年6月，中共浙江省委、省政府出台了《关于进一步促进浙江省乡镇企业改革发展与提高的若干政策

---

① 张仁寿主编：《浙江农村经济变革的系统考察》，浙江人民出版社1999年版，第232页。

意见》20条（省委〔1997〕17号），要求各地"大力发展外向型经济""对效益好、创汇多的重点出口生产企业，各有关部门要在信贷、能源、原材料、技术和人才等方面给予重点支持"，"对年自营进出口额在1000万美元以上的自营进出口乡镇企业，可以申报成立独立的有限责任进出口公司，并允许经营同类相关的进出口业务"。到1997年乡镇企业成为浙江国民经济的重要组成部分和农村经济的支柱。由1995年的"三分天下有其二"，到1997年已上升到"五分天下有其四"，乡镇企业产值、利税等主要经济指标连续多年居于全国首位。[1]

二 着力推进农村小城镇综合改革

经过20世纪80年代中后期的快速发展，浙江省小城镇已达到一定规模。到1992年全省已有建制镇894个，此外还有众多的非建制集镇。其中不少小城镇已粗具规模。这些小城镇介于大城市和乡村之间，在城市与乡村间的技术、信息、人才及其他生产要素流动方面，发挥桥梁和纽带作用，是承接城市的资金、技术、设施、产业和生产生活方式逐步向农村延伸、城市现代化要素向乡村扩散和辐射的重要节点，在农村改革和发展中发挥了重要的桥梁和纽带作用。

但是，从总体上看，浙江省小城镇建设和发展还存在着布局分散、规模偏小、规划落后、基础薄弱、投入不足、功能不全等问题，在管理体制和运行机制上也有一些深层次的矛盾亟待解决。针对上述问题，为推进小城镇建设和发展，1992年，中共浙江省委、省政府决定在全省开展"撤区扩镇并乡"，形成以小城镇为中心的农村经济新格局，充分发挥小城镇在农村经济发展中的引领和带动作用。1993年提出办好工业小区和市场，加快城镇化步伐，1994年提出进一步确立小城镇在经济区域的中心地位。

（一）开展小城镇综合试点

1995年全国有57个小城镇开展小城镇综合试点。为加快浙江省

---

[1] 浙江省乡镇企业局：《异军风采多绚丽——浙江乡镇企业改革与发展回眸》，载《浙江改革开放20年》，浙江人民出版社1998年版，第145—146页。

小城镇建设步伐，适应农村改革和发展的新形势，浙江省决定选择部分具备条件的小城镇进行综合改革试点。1996年4月，中共浙江省委办公厅、省人民政府办公厅下发了《关于推进小城镇综合改革试点的通知》（省委办〔1996〕30号），提出以国家体改委等十一个部门确定的湖州织里镇、富阳新登镇、玉环陈屿镇、东阳横店镇、绍兴杨讯桥镇、苍南龙港镇6个国家小城镇综合改革为重点，其他有条件的地方也可以结合各地实际情况，参照国家和省里有关原则，开展小城镇综合改革试点。成立省小城镇综合改革试点领导小组，办公室设在省体改委，试点工作的具体指导协调由省体改委和省农办牵头负责。1997年，浙江省人民政府下发了《关于进一步加强村镇建设的通知》（浙政〔1997〕14号），提出了到2000年年末建成100个规划合理、基础设施完备、交通便利、辐射能力强、产业人口集聚度高、功能齐全、环境优美、各具特色的村镇建设现代示范镇，主要内容和政策措施有改革小城镇行政管理体制等十三条。截至1998年，全省确定了122个综合改革试点镇，其中全国试点镇28个。

（二）推进小城镇的城市化

为了建立有利于城镇发展的集聚机制与政策环境，提高城镇的人口、产业聚集功能，增强城镇对区域经济发展的带动作用，加快城市化进程，把培育中心镇、促进小城镇的城市化作为发展方向，2000年9月，浙江省人民政府下发了《关于加快推进浙江城市化若干政策的通知》（浙政〔2000〕7号），明确"全省范围内的小城镇实行按居住地登记户口的管理制度""2000年起农民进城镇落户不再受农转非指标限制""对省政府确定的中心镇可赋予其在计划、城镇建设、工商登记等方面部分县级管理权限"等政策。同年8月，在各地推荐、部门酝酿、专家论证的基础上，浙江省人民政府下发了《关于公布浙江省中心镇名单的通知》（浙政发〔2000〕198号），确定了萧山市瓜沥镇等138个建制镇为浙江省的中心镇，并且明确有条件的中心镇要努力发展成为小城市。

三 加快农产品流通体制改革

家庭联产承包制的实施，提高了农户的生产积极性。但是，由于长期实行的粮食等基本农产品的统购、派购束缚了农户家庭经营市场化的积极性。广大农户要求根据生产和市场需求，改变农产品购销办法，发展商品生产，提高收入的愿望比较强烈。

（一）深化非粮农产品流通改革

浙江省在推行包产到户的同时，就对农产品的购销政策和流通体制进行了改革。一是大力发展多种经营。浙江早在1979年9月就提出在继续抓好粮食生产的同时，大力发展多种经营。1980年3月，省委、省政府又提出把进一步调整农业产业结构作为农业生产的重要任务。1981年4月，省委、省政府确定"发展多种经营，要发挥集体和个人两个积极性"的方针，并于7月发出《关于发展农村多种经营若干问题的通知》，把发展多种经营作为繁荣农村经济的一项战略措施，并随之出台了相应的政策。二是浙江省同时着手改革农产品派购制度，分段分批地减少农产品统派购品类和任务，逐步放开农副产品价格，较大幅度地调整农村产业结构，发展商品经济。为提高农民的生产积极性，全省根据中央规定对粮棉油、黄红麻、蚕茧、茶叶、畜牧等农副产品的收购奖售政策做了多次调整。[①] 这些做法，实际上是放开产品价格，培育和建立新的农村市场体系，利用商品生产、价格规律来调动生产者和经营者的积极性，发展生产力，建立多成分、多渠道、多形式、多市场的购销网络。

（二）深化粮食流通体制改革

改革开放后，我国粮食流通体制进行了几次大的改革。第一阶段是1979—1984年，基本维持"统购"，提高定购价。这一阶段改革的目标是改革僵化的计划经济体制，逐渐放开搞活粮食流通。第二阶段是1985—1990年，取消"统购"，维持"统销"。这一阶段改革的目的就是逐步缩小计划调节范围，扩大市场调节范围。粮食流通体制改革开始触及统购统销体制，统购制度解体，粮食价格双轨制形成。第三阶段是1991—1994年，放开粮食销售市场。这一阶段的改革目的就是取消粮食"统销"，实行居民向市场自由购买，从而实现了营销

---

① 毛丹等：《村庄大转型——浙江乡村社会的发育》，浙江大学出版社2008年版，第57页。

市场化，粮食统购统销体制解体。到1993年年底，全国95%以上的县市放开了粮食价格，完成了由计划定价和市场定价的双轨制向市场单轨制的转变，从而实现了40年的粮食统销制度被废除，粮食供应和消费完全靠市场调节。①

　　浙江省率先进行粮食市场化改革。随着现代化农业的进一步发展、农业产业结构调整的加快及粮食主产省粮食生产力水平的大幅度提高，从20世纪80年代中期开始浙江省在全国的粮食生产比较优势逐步弱化，浙江粮食消费需求的巨变也为浙江粮食市场化改革创造了有利条件。同时，由于浙江省的市场经济发育早，体制转型的阻力相对较小。鉴于此，经国务院批准，自2001年起，浙江省在全国率先进行粮食购销市场化改革。2001年1月6日，中共浙江省委下发了《关于进一步促进农业增效农民增收的若干政策意见》（浙委〔2001〕1号文件），出台了以粮食购销体制改革为基础，旨在促进农业市场化发展和增加农民收入的四十条政策意见。文件要求，从2001年开始，在全省范围内取消粮食定购任务，全面放开粮食市场，放开粮食购销价格，提出了确保粮食安全和粮食收储的信贷支持政策。3月22日，浙江省政府在杭州市召开全省粮食工作会议，具体部署了粮食购销市场化改革工作。通过粮食购销市场化改革可以把农业生产经营的自主权真正交给农民，激励和引导农民以市场为导向，调整和优化农业生产结构。

　　粮食购销市场化改革实行一年后即初见成效。粮食市场化改革进一步推动了全省农业生产结构的战略性调整，农业效益和农民收入明显提高。粮食经济作物种植面积比例由1998年的76.8∶23.2调整为2001年的62∶38，产值比也由1998年的48.6∶51.4调整为2001年的31∶69。种植业和养殖业的比例也发生了明显变化，由1995年的54.7∶45.3调整到2001年的47.3∶52.7，养殖业产值第一次超过了种植业。"块状农业"特色纷呈，全省形成了49个国家级的"特色之乡"，占全国的1/5。2001年浙江省农民人均纯收入达到4580元，

---

①　闻海燕：《粮食安全——市场化进程中主销区粮食问题研究》，社会科学文献出版社2006年版，第107页。

比 2000 年实际增长 6.5%，连续 16 年名列全国省、区第一。2002 年全省粮食种植面积继续调减，粮食播种面积 1659.1 千公顷，而蔬菜、花卉等效益较好的经济作物播种面积大幅度增加。2002 年全省经济作物播种面积比 1997 年增加了 324.7 千公顷，增长了 30.3%。其中，花卉种植面积比上年增长了 89.2%，茶叶和水果产量比 1997 年分别增长了 36.2% 和 82.8%。[1] 同时，促进了粮食市场的发育和市场体系的逐渐形成。

四 实施小康村发展战略，全面推进农业农村现代化

1991 年，中共浙江省委八届六次全会作出了"我省农村已进入商品经济全面发展、由温饱向小康迈进的新阶段"的重要判断。1994 年省委、省政府提出了新农村建设"两步走"战略：第一步，到 1995 年根据全国标准基本实现小康，即全省农村居民人均纯收入达到 1600 元（1990 年物价水平），有 70% 的县（市、区）达到国家统计局提出的全国农村小康标准。第二步，到 20 世纪末，基本实现中共浙江省委、省政府确定的 90 年代社会主义新农村建设目标，全省农民人均纯收入达到 2200 元以上（1990 年物价标准）。有 70% 以上县（市、区）达到或基本达到省定的县级新农村建设标准。1995—1998 年 2 月，中共浙江省委、省政府先后分三次命名了 54 个县（市区）为小康县（市、区），命名 17 个村为"浙江省社会主义新农村建设示范村"。1998 年年底省委九届十四次全会通过《浙江省农业和农村现代化建设纲要》，提出到 2010 年全省有 2/3 的县（市区）基本实现农业农村现代化。[2]

为认真贯彻党的十五届三中全会通过的《关于农业和农村工作若干重大问题的决定》和江泽民同志在浙江农村考察时关于"沿海发达地区要率先基本实现农业现代化"的重要讲话精神，加快解决浙江省农业和农村发展还面临的一些突出矛盾和问题，开创农业和农村工

---

[1] 浙江省统计局编：《浙江统计分析（18）》，2003 年 2 月 19 日。
[2] 骆建华：《超越梦想——浙江农村改革发展的四个阶段》，《今日浙江》2008 年第 21 期。

作新局面，1998年12月18日，中国共产党浙江省第九届委员会第十四次全体会议通过了《浙江省农业和农村现代化建设纲要》（浙委〔1999〕3号），提出必须把全省现代化建设的着力点放到农业和农村现代化建设上来，把全省广大农民的积极性凝聚到提前基本实现农业和农村现代化建设的目标上来，并要求从浙江省地区经济社会发展不平衡的实际出发，以乡（镇）村为基础、以县（市、区）为基本实施单位，梯度推进，分三步走实现：第一步，到2005年全省着力打好农业和农村现代化的基础，力争有近1/3的县（市、区）基本实现农业和农村现代化；第二步，到2010年全省有近2/3的县（市、区）基本实现农业和农村现代化；第三步，到2020年全省基本实现农业和农村现代化。

通过这一阶段的改革，浙江省农村各类微观领域的改革基本完成，社会主义市场经济体制基本建立，市场对资源配置的基础性作用进一步增强，经济发展的质量和效益明显提升。2001年全省农业结构调整加快。粮食种植面积减少，经济作物的种植面积增加。其中，蔬菜瓜果面积由2000年的470千公顷上升到2001年的600千公顷，水面养殖面积由2000年的46.7千公顷上升为2001年的100千公顷。粮食、经济作物种植面积比例由1998年的76.8∶23.2调整为2001年的62∶38，产值比也由1998年的48.6∶51.4调整为2001年的31∶69。种植业和养殖业比例从1995年的54.7∶45.3调整到2001年的47.3∶52.7，养殖业产值第一次超过了种植业。2001年全省农业增加值达到1120亿元，农村居民人均纯收入达到4580元，比2000年实际增长6.5%，连续16年名列全国省、区第一。

第五节 由统筹城乡发展到推进城乡融合发展

一 新时期实现新跨越的客观要求

世界多数国家的发展经验表明，在工业化进程中不失时机地统筹城乡社会经济的协调发展，以此缩小工农收入差异，解决"三农"问题，完成结构转变，是带有普遍性的发展规律。2003年中国人均GDP突破1000美元，标志着中国总体上进入了工业化中期阶段。在这一阶段，经济结构加快调整、工业化和城市化进程的加快伴随着社会结构的深刻变迁。而"三农"问题已经成为制约国家进一步发展的"瓶颈"。妥善解决新阶段面临的矛盾和问题，就必须及时调整好工农关系、城乡关系，正确处理好工农矛盾、城乡矛盾。正因为如此，中共十六届四中全会提出了"两个趋向"的论断，作出了我国总体上已进入以工促农、以城带乡发展阶段的科学判断。

2005年浙江省人均GDP已超过3000美元，城市化率已达到50.9%，城市正成为区域经济的增长极。城市化对经济社会发展的作用越来越大。市场化、工业化、城市化进程不断加快，城乡关系、工农关系越来越密切。可以说，浙江省已全面进入了以工促农、以城带乡的新阶段，比全国其他地方更有条件实行"工业反哺农业，城市带动农村"。同时，浙江省的"三农"问题和发展中遇到的问题越来越复杂，加快建立以工促农、以城带乡发展机制显得十分重要和迫切。

2005年，中共浙江省委、省政府从浙江省已全面进入以工促农、以城带乡发展新的阶段的实际出发，把大力实施统筹城乡发展方略、推进新农村建设作为重大战略任务来抓，先后制定了《统筹城乡发展推进城乡一体化纲要》（以下简称《纲要》）和《全面推进新农村建设的决定》，出台了一系列统筹城乡"兴三农"的政策。《纲要》指出，统筹城乡发展、推进城乡一体化，就是要把城乡经济社会作为一个整体统一筹划，打破城乡二元结构，整合工业化、城市化和农业农村现代化建设的各项举措，着力解决好"三农"问题，缩小城乡差距，充分发挥城市对农村的辐射带动作用和农村对城市的支持促进作用，实现城乡互补、协调发展和共同繁荣。基于此，《纲要》提出了浙江统筹城乡发展的总体目标："坚持以人为本、全面协调可持续的科学发展观，以完善城乡规划为先导，以深化城乡配套改革为动力，坚定不移地推进工业化、城市化和市场化，加快农业农村现代化，进一步优化生产力和人口空间布局，努力打破城乡二元体制结构，推动城乡资源要素合理流动，形成以城带乡、以乡促城的发展新格局，努力缩小城乡差别、工农差别和地区差别。力争到2010年，农村发展水平进一步提高，基本形成城乡统筹发展的体制，为进一步消除城乡二元结构，实现城乡一体化打下坚实的基础。"《浙江省国民经济和社会发展第十一个五年（2006—2010）规划纲要》制定了积极推进城市化，促进城市化健康发展；坚持统筹规划、因地制宜、分类指导、注重实效，全面建设社会主义新农村，推动产业新发展，建设新社区，培育新农民，树立新风尚，构建新体制，形成城乡互促、共同繁荣的城乡一体化发展新格局的目标。全省上下呈现出统筹城乡兴"三农"的良好态势，城乡一体化进程明显加速，统筹城乡发展水平居于全国前列。2008 年全省农村居民人均纯收入 9258 元，比 2005 年增加 2598 元，比 2001 年增加 4676 元，其中欠发达乡镇 80% 以上农民人均纯收入超过全国平均水平。全省有 30 个县市进入全国百强县市行列，有 266 个镇进入全国千强镇行列。据浙江省发改委、浙江省统计局联合发布的 2008 年浙江城乡统筹发展水平综合评价报告，浙江省得分为 72.86 分，比 2007 年提高了 3.56 分。全省有 2/3 的县（市、区）进入城乡统筹整体协调阶段，极大地推动了全省经济社会的持续、快速、全面发展。

二 "全面推进城乡融合发展"新阶段

2009 年浙江省农民人均纯收入突破万元，"收入过万"标志着浙江省统筹城乡发展进入一个新的阶段。同时，"收入过万"基本同步于浙江省人均 GDP 超 6000 美元。由此带来经济社会发生结构性变化：一是从产业结构来看，随着工业化和城市化发展水平的提高，服务业进入比重逐年提高的加速发展期，"三二一"的产业结构正在加速形成。同时，随着支持现代农业发展的政策体系日益健全，农业领域公共资源配置全面增加，资本、技术替代土地、劳动的速度不断加快，现代农业进入了加速发展期，工农差距有望逐步缩小，三次产业和城乡经济将呈现融合发展的新趋势。二是从就业结构来看，随着农业劳动力大规模向二、三产业转移就业的初步完成、城乡平等就业体制机制的基本建立，促进农民就业的重点转到了提高农民就业的稳定性上。三是从城乡人口结构来看，随着农村产业集聚发展和农村劳动力稳定就业，农民社会流动将从农业劳动力大量"就业外移"转向农村人口大量"居住外移"，越来越多的农民将成为定居城市的市民，平等共享城市的公共福利，城乡人口结构将发生重大变化。四是从阶层结构来看,随着城乡创业者队伍不断扩大、城乡居民收入水平和财产性收入比重不断提高,中等收入者群体将逐步呈现出加快成长的态势。同时,随着城乡扶贫工作的深入推进,城乡居民收入差距、城镇居民内部收入差距、农村居民内部收入差距和城乡低收入群体将呈现总体缩小的趋势,但农业劳动者群体增收慢、城乡低收入家庭增收难的问题可能更加突出。五是从消费结构来看,农村消费水平的提高和消费结构的升级,将促进城乡人员的沟通、城乡文明的渗透,缩小城乡生活方式、生活质量的差距。

这些结构性变化表明浙江"城乡二元分割"的状况已经得到了明显缓解,统筹城乡发展已经进入"全面推进城乡融合"的新阶段。

据此,2010年在全省农村工作会议上,中共浙江省委作出了浙江统筹城乡发展已进入"全面推进城乡融合发展"新阶段的判断。要按照全面推进城乡融合、加快形成城乡经济社会发展一体化新格局的新要求,牢牢把握统筹城乡发展的着力点。提出要全面提升统筹城乡发展水平,一要把全面推动农业农村工作加快发展作为根本要求。二要把协调推进新型城市化与新农村建设作为战略途径。三要把不断提高农民收入水平作为中心任务。四要把建立健全资源要素向"三农"倾斜配置机制作为关键举措。五要把深入推进城乡配套的体制改革作为重要保障。①

为此,中共浙江省委、省政府出台了《关于加大统筹城乡发展力度加快农业农村发展的若干意见》《关于深入推进统筹城乡综合配套改革积极开展农村改革试验的若干意见》《关于加快山区经济发展的若干意见》《关于加快推进农业现代化的若干意见》《关于深化"千村示范、万村整治"工程全面推进美丽乡村建设的若干意见》等一系列推进城乡融合发展的政策。

由统筹城乡发展进入全面推进城乡融合发展,是浙江省按照中央一系列决策部署要求,立足于浙江实际,在更深层次、更广领域,以更高标准、更大力度推进城乡统筹发展的重要步骤。既充分肯定了21世纪以来浙江统筹城乡发展、推进新农村建设取得的成效,也明

---

① 赵洪祝:《在全省农村工作会议上的讲话》,2010年2月23日。

确了当前和今后一个时期"三农"工作的努力方向与工作基调，对加快转变发展方式、全面完成惠及全省人民小康建设任务、全力建设物质富裕、精神富有的现代化浙江具有十分重要的意义。

第六节　不断深化农村改革，释放乡村发展内生动力

改革开放以来，中共浙江省委、省政府根据农村发展新情况新形势，不断深化农村改革，释放乡村发展活力。

一　在全国率先推进农村税费改革

2001年浙江省就停征了25个欠发达县的农业特产税。2002年7月，中共浙江省委、省政府下发了《关于全面进行农村税费改革的通知》，提出用两年时间在全省范围内全面完成以"减调改稳、合理负担、转移支付、配套进行"为主要内容的农村税费改革。税费改革的内容是全面停征农业特产税，并对361个欠发达乡镇停征农业税。实行"三取消"政策，即取消乡统筹等面向农民征收的政府性收费和集资，取消屠宰税，取消农村劳动积累工和义务工，村内公益事业开支按村民认可的办法向全体村民合理收取一定的资金。2005年宣布全面停征农业税，使这项延续了几千年的专门对农民征收的税种退出历史舞台。农民负担逐年削减。人均负担从2001年的92元下降到2004年的14元。接下来几年又在全国率先建立对涉农收费部门的农民负担专项考核制度，在全省范围内建立农民负担监测网络，使农民负担呈现出持续减轻的好势头。[①] 2005年1月，浙江省政府发出了《关于进一步做好深化农村税费改革工作的通知》（以下简称《通知》），在部署全面免征农业税工作的同时，对各项配套改革做出部署，以巩固农村税费改革成果。《通知》提出继续推进乡镇机构改革，进一步精简机制，防止农民负担反弹等。2005年6月，浙江省选择区域经济各具一定代表性的绍兴、嘉善、北仑、开化四

---

① 顾益康等：《农民创世纪》，浙江大学出版社2009年版，第50页。

县（区）开展农村综合改革试点。到2005年年底，试点工作顺利进行，取得了初步成效，基本建立基层组织新的运行机制，农民负担反弹的根源逐步得以消除，事实上已走出了"黄宗羲定律"的怪圈。

二 较早开展农村集体土地"三权分置"探索

深化农村土地制度改革，实行农村土地所有权、承包权、经营权"三权"分置并行，是继家庭联产承包责任制后农村改革又一重大制度创新。改革开放以来，浙江省认真贯彻执行党的农村土地政策，坚持和完善以家庭承包为基础、统分结合的双层经营体制，较早开展了以"落实农村土地集体所有权、稳定农户承包权、放活土地经营权"为主要内容的"三权分置"探索。一是开展农村集体土地所有权确权。浙江省于2012年全面开展了农村集体土地所有权确权工作，2015年年底前划清了村集体土地权属界限，明晰了村集体土地所有权，为后续土地承包经营权确权登记颁证奠定了坚实基础。二是开展农村土地承包经营权确权、登记和颁证，确保农民承包权基本稳定。2001年9月，中共浙江省委办公厅、浙江省人民政府办公厅下发了《关于积极有序推进农村土地经营权流转的通知》，坚持"条件、自愿、依法、规范、引导、管理"的基本原则，可以采取转包、反租倒包、股份合作、租赁等多种形式积极鼓励、有序推进农村土地经营权流转。2015年起，浙江省全面开展农村土地承包经营权确权登记颁证工作，进一步明晰并落实土地承包权的用益物权地位。截至2016年年底，全省开展农村土地承包经营权确权颁证工作在23482个行政村开展，占需确权村总数的97.98%；林权确权颁证率为99.8%。符合条件的农村宅基地确权登记颁证率95%。全省家庭承包经营的耕地面积1868.35万亩，家庭承包经营农户903.59万户，签订土地承包合同869.99万份，占家庭承包经营农户总数的96.3%；颁发土地承包经营权证书839.32万本，占家庭承包经营农户数的92.9%。三是建立农村产权流转交易市场93个，乡镇产权服务平台979个，覆盖率96%以上。到2016年年底，全省土地流转面积1005万亩，占总承包耕地面积的53.8%，比全国高出18个百分点。其中，德清县农村土地流转率高达79.9%，居全省首位。

三 全面推进村经济合作社股份合作制改革

为探索农村集体经济有效实现形式，赋予农民更多财产权利，浙江省自20世纪90年代就开始了村经济合作社集体经营性资产的股份合作制改革的探索。2005年5月，中共浙江省委办公厅、省政府办公厅制定下发了《关于全省农村经济合作社股份合作制改革的意见》予以推进。明确规定村经济合作社股份合作制改革以行政村为单位，对原有村经济合作社进行股份制改造，原村经济合作社更名为股份经济合作社，继续依法行使村级集体资产的所有权和经营管理权。2014年，省政府办公厅制定下发了《全面开展村经济合作社股份合作制改革的意见》（浙政办发〔2014〕101号）。文件提出，坚持依法、自愿、民主、公正和集体所有制性质不变，村级集体经济组织功能不变，财务管理体制不变的原则，按照归属清晰、权能完整、管理科学、流转顺畅、运营高效的要求，以确权确股为基础、赋权活权为重点，完善配套制度，创新运营机制，全面推进村经济合作社股份合作制改革。

至2016年年底，全省村经济合作社股份合作制改革覆盖率达99.5%，农村产权流转交易市场覆盖率达96%。基本建立起"确权到人（户）、权跟人走"的农村集体产权制度体系，实现社员对集体资产产权长久化、定量化享有，促进村级集体经济发展和农民增收。

四 全面推进农村金融体制创新

积极推进农业投融资体制机制改革。2015年，省财政筹集50亿元设立浙江省农业发展投资基金，实现政府支农政策导向与市场化运作的有机结合。省财政出资4亿元组建浙江省农业信贷担保公司，努力解决粮食生产及现代农业发展中"融资难""融资贵"问题。稳步推进政策性农业保险，初步形成了以共保经营、互助保险等政策性农业保险为主、商业保险为辅的发展格局，2016年全省参保农户140.9万户，险种50多个，实现保费收入6.9亿元，提供风险保障380.9

亿元。[1]

针对农民贷款难长期得不到解决的问题，借鉴发达国家发展农村合作金融经验，浙江省自2003年启动新一轮农村金融体制改革，构建了一个既符合市场经济规律、又适应"三农"发展特点的农村金融合作新体制。新型农村金融组织数量增加、规模扩大、覆盖扩面。丽水市作为中国人民银行批准的全国唯一的农村金融改革试点，紧紧围绕解决"三农"需求大、融资难，城乡差距大、普惠难的"两大两难"问题，全面深化农村金融改革创新。通过创新农村信用体系建设、建立小额取款便民服务体系、"政银保"助农贷款体系、"三权"抵押融资体系，率先构建了完整的农村产权融资框架体系，全面激活农民"沉睡"资产，实现了农民基本产权全部可抵押融资。大力发展林权抵押贷款，2007—2016年，全省累计发放林权抵押贷款289亿元，贷款余额85亿元。2016年，全省有33个县开展农村土地承包经营权抵押贷款业务，贷款余额7亿元；51个县开展农房抵押贷款业务，贷款余额122亿元。启动实施"便农支付工程"、农信社"金融普惠工程"，基本消除金融空白乡镇。2016年年底温州市辖区11个县（市、区）共设立助农服务点2208个，同比增加325个，增幅17.3%。农信社、邮储银行、农行等涉农金融机构起主导地位，农信社1477个，占66.9%；邮储银行577个，占26.1%；农行154个，占7%。已覆盖2117个行政村，覆盖率40.7%，分别比2014年和2015年同期提高了7.58个百分点和4.81个百分点。2016年各服务点共办理业务392.63万笔，金额59.65亿元，同比增长77.1%和93.3%。[2]

五 以农村改革试验区为平台，扎实开展农村改革试验

2012年，根据中共浙江省委、省政府《关于深入推进统筹城乡综合配套改革积极开展农村改革试验的若干意见》，按照"面上改革

---

[1] 孙景淼：《积极探索具有浙江特点的农业供给侧结构性改革路子》，《行政管理改革》2017年第7期。

[2] 陈露等：《农村助农金融服务视角的理性思考——基于温州市助农服务点情况的思考》，乡村振兴与农业供给侧结构性改革研讨会论文，杭州，2017年12月，第102页。

创新"和"点上改革试验"的要求，全面深入推进统筹城乡综合配套改革，扎实开展农村改革试验。温州市、德清县等6个县市开展7项国家级改革试验，嘉兴市、萧山区等18个市县开展18项省级改革试验。

第七节　从村庄整治入手，建设生态宜居宜游的美丽乡村

2003年，"千万工程"开启了浙江美丽乡村建设的新篇章。2010年，中共浙江省委、省政府进一步作出推进"美丽乡村"建设的决策并制订了《浙江省美丽乡村建设行动计划（2011—2015）》。"十二五"期间，浙江围绕科学规划布局美、村容整洁环境美、创业增收生活美、乡风文明身心美的目标要求，以深化提升"千万工程"建设为载体，着力推进农村生态人居体系、农村生态环境体系、农村生态经济体系和农村生态文化体系建设。以历史文化村落保护利用和中心村培育建设为重点，从治理农村污水入手，促进农村生产方式、生活方式、建设方式转型升级。按照"串点成线、连线成片、整体推进"的要求，全面推进美丽乡村建设。通过15年来的建设，浙江农村的生产生活生态环境得到大幅改善，构建了具有浙江特色的美丽乡村建设格局。省第十三次党代会后，省委、省政府又与时俱进地提出打造美丽乡村升级版的新要求。全省各地坚持"绿水青山就是金山银山"的重要思想，奋力开拓，不断丰富内涵，不断提升美丽乡村建设整体水平，促进乡村经济发展。2012—2016年，全省已有97%的建制村完成整治。创新美丽乡村先进县58个，示范县6个，风景线300多条，特色精品村2500个，美丽庭院1万多个。美丽宜居示范村国家级试点和全国美丽宜居示范村庄总量居全国首位。

美丽乡村建设分为三个阶段。

第一阶段为示范引领阶段（2003—2007）。选择村经济实力和村班子战斗力较强的1万多个行政村，全面推进村内道路硬化、垃圾收集、卫生改厕、河沟清淤、村庄绿化，并带动城市基础设施建设、公共服务向农村延伸覆盖，五年建成了1181个小康示范村和10303个

环境整治村。

第二阶段为普遍推进阶段（2008—2010）。巩固提升第一阶段成果，在更大范围内开展农村环境综合整治，并把整治内容拓展到生活污水、畜禽粪便、化肥农药等面源污染整治和农房改造建设，形成了人均条件和生态环境同步建设的格局。

第三阶段为深化提升阶段（2011年以来）。重点以深化提升"千万工程"建设为载体，着力推进农村生态人居体系、农村生态环境体系、农村生态经济体系和农村生态文化体系建设，把生态文明建设贯穿到美丽乡村建设各个方面。

2010年，"美丽乡村建设行动计划"（2011—2015）在浙江展开。该计划明确提出了建设美丽乡村要围绕规划科学布局美、村容整洁环境美、创业增收生活美、乡风文明身心美的"四美"总体要求，推进农村生态人居、生态环境、生态经济、生态文化的"四个体系"建设。

2013年5月13日习近平总书记对浙江省作出批示：要认真总结浙江省开展"千村示范、万村整治"工程的经验并加以推广。各地开展新农村建设应坚持因地制宜、分类指导，规划先行、完善机制，突出重点、统筹协调，通过长期努力，全面改善农村生产生活条件。[①]

2016年浙江省制订并实施《浙江省深化美丽乡村建设行动计划（2016—2020）》，重点是"以人为本"，兼顾"物的美""人的美"。突出"以业为基"，美乡村、育产业、富农民有机结合，增强美丽乡村建设的持久动力。

浙江以"两山"重要思想为指引，从建设美丽乡村向经营美丽乡村转变，大力推进"美丽成果"向"美丽经济"转化，把美丽转化为生产力，把良好的生态优势转化为经济优势，深入挖掘美丽乡村的旅游功能、文化功能、休闲功能、教育功能和体验功能，满足度假养生、农事体验、乡愁追忆、户外运动等不同消费层次的乡村休闲旅游

---

① 何玲玲等：《绘就新时代美丽乡村新画卷——习近平总书记关心推动浙江"千村示范、万村整治"工程纪实》，2018年4月23日，新华网（http://www.xinhuanet.com/politics/2018-04/23/c_1122728788.htm）。

需求，大力发展体验经济、文创经济、养生经济、民宿经济等新型业态，促进农旅融合、农文融合，农家乐、民宿等乡村休闲旅游业蓬勃发展。2016年，全省农家乐特色村（点）3484个，从业人员16.6万人，年营业收入291.1亿元。

第二章 全域覆盖、日臻完善的浙江乡村基础设施建设

农村基础设施是发展农村经济和保障农民生活所必需的公共设施及服务的总和，可以概括为四个类别：农业生产性基础设施、农村生活基础设施、生态环境建设、农村社会发展基础设施。[1] 农村基础设施是农村经济系统的重要组成部分，是农民生产生活的重要支撑。要实现农民的小康，就必须解决农民的出行、用电、饮水、通信等最基本的农村基础设施建设问题；必须改善农业生产条件，促进农村经济发展和提高农民生活质量。

经过改革开放40年的大力发展，浙江在农村道路、供水供电、电信通信、污水垃圾处理、农田水利等基础设施建设领域取得了令人瞩目的成就，农业生产基础设施大幅改善，村庄生产生活条件显著提升，人居环境有效改善，农村居民生活步入小康，城乡差距持续缩小，村庄面貌实现了从传统村落向现代社区的跃迁。公共财政覆盖农村的范围不断扩大，改变了过去"农民的事情农民自己办"的格局。农村基础设施和基本公共服务覆盖率不断增加，建设水平不断提高，实现了从缺乏到普遍，从普遍到全覆盖，从全覆盖到基本完善的转变，开创了城乡基本设施互联互通的良好局面。

---

[1] 刘银喜、任梅：《农村基础设施供给中的政府投资行为研究》，北京大学出版社2015年版，第25页。

第一节　乡村基础设施建设：从民间自发到城乡统筹

中华人民共和国成立之初，浙江省的乡村交通闭塞、基础设施薄弱、生产生活条件艰苦。改革开放以来很长一段时期，农村的基础设施建设和公共服务都处于"农民的事情农民办"的状态，公共财政投入极为有限，城乡差别集中体现为基础设施和公共服务不均等。浙江省的广大农村自发利用集体企业的工业积累反哺村庄，在缺乏公共财政支持的情况下，集体企业的工业积累为改善村庄的基础设施和公共服务，提高村民生活水平做出了巨大的贡献。党的十六大之后，浙江省城乡统筹从自发走向自觉，在政府主导之下在全省范围内整体推进和全面实施城乡统筹发展。自2002年起，浙江省进一步减轻农民负担，全面推行农村税费改革，逐步取消乡统筹费、屠宰税、劳动积累工和义务工，同时停征农业特产税，减轻农民负担。浙江城乡统筹工作全面进入以工促农、以城带乡的发展阶段，同时农村基础设施建设也获得了更多的公共财政支持，乡村的道路、交通、用电等生活设施得到迅速提高，脏乱差的乡村面貌得到彻底改观。

一　1978—1991年：集体经济自发投入农村基础设施建设

这一阶段是村镇企业的初创和发展阶段，农村集体和农民家庭将农业剩余积累转化为村镇集体企业的初创资本。村镇企业的发展吸纳了大批农民就业，增加了农民收入，但同时也由于农业比较效益低和农业劳动力转移，农业生产特别是粮食生产出现了萎缩的苗头。在这种情况下，当时的省委、省政府一方面要求土地向种田能手集中，发展农业适度规模经营，促进农业专业化、商品化，另一方面要求在农村集体经济组织内部实行"以工补农"的措施，从乡镇企业利润中税前列支10%的社会性开支，支持农业基础设施建设、农业科技进步、农业机械装备、农业服务体系建设等，提高农业综合生产能力，并鼓励有条件的地方试行"农工一体化"，增加对农业的投入和务农农民的收入。当时叫作"以工补农、以工建农"，实质上是一种民间

"自发"的统筹。① 在此基础上，1987年以后逐步在省内建立了县、乡、村三级农业发展基金制度，并逐步规范化、制度化，这一机制为农田基础设施建设提供了资金。

这一时期集体经济的壮大发展极大地带动和推进了浙江的村镇建设。据统计，1989年浙江省村级经济收入达14.93亿元，其中有2.3亿元用于村政建设，有1.46亿元用于农田水利建设，有1.28亿元用于文教卫生支出。② 一批古老的集镇，通过乡镇企业积累的资金进行扩建改造，办厂兴市，重现生机，同时还有一大批新型的现代集镇在各地崛起，著名的绍兴柯桥镇、东阳横店镇、义乌大陈镇、慈溪宗汉镇，以及中国第一座农民城苍南龙港镇，都是主要依靠乡镇企业所创造的经济实力进行建设并兴旺发达起来的。乡镇企业还投入相当数量的资金，在农村办起了学校、影剧院、图书室、文化站、体育场、托儿所、敬老院及自来水系统等公共文化设施和福利设施，使镇容村貌显著改观，有力地促进了农村文化教育、医疗卫生等公益事业的发展。例如，以镇办工业富起来的横店镇，1985年工业总产值达到3643万元，镇上建起了银行、邮局、百货、饮食服务等营业大楼，以及电影院、图书室、歌舞厅等文化娱乐设施，还整修了街道，使原来破旧不堪的农村小集镇焕然一新。③

东阳市花园村从20世纪80年代开始就自发利用本村工业积累进行村庄建设。1981年花园村以开办蜡烛厂、服装厂起家，此后接连创办了甜菊糖厂、磁钢厂、锁厂、砖瓦厂、吹塑厂等十几家企业，1990年成立村级工业公司"花园工业公司"，1993年成立浙江花园工贸集团公司，1995年完成产值3亿元，实现利税2800万元。从办厂开始，花园村每年从企业利润中拿出一部分投入村庄建设，累计已有数亿元用于基础设施建设和各项福利事业。从1983年起逐年投资机耕路拓宽改建公路，改造用电线路，打深井安装自来水，兴建影剧

---

① 浙江城乡统筹调研组：《城乡统筹的浙江观察》，《观察与思考》2012年第12期。
② 毛丹等：《村庄大转型：浙江农村社会的发育》，浙江大学出版社2008年版，第70页。
③ 《浙江改革开放史》课题组：《浙江改革开放史》，中共党史出版社2006年版，第64页。

院和综合活动楼等。1988年开始实施旧村改造。从1984年起,花园村还利用工业积累,逐步加大对农田水利基本建设的投资。修渠道建电灌,搞开发农业,到1995年年底累计投资300多万元,使全村的187亩耕地全部成为自流灌溉旱涝保收的丰收田。从1990年起,村办企业扶农补贴成为制度,农业税由村承担,水电费、大田承包款及各项提留全部免交。村民的文娱生活也丰富了 20世纪90年代在花园村闭路电视可通到每家每户,职工食堂为90%以上家庭供应工作餐,彩电、冰箱、空调、摩托车等高档商品已进入寻常百姓家。① 花园村是"以工富农,以工强村",通过集体企业反哺村庄的典型。

二 1992—2002年:小城镇建设带动基础设施向农村延伸

在这个时期,全国层面上政府改革重点从农业、农村逐步转向工业和城市,政府公共财政对农业和农村的投入不断减少,农业和农村的基础设施建设、基本公共服务的供给呈现弱化态势。但浙江农村集镇和小城镇在这个阶段得到快速发展。1992年浙江实施"撤区扩镇并乡"工作,加快了农村小城镇建设步伐。从1981—1985年,全省建制镇由195个增加到508个;到1995年,全省建制镇达到965个,是1978年的4.7倍,几乎每百平方公里就有一个小城镇;到1998年年底,全省建制镇的数量达到最高水平即1006个。它们有的以工业兴镇,形成了工业型城镇;有的以市场兴镇,形成了市场型城镇;有的以旅游兴镇,形成了旅游型城镇;有的以路兴镇,形成了交通型城镇,浙江省成为当时全国小城镇数量最多、密度最高的省份之一。这些小城镇经济实力增强后,带动了资金、劳动力和人口的集中,促进了餐饮业、交通运输业等服务业的发展,对镇上各类基础设施和服务设施提出了新的要求,从而促进了村镇基础设施的建设。另一方面,大中城市通过兴办开发区、工业园区,迅速扩大规模,促进了一批乡镇企业在集聚基础上的新发展,带动了城郊农村的加快发展和农民的

---

① 胡晓声:《人间花园的建设者 奔向小康的带头人——记中共东阳市花园村支部书记邵钦祥》,《浙江经济》1996年第5期。

转产转业，也推动了城市基础设施向农村的加快延伸。①

20世纪90年代初，绍兴的新昌县就在靠近工商企业、交通便利、非农就业机会较多的村镇，规划建设农民集中居住的住宅区。除了路、水、电以外，还在住宅区周围配套建设商店、医院、学校、体育文化等服务设施，吸引了那些想从事非农就业的农民来此集中居住。之后奉化、义乌、绍兴、嘉兴、台州等地也纷纷出台了类似政策。② 20世纪90年代中后期，浙江省开始着力推动小城镇和村镇建设，在实践中摸索出了大中小城市和小城镇协调发展的新型城镇化道路。放松城乡隔离的户籍管制，允许农民进城务工经商，以中国第一农民城——龙港镇建设为标志，开展了大规模的以农民为主体力量的小城镇建设。同时积极引导乡镇企业、民营经济向城镇工业园区集中，把农民摆摊经商的集贸市场发展成规模化的各类专业批发市场，形成了以工兴商、以商促城，民营经济、专业市场与小城镇建设互促互进的小城镇发展机制。

三 2003—2010年：城乡统筹引领农村基础设施扩展普及

2003年，党的十六大提出了"城乡统筹"的战略思想。2003年浙江省农村居民家庭恩格尔系数降低到40%以下，生活水平从小康迈入富裕。③ 富裕起来的浙江开始追求生活品质，对提高生活质量的要求越来越迫切，对农村基础设施、公共服务、人居环境提出了更高的需求。然而，随着乡镇企业改制和转型，企业与村庄集体经济的联系逐渐削弱。村庄如何获取必要的经济资源以承担公共设施和服务的供给成为一个问题，这促使浙江省各级政府在村庄基础设施和公共服务供给方面开始承担更多的责任，加大对农村的财政反哺。

在党的十六大提出的"城乡统筹"战略思想引领下，浙江加大财

---

① 《浙江改革开放史》课题组：《浙江改革开放史》，中共党史出版社2006年版，第64页。

② 毛丹等：《村庄大转型：浙江农村社会的发育》，浙江大学出版社2008年版，第261页。

③ 同上书，第85页。

政资金向农村投入的力度，整合部门力量，加快城乡一体化步伐。从2005年起，浙江省全面停征农业税，这是迈入工业化中后期阶段从"以工补农"向"以工促农"的战略转折。在这个阶段，浙江省全面加大了对"三农"的财政投入，运用财政资金积极支持农村村庄整治和基础设施建设；依法筹集预算外资金投入农业基础设施建设，促进农业产业结构升级；加大财政转移支付力度，改善欠发达村庄生产生活条件和生态环境。

这个阶段是全省农村基础设施建设成效最为显著的时期，道路、交通、水电通信以及电气化等基础设施开始普及到浙江省每个村庄，同时，农村人居环境建设开始起步。浙江省出台了多项工程和措施推进城市基础设施向农村延伸，相继组织开展了农村"双整治""双建设"、乡村道路建设、农村改水改厕、农村电网改造、河道清淤治理等建设活动。一些经济发达地区积极推进旧村改造、中心村建设、土地整理、村庄环境整治。

为了改变农民出行难的问题，2003年浙江省提出了"乡村康庄工程"，改造通村公路的路基、路面，实现通乡公路等级化和路面硬化，实现"村村通公路"。为提高农村公路的抗灾防灾能力和行车安全，2006年浙江省进一步加大对欠发达地区"乡村康庄工程"安全设施的补助力度，不断完善农村公路安全设施。"乡村康庄工程"加快了省内农村产业结构的调整，促使农民收入来源实现了从传统的种植业转向加工业、运输业、商贸业，以及其他非农生产服务行业。在道路条件改善之后，各村庄的改水、改电、改房、改厕、垃圾污水处理等工程有了依托的基础条件，促进了村容整治和农村社会事业发展，提高了农民生活质量。除了道路建设，有条件的地区还积极探索城乡公交一体化。2004年湖州市率先通过全面实施城乡交通一体化的决定；嘉兴市打破以往城市公交、农村客运分割的模式，构筑"城市—乡镇—行政村"三级公交网络。

"千万工程"从2003年实施到2008年五年间，形成了1181个全面小康示范村和10303个环境整治村。2008—2010年全省共对17283个村实施了村庄环境综合整治，把整治内容拓展到生活污水、畜禽粪便、化肥农药等面源污染整治和农房改造建设，形成了人居条件和生态环境同步建设的格局①，取得了生态效益和经济效益的双赢。

四 2011—2018 年：美丽乡村建设提升农村环境基础设施

随着美丽乡村建设的全面升级，浙江省乡村的环境基础设施建设全面铺开。2010 年，浙江省专门制订了《浙江省美丽乡村建设行动计划（2011—2015）》。把生态文明建设贯穿到新农村建设各个方面，推进"四美三宜二园"②的美丽乡村建设，并启动历史文化村落保护利用工作，呈现出城乡关系、人与自然关系不断改善，历史文化传承与现代文明发展有机融合的良好态势，进一步打造美丽乡村"升级版"。到 2014 年年底，全省已累计有约 2.8 万个村完成了村庄整治建设；97% 的村配置了生活垃圾集中收集处理的基本设施，1901 个村开展了垃圾减量化资源化无害化处理试点；36.5% 的村实现生活污水有效治理，全省农村生活污水治理农户受益率达到 42%；农村卫生厕所普及率达到 94.8%，无害化卫生厕所普及率达到 86.5%。培育建设省级重点中心村 1200 个，启动保护历史文化村落 520 个。已有 46 个县（市、区），成为美丽乡村创建先进县，全省各级财政和社会资金已累计投入美丽乡村建设 700 亿元以上。2017 年，所有建制村实现生活垃圾集中收集处理，新增开展生活垃圾减量化资源化处理试点村 6675 个；在建省级历史文化村落重点村、一般村 705 个；创建美丽乡村示范县 6 个、美丽乡村风景线 136 条、整乡整镇美丽乡村乡镇 142 个、美丽乡村精品村 795 个。

在当前这个阶段，浙江省不断拓展村庄整治建设的内容，乡村人居环境得到了根本性的改变。治理"赤膊墙"，让农村裸墙换上新装。"穿点成线、连线成片"，把村庄建设成景点，把交通沿线建成风景长廊。推进环境整治连线成片，开展高速公路、国道沿线和景区城镇周边整治建设及整乡整镇环境整治；开展村庄绿化和平原绿化，实施"三改一拆""四化三边"和农村"双清"等专项行动。全省已

---

① 吴红霞：《一项惠及千百万农户的德政工程——浙江"千村示范万村整治"一年观察》，《今日浙江》2004 年第 15 期。

② "四美三宜二园"是指规划科学布局美、村容整洁环境美、创业增收生活美、乡风文明身心美，宜居宜业宜游的农民幸福生活家园、市民休闲旅游乐园。

有228个乡镇开展了整乡整镇环境整治，2160个村完成中央农村环境连片整治项目，培育美丽乡村精品村1602个，建设美丽宜居示范村试点562个，打造美丽乡村风景线308条。浙江还开展了庭院、村庄、道路、河道点线面结合的综合保洁工作。全省有农村保洁员6万多名，配置清运车6万多辆，8万公里河道落实了保洁措施，2014年省以下财政安排农村保洁经费达12亿元。

第二节 乡村基础设施建设全面加强

一 交通设施建设水平不断提高

改革开放以前，虽然初步形成了一个由铁路、公路、航运、民航组成的综合运输网，但是复杂的地形地貌和稀有的国有投资，使得浙江交通基础设施依旧薄弱，特别是农村交通设施尤其落后。山区公路建设严重滞后。在中华人民共和国成立前，浙江的山区交通十分闭塞。经过几年的抢修修复，到1952年年底，全省77个县有57个县通达了到县城的公路，但仍有12个山区县不通公路。"一五"期间，重点打通山区通县城和县城通乡镇的公路。到了1959年，山区县全部通了公路，但是山区县乡村之间仍然相当闭塞。1973年，全省每平方公里通车里程平均只有13.7公里，全省公社（乡）通公路的只占总社（乡）数的58.5%。山区县通乡公路的比例就更低。这种状况离支援农业生产、开发山区经济、改善山区农民群众的生活还有很大距离。

1985年全省农村公路总里程为7739公里，经过20年的建设和发展，到2006年达到16783公里。至2003年，浙江省还有11个乡镇未通等级公路，有206个乡镇的通乡公路仍为砂石路面；有1.5万余个村的通村道路是不足4.5米宽的简易公路，这些路不能通客运班车；还有一千多个村没通公路。为了改变农民出行难问题，浙江提出了"乡村康庄"工程，以实现村村通公路。

2006年年末，97.6%的建制村和88.7%的自然村通公路。76.3%的村进村公路路面以水泥路面为主，66.4%的村村内道路路面以水泥路面为主，58.3%的村村内主要道路有路灯。60%的村有列入"乡村康庄"工程改造的乡村公路。2006年年末,乡镇政府所在地距县城在一小时车程内的占84.5%,距一级公路或高速公路出入口在50公里之内的占83.4%。至2008年年初,浙江省共完成"乡村康庄"工程6.58万公里(路基路面)建设改造,超过了过去53年的总和,公路通乡率达到百分之百,公路通行政村率达到97.43%,全省3000多万农民由此走上沥青路和水泥路。

至2014年,全省建制村实现公路"村村通",农村客运通达率达到94%。从2015年起实施农村公路"四个一万"工程,提升农村公路技术等级,进行农村公路大整修,实施安保工程,建设港湾式停靠站。到2015年年底,全省农村公路里程达到10.7万公里,占公路总里程的91%;乡镇和具备条件的建制村公路通村率、通村公路硬化率达到100%。全域推进农村客运体系建设,"十二五"期间全省共建港湾式停靠站1.2万个,新增通客车建制村6200多个,改造农村客运班线1300多条。

截至2016年年底,全省1137个乡镇(街道)客车通达率达到100%,27901个建制村客车通达率达到96.3%。在乡镇地域范围内,有火车站的乡镇占2.9%,有码头的乡镇占19.0%,有高速公路出入口的乡镇占25.3%;99.9%的村通公路;96.4%的村内主要道路有路灯。村委会到最远自然村、居民定居点距离在5公里以内为主。

二 电力、通信和信息基础设施升级步伐加快

浙江1901年开始用电,农村用电始于1917年海门县(今台州市椒江区)葭芷镇。到1949年,全省农村仅有3—10千伏高压配电线路115.3公里,广大农村仍然依靠人力、畜力从事生产,用油灯、火篾和松脂等照明。中华人民共和国成立以后,浙江农村电气化有了飞快发展。到1965年,全省67个县(市、区)有64个用上了电。1975年,全省县及县以下农村用电量为9.2528亿千瓦时,占全省总用电量的26.71%。但是,改革开放以前,农村生活照明还没有完全普及电灯,农村生活用能基本上还是以薪柴、秸秆为主,农村电气化水平相对较低。20世纪60年代中后期,农副产品加工开始使用电力,低压配电线路从机埠和加工厂延伸到农户,农村生活照明用电开始有

较快发展。1978年，农村生活照明用电量为26077万千瓦时，是1962年的25.3倍。但是，全省仍有158个乡、8403个村没有通电。

改革开放初期，邮政通信已经基本普及，但电话普及率相当低。1978年，全省有3070个邮电局、所邮路和农村投递路线单程长度为153926公里，电报电路总数为260路，长途电话电路总数为314路。1978年，全省拥有农村电话交换机总容量128732门，拥有农村电话机74153万部，但是全省农村电话普及率只有0.22部/百人，普及率还相当低。

1998年浙江省实施"改造农村电网、改革农电管理体制、实现城乡同网同价"工程（以下简称"两改一同价"），改造范围涉及11个地市，78个县（市、区），全省合计完成38869个行政村的农网改造工作，占全省行政村的93.88%，平均每县投资1.76亿元。该工程实施5年内完成的农网建设改造投资额超过了1949年后50年来农电投资的总和。通过农网改造，浙江农村电网发生了根本变化，农村供电质量大大提高，改善了电能质量和供电可靠性，农村电压合格率达到97.35%，农村供电可靠率达到99.77%。

农村电气化工作是新农村建设的基础性工程，是自"两改一同价"以来对农村电网的又一次改造。2006—2007年，浙江省共投入184.6亿元用于农村电网改造，共建成新农村电气化县20个，新农村电气化乡镇215个，新农村电气化村3677个。2006年年末，99%的乡镇已经完成农村电网改造，75.2%的乡镇有邮电所；100%的村和99.6%的自然村通电；99.4%的村和95.6%的自然村通电话；实现了乡乡通宽带，村级宽带覆盖率提高到86%。2007年，浙江省加大了农村通信基础设施建设力度，新建农村基站3234个，行政村移动信号覆盖率达到99%，村级宽带覆盖率达到96%以上。截至2008年年底，全省农户共拥有电脑93.6万台，普及率达7.6%。全省行政村宽带通村率达96%，全省行政村电话通村率达100%，行政村移动通信信号覆盖率达100%，自然村覆盖率也接近90%。

"十二五"期间，全省110千伏及以下农村配电网建设投资达424亿元，完成对村集体所有农村排灌线路全面接收和改造，全面消除与主网联系薄弱的县域电网和"低压电"农村用户，2015年农村电力用户年平均停电时间比2010年缩短21.9小时。①

2013年，广播实现了"村村响"，邮站实现了"村村有"，用电实现了"户户通，城乡同价"。有线电视入户率达到90%以上，有线广播覆盖80%以上农户，基本解决20户以下通电自然村农民群众听广播看电视难问题，"广电低保"覆盖36.9万户。2016年年末，全省100%的村通电，100%的村通电话，99.2%的村安装了有线电视，98.4%的村通宽带互联网。

三 农田水利设施全面标准化

浙江省地处我国东南沿海，东临太平洋，受季风气候影响显著，降雨量在地区和季节上分配极不均衡，年间变化大，农业生产受气候的影响较大。中华人民共和国成立以后，党和政府十分重视农田水利基础设施建设。"文化大革命"期间水利事业受到严重干扰和破坏，但仍然在很困难的条件下修建了一批水利工程，到1978年年末，浙江已经有水库3336座，总库容量224.98亿立方米；塘坝16153处，蓄水量4.58亿立方米；水轮泵站973处，水轮泵1185台；堰坝5.48万处，受益面积256.65万亩；水闸1974座；机电井2171眼。改革开放以前，浙江的农田水利基础设施建设在长期大量投工投劳的情况下，获得了快速发展，但还不能有效抗御自然灾害，农田水利基础设施建设还比较薄弱。

2011—2015年浙江省全面推进农田水利标准化建设，全面推进"五水共治"，落实省政府关于开展农田水利标准化建设的意见，大幅增加农田水利建设投入，高强度推进工程项目建设，全面提升农田水利标准化建设水平，有效促进了农业旱涝保收和稳产高产，"十二五"期间完成30个国家大中型灌区续建配套与节水改造，92县次中央财政小型农田水利项目建设，完成病险水库除险加固856座，主要江河堤防加固606公里，海塘加固436公里，新增旱涝保收农田面积

---

① 资料来源：省发改委电力与新能源处：《我省全力加快新一轮农村电网升级改造工作》，2016年4月28日，浙江省发展和改革委员会官网（www.zjdpc.gov.cn/art/2016/4/28/art_982_1701971.html）。

295万亩，整治杭嘉湖低洼圩区227万亩，农田灌溉有效利用系数提高到0.582。

2016年年末，全省调查村中能够正常使用的机电井数量1.2万眼，排灌站数量4.0万个，能够使用的灌溉用水塘和水库数量9.8万个。全省有喷灌、滴灌、渗灌设施种植面积45.1千公顷；灌溉用水主要水源中，使用地下水的户和农业生产单位占1.0%，使用地表水的户和农业生产单位占99.0%。全省设施农业温室占地面积2.5千公顷，大棚占地面积57.5千公顷，渔业养殖用房面积0.5千公顷。

四　村庄饮水安全设施巩固提升

浙江省从2003年起实施"千万农民饮用水"工程，建设城乡一体化的供水管网，解决平原水乡的水污染难题，让海岛和山区的居民解除饮水之忧。此前，尽管浙江省农村自来水普及率位于全国前列，但是农村饮用水保障体系总体还很脆弱。2002年年底，全省农村自来水普及率65.4%，其中饮用基本安全和安全的自来水人口占农村总人口的48.3%；有1252万农村居民未喝上自来水，其中有1020万人口受到污染水、苦碱水、高氟水等不良水质的影响，属饮水不安全，另有110万人饮水困难。2003—2005年，全省累计完成投入39亿元，实施了700多个面向农村的供水工程，新增供水规模160万吨/日，受益行政村6600个，受益农村人口524.6万人，其中改善饮用水条件470.3万人，解决饮用水困难54.3万人，"千万农民饮用水"工程与"千万工程"相结合，解决了329个省级示范村的饮用水问题。注重乡村中小学饮水安全，把当地中小学纳入供水范围，解决了44万学校师生的饮用水问题。截至2005年年末，全省农村饮水安全覆盖率已提高到77%。2006年，53.0%的村饮用水经过集中净化处理，38.3%的村从"千万农民饮用水"工程中直接受益。

至2013年，安全饮用水覆盖率达到97%以上。使用管道水的住户741.33万户，占83.4%。527.29万户的饮用水经过净化处理，占59.3%；95.18万户的饮用水为深井水，占10.7%；206.66万户的饮用水为浅井水，占23.2%；38.58万户的饮用水来源于江河湖水，占4.3%；16.50万户的饮用水为池塘水，占1.9%；5.25万户的饮用水来源于其他水源，占 0.6%。仍有 7.99 万个住户反映获取饮用水存在困难，占 0.9%。

2011—2015 年（"十二五"期间）全省改善了 455 万农村人口的饮水安全条件，自来水覆盖率提高到 99%；全省城镇供水管网建制村覆盖率达到 65%，部分发达平原县已经实现城乡供水一体化。2016 年，又有 86.3 万农村居民的饮水安全水平得到提升。[①] 2016 年，773.4 万户的饮用水为经过净化处理的自来水，占 88.8%；75.6 万户的饮用水为受保护的井水和泉水，占 8.7%；15.5 万户的饮用水为不受保护的井水和泉水，占 1.8%；3.2 万户的饮用水为江河湖泊水，占 0.4%；0.1 万户的饮用水为收集雨水，占比少于 0.05%；0.9 万户的饮用水为桶装水，占 0.1%；2.2 万户饮用其他水源，占 0.3%。[②]

五　环境基础设施建设全面铺开

针对农村生活污水集中处理设施和能力明显滞后，农村居住环境脏乱差的状况，2005 年以来全省实施"百万农户生活污水净化沼气"工程，加强农村生产、生活污水净化处理。到 2008 年年底，全省累计建设生活污水净化沼气池 157 万立方米，年可处理生活污水 1.8 亿吨，受益农户 120 多万户。2014 年全省全面开展农村生活污水治理工作，到 2016 年年底，全省完成 2.1 万个村的截污纳管，村庄覆盖率从 2013 年的 12% 提高到治理范围内村庄全覆盖，农户受益率从 2013 年的 28% 提高到 74%。2016 年，全年开展农村生活污水治理村 4173 个，受益农户 115 万户。

浙江省率先在农村开展垃圾分类。2006 年，61.9% 的村实施垃圾集中处理，9.0% 的村有沼气池，47.1% 的村有公共厕所。2016 年开展农村垃圾减量化资源化处理试点村 230 个，98.6% 的村生活垃圾集中处理或部分集中处理，86% 建制村实现生活垃圾集中收集有效处理，96.3% 的村完成或部分完成改厕。2017 年年底，浙江省累计

[①] 蒋伟峰：《浙江农村基础设施建设情况分析与评估》，载章文彪主编《城乡融合的浙江探索与实践》，浙江人民出版社 2017 年版。

[②] 数据来源：《浙江省第三次农业普查主要数据公报》。

74%的农户厕所污水、厨房污水、洗涤污水得到有效治理。

六 金融商业网点与市场建设日臻完善

从2005年起在全省范围内实施"千镇连锁超市、万村放心店"工程,通过引导和支持商贸流通企业向农村发展连锁经营网点,建立商品配送网络,在乡(镇)政府所在地开设超市,并向有条件的村延伸开设便利店。2006年年末,44.7%的村有"千镇连锁超市、万村放心店"工程的连锁超市放心店,35.5%的村有50平方米以上的综合商店或超市。宁波、嘉兴、湖州、绍兴和舟山五个市实现了乡镇连锁超市全覆盖,杭州、金华、衢州三市覆盖面均在90%以上,有58个县(市、区)实现了全覆盖。"千镇连锁超市、万村放心店"工程进一步向村级延伸。2007年年底,"千镇连锁超市、万村放心店"工程全面完成,全省1212个乡镇开设了1689个连锁超市,9751个行政村开设了10788个连锁便利店,共建放心示范店28110个。

2006年年末,62.4%的乡镇有综合市场,37.6%的乡镇有专业市场,28.4%的乡镇有农产品专业市场,12.0%的乡镇有年交易额超过1000万元以上的农产品专业市场。86.2%的乡镇有储蓄所。截至2013年,连锁便民店行政村覆盖面积达到93.5%。截至2015年年底,已经累计建成农村电子商务服务站(点)1.1万余个,村邮乐购加盟店1.3万个,93%乡村设立了快递网点。45%的村邮站提升为信息化村邮站,可开展送报、送信、送邮件、代收代缴电费、电话充值、代理汇款取款、代售车票机票彩票等便民服务。2016年,有商品交易市场的乡镇比重增加到69.3%,有农产品专业市场的乡镇占到34.1%,开展旅游接待服务的村达到10.1%。

表2-1　　　　有金融商业机构、市场的乡镇或村比重　　　　单位:%

指标	2006年	2016年
有商品交易市场的乡镇	62.4	69.3
有农产品专业市场的乡镇	28.4	34.1

续表

指标	2006 年	2016 年
有 50 平方米以上的综合商店或超市的村	35.5	47.6
开展旅游接待服务的村	—	10.1

资料来源：《浙江省第二次农业普查主要数据公报》《浙江省第三次农业普查主要数据公报》。

第三节　乡村基础设施建设的做法和经验

一　重塑乡村功能，提升乡村建设理念

由传统社会向现代社会转型的过程中，对乡村功能的认识都经历了一个重塑的过程。传统的乡村是专为农业生产而存在的，乡村地区的基础设施也都是围绕农业生产而展开的。随着农业逐渐成为乡村的边缘性产业，很多专为农业生产而建设的基础设施利用率越来越低。例如农田水利方面，2000—2005 年间，浙江全省为农业灌溉而新增加的机井只有 128 口。与农业设施的衰落相对照，大量的生活消费设施，如超市、网吧、菜市场等在村庄迅速涌现。这说明村庄的空间布局和功能定位发生了变化，很多村庄将不可避免地由农业生产型转变为以居住与非农产业为主，农业生产为辅的混合型村庄；很多村庄的生活休闲消费方式，文化传统也必将发生转型。[①]

发达国家和地区的发展表明，在大力推进工业化、城市化的历史阶段，通过现代化技术，改造提升传统农业，改善农村生活条件，修复农村景观和生态，乡村可以成为城市居民和农民共同生活、工作和休闲的多功能空间。建设新型农村是世界上大多数国家或地区实现由传统社会向现代社会转型的一个必经阶段，例如日本的农村振兴运动、韩国的新村运动、中国台湾的富丽农渔村建设等。这些地方的农村改革和建设举措，缩小了农村与城市之间的差距，基本解决了城乡发展不协调问题。从世界上一些发达国家和地区的农村建设发展历程

[①] 毛丹等：《村庄大转型：浙江农村社会的发育》，浙江大学出版社 2008 年版，第 194 页。

来看，乡村地区都经历了一个由萧条到复兴的过程。以日本为例，第二次世界大战后日本农村人口占比逐步下降，但自20世纪80年代起，下降幅度明显缩小。由于农村地区风景秀丽、空间开敞、基础设施完备、社会保障充分，21世纪以来吸引不少日本年轻人留在农村和新的农业劳动者进入农村。日本城市居民的居住地，向农村迁移的趋势加快。从日本人口城乡流动的趋势可以看到，乡村不会全面、彻底的衰落，随着城乡差距的不断缩小，乃至消灭，反而部分乡村会顺势而起，走上复兴之路。①

党的十八大以来，习近平总书记就新农村建设问题提出了许多新观点，搞新农村建设要注意生态环境保护，注意乡土味道，体现农村特点，保留乡村风貌，让乡情美景与现代生活融为一体。②世界范围内村庄建设发展是具有一定共性的，乡村建设是一个扩面、深化、提质、拓展的过程，大体上可以归纳为五个阶段。第一个阶段是农业生产性基础设施建设，主要是大力修建农田水利工程，提高农业生产能力，解决农民温饱问题。第二个阶段是生活设施建设阶段，主要是大力增加通村道路、村内硬化亮灯、饮用水入户建设等。第三个阶段是整治村庄环境，完善农村公共服务设施阶段，如治理农村垃圾污水、农房改造、户厕改造、村庄绿化等。第四个阶段是景观化、全域化阶段，主要从村庄为单位的建设上升为农村整体面貌改善，追求美丽宜居，如村庄景观打造、休闲游憩活动空间建设、培植乡村人文魅力等。第五个阶段是乡村复兴、城乡融合阶段，这个阶段城乡发展差距基本消除，农村发展内生动力和活力焕发，城乡交流互动密切，如开展农村生态复育、建设亲环境型农村、推动生态化个性化发展等。浙江省村庄建设整体上正处于第四个阶段中后期并向第五个阶段起始期转化。

二 小城镇连接城乡，促进乡村建设

浙江省是随着市场经济、村庄经济转型而较早趋向城乡统筹，建

---

① 参考王辉忠"打造美丽乡村建设升级版思路和对策研究"课题。
② 习近平：《在中央农村工作会议上的讲话》2013年12月23日，《十八大以来重要文献选编》（上），中央文献出版社2014年版，第683页。

设城乡衔接带的地区,并且在路径选择方面,将城市发展、小城镇建设、中心集镇建设和村庄建设整合起来,具有明显的浙江特色。[1] 随着乡镇企业异军突起而出现的小城镇,对于连接农村和城市具有重要的贡献,小城镇介于大城市和乡村之间,在乡镇的技术、信息、人才及其他生产要素流动方面,可以发挥桥梁和纽带作用,是城市现代化要素向乡村扩散和辐射的中间环节。浙江省是全国乡镇企业最发达、小城镇发展最为迅速的省份之一,在利用市场机制和依托民间力量加快自身发展方面积累了许多经验和教训。通过小城镇展开城乡一体化进程,是浙江省农村建设和村庄发展的特色之一。

城镇化对于解决城乡二元问题作用明显。如果要把城市的资金、技术、设施、产业和生产生活方式逐步向农村延伸,承接这个延伸的就是作为"城尾乡首"的农村政治、经济、文化中心的小城镇。在此意义上,城镇化的发展趋势就是城乡一体化,也就是在生产力比较发达的条件下,通过城镇中介使城市与农村有机衔接,以城带乡、以乡促城,互相依托、互为市场,实现城乡之间在经济、社会、文化、生态方面的协调发展,逐步缩小城市与乡村在生产条件和生活方式方面的差别。使城乡各自的优势都得以发挥,各种生产要素得到合理交流与组合,实现城乡繁荣,并且日趋融合。

早在 20 世纪 90 年代中后期,浙江省开始着力推动小城镇和村镇建设。1997 年 5 月,浙江省时任省委副书记、代省长柴松岳在省村镇工作会议上要求,把村镇建设、小城镇建设放到经济工作的重要位置;抓村镇建设特别要注重规划,充分发挥规划的龙头作用,保证村镇建设有序发展;制定村镇规划要与本地区经济发展长远规划相衔接,与基本农田保护区规划相衔接,与地区产业布局规划和交通规划相衔接,与精神文明建设相衔接。2005 年年底,浙江选择了 141 个镇推动"中心镇培育工程",通过放权强镇壮大特色产业,使中心镇的经济实力和辐射带动能力不断壮大。在村庄一级,浙江各地将大批区位条件好、经济实力强的村庄作为中心村,按照城乡一体、梯度集

---

[1] 毛丹等:《村庄大转型:浙江农村社会的发育》,浙江大学出版社 2008 年版,第 199—202 页。

聚、分级配套的原则，改"撤村并村"为"辐射"策略。为了让中心村更具辐射力，各县市在政策和基础设施配套上向中心村倾斜，在中心村优先设立公交站点、卫生院、文化活动中心、小型超市、菜市场、垃圾收集点等公共基础设施，使周围其他村庄与中心村有便捷的道路连接，实现资源共享。

此后，浙江省经济强镇城乡一体化进程明显加快。例如，嘉兴市把村镇建设、加快城乡一体化作为全面推进农业农村现代化的有机内容，开始"五个一"工程［即每个县（市、区）高标准、高起点抓好一个中心镇、一个示范村、一个特色工业城、一个现代农业园区、一条现代农业产业带］，以点带面推进农业农村现代化；同时还提出"五个化"工程（全面实施农业产业化、农村工业化、农村城镇化、农民知识化和环境生态化），追求并最终实现农村的全面发展和可持续发展。作为农村城镇化主要载体的浙江小城镇建设取得了重大进展。2004年全省762个城镇建成区面积与2000年相比扩大了76%，作为村庄和城市之间的连接纽带，村镇尤其发挥了重要的衔接作用。形成了具有浙江特色的"中心镇—中心村—村庄"三位一体的发展单位。通过将培育中心镇作为改变城乡二元结构的切入点和统筹城乡经济社会发展的重要平台，建立了村庄与城市有机衔接的城乡关系新模式。

三 生态立村，发挥乡村比较优势

自然生态环境是乡村的最大特色和优势，是农民的生存之本和发展之本，是村庄的潜力所在和魅力所在，自然生态环境也是村庄可持续发展的必要条件。但由于农村环境卫生设施与服务的缺乏，工业污染、农业污染和生活垃圾污染的大量增加，乡村的生态环境曾一度处于恶化状态。一些经济发达的县（市、区）积极推进旧村改造、中心村建设、土地整理和村庄环境整治。浙江省相继组织开展了农村"双整治""双建设"、乡村道路建设、农村改水改厕、河道清淤治理等建设活动，在促进农村居民扩大就业与增加收入的同时，为日益富裕起来的农村居民提供居住舒适、环境优美、服务周到、保障健全的生活条件，促进农民生活质量的全面提高。浙江省从2003年实施

"千万工程"，2004年开展对重点流域重点区域重点行业和企业的"811"（八大水系，11个省级环保重点监管区域）环境污染整治行动。2005年，浙江省进一步提出"生态立村"理念，全面推进生态村建设，重塑村庄的生态优势，促进人与自然的和谐相处。如今，浙江省的农村，村容村貌和人居环境都得到了显著的改变，基础设施和农村公共服务水平得到提升，提高了群众的生活品质，优化了发展环境，走出了一条环境友好型的村庄整治建设之路。

安吉的余村地处湖州安吉县南端，是习近平同志提出"绿水青山就是金山银山"重要思想的首发地。2003年之前的余村，以开采石灰岩、生产水泥为主要致富途径。采石和水泥生产严重破坏了当地的环境，粉尘落入溪水造成水系污染；粉尘覆盖竹笋使其缺乏光照无法正常成长；山体被破坏引发水土流失、溪沟堵塞；空气污染也对村民的健康造成了严重的影响。2003年上半年，余村次第关停所有矿区和水泥厂，重新编制余村发展规划，把全村划分为生态旅游区、美丽宜居区和田园观光区三个区块，重点发展生态旅游经济。经过多年的整治，原来被破坏的大山已经重新青翠，原来污染严重的水库已经重新清澈，现在的余村已经是有名的观光旅游胜地。依托生态优势，余村正在建立一个结合生态景观、农耕文明、民俗节庆、地质探险元素的新型乡村生态经济。

四 发展新型业态，增强乡村建设动力

产业兴旺是乡村建设和可持续发展的物质基础。除了大力发展设施农业和高效生态农业，浙江省还鼓励农民创业创新，努力培育乡村旅游民宿经济、休闲经济、运动经济、养老经济、农村电子商务等新兴业态，促进农业向经济型、生态型、功能型多元化拓展。

浙江省把美丽乡村建设作为农村经济新增长点，形成环境美化与经济发展互促、美丽乡村建设与农民富裕并进的局面。在美丽乡村建设的过程中，浙江各地涌现了以休闲观光、度假体验为主的旅游经济，以民宿避暑、养老养心为主的养生经济，以运动探险、拓展训练等为主的运动竞技，以寻根探史、写生创作为主的文创经济。这些经济类型把生态良好的潜在优势转化成了产业发展的现实优势，发展了一批"美丽产业"。大量村庄利用美丽乡村建设营造的优美环境，推动农家乐休闲旅游业加快发展。全省共培育乡村旅游村（点）3246个，农家乐经营农户达1.45万户，从业人员13.8万人，2014年直接营业收入175亿元。利用美丽乡村建设带来的客流和商机，发展景区经营、物业经营和配套服务等产业，壮大了村级集体经济。2014年全省村级集体经济年收入340亿元，村均115.9万元，村股份经济合作社当年按股分红37亿元，人均135.7元。

依托互联网大省的优势，浙江省推动互联网与农业农村深度渗透融合的新经济业态，农村电子商务迅猛发展。2015年全省农产品网上销售额304亿元，建成淘宝村506个，村级电商服务站1.1万个，农村电商走在全国最前列。全省农产品电商经营户达3.7万家（全国第二），农村青年网上创业群体超过100万人，年销售额5000万元以上的淘宝村37个，年农产品网络销售额达到180亿元，来料加工从业人员105万人，年发放加工费突破100亿元。

新业态的发展既为乡村建设提供了资金积累，也给乡村建设提出了更高的要求。丽水市缙云县壶镇的北山村从传统烤烧饼、做馄饨的"烧饼村"转型为电子商务村，开创了农村电商中的"北山模式"。2006年，在回乡创业的村民吕振鸿的带动下，村里很多青年转投网上创业。虽然基础设施一直在完善，但还是赶不上电商的蓬勃发展。道路狭窄，物流配送效率低下；农房空间狭小，仓储空间不足，还易引起火灾；网速不快，电力不能完全保证，创业资金不足。因为村里实在找不出空间用来做仓库，电商龙头企业"北山狼"搬离了北山村。这对村民们触动很大，促使村里下决心攻坚完成了数十处村容村貌提升。如今的北山村迎宾大道、休闲公园、景观墙、绿化带、村广场全新亮相；经过整治后的北山溪，也呈现"水清景美鱼欢"的情景。

五 公共财政投入，助推乡村建设

在财政资金的投入力度上，浙江省不断增加农村农业基础设施投入。一般公共预算安排"三农"投入从2005年的312亿元增加到2014年的1797亿元，增长475.9%，年均增长21.6%。新增建设用地土地有偿使用费等土地收益对"三农"的投入也逐年增加,2014年省财政安排新增建设用地土地有偿使用费和用于农业土地开发资金7.1亿元,比2005年增长31.5%。2013—2017年,省级财政每年筹措安排农村公路建设养护资金10亿元左右,大力推进农村客运道路基础设施建设,支持农村公路新、改建,支持农村地区危桥改造,支持未通客车建制村地区公路改造提升,支持农村公路和农村客运站场设施建设,支持科学规划和布局农村客运线网。据统计,2013—2017年,全省财政治水投入1474亿元,年均增长25.5%;土壤和大气治理投入435亿元、乡村环境治理投入1051亿元,年均增长率也都在两位数以上,力度非常大。

在资金筹集方式上,浙江省不断拓宽支农投入渠道,充分利用政府外债资金。近年来,全省先后实施了世行贷款林业综合发展项目、钱塘江流域小城镇环境综合治理、农村生活污水治理系统及饮水工程建设等项目,政府外债资金成为财政资金的有益补充。发挥财政支农政策的导向功能和财政支农资金"四两拨千斤"作用。支持规范化农民专业合作组织、家庭农场以及以浙商为主体的工商企业社会资金投入"三农",建立健全支农投入多元化稳定增长机制。①

在运行机制上,浙江省用改革的思路和办法,积极探索基础设施和社会事业建设项目的社会化投入和产业化经营。改革开放以来,浙江省不少地方发挥当地社会民间资本殷实的优势,积极探索用企业化思路办水利、交通等基础设施,进行城市建设的新机制,通过政府引导,按照"谁投资、谁受益"的原则,激活多元社会投资主体,国家、集体和多种所有制企业、个人、外资一起上,加快基础设施和社会事业建设步伐。探索"五自"办法建设水利工程,逐步建立起了"以水养水、以库养库"的水利经营机制。20世纪90年代末浙江省就深化水利投资体制改革,积极开展了"五自"(自行筹资、自行建设、自行收费、自行还贷、自行管理)水利工程建设,

---

① 资料来源:浙江省财政厅办公室:《浙江财政助力"三农"发展迈大步》,2015年12月28日,中华人民共和国财政部官网(http://nys.mof.gov.cn/zhengfuxinxi/czznyxncjsdt/201512/t20151228_1634978.html)。

每年水利集资达到 40 多亿元。通过资金、劳动、技术入股合作建设山区小水电，加强了山区基础设施建设，加快了山区脱贫奔小康的进程。①

第四节　乡村基础设施建设新空间

高水平全面建成小康社会，高质量、均衡性的基础设施是一个重要的指标。浙江省大多数领域的农村基础设施建设走在了全国前列，水电路网很多项目建设启动早，先期建设标准低，需要加快提升建设水平。全省农村基础设施建设基本完成了数量上的查漏补缺，当前主要工作重点是提升质量档次，平衡地区差异，加强运行维护。②

一　加快农村水利基础设施建设

深入落实"五水共治"重大决策，完善水利基础设施网络，不断深化重点领域管理改革，持续提升水资源保障水平。一是加强农田水利建设。以提升农业"两区"发展为重点，深入实施"二高二区五小"工程，建设高标准旱涝保收农田。至 2020 年，新增（改善）灌溉面积 200 万亩，新增高效节水灌溉面积 100 万亩，整治杭嘉湖圩区 100 万亩，农田灌溉水有效利用系数提高到 0.6，农业"两区"灌溉保证率达到 90% 以上，防洪除涝达到规定的标准要求。二是加快推进河道治理。全面清除存量污（淤）泥，消除底泥污染，加强污（淤）泥排放、运输、处置的全过程管理，建立清淤长效机制，实现河湖库塘"有淤常疏、清水长流"。统筹自然生态各要素、水岸同治各措施，实施江河湖库水系综合整治，完成农村河沟整治 5000 公里。三是实施农村饮水安全巩固提升工程。加强农村饮用水水源保护和水质检测能力，逐步建立从源头到龙头的农村饮水安全工程建设和运行管护体系，力争 5 年巩固提升农村饮水安全人口 375 万，农村自来水普及率达到 99%，城乡饮水安全质量水平得到巩固提升。

---

① 章健主编：《浙江改革开放 20 年》，浙江人民出版社 1998 年版。
② 章文彪主编：《城乡融合的浙江探索与实践》，浙江人民出版社 2017 年版。

二 改善农村人居环境基础设施条件

突出连线成片建设和示范带动，联动推进生态人居、生态环境、生态经济、生态文化建设，持续提升美丽乡村品位，打造美丽乡村升级版。一是深入推进农村环境综合整治。按照村点出彩、沿线美丽、面上洁净的总体要求，深入开展"四边三化"行动和"两路两侧"整治行动，以绿化彩化、干净整洁、立面改造、品质塑造等为建设重点，每个县（市、区）在"十三五"期间打造三条以上美丽乡村风景线，全面改善提升农村人居环境。二是完成农村生活污水治理。按照村点覆盖全面、群众受益广泛、设施运行常态、治污效果良好的要求，持续抓好农村生活污水治理工程建设，做到农村生活污水应纳尽纳、应集尽集、应治尽治、达标排放。三是普及农村生活垃圾分类处理。完善农村生活垃圾户分、村收、有效处理的运行模式，根据平原地区、丘陵山区、海岛渔区、城镇郊区等不同地区的实际，因村制宜，切实把垃圾收集处理体系落到实处，实现村生活垃圾集中收集、有效处理全覆盖。大力开展生活垃圾减量化资源化无害化处理，推行以乡镇为主体的区域性垃圾资源化处理，实现分类收集、定点投放、分拣清运、综合利用，力争到2020年全省有50%的村开展农村垃圾资源化处理。四是加快小城镇环境综合整治。全面整治环境卫生、城镇秩序、乡容镇貌，联动推进生活方式、生产方式和社会治理方式转型，扩大美丽乡村建设成果。五是打造生态田园人居环境。以"无违建乡村"创建为载体，深入推进农村"三改一拆""平原绿化""清三河"、地质灾害防治，开展村庄生态化有机更新和改造提升，形成整齐有序、绿意盎然、河水清澈的村庄新气象。六是建立健全长效管护机制。全面建立农村生活污水治理设施运维管理机制，按照设施运行常态化、配套管理长效化的要求，探索建立城乡一体的基础设施管护机制，提高管理服务水平。

三 提升农村社会事业基础设施条件

按照城乡人口的空间布局，优化配置城乡教育、卫生、文化、体育等设施提高农村社会事业发展水平。一是促进农村教育办学条件的改善。加强薄弱地区和薄弱学校建设，持续推进公办学校义务教育标准化建设，组织经济发达地区支持相对薄弱地区提高教育发展水平。实施基础教育学校办学条件改善工程，加快改善农村基本办学条件，组织实施一批义务教育学校和普通高中建设项目。二是加快农村医疗卫生条件改善。深化县域医疗服务一体化发展，深入推进乡镇卫生院（社区卫生服务中心）标准化、规范化建设，实现村级医疗卫生服务全覆盖。完善"双下沉、两提升"长效机制，深化医疗资源纵向整合，推动城市医院资源下沉到县（市、区）、县（市、区）医院下沉到乡镇，实现高质量、高水平医疗服务全覆盖。协同推进乡镇计生管理与妇幼保健服务，到2020年全省乡镇综合服务管理平台基本建立并发挥作用。三是推进农村公共文化设施建设。大力建设布局合理、互联互通的公共文化设施，实施公共文化设施优化计划，建设乡镇（街道）综合性文化中心、综合文化站特级站和一级站，以及村文化活动中心、文化家园、文体活动中心等。实施农村文化礼堂提升计划，每年建成1000家。围绕"保护建筑、保持肌理、保存风貌、保全文化、保有生活"的要求，加强历史文化村落保护利用，落实好重点村和一般村保护利用项目建设。四是加强农村体育设施建设。积极建设因地制宜、便民利民、形式多样的农村体育设施，完成小康体育村升级工程5500个，建成乡镇（街道）全民健身中心、中心村全民健身广场（体育休闲公园）、轮滑公园等150个。

四 推进城乡交通一体化建设

按照现代交通"五大建设"的总体部署，全力推进农村交通设施建设，打造美丽经济交通走廊，实现陆域县县通高速公路，实施农村公路"四个一万"工程，打造"四好农村路"（建好、管好、护好、运营好），提高城乡交通一体化水平。一是提升改造农村交通网。提升改造农村公路，着力消除等外路、打通断头路、改造瓶颈路，5年建设农村公路4000公里、提升改造10000公里以上，全面提高特色小镇、产业集聚区、历史文化名村、美丽乡村精品村、农家乐示范村的道路通行能力。完善水上公共交通基础设施，改善陆岛、渡口等渡运设施，满足群众出行需求。二是提升农村公路管护水平。健全以县为主、行业指导、部门协作、社会参与的工作机制，严格落实县级政府的主体责任。加强农村公路日常养护，实现周期性养护良性循环和路面技术状况指数（PQI）逐年上升，到2020年，年度农村公路路面维修里程比例达到4%，优良中等路比例达到90%，消灭差等路。进一步加强农村安全设施建设，农村公路安保工程建设10000公里以上，改造危桥1000座以上，县乡道安全隐患治理率达到100%。三是推进交通运输服务均等化。稳步提升城乡客运服务水平，建设镇级、村级客运站，扩大村镇客运站覆盖面，实现城市、中心镇和建制村之间的有效衔接，构建以城市公共交通、道路客运班线和镇村公交为基本格局的三级城乡客运体系，实现具备条件建制村农村客运村村通、农村公共客运服务全覆盖。建立物流园区、县级物流中心、乡镇配送站、农村货运网点等多级物流服务体系，加强农村邮政服务网点建设，推动物流运输服务向乡村延伸。

五　加强农村电力和信息基础设施建设

持续加大农村电力、信息网络基础设施建设力度，着力推进城乡之间电力信息网络的互联互通，全面提升农村电力和信息服务水平。一是实施新一轮农村电网改造升级。按照适度超前谋划、一步到位实施的原则，进一步提升农村电网供电能力，促进配电网智能化，着力解决乡村配电网发展薄弱问题，力争到2020年全省乡村配电网用户年均停电时间小于6.6小时，综合电压合格率达到99%以上。着力解决电力设施"最后一公里"问题。二是加强农村信息化基础设施建设。进一步扩大光纤网、宽带网在农村、海岛的有效覆盖，建立较为完善的农村、海岛综合信息服务体系，消除城乡数字鸿沟，建成一批农村信息化示范区，实现高速光纤网络、4G网络城乡全覆盖，农村普遍提供1G接入服务能力，较好地满足农村家庭多样化信息服务的带宽需求。

六　完善乡村基础设施投入长效机制和管护机制

建立健全以政府为主导、农民为主体、金融支持为补充的多元化、多层次、可持续投入机制，引导社会各方力量参与建设。建立财政支农的稳定增长机制，强调以政府投资为主，制定全面加强农村基础设施建设的优惠政策，促进农村基础设施建设投资增长，政策稳定化、制度化。把村级集体作为促进村庄基础设施建设与维护的有效力量，制定助推村集体经济发展的有效政策，壮大农村集体经济。健全财政资金投资的引导机制，充分发挥财政资金的政策杠杆作用，采取补助、贴息、奖励、税收优惠、投资参股等多种政策手段和PPP等多种形式，积极鼓励、引导和支持金融资本与社会资本投入农村基础设施建设。

落实管护资金，按照项目体系"最后一公里"的要求，安排一定比例专项资金，保障已建项目后续维护和运行。明确权责主体，明确县、乡、镇、村在基础设施建设与管理中的事权，建立事权与责任相统一，责、权、利相结合的分级负责制。落实绩效考核，制定奖惩机制，对工作开展好、程序规范、成效明显的乡村加大奖励力度，并在后续项目安排上给予优惠。

第三章 多措并举、标本兼治的浙江乡村环境整治

浙江省是乡村现代化进程最快的省份之一，也是较早面临乡村环境污染问题的省份。早在20世纪70年代末期就开始加强乡村环境污染防治的监督管理，在治理乡村工业污染和农业面源污染、改善乡村人居环境方面开展了众多的实践，取得了积极的效果，积累了若干行之有效的做法和经验。

第一节 乡村环境问题的产生和影响

一 乡村环境污染的主要表现

浙江省是地域小省、资源小省，环境容量有限，长期面临着人口众多而资源有限的发展约束。在发展中没能有效地避免"先污染，后治理"的路子。改革开放前，由于对生态规律认识不足，没有正确处理好资源的开发利用和保护之间的关系，使生态破坏和环境污染逐渐成为浙江乡村环境中突出的问题。特别是"文化大革命"期间，浙江省在工业、农业和城市建设等领域里建立起来的极为有限的有利于环境保护的规章制度，却被当作资本主义和修正主义的东西受到批判和否定，以致造成一连串的环境问题。1966—1972年，在农业生产方面片面强调"以粮为纲"，甚至以毁林、围湖造田、人造平原等破坏生态环境为代价来发展粮食生产。在无政府主义状态下，滥猎滥采成风，野生动植物资源遭到破坏。从1966—1972年短短几年时间，环境污染急剧扩散，以致在20世纪70年代初期杭嘉湖地区多次出现

大范围春蚕氟中毒事件；衢江、兰江、富春江、姚江以及余杭、德清等地的部分水域连续发生大面积死鱼事件；全省30%以上的自来水水源受到不同程度的污染。严重的污染事件引起了政府的高度重视，20世纪70年代末浙江开始加强乡村环境污染防治的监督管理。

改革开放前20年，浙江乡镇企业迅猛发展，农业经济恢复活力，乡村进入工业化、城镇化和现代化的发展新阶段，乡村的生产生活方式也发生了前所未有的变革。但是在这个阶段，发展方式粗放，乡村环境管理滞后、环保意识薄弱、环保技术落后，工业污染、畜禽养殖污染和生活垃圾急剧增加，对乡村环境造成了极大的破坏。

（一）乡村工业化对环境的影响

从1984年，浙江乡镇工业进入高速发展阶段。1985年，全省乡镇企业总产值已超过农业产值，乡镇企业中的工业总产值超全省工业总产值的40%；1988年乡镇企业产值为607.17亿元，占全省工业总产值的53%，到1996年其产值达到7137.26亿元。但由于在迅速发展过程中，技术力量薄弱，管理落后，能源资源浪费大，污染物排放多，尤其是乡、村两级企业，数量多、规模小、分布零散，对农业生态环境已造成一定程度的污染和破坏。20世纪80年代初，浙江开始对乡镇企业中电镀、印染、皮革等污染较严重的行业进行治理。20世纪90年代以来，尽管采取了"一控双达标""关停十五小"等大规模的污染治理行动，但由于乡镇企业发展迅速以及产业结构等原因，乡镇企业污染仍然在加重。2002年，浙江省乡镇企业"三废"排放量仅居江苏之后，列全国第二。[①]

据1995年乡镇工业污染源调查，由于乡镇工业排放污染物或发生污染事故造成1986公顷农作物受害、3785公顷鱼塘污染，其中嘉兴市最为严重，农作物受害面积和鱼塘污染面积分别占全省总量的82%和94%。由于乡镇工业的开发性生产、计划外占用耕地和排放污染物，使全省814公顷农田和283公顷植被受到破坏，其中受破坏农田主要集中在绍兴市，占全省总量的94%，湖州市受破坏植被面积最多，占全省总量的44%。全省自然保护区内共有111家污染企

---

① 苏杨：《浙江：新乡村建设从整治环境入手》，《环境经济》2006年第6期。

业，其中温州市有89家，占全省总量的80%。一些主要的区域性乡镇工业企业群体，如富阳的小造纸、绍兴的小印染、苍南的小矾窑、平阳的小制革、永嘉的小冶炼、台州的小化工、永喜的小电镀以及杭嘉湖地区的小水泥、小砖瓦窑等均对乡村生态环境构成严重威胁。

乡镇工业对生态环境的影响与行业特性密切相关。在乡镇工业主要行业构成中，食品饮料、纺织、服装、造纸、化学工业、非金属矿物制品业、机电、电子等合计占乡镇工业总产值的一半以上。1990年以来这一结构一直比较稳定。研究表明，纺织印染、造纸、建材、化工对环境影响很大，其中，造纸、纺织的废水排放量合计占全省乡镇工业废水排放量的一半以上，而废气的排放75%来自建材工业。从污染物地区分布看，与乡镇工业行业类型呈正相关。杭州、绍兴、嘉兴、宁波和湖州的造纸和纺织工业发达，大约78%的废水排放来自该地区，其中，杭州市的排放居首位，占全省排放量的27.68%。在废水排放量中，造纸废水排放量主要集中于杭州，占该行业排放总量的44%；印染废水主要集中于绍兴和杭州，分别占该行业废水排放量的38.6%和20.8%。而全省乡镇工业废气排放则主要分布在浙北地区，以嘉兴的排放量最大，为191.69亿立方米，占总量的30%，其后依次为杭州、湖州、绍兴等地区，排放比重分别为20%、16%和9%。[1]

（二）畜禽养殖污染对环境的影响

随着人口增长引起对畜产品需求的成倍增加，促进了畜禽繁育和饲养技术的进步，集约化畜禽养殖业发展势头迅猛。产业经营方式在发生巨大转变的同时，养殖场也由乡村和牧区逐渐向城市近郊转移。然而，由于在现代化畜禽养殖场的建设过程中没有吸取发达国家相应的教训，多数养殖场建在城市近郊取水方便、水源充足的地上或地下水系沿线，以及交通便利的公路沿线，粪便和有机废水排放过量而集中，容易造成水源污染，增加疫病流行的几率，成为乡村地区的新兴污染源，浙江的情况正是如此。

改革开放以来，浙江畜禽养殖业在实现数量持续增长、整体发展

---

[1] 张叶：《浙江农村工业化、城镇化与生态环境》，《浙江学刊》1998年第4期。

水平不断提高的同时，由于现代集约养殖方式与传统分散养殖方式并存，对农业生态环境产生了巨大的压力。2002年，浙江省畜禽养殖数量已经超过1.2亿头（只），年产生粪便量超过8800万吨，污水排放量超过10亿吨。从整体上看，当时浙江省畜禽养殖业发展已实现了较高程度的规模化养殖，但没有同种植业发展结合起来，加之部分地区畜禽养殖场养殖密度过高、养殖总量过大、治污设施不配套，大量的粪便和有机废水难以得到有效处理和利用，导致环境急剧恶化。虽然传统上人畜混居的农户分散养殖方式已呈现出不断萎缩的趋势，但在养殖密度较高的地区（如嘉兴市）却仍然大量存在。传统养殖方式不能及时对畜禽废弃物实施完全的资源化再利用，从而造成了严重的环境污染。

20世纪90年代，畜禽养殖污染和农田固废[①]污染的贡献率整体呈现上升的趋势，农用化肥和乡村生活单元贡献率呈现下降趋势。[②]从时间趋势来看，1992—2013年COD排放总量各单元的贡献率，畜禽养殖单元和农田固废单元的贡献率总体呈现上升趋势，而乡村生活单元的贡献率整体呈现下降趋势，但是2013年畜禽养殖单元贡献率减少，农田固废略有减少，而乡村生活单元贡献率增加。1992—2013年TN排放总量各单元的贡献率，农用化肥单元贡献率整体呈现下降趋势，畜禽养殖单元贡献率总体呈现上升的趋势，到2001年以后其贡献率超过乡村生活污染单元，除了2006年、2007年和2013年因畜禽养殖规模减小使得其贡献率下降之外，乡村生活单元贡献率保持在28%左右，但自2011年开始贡献率增加甚至到2013年贡献率上升到30.9%，仅次于农用化肥，主要原因是2013年浙江省乡村人口比上一年增加3.55%。农田固废单元的贡献率总体呈现上升趋势。

---

① 农田固体废弃物（以下简称农田固废）主要是指农作物秸秆和蔬菜废弃物等农业（生产）垃圾，其产量与农作物产量及利用率有关。农田固废含有丰富的有机质和氮、磷养分，如今随着乡村生活水平的逐步提高，传统的农业生产中农田固废的再利用方式逐步弱化，大量农作物秸秆和蔬菜废弃物被随意堆放，在雨水的冲刷下使大量的渗滤液排入水体形成面源污染。

② 赵柳惠：《浙江省农业面源污染时空特征及经济驱动因素分析》，硕士学位论文，浙江工商大学，2015年。

(三) 农业面源污染对环境的影响

浙江省农业面源污染主要来自农业生产中使用的肥料、农药、农用薄膜、农作物秸秆以及乡村生活污水、生活垃圾、畜禽养殖业、水产养殖业等造成的污染。2011年，全省化肥施用量为359.39万吨，其中氮肥、磷肥、钾肥、复合肥施用量分别为201.4万吨、57.79万吨、24.78万吨、75.42万吨。氮肥主要品种为尿素、碳酸氢钠等。全省农药施用量为63854吨，种类主要是除草剂，其次是杀虫杀螨剂和杀菌剂。主要农药品种为草甘膦、阿维菌素、井冈霉素等。

近年来，随着经济的发展，浙江省农业生产发展迅速，化肥用量居高不下，畜禽养殖持续增长，使省内农业环境日益恶化，主要水系水质呈下降趋势。2012年1月浙江省主要市界交界断面水质监测评价结果表明：Ⅰ—Ⅲ类水质的断面为7个，占70%；Ⅴ类水质的断面为1个，占10%；劣Ⅴ类水质的断面为2个，占20%。《2011年度浙江省环境状况公报》显示，浙江近岸海域水质受无机氮、活性磷酸盐超标的影响，海域水体呈中度富营养化状态。所检测的5.7万平方公里近岸海域中富营养水体占42.75%，为劣Ⅳ类海水。严重和重富营养水体比例占23.6%，中度富营养水体占29.1%，贫营养和轻度富营养水体占47.3%。嘉兴及杭州湾海域属严重富营养化，象山港海域属重富营养化，舟山、三门湾与乐清湾海域属中度富营养化，宁波、温州与台州海域属轻度富营养化。

(四) 乡村生活污染对环境的影响

20世纪90年代以前，乡村生活方式的主要特点是经济和节俭，饮食中产生的废弃物非常少，家里的旧物往往以各种方式重复利用，减少了家庭丢弃的垃圾量。生活垃圾对环境的影响较小。20世纪90年代以后，乡村市场化和社会化程度不断加深，生活方式逐步向城市过渡。农户消费的商品和食品的种类数量也日益增多，造成乡村生活垃圾种类和数量增加。在家用能源上逐渐形成以液化气和电力为主的能源消费结构。生活废水和生活垃圾的种类数量迅速增多。而当时相应的固体垃圾（如手机处理系统）和污水处理系统几乎为零。分散居住的特点增加了环境基础设施供给成本，造成垃圾、废水遍布村庄。

由于乡村地区缺乏固定的垃圾堆放处和专门的垃圾收集、运输、填埋和处理系统，大量垃圾被露天或者沿河堆放，不仅污染空气，更是污染水体。乡村生活污水主要包括厨房污水、洗浴污水和粪尿污水，农户产生的洗浴污水、厨房污水未经处理100%直接排放，而粪尿污水一部分被农户综合利用（主要用作农田肥料），剩余部分通过化粪池处理后随着污水管道流出。随着农田被不断征用，农户人数的减少，将人粪尿利用于农田施肥已经越来越少了，加重了人粪尿对地下水的污染。

二 乡村环境污染的成因

浙江省的乡村环境污染问题是典型的以工业化、城市化为特征的第一次现代化伴随性问题。这是进入工业化中期、人均GDP达到2000美元后新兴工业化国家出现的普遍问题。1978—2002年的24年中，浙江乡村现代化进程基本上是以乡村工业化为主导。1998年后，针对城市化大大滞后于工业化的实际提出了加快实施城市化发展战略，浙江县域经济发展进入了以城市化提升工业化的新阶段。这个过程中，三个不适应成为环境恶化的主要原因。

（一）产业结构、产业布局与污染治理方式不适应，导致乡村工业污染泛滥

浙江省是我国乡镇企业发展最好的省之一。但浙江省自发性、就地性的乡村工业化发展模式，实际上是一种反城市化的工业化道路，产业集聚低、发展成本高、环境污染重。这种污染的特点可以概括为：结构性污染、规模性污染（总量小，但单位产值排污量较高）、布局性污染（散）。虽然通过始自1996年的"一控双达标"行动进行了整治，但产业结构转换滞后于经济增长，污染治理速度滞后于工业规模的扩大。[①] 在集约化畜禽养殖场的发展上也存在类似问题。

（二）农业环境管理与农业生产的情况不适应，导致农业面源污染突出

浙江省水系发达，许多地方属于河网密布地区，滥施化肥、农药易于造成水体的富营养化。盲目从规模上追求单位土地的产出率，而

---

① 苏杨：《浙江：新乡村建设从整治环境入手》，《环境经济》2006年第6期。

对化肥、农药的环境管理制度滞后,对绿色食品的生产扶持不力,使化肥、农药投入量增长显著快于农产品产值增长,面源污染因此成为浙江封闭、半封闭水体污染负荷的主体。

(三)环境管理和污染治理与人口规模不适应,导致乡村人居环境恶化。

乡村城镇化进程中的基础设施建设和环境管理滞后于城镇发展。与快速推进的城市建设和日新月异的城市面貌相比,乡村的村庄建设、环境整治和社会发展明显滞后。具体包括以"散、小、乱"和"脏、乱、差"为特征的两个滞后:一是村庄建设规划滞后,"散、小、乱"问题比较突出,村庄布局散、规模小、建设乱。一些地方的村庄布局缺乏规划指导和约束,农民建房缺乏科学设计,有新房无新村、环境脏乱差等现象普遍存在。二是村庄人居环境基础设施建设滞后,"脏、乱、差"问题比较突出。由于乡村税费改革后村组织掌握资金不足,村庄管理程度下降,生活污染处理基础设施建设和运营尤为滞后,造成乡村人居环境质量显著劣于城市。

三 乡村环境污染问题的本质

浙江省乡村环境问题的本质是转变经济增长方式的问题,是转变发展理念的问题。在改革开放的头 20 多年里,浙江乡村发展所取得的成就在一定程度上是以牺牲环境和资源为代价的,呈现出"高增长与高污染并存"的局面。撇开已有的经济增长的巨大成就,乡村环境污染已然成为浙江经济可持续发展的瓶颈问题和制约因素。时任中共浙江省省委书记习近平认为,浙江经济在快速发展中遇到的"成长的烦恼",其直接原因是资源环境的约束问题,但从深层次看,还是经济增长方式转变的问题,为此必须以凤凰涅槃的精神进行脱胎换骨的改造,彻底改变过去那种高投入、高消耗、高污染、低效率的粗放型增长方式,真正摆脱经济增长严重依赖大量资源消耗的格局。[①]

在改革开放 20 年后,浙江进入了向生态文明转型的新时期。

---

① 周景洛、梁玉骥:《推动浙江民营经济新飞跃——浙江省委书记习近平访谈录》,《中国报道》2005 年第 7 期。

1998年在全省第五次环境保护工作会议上，省委、省政府提出了实施"碧水、蓝天、绿色"三大环保工程。为此，开展了全省生态环境现状大调查，制定了生态建设规划和一系列相关的行政法规及规范性文件，并加强环保方面的地方立法，同时省财政在"十五"期间每年拨付2000万元生态保护补助资金，从规划、政策、法制、财政等多方面保障了环境保护和建设的力度。2000年，浙江省制定了《浙江省生态环境建设规划》，提出了从2000—2050年浙江省生态环境建设50年的长期奋斗目标和政策措施。2002年，浙江提出要以"绿色浙江"为目标，以建设生态省为主要载体，努力保持人口、资源、环境与经济社会的协调发展。2003年，浙江成为全国第五个进行生态省建设试点的省份，实施"千万工程"。2005年，浙江全面启动发展循环经济，建设节约型社会的工作。为保护生态环境，浙江把调整工业结构、转变增长方式作为根本措施。2013年浙江提出"建设美丽浙江、创造美好生活"的战略，以治水为突破口，倒逼转型升级，实施了一系列卓有成效的工程，"五水共治""三改一拆""四换三名""四边三化"等。这些措施和做法显著改善了城市和乡村地区的生态环境，同时也倒逼了经济转型升级。

　　浙江因为经济发展较快，最早遭遇资源能源与生态环境问题的挑战。乡村环境污染问题是伴随着工业化、城镇化出现的，具有典型性。浙江对资源利用、环境保护和生态建设的认识经历了逐步提升的过程。从一开始比较单一的生态环境建设到后来综合的绿色浙江建设，再到从文明高度推进"生态浙江"建设，浙江对生态环境的认识可以说越来越深刻，越来越系统。正如习近平同志所论断的那样，"人们在实践中对绿水青山和金山银山这'两座山'之间的关系的认识经过了三个阶段：第一个阶段是用绿水青山去换金山银山，不考虑或者很少考虑环境的承载能力，一味索取资源。第二个阶段是既要金山银山，但是也要保住绿水青山，这时候经济发展和资源匮乏、环境恶化之间的矛盾凸显出来，人们意识到环境是我们生存发展的根本，要留得青山在，才能有柴烧。第三个阶段是认识到绿水青山可以源源不断地带来金山银山，绿水青山本身就是金山银山，我们种的常青树就是摇钱树，生态优势变成经济优势，形成了一种浑然一体、和谐统一的关系。这一阶段是一种更高的境界,体现了科学发展观的要求,体现了发展循环经济、建设资源节约型社会的理念"①。

第二节 实施"千万工程",建设"美丽乡村"

改革开放以来,浙江经济得到了快速发展,农民的人均收入也得到了迅速的增长。但是乡村经济社会发展不协调、城乡差距不断扩大的问题依然存在且越来越严重。村庄布局缺乏科学指导,环境脏乱差、社会事业发展相对滞后等问题已严重制约浙江农业和乡村现代化建设的步伐。为此,2003年,中共浙江省委、省政府决定实施"千万工程",用5年时间从全省4万个村庄中选择1万个左右的行政村进行全面整治,把其中1000个左右的中心村建成全面小康示范村。从此,浙江省开启了美丽乡村的建设之路。回顾十几年来的工作,浙江省美丽乡村建设大致经历了三个阶段。

(一)示范引领阶段(2003—2007)

"千万工程"以推动城市基础设施向乡村延伸、推动城市基础服务向乡村覆盖、推动乡村文明向乡村辐射为目标,把农民反映最强烈的环境脏乱差问题作为突破口,以万里清水河道建设为推动,开展以"垃圾处理、污水治理、卫生改厕、村道硬化、村庄绿化"为重点的乡村环境综合整治。选择了村经济实力和村班子战斗力较强的1万多个行政村,全面推进村内道路硬化、垃圾收集、卫生改厕、河沟清淤、村庄绿化。

为推动工程的快速推进,浙江各级财政积极筹措资金。2003年,省财政安排4000万元资金专项用于示范村规划编制补助和村庄整治建设的以奖代补;2004年进一步加大投资力度,新增2670万元。此外,水利部门通过扶持改善水环境,投资约4亿元,使31万农户的用水条件得到改善。交通部门投入65亿元,在全省打造"乡村康庄工程",全面推进城乡公交一体化。农业部门以治理乡村生产和生活污水为切入点,投资1600万元,累计建设生活污水沼气净化池1.9

---

① 习近平:《之江新语》,浙江人民出版社2007年版,第13页。

万个，年处理生活污水 5186 万吨。① 至 2006 年，全省安排了 731 个示范村、整治村的通村公路项目，完成路基路面建设里程 2705 公里，改扩建和延伸城市供水管网 2000 公里，增加受益农民 220 万人，新建城乡垃圾中转处理设施 366 个，完成与示范村、整治村相结合的清水河道整治 1505 公里，实施 700 多个乡村供水工程，受益行政村 6600 个，受益乡村人口 524.6 万人。

而且在工程实施过程中，不少地方将环境整治与村庄建设、创建生态品牌、挖掘人文景观结合起来。安吉高家堂村、临安白沙村、绍兴新未村、永嘉岭上村、温岭流水坑村、遂昌长濂村等将环境整治、古村落保护复建与旅游业开发紧密结合，"农家乐"、观光休闲农业等迅速发展②，取得了生态效益和经济效益的双赢。据统计，2006 年，浙江累计发展乡村旅游点村已达到 2084 个，经营农户 14678 户，直接从业人员 7257 个人，营业收入 24.6 亿元。③

经过 5 年的努力，至 2007 年，对全省 10303 个建制村进行初步整治，建成了 1181 个全面小康示范村和 10303 个环境整治村。④ 省委、省政府每年围绕一个重点，召开"千万工程"现场会。省委主要领导亲自做报告、抓检查、抓推进、抓落实。以政府主导和农民主体并重、投入机制不断健全的城乡共建共享帮扶模式在浙江推开。⑤

（二）强力推进阶段（2008—2012）

2008 年起，浙江"千万工程"树立按照城乡基本公共服务均等化的要求，在全省范围内对所有乡村推广"全面小康建设示范村"的成功经验。这一阶段巩固提升了第一阶段的成果，在更大范围内开

---

① 《统筹城乡发展　推进新乡村建设——浙江省实施"千村示范、万村整治"工程纪实》，《中国财政》2004 年第 9 期。

② 吴红霞：《一项惠及千百万农户的德政工程——浙江"千村示范万村整治"一年观察》，《今日浙江》2004 年第 15 期。

③ 冯洁：《建设乡村新社区，推进城乡一体化——访浙江省农办副主任、浙江大学中国乡村发展研究院兼职教授邵峰》，《浙江经济》2007 年第 15 期。

④ 李强：《实施千村示范万村整治工程，全面推进美丽乡村建设》，《乡村工作通讯》2013 年第 22 期。

⑤ 潘佳华、沈满洪：《中国梦与浙江实践（生态卷）》，社会科学文献出版社 2013 年版。

展乡村环境综合整治,把整治内容拓展到生活污水、畜禽粪便、化肥农药等面源污染整治和农房改造建设,以生活垃圾收集、生活污水治理等工作为重点,从源头上推进乡村环境综合整治,逐步形成了农民受益广泛、村点覆盖全面、运行机制完善、乡村人居条件和生态环境同步建设的格局。

2008 年浙江省安吉县正式提出"中国美丽乡村"计划,出台《建设"中国美丽乡村"行动纲要》。自此,"美丽乡村"这一概念正式登上了历史舞台。2010 年,中共浙江省委、省政府进一步作出推进"美丽乡村"建设的决策,从此,美丽乡村建设在全省全面展开。2011 年以来,浙江"美丽接力"进入了深化提升阶段,提质扩面,开展整乡整镇环境综合整治,按照生态文明和全面建成小康社会的要求,制订《浙江省美丽乡村建设行动计划(2011—2015)》。浙江明确了"美丽乡村"从内涵提升上推进"科学规划布局美、村容整洁环境美、创业增收生活美、乡风文明身心美"和"宜居、宜业、宜游"的建设要求,启动历史文化村落保护利用工作,呈现出城乡关系、人与自然关系不断改善和历史文化传承与现代文明发展有机融合的良好态势。2012 年,省委、省政府号召全面推进"美丽乡村"建设[1],把美丽乡村建设成为"千万工程"的 2.0 版。

(三)深化提升阶段(2013 年以来)

党的十八大报告发出了建设"美丽中国"的新号召。浙江省按照建设美丽中国新要求和加快推进高水平全面建成小康社会"两美"浙江的新目标,将生态文明建设贯穿到新农村建设各个方面,推进"四美三宜二园"的美丽乡村建设,并启动农村生活污水治理攻坚、农村生活垃圾分类处理试点和历史文化村落保护利用工作。[2] 此外,浙江省出台了《浙江省深化美丽乡村建设行动计划》,要求努力实现空间优化布局美、生态宜居环境美、乡土特色风貌美、业新民富生活美、人文和谐风尚美和改革引领发展美的美丽乡村美好愿景。美丽乡

---

[1] 赵洪祝:《全面推进美丽乡村建设》,《今日浙江》2012 年第 21 期。
[2] 王雯、晏利扬:《浙江:"千万工程"造就万千美丽乡村》,《中国环境报》2018 年 4 月 24 日第 1 版。

村升级版成为"千万工程"的3.0版本。[1]

从其内涵和本质看,"千万工程"是省委、省政府设计并实施的以乡村人居环境整治建设为基础,并带动城市基础设施向乡村延伸、城市公共服务向乡村覆盖、城市现代文明向乡村辐射的一个工作载体。它从协调城乡关系起步,逐步拓展到协调人与自然关系、传统与现代关系,是新乡村建设、生态文明建设、乡村文化建设的融合体。[2] 从时间轴线上来看,浙江省起步早,是"美丽中国"的先行者和探路者;从空间轴线上看,它也是落实生态文明建设的重要举措和在乡村地区建设美丽中国的具体行动。

一 "美丽乡村"建设的主要措施和重点工作

(一)以编制村庄规划为先导,分类明确村庄整治建设的定位

把编制村庄布局和建设规划放在首要位置,着力形成与城乡体系、土地利用、基础设施建设等规划相互衔接的规划体系。一是科学编制村庄布局规划。浙江先把乡村情况进行摸排,推出"缩减自然村、拆除空心村、改造城中村、搬迁高山村、保护文化村、培育中心村"的思路,对村镇布局进行优化,在全省范围内确定了200个中心镇、4000个中心村、1.6万个保留村和971个历史文化村落,形成了一个比较科学的城乡空间布局规划。此外,为提高规划质量,省里专门安排了村庄建设规划的补助资金,举办了新乡村建设规划设计大赛,向市里和基层推荐优秀规划设计单位,有效保证了规划编制质量;各地不惜重金聘请中国美院、浙江大学、同济大学等大院名家编制规划;在编制工程中,广泛听取农民群众的意见和建议,规划编制完成后,还要实行社会公示,保证了规划的权威性、科学性、前瞻性。二是分类编制村庄建设规划。因村制宜,编制建设规划。对于中心村,建设"五位一体"的公共服务中心,集聚人口,辐射周边;对于历史文化村落,按照历史古迹、自然生态与人居境融为一体的要

---

[1] 顾益康:《"千万工程"引领美丽乡村建设》,《浙江日报》2017年9月11日第5版。

[2] 康进昌、许雪亚:《浙江的美丽乡村建设之路——访浙江省委副秘书长、省农办主任章文彪》,《乡村工作通讯》2013年第22期。

求，明确保护和修建方案；对于高山偏远村、空心村，围绕农民向城镇集聚和转产转业转身份，实行异地搬迁，搬到县城或者中心镇；城中村、城郊村则推进"三改一拆"，将其改造成为城市新社区；一般村的整治规划，重点是明确环境整治、村庄梳理的方案。85%的规划保留村、中心村编制了建设规划。三是协同编制配套规划体系。把村庄布局和建设规划作为修编土地利用总体规划、县市域总体规划、相关专项规划的重要依据，努力使村庄布局和建设规划与相关各方面的规划相协调。

（二）以治理垃圾污水为起点，不断拓展村庄整治建设的内容

以反映最强烈的环境脏乱差问题作为突破口，不断丰富整治建设内容，逐步形成农民受益广泛、村点覆盖全面、运行机制完善的整治建设格局。一是推进村庄环境综合整治。推行"户集、村收、镇运、县处理"的垃圾集中收集处理模式，开展垃圾"分类分拣、源头追溯、定点投放"试点，推进垃圾减量化、无害化、资源化。清理露天粪坑，改造简易户厕，推行统一进厂处理、村域生态处理等污水处理办法，提高乡村污水达标排放率。到2013年累计添置垃圾箱112万个，改建公厕2.3万个，治理生活污水311万户。二是推进环境整治连线成片。每年启动约200个乡镇的整乡整镇环境整治，将所有村庄一次性打包，整体推进村庄整治和沿线的整治改造，实现了整治一片、改变一片、巩固一片的效果。实施"三改一拆"（旧住宅区、旧厂区、城中村改造和拆除违法建筑）、"四边三化"（公路边、铁路边、河边、山边等区域的洁化、绿化、美化）和乡村"双清"（清理河道、清洁乡村）等专项行动，推进管网、林网、河网、垃圾处理网、污水治理网建设。三是开展美丽乡村创建行动。开展美丽乡村县乡村户四级联创，联动推进生态人居、生态环境、生态经济、生态文化建设，努力展示规划科学布局美、村容整洁环境美、创业增收生活美、乡村文明身心美。四是建立长效保洁机制。实行建设和管理两手抓，逐步把工作重心向后期管理和维护转移，探索乡村物业化管理机制。推行"村集体主导、保洁员负责、农户分区包干"常态保洁制度，建立政府主导、集体与农民共担的保洁经费筹措机制，开展"庭院、村庄、道路、河道"等点线面结合的综合保洁工作，县和乡镇每

年安排保洁经费约 12 亿元。

台州市路桥区金大田村，过去垃圾遍地，臭气熏天。村民日夜紧闭门窗，苦不堪言。"千万工程"开始后，村委会积极发动群众，全村足足清扫出 500 多吨垃圾！垃圾清除后，生态公园正式动工，青石板铺上了，古民居留下了，绿荫遍地，连对环境十分挑剔的白鹭也成群在此安家。

桐庐县江南街道环溪村因为生活污水的问题，虽然没有大工业，但是水质一直不好。为此，环溪村采取清除淤泥、截污纳管、建造并使用污水处理池等方法，使每滴生活污水都不轻易流入环溪，也不流入村里的池塘小河。通过整治，环溪村的水更清了，环境得到了有效改善。目前，环溪村被国家住房和城乡建设规划部列入第一批建设美丽宜居小镇，美丽宜居村庄示范名单。

（三）以推进资源配置和人口集聚为目标，优化村庄建设布局

按照推进基本公共服务均等化的要求。把建设美丽乡村与推进新型城市化有机结合起来。推动资源要素向乡村，特别是中心镇中心村配置，促进产业布局，合理化，人口居住集中化和公共服务均等化。一是优化村庄布局。全省规划培育中心镇两百个，率先启动了 27 个中心镇培育建设小城市试点，着力把中心镇培育建设成为产业的集聚区、人口的集中区、体制机制的创新区、社会主义新乡村建设的示范区；全省规划中心村 4000 个，规划保留村约两万个，确立了重点建设中心村，全面整治保留村，科学保护特色村，控制搬迁小型村整治建设思路形成了合理的城镇体系和整治建设秩序。二是培育建设中心村。出台了《关于培育建设中心村的若干意见》，启动了 1500 个中心村的培育建设，省里对重点培育示范中心村，给予每村 40 万到 60 万元的补助；把中心村建设与乡村土地整治、农民下山搬迁紧密结合起来，采用整村搬迁、宅基地置换、经济补偿等办法，引导撤并村小型村农民向中心镇中心村集聚。在推进农民有序集聚的同时，各地还积极创新社会管理，完善乡村信贷担保体系，推进社区股份合作制改造为人口集聚农房建设创造了条件。

（四）以延伸公共服务为配套，大力提升村庄整治建设的水平

把村庄整治建设作为发展乡村公共服务的有利契机，按照"村庄

整治建设的定位在哪里，相关部门的项目和资金配套就跟到哪里"的要求，大力推进各方面工作和服务向乡村延伸。一是推进城市基础设施向乡村延伸。统筹安排水电气路等基础设施建设，实现了等级公路、邮站、电话、宽带等"村村通"，广播电视"村村响"和乡村用电"户户通、城乡同价"，客运班车通村率达到95%，安全饮用水覆盖率达到97%。二是推进城市公共服务向乡村延伸。大力构建以县城为龙头、中心镇为节点、中心村为基础的城乡一体化公共服务体系，推动教育科技、培训就业、医疗卫生、社会保障、文化娱乐、商贸金融等服务向乡村延伸，基本形成了以中心村为主要平台的30分钟公共服务范围圈。三是推进城市现代文明向乡村辐射。开展送戏、送电影、送书籍等"送文化"行动，实施文化信息资源共享工程，建设党员远程教育网络和"乡村信箱"服务平台，加快农家乐休闲旅游业发展，促进农民与市民的直接互动和农民思想观念、行为方式的转变。

（五）以保护特色村落为依托，彰显村庄整治建设的特点

在推进新型城市化和新乡村建设的过程中，不仅要让农民过上高品质的现代化生活，又要切实加强对传统文化，特别是对历史文化村落的保护作用，防止千村一面和城乡同质化、低质化。一是明确建设任务，坚持科学保护和有序利用有机统一、外在风貌和内在文化的有机统一，保护传承与改善人居的有机统一，把保护好古村落原始风貌和原始文化放在首要位置，整体推进古建筑与现有环境的综合保护，优秀传统文化的发掘传承，村落人居环境的科学整治，乡村休闲旅游的有序发展，努力保存历史的真实性，凸显风貌的完整性，体现生活的延续性，力争把历史文化村落培育成为与现代文明有机结合的美丽乡村。二是出台了扶持政策，出台了关于加强历史文化村落保护利用的若干意见，制定了浙江省历史文化名城名镇名村保护条例，省里和保有集中县都建立了领导小组，成立了专家指导委员会，省财政对每个重点村安排500万元到700万元的补助，同时给予每村15亩建设用地指标，专项用于核心区块的搬迁安置。一般村安排每村30万到50万元的补助，若低于省里，按照1∶1比例安排配套保护资金。三是形成了一批保护典型，浙江很早就开始了历史文化村落保护利用的

探索，已经初步形成了一批成功的保护利用典型和模式，如江山市廿都古镇，兰溪市诸葛村，富阳市龙门古村，莲都区古堰画乡。楠溪江畔，古村落群等，立足于保护保全来开展永续利用，展现了传统文化的巨大魅力，各地在功能定位，空间布局，投入主体，组织方式等环节都有很多好的创新和成功的做法，为科学推进历史文化村落保护利用积累了宝贵经验。

桐庐县江南街道荻浦村在旧房改造中创造性地将空置的牛栏改造成了咖啡屋，将文艺、小清新这些属于城市人的品质带进乡村，形成了独特的"乡土文艺范"。从牛栏咖啡2013年开业以来，生意一直很火爆，荻浦村这个国家历史文化名村因此而更加出名。

（六）以健全完善组织领导和工作机制为保障，确保乡村政治建设不断推进

充分发挥公共财政的作用和政府协调各方的优势，形成了一个政府主导，部门协作，社会参与和农民主体的推进机制。一是强化组织领导。各省各地都把美丽乡村建设作为党政一把手工程，坚持党政一把手亲自抓美丽乡村建设。完善美丽乡村建设考评和激励机制，把美丽乡村建设纳入党政工作、干部绩效考核和社会主义新乡村建设考核的重要内容。省"千万工程"工作协调（领导）小组充分发挥综合协调和牵头的作用，各级各相关部门都根据自身的职能，积极承担相应职责，保证了工作上的统筹安排，步调一致地开展这项工作。二是切实加大投资力度。到2013年，浙江省投入村庄整治和美丽乡村建设的资金超过1200多亿元，省财政安排的专项资金从2003年的4000万元增加到6.6亿元；全省当年新增建设用地指标总量的10%以上用于新乡村建设，城乡建设用地增减挂钩周转指标优先满足美丽乡村建设。[1] 三是完善制度保障。全面深化乡村土地使用制度改革，积极推进宅基地使用制度改革，借鉴嘉兴"两分两换"的经验，引导农民通过宅基地有偿退出、宅基地置换成镇住房等途径实现向城镇和中心村集聚。积极探索户籍制度和乡村集体产权制度的联动改革，引导乡

---

[1] 李波：《万亿生态文明投入打造"美丽乡村"》，《中国证券报》2013年10月17日第A13版。

村在保留土地承包、山林承包、集体资产收益分配等集体权益的同时，把户籍迁移至居住地，享有与居住地居民同等的公共服务权益。

二 "美丽乡村"建设的成效

浙江省从2003年起连续实施了两轮以乡村环境综合整治为主题的"千万工程"。2010年，作为首批全国乡村环境连片整治8个示范省份之一，财政部、环境保护部与浙江省政府签订了《乡村环境连片整治示范协议》。浙江省按照"一次规划、三年实施"的原则和"区域一体、集中连片"的要求，以钱塘江、太湖流域和重要饮用水源保护区为重点，科学编制整治实施方案，因地制宜地选取技术先进、经济合理的污染治理模式，建立污染治理设施运行维护机制，切实改善乡村人居环境和生态环境质量。2012年93%的行政村实行了生活垃圾集中收集处理，62.5%的行政村实行了生活污水治理，其他基础设施和公共服务设施基本覆盖到了乡村，浙江全省农家乐特色村、特色点分别为717个、2295个，全年接待游客首次破亿，达到1.13亿人次，直接营业收入88.35亿元。截至2017年年底，浙江累计投入资金超过2000亿元，新改建农村公路9万公里，农村交通总体水平居全国前列。浙江累计有2.7万个建制村完成村庄整治建设，占全省建制村总数的97%；74%的农户厕所污水、厨房污水、洗涤污水得到有效治理；生活垃圾集中收集、有效处理的建制村全覆盖，41%的建制村实施生活垃圾分类处理。[①]

15年久久为功，"千万工程"造就千万美丽乡村。2003年，淳安县树岭镇下姜村交通不便，环境脏乱差严重，农民收入水平和生活水平低。通过道路硬化、卫生改厕、河沟清淤、保护山林、污染治理和农房改造等措施，这里已经成为千岛湖南岸深山中的美丽乡村，山清水秀、翠竹掩映、街道整洁。2017年下姜村常住人口人均可支配收入达27045元，是2001年2154元的12.56倍。

[①] 《因地制宜 久久为功 群众视角——浙江"千万工程"造就万千美丽乡村启示录》，2018年4月24日，新华网（http://www.xinhuanet.com/2018-04/24/c_1122735265.htm）。

余姚市横坎头村是革命老区。2003年这个山村还没有水泥路，全村没有一个公厕，许多人家都还用露天粪缸。经过15年的努力，昔日窘迫的横坎头村已改变了容颜，村里锚定"红色旅游"和"绿色发展"两个主色调，实现了快速发展：从当年负债45万元到村级固定收入260余万元，农民人均可支配收入27568元，被评为浙江省全面小康示范村、全国文明村。

宁波市奉化县滕头村原先是"田不平，路不平，亩产只有二百零"的贫困村。通过15年的不懈努力，投入大量资金实施"蓝天、碧水、绿色"三大工程，全力发展生态农业、生态工业和生态旅游业，现在滕头村是全球生态五百佳、世界十佳和谐乡村、上海世博会全球唯一入选乡村、国家5A级旅游景区村，是"口袋富，脑袋富，家家都是小康户"的富裕村。

舟山市乌石塘是个曾经创下了年产万吨鱼纪录的渔村。不过，随着渔业资源日趋枯竭，渔民生活举步维艰。"千万工程"让渔村再次兴盛起来。结合村容整治，当地政府提出"渔民上岸、游客下海"的新方略——鼓励渔民上岸办渔家乐，吸引游客下海泛舟垂钓。全村几乎家家都开办渔家乐，来村里打工的外地农民工近千人。

2003年，习近平同志曾经到东阳市南马镇花园村调研，提出必须着力改变"农业是弱质产业、农民是弱势群体、农村是落后社区"的状况。此后，花园村立即以"千万工程"为抓手，着重开展村庄整治和农房改造。15年过去，村里人住上了现代化排屋，小区旁就是大公园。如今花园村公园内，数万株牡丹花盛开，娇艳袭人。站在高处四望，村里田园、民居、景观、湖泊错落有致，宛若一个大花园。①

15年扎实推进"千万工程"，如今的浙江几乎所有村都完成农村人居环境综合整治，污水集中处理，实现村村通公交、通宽带，城乡居民可支配收入分别连续17年和33年居全国各省（区）第一，成为全国城乡收入差距最小的省。2018年浙江省出台《全面实施乡村振

---

① 《群众关心什么就做什么！人民日报整版聚焦浙江"千万工程"》，2018年4月25日，新蓝网（http://n.cztv.com/news/12892481.html）。

兴战略高水平推进农业农村现代化行动计划》和《浙江省农村环境综合整治实施方案》，不断提升农村人居环境，建设生态宜居的美丽乡村，自我加压，拉高标杆，奋力推动乡村振兴走在前列。①

第三节　发展生态循环农业，改善乡村生态环境

浙江省乡村的发展和农业的发展是紧密相关的。乡村环境和农民生活条件的改善离不开对传统农业生产方式的改革。在农产品市场竞争日趋激烈、土地和水等资源要素紧缺的情况下，为解决农民增收困难和增加农产品供应，中共浙江省委、省政府决定发展生态循环农业。

为了推动生态农业发展，2010年浙江省政府下发《关于印发浙江省发展生态循环农业行动方案的通知》（省府办〔2010〕161号）。2011年，浙江省农业厅印发《浙江省生态循环农业发展"十二五"规划》（浙农计发〔2011〕45号）。而后省农业厅每年印发发展生态循环农业实施计划。为了进一步推进这项重要工作，2014年，浙江政府再次下发《关于加快发展现代生态循环农业的意见》（浙政办发〔2014〕54号）。2014年，农业部批复同意浙江为全国唯一的现代生态循环农业发展试点省。根据《实施方案》，通过三年努力，基本构建"企业小循环、区域中循环、县域大循环"的循环利用体系，建成100个示范区和1000个示范主体。②

一　发展生态循环农业的主要举措

（一）基本建立政策制度体系

根据现代生态循环农业发展要求，浙江省人大、省政府先后颁布农作物病虫害防治、动物防疫、耕地质量管理、农业废弃物处理与利用、畜禽养殖污染防治等法规规章；省政府先后出台加快畜牧业转型

---

① 《浙江：15年久久为功"千万工程"造就千万美丽乡村》，2018年4月24日，新蓝网（http://n.cztv.com/news/12892190.html）。
② 张明生：《浙江发展生态农业的实践、问题与对策》，《浙江农业科学》2015年第7期。

升级、加快发展现代生态循环农业、商品有机肥生产与应用、推进秸秆综合利用、创新农药管理机制、发展乡村清洁能源、农药废弃包装物回收和集中处置等意见和办法；农业部门或会同相关部门先后制定畜禽养殖场污染治理达标验收办法、沼液资源化利用、生猪保险与无害化处理联动、养殖污染长效监管机制、化肥和农药减量增效、废旧农膜和肥料包装物回收处理等指导意见和实施方案，基本建立了现代生态循环农业法规和政策体系。

（二）全面实施农业水环境治理

浙江认真贯彻省委"五水共治"决策部署，全面实施农业水环境治理，推动农业转型升级。一是全面治理畜禽养殖污染。根据生态消纳环境承载能力和排放许可，重新调整划定畜禽养殖禁限养区，关停或搬迁禁养区畜禽养殖场7.46万家，对年存栏50头以上的54533家畜禽养殖场实行全面治理，其中关停4.5万家，治理保留近1万家，组织开展生猪散养户和水禽场治理；以畜牧业主产县市为主建成41家死亡动物无害化集中处理厂，基本建立了生猪保险与无害化处理联动机制，基本构建了病死动物无害化处理体系，基本消除了主要江河流域性漂浮死猪现象。二是全面实施肥药减量增效。大力推广测土配方施肥技术、商品有机肥和新型肥料应用，以及高效环保农药、病虫害绿色防控和统防统治。

（三）实施农业设施提升改造工程

着力改进生产作业装备，大力发展设施农业，建立补贴机制，鼓励利用地力难以提升的山地丘陵、沿海滩涂等发展设施农业，集中力量建设一批设施农业示范基地。积极推进农业机械化，建立高耗低效农业机械报废更新补贴机制，扩大低耗高效新型农机具应用，提高农业机械化整体水平。与此同时，着力改善加工流通设施，因地制宜推进农产品加工园区建设，支持农业企业技术改造，减少加工环节原料浪费和废物排放，提升农产品精深加工水平。加快推进农产品储藏保鲜设施建设，支持农产品产地市场建设冷藏保鲜设施，逐步形成从产地到市场完整的冷链运输系统，减少流通环节的农产品损失和消耗。[①]

---

① 孙景淼：《发展浙江特色生态循环农业》，《今日浙江》2010年第16期。

（四）构建三级循环体系

按照省政府发展生态循环农业行动方案，省农业厅会同相关部门组织开展"2115"生态循环农业示范工程，制定示范建设标准，建成省级生态循环农业示范县22个、示范区104个（面积达98万亩）、示范企业101个，省级财政安排示范项目680个，投入4.5亿元。农业生产经营主体内部应用种养配套、清洁生产、废弃物循环利用等技术，实现主体小循环；在生态循环农业示范区内，通过建设推广环境友好型农作制度、农牧结合模式、集成减肥减药技术、秸秆综合利用，实现园区中循环；以县域为单位，通过产业布局优化、畜禽养殖污染治理、种植业清洁生产、农业废弃物循环利用等，整体构建生态循环农业产业体系，实现县域大循环，基本构建起点串成线、线织成网、网覆盖县的现代生态循环农业三级循环体系。

（五）全面启动试点省建设

农业部批复同意浙江开展试点省建设以来，浙江省先后与农业部签署部省合作共建备忘录，制订试点省实施方案和三年行动计划，围绕"一控两减四基本"（农业用水总量控制，化肥和农药用量减少，畜禽养殖排泄物及死亡动物、农作物秸秆、农业投入品废弃包装物及废弃农膜基本实现资源化利用或无害化处理，农业"两区"土壤污染加重态势基本得到扭转）目标任务，全面启动"十百千万"推进等六大行动。在湖州、衢州、丽水3市和41个县（市、区）整建制推进现代生态循环农业，落实创建现代生态循环农业示范区110个、示范主体1030个、生态牧场10000家左右。在整建制推进县（市、区）中，初步形成畜禽养殖污染治理"达标验收+有效监管"、病死猪无害化处理"保险联动+集中处理"、农药废弃包装物回收处置"集中回收+环保处置"、秸秆利用与禁烧"激励利用+责任监管"等长效机制；在示范区建设中，集成推广化肥农药减量技术；在示范主体建设中，围绕种养配套、清洁化生产、农业废弃物资源化利用、沼液配送服务、畜牧业全产业链五类主体，建成示范主体462个。[①]

[①] 浙江省农业厅：《浙江省生态循环农业发展"十三五"规划》，2016年8月22日，浙江省人民政府官网（http://www.zj.gov.cn/art/2016/8/22/art_ 5495_ 2181193. html）。

二 浙江生态循环农业的主要模式

（一）减量化模式

龙泉市通过大力推广喷滴灌、微蓄微灌、肥水同灌和测土配方施肥、病虫害绿色防治等节水、节肥、节工、节本技术，有效地减少农药化肥投入，既减轻了对土壤、水体的污染，又提高了农作物品质。2014年全市推广黑木耳喷灌1333公顷，茶叶喷灌376公顷，山地蔬菜微蓄微灌267公顷，沼液用于毛竹山、珍稀苗木基地喷灌面积133公顷；建立测土配方施肥长期定位监测点8个，建成测土配方施肥示范区3个，推广测土配方施肥2.4万公顷，实施农药减量控害增效工程667公顷，病虫统防统治300公顷。[1]

（二）农业废弃物循环利用模式

为综合利用废弃物，平湖市推广"稻—菇—芦笋（西瓜）"循环模式，将水稻种植和食用菌培育过程中产生的废弃物作为水稻种植的有机肥和土壤疏松剂，改良土壤结构，提高了芦笋（西瓜）的产品质量。

金华市金东区大堰河农场将畜禽尿液等农场废弃物通过沼气工程转化为有机肥，用于寨春农业开发公司40公顷水果、蔬菜的生产，提高了产品的产量和质量。同时，该农场将有机肥用于水产养殖，27公顷的水产养殖基地每年可减少豆粕、菜饼等饲料67吨，节省饲料成本23万元。[2]

（三）经济作物与粮食作物轮作模式

龙泉市因地制宜地促进农作制度创新，大力发展设施农业，推广黑木耳—晚稻、蔬菜—晚稻、草莓—晚稻等经济作物与粮食作物轮作模式。在稳定粮食生产的基础上，有效地促进了农业增效、农民增收，形成了一批"千斤粮，万元钱"的典型。如黑木耳—晚稻轮作就是利用水稻生产的冬闲田栽培一季黑木耳。黑木耳10—11月下田，4

---

[1] 陈小俊、蔡欣、刘善红：《龙泉市发展生态循环农业的主要模式、措施与成效》，《浙江农业科学》2016年第3期。

[2] 沈满洪、李植斌、马永喜等：《2013浙江生态经济发展报告》，中国财政经济出版社2014年版。

月基本采收完毕，5月清场翻耕移栽单季稻。这种轮作方式既有利于净化耳场，又对减少水稻病虫发生基数有作用，并且将部分废菌棒还田后，可以增加土壤有机质，疏松土壤，培肥地力，农田年净收入可达 30 万元/公顷以上。

（四）生态循环农业园区模式

义乌市原源农业开发有限公司位于大陈镇宦塘村黄岗岭地段，是一家进行水果蔬菜种植，湖羊生态化养殖的综合性农业开发责任有限公司。2013年公司在通过环境评估、技术规划认证和设施农用地报批等手续的基础上，凭借独特的三面环山、地处半山腰、下有大量农田的地理优势，经整体高端规划，不断加大技术创新，开展养殖场污染减量化、无害化、生态化、资源化处理，创新建立了农作物秸秆—羊—沼气—牧草—羊的农牧结合、农作物秸秆综合利用的生态循环农业模式。为了减少农业面源污染，公司与宦塘村食用笋合作社签约，将该合作社逾100公顷的食用笋基地产生的笋壳等废弃物全部收集至养殖场内，通过粉碎机将笋壳粉碎加工成湖羊饲料，使笋壳得到饲料化利用。在此基础上，公司还将回收种植废弃物范围扩大至稻秆、高粱渣、加工红糖后产生的糖梗渣等诸多农作物秸秆废弃物，并通过秸秆粉碎机将秸秆粉碎加工成湖羊饲料，用于喂养湖羊，使秸秆废弃物得到饲料化利用。公司按照雨污分离、干湿分离的工艺要求，建成干粪房 210 平方米、雨污分流管道逾 3000 米、厌氧发酵池 100 立方米、无害化处理池 50 立方米。羊粪全部收集至防渗、防雨、防漏的干粪房内，堆沤发酵后作有机肥使用；羊尿及污水则通过收集管道入厌氧发酵池内进行无害化处理。厌氧发酵后产生的沼气用于养殖场内部发电、炊事、羊舍火焰消毒、职工淋浴等；产生的沼液通过铺设沼肥利用管道，用于牧草基地上的牧草、玉米等作物种植，实现废弃物的生态化消纳、资源化利用和污染零排放。根据农作物的生长习性、吸收沼液能力和自身循环利用的经济价值，公司在青饲料基地，对 3.33 公顷农田山地进行分块轮耕轮作。在种植过程中，重视不同作物在不同季节对沼液养分的吸收利用能力，开展对墨西哥玉米、狼尾草、黑麦草、田藕、果蔗、雪里蕻等作物的种植试验，以寻找规律。通过试验，该养羊场夏秋季（5—10月）主栽墨西哥玉米、狼尾草等牧草类作物及果蔬等经济作物较好，冬春季（11月至翌年3月）种植黑麦草及雪里蕻等作物效果较佳。土地轮耕轮作、作物随季更换，不仅全年实现了养殖污水达标排放，还给养殖场带来了丰厚的经济效益。①

三 发展生态循环农业的主要成效

（一）治理养殖污染，让水更清——全省关停搬迁养殖场户7.46万家，调减生猪存栏565.88万头

2013年发生的死猪漂浮事件，对浙江畜牧业发展方式提出了前所未有的生态拷问。化危为机，浙江畜牧业走上了一条背水一战的转型升级之路。一年来，以环境承载力为杠杆，浙江畜牧业坚持顶层设计，重点做好区域布局与产业结构两个加减法。区域布局上，一方面重点调减畜牧业过载的嘉兴、衢州等地的生猪养殖量，按照畜牧业环境准入与退出机制，在温州、台州、丽水的部分地区，适度布局设施先进、源头减量、种养结合、资源利用的生态牧场；另一方面在全省范围内重新调整划定禁养区、限养区，坚决关停搬迁禁养区内的养殖场（户），全年关停搬迁禁养区内养殖场（户）7.46万家，调减生猪存栏565.88万头；对年生猪存栏数在50头以上的养殖场，重新分年分批部署生态治理，逐场逐户制定落实排泄物和污水治理方案。产业结构上，在调减大宗肉猪养殖的同时，积极发展湖羊、金华"两头乌"猪等环境污染小且富有竞争力的养殖业。在核减养殖量的同时，浙江省着眼民生，积极做好退养户转产转业工作。占全省转产转业比重72%以上的14个生猪养殖重点县（市、区），全部出台扶持政策，形成了猪棚转大棚、菇棚、花棚以及转向二、三产业等多种途径的转产转业，走出了一条产业转型升级和农民转产增收的"双赢"之路。②

（二）减少肥药施用，让地更净——全年减少化肥农药用量3.5万吨以上，在21个县试点农药废弃包装物回收

2014年，衢州市在衢江区高家镇、龙游县詹家镇、常山县同弓

---

① 傅媛华、朱飞虹、王浙英、吴烨：《义乌实施生态农业循环模式的主要措施及成效》，《现代农业科技》2014年第13期。

② 陈小平：《"全国唯一试点"为什么落户浙江——浙江生态循环农业发展纪实》，《今日浙江》2015年第3期。

乡开展整建制植保统防统治试点，三个乡镇的 16135 亩早稻用化学农药次数比上年减少 1.3 次，每亩减少农药用量 85 克，合计减少农药用量 1371.47 公斤，减幅达到 55%。"我们用弥雾机为其他农户的稻田打农药，与农户自己打药相比，用药量少了一半，效果也更好"。参与试点的常山县同弓乡乐海家庭农场负责人洪云海对试点效果非常满意。

为实现化肥、农药用量零增长的目标，浙江省各地在"减"字上做文章，大力探索减量增效控害技术。杭州富阳区新登镇推广运用专家施肥咨询系统，实现在每一操作单元上全面平衡施肥，肥料利用率提高到 40%—80%；台州玉环县苔山塘文旦专业合作社采用悬空式自动微喷滴灌定时定量施药技术，节药水平可达 50% 以上；杭州萧山区江东生态循环农业示范区提炼和引进了生态混养技术、病虫害绿色防控等 18 项重点生态农业技术，在 430 多家生产主体中进行推广，实现了园区范围减量增效控害技术的广泛应用。①

2014 年，浙江省进一步加快了农药减量步伐，全省建立农药减量控害示范区 45 个，创建省级统防统治整建制试点 28 个。在病虫重发的情况下，全省化学农药使用量比 2012 年减少 2340 吨，下降 3.72%。尤其值得一提的是，2014 年，浙江省将农药废弃包装物回收处置试点范围扩大到 21 个县。据统计，21 个试点地区去年共回收农药废弃包装物 2865 万件，计 599 吨，以往散落在田间地头、沟渠河边的塑料袋、塑料瓶、玻璃瓶等各类农药废弃包装物逐渐消失，从而有效改善了生态环境。

在化学肥料减量方面，力度同样不小。全省各地深入实施测土配方施肥，改进施肥种类和结构，加快有机肥、缓释肥、液态肥的推广应用。2014 年，全省推广测土配方施肥 3202 万亩次，减少化肥使用量 3.29 万吨（折纯）。

---

① 杨勇、李姗：《浙江生态大循环推动农业大转型》，《乡村工作通讯》2015 年第 12 期。

（三）管控秸秆焚烧，让天更蓝——全省秸秆综合利用量达1008万吨，综合利用率达85.54%

位于长兴县和平镇的长兴兴德生物科技有限公司在2014年开拓秸秆资源化利用项目。他们新建了秸秆利用厂房，购买了相关设备，与当地一些农民专业合作社达成秸秆综合利用合作协议，一年来，收购农作物秸秆600多吨。他们将秸秆与蘑菇渣、畜禽粪便混合加工，生产高质量有机肥，用于大棚蔬菜、葡萄、芦笋、茶叶等经济作物，成为公司经济效益新的增长点。仅长兴县，像兴德公司一样开展秸秆综合利用业务的企业就有四五家。

近年来，浙江各地积极探索秸秆循环利用发展模式，形成了多途径、多层次利用格局，全省秸秆综合利用水平稳步提高。2014年，全省秸秆利用总量1008万吨，综合利用率达85.54%。这一年，浙江省还在苍南、嘉善、长兴、兰溪、龙游、龙泉及杭州市萧山区、宁波市鄞州区、绍兴市上虞区、台州市路桥区10个县（市、区）开展秸秆综合利用试点。这些县（市、区）均出台扶持政策，全面落实禁止焚烧措施，2014年秸秆综合利用率均在88%以上，高于全省平均水平2.5个百分点以上，其中长兴县利用率达到90.4%。据环保部卫星遥感监测，2014年6月1日至7月31日夏粮收割期间，浙江省区域共监测到焚烧点648个，同比下降60.5%；而9月1日至11月30日秋粮收割期间，同比下降68%。农作物秸秆焚烧现象大量减少，为浙江省空气更好、天空更蓝作出了积极贡献。

第四节　乡村环境整治新空间

2018年4月23日，习近平总书记作出重要指示强调，要结合实施农村人居环境整治三年行动计划和乡村振兴战略，进一步推广浙江好的经验做法，建设好生态宜居的美丽乡村。① 这是对浙江15年来美丽乡村建设工作的充分肯定，也是对浙江干部群众的极大鞭策。中共

---

① 《习近平：浙江这个经验作法要进一步推广》，2018年4月23日，新蓝网（http://n.cztv.com/news/12891609.html）。

浙江省委书记车俊要求全省上下认真学习贯彻习近平总书记的重要指示精神，深入践行"绿水青山就是金山银山"理念，始终把全面推进农村人居环境整治放在实施乡村振兴战略、建设美丽浙江的突出位置来抓，不断总结"千万工程"经验，坚持尽力而为、量力而行，坚持因地制宜、精准施策，坚持稳打稳扎、久久为功，坚持"农民要什么，我们干什么"，高水平推进农村人居环境提升三年行动，努力在建设生态宜居的美丽乡村中继续走在前列。[①]

一 成功实践提供发展基础

浙江15年来走过的农村人居环境整治历程，积累了丰富的经验，足以成为下一步继续深化环境治理工作的深厚基础。

（一）坚持推进转型升级和生态发展理念，从经济发展根源上解决环境问题

正确认识和把握浙江农村发展阶段、城乡关系格局与浙江生态环境特征。以壮士断腕的决心，强力推进铅蓄电池、电镀、印染、化工、制革、造纸六大重污染、高能耗行业整治提升，以污染治理和环境保护的倒逼机制推动产业转型升级，实现环保优化发展。

在农业生产模式上，向生态循环农业转变，下大力气减少化肥、农药等的用量；通过合理规划和设计，根据不同生物的特性和经济价值布局生态循环产业园区，实现废弃物在园区内部的消化吸收，实现园区对外界的零排放。

（二）从个别类型污染防控提高到区域和流域生态环境治理层面上，对农村发展与生态环境进行综合决策

与城市污染治理不同，农村污染治理更为复杂，有着"小""散""乱""杂"等特点。同时不同类型的污染混杂、相互影响，进一步增加了污染治理和防控的难度。在考虑污染防控的同时，还要考虑到环境污染的扩散性、对周边环境以及上下游环境的影响，因此要把农村污染防控提高到区域和流域环境治理的层面上。而且许多的环

[①] 《习近平总书记重要指示在浙江引起热烈反响，车俊作出批示》，2018年4月24日，新蓝网（http://n.cztv.com/news/12892217.html）。

境污染是因农民的生活和生产习惯以及相关基础设施的缺失造成的，如秸秆焚烧带来的大气污染、化肥农药过量使用带来的土壤污染、生活污水随便排放带来的水污染等。农村环境污染的防范不是一个简单的问题，要考虑到农村发展、农民生产生活以及生态环境的承载力等方方面面的问题。浙江省实施的几轮"千万工程"就是一个系统性的工程，是以农村人居环境整治建设为基础，并带动城市基础设施向农村延伸、城市公共服务向农村覆盖、城市现代文明向农村辐射的一个工作载体，有效地改善农村的环境面貌。

（三）充分运用市场机制，把环境保护规律与市场经济规律相结合

农业农村生态环境要做到长期有效的治理，必须促使污染治理更加专业化、市场化，最终达到产业化程度，从而吸引农户和更多的私人经济主体也积极参与到生态环境保护与治理的行动中。参考浙江经验，一些农村专门成立了处理农村生产生活废弃物的环保公司、生物技术公司，将农户废弃物收集后进行资源化处理。有的农村，聘请专业公司提供人员、技术、设备等对农村生活污水进行处理，农户只需要支付一定的治污费用。这种市场化和专业化的治污模式，将会是未来污染治理的趋势。此外，浙江以延伸生态产业链，增加生态产品附加值为目标，构建了一个资源节约和生态保护的新型生态农业产业链，即生态农业生产—生态有机农产品—生产废弃物资源化处理—生态旅游与服务。农户作为理性经济人，是农业生产的执行者，农业生态链条中如果能产生更多的经济效益将会激发更多的农户积极参与。农业生态化、生态产业化也将成为未来农业的发展方式。[①]

（四）以科技开发作为农村生态环境治理的支撑点

浙江省经验说明，针对现阶段农业农村污染来源呈现多元化的问题，首先，利用科学技术，摸清现阶段农业农村生态环境现状，对症下药，采取有效的预防与治理措施，才能够从根本上解决污染问题。其次，加大对农业农村生态环境基础科学的研究，为环境保护与治理

---

① 习近平：《关于〈中共中央关于全面深化改革若干重大问题的决定〉的说明》，《人民日报》2013 年 11 月 15 日第 1 版。

提供技术支持。与城市的集中污染处理方式不同，在农村推广的污染处理技术必须具有可操作性，并且规模不易过大。最后，积极推广成熟的循环生态农业技术，例如畜禽粪便资源化利用、秸秆循环利用、病虫害绿色防控等引导农业生产从生态环保的方向发展，从源头上控制污染的产生。加强对乡镇企业废弃物与生活垃圾的管理，加大无害化处理与综合利用水平。

二 再接再厉，再创辉煌

乡村环境建设的新形势和新时代乡村振兴战略的实施，向浙江省的乡村环境整治工作提出了新要求，也提供了新的发展空间。

（一）以治理垃圾污水为重点，全面改善农村环境

一是全面涤清污泥浊水。率先实施农村生活污水治理三年攻坚行动，三年时间里投入350多亿元，规划保留村覆盖率、农户受益率分别达到100%、74%。率先启动厕所革命，每个建制村建设1座以上公共厕所，农户无害化卫生厕所普及率96.7%以上。深入推进农村劣Ⅴ类水剿灭战，实施挂图作战、项目管理、对表销号。全面推行河长制、湖长制、滩长制，打好治污泥歼灭战，完成河湖库塘清淤2.5亿立方米。二是全面推进"垃圾革命"。巩固农村生活垃圾集中收集处理建制村全覆盖成果，积极推进生活垃圾减量化、资源化、无害化分类处理，在全国率先颁布《农村生活垃圾分类管理规范》，推行分类投放、分类收集、分类运输、分类处理和定时上门、定人收集、定车清运、定位处置的"四分四定"，全省垃圾分类处理建制村覆盖率41%。

（二）坚持绿色发展为引领，切实加强农村生态建设

一是实行严格的生态保护制度。统筹山水林田湖草系统治理，完善生态保护补偿机制。率先实施与污染物排放总量挂钩的财政收费制度、与出境水质和森林覆盖率挂钩的财政奖惩制度，森林覆盖率、平原林木覆盖率分别达到61.17%、20.01%。二是建设洁净的现代美丽田园。实施打造整洁田园、建设美丽农业行动，基本完成现代生态循环农业发展试点省任务，农药化肥使用量比全国提前7年实现"零增长"并持续减量。坚决打好畜牧业转型升级攻坚战，全省畜禽粪便

综合利用、无害化处理率97%，高出全国平均水平30多个百分点。大力实施耕地保护工程和千万亩标准农田质量提升工程，全面建立耕地保护补偿机制。三是完善管用的长效管护机制。坚持"三分建设、七分管理"，做到设施运行常态化、配套管理长效化。完善村庄常态保洁制度，落实农村保洁员6万多名，2017年投入农村垃圾治理资金25亿元。推行县为责任主体、乡镇为管理主体、村为落实主体、农户为受益主体、第三方为服务主体"五位一体"的农村生活污水长效管护机制，确保一次建设、长久使用、持续有效。①

（三）实施万村景区化建设，共享美丽乡村"大花园"

中共浙江省委第十四次党代会强调要继续深入推进美丽乡村建设，并作出推进万村景区化建设的新决策，到2020年累计建成1万个A级景区村庄，其中3A级景区村庄1000个。这一项"千村3A景区、万村A级景区"的"新千万工程"是省委、省政府与时俱进作出的新的战略部署，也可以说是"千万工程"的4.0版，是落实习近平总书记对浙江提出的"要继续推进美丽乡村建设，把'千万工程'提高到新的水平"这一新指示的实际行动。

"新千万工程"以村落景区化建设为抓手，按照高标准、高颜值、高气质、高品位、高普惠"五高"目标要求和建设具有"诗画江南"韵味的美丽城乡的目标定位，更好地促进浙江的美丽乡村实现从局部美到全域美，从一时美到持久美，从外在美到内涵美，从环境美到人文美，从形象美到制度美的转型升级，为全国的美丽乡村建设提供高水平的浙江经验。②

---

① 《袁家军省长在全国改善农村人居环境工作会议上的发言》，2018年4月27日，新蓝网（http://n.cztv.com/news/12894289.html）。
② 浙江省旅游局：《浙江"千万工程"引领美丽乡村建设》，2017年9月12日，文化和旅游部政府门户网站（http://www.cnta.gov.cn/xxfb/xxfb_dfxw/201709/t20170911_838823.shtml）。

第四章　市场导向、农民主体的浙江乡村经济发展

浙江省的改革之路从农村起步，产业发展、市场发育的源头都在农村。从一定意义上讲，改革开放以来，浙江省发展快，主要是农村发展快；浙江省经济活，主要是农村搞得活；浙江省人民富，主要是农民率先富。[①] 2017 年浙江省农村常住居民人均可支配收入 24956 元，已连续 33 年位居全国各省（区）第一，城乡居民收入比继续缩小为 2.054∶1。浙江历经 40 年的改革发展，不仅实现了全省农业的快速发展、农民的持续增收和农村的全面繁荣，而且推进了全省城乡间的各项改革，带动了全省经济社会又好又快发展。1978—2017 年，全省地区生产总值（GDP）从 124 亿元增加到 51768 亿元，由全国第 12 位上升到第 4 位。在经济总量快速增长的同时，经济结构也逐步优化，三次产业构成由 38.1∶43.3∶18.6 转变为 3.9∶43.4∶52.7；城乡居民收入显著提高。城镇居民可支配收入由 332 元增加到 51261 元；农村居民人均可支配收入由 165 元增加到 24956 元。

第一节　乡村经济蓬勃发展

改革开放以来，浙江省农村经济发展迅速，成就斐然，主要体现在：农村产业结构日趋合理，农业生产结构不断优化，农业现代化水

---

① 2014 年《夏宝龙同志在全省农村工作会议上的讲话》摘要。收录于《农村工作学习文件 2013—2016 年度》，浙江省农业和农村工作办公室，2016.07。（内部资料）

平显著提升，农民收入稳定增长，农民生活迈入小康，贫困人口加快脱贫。

一 农村产业结构日趋合理

改革开放以来，浙江省农村经济发生了很大的变化。改革开放之初，农村中单一经营的生产格局仍未改变，农业的内部结构也不够合理。1978年，全省农村社会总产值中，第一产业的产值占比高达66.6%，第二产业产值占21.7%，第三产业产值占11.7%。在农业内部，种植业产值占74.4%，林牧副渔业产值合计只占25.6%，在种植业内部，粮食产值高达73.5%，其他11项①生产的产值只占26.5%。很显然，这种以传统农业为主，以种植业，特别是粮食生产为主的农村产业结构，已经不能适应实现农业和农村现代化，加快农村经济，乃整个国民经济发展的需要。

1978—1984年期间，浙江省进行了第一次农村产业结构调整，逐步改变农村一、二、三产业之间的比例关系，使农村中第二、三产业得到较快发展。经过调整，全省农林牧副渔各业得到综合发展，与1978年相比，1984年农业产值在大农业内部的比重由占74.4%下降到61.1%，林、牧、副、渔业产值则由25.6%上升到38.9%。第三产业一直是浙江农村经济的薄弱环节，到1983年，全省农村的商业饮食业营业额还只占农村社会总产值的2.52%，交通运输业只占1.62%，建筑业只占7.84%，只有沿海一带商品经济比较发达的乡村第三产业才发展得比较快。随着家庭联产承包责任制的普遍推行，农村剩余劳动力不断从土地上解放出来，农村第三产业才有了较大的发展，农民的收入也不断增加，据1984年对农村住户所做的抽样调查测算，全省每一位农民从事建筑、交通、运输、饮食业的纯收入平均为80元，比1981年增长了1.29倍。总之，从1979—1984年，浙江省农村产业结构经过初步改革和调整，使传统农业生产格局有了很大改变，农业比较优势得到明显发挥，全省农业开始跳出"小农业"（种植业）的狭小圈子，逐步进入"大农业"（农林牧副渔并举）的

---

① 其他11项生产：棉、油、麻、桑、茶、糖、菜、烟、果、药、杂。

广阔天地。

1992年，浙江确定了调整农业生产结构，发展具有浙江特色的优质高产高效农业的基本思路，调整农业生产结构，发展"一优两高"农业是继家庭联产承包责任制以后的又一次重大改革，是推动全省农村发展，加快社会主义新农村建设，加速实现小康目标的一项重大布局，也是浙江农村发展史上一次历史性的转折。农业从过去以追求产品数量增长为主，转向以追求效益为主，高产优质高效并重，这一转折的突破点是改革粮食购销体制，放开粮食价格。

20世纪80年代后半期，浙江不少地方自发兴办了一批农业龙头企业和农产品批发市场，对农民提供产前、产中、产后服务，对联结生产和流通进行了有益的尝试和探索。龙头企业把农户家庭生产与市场紧密联结起来，把种养业与加工销售结合起来，扩大农产品流通，开拓市场，提高加工深度和增加附加值，有效地带动了农业资源的广度和深度开发，带动了农业科技的推广应用，带动了农业集约经营的发展，带动了出口型农业和现代农业的发展。台州是浙江农业龙头企业发展较早的地区，在农业龙头企业的带动下，台州地区的不少地方，形成了一村一品、一乡一品的区域化、专业化、商品化农业生产格局，成为农村经济新的增长点。1995年浙江省实施农业龙头企业"百龙工程"。以"百龙工程"启动为标志，从农民的自发开展到政府的有规划引导，从农业的个别领域向农林牧渔各业发展，从沿海经济发达地区向全省推进，经营规模由小型分散向大型集中转变，全省农业产业化经营正式走上了战略实施的发展道路，到1998年全省已有各类农业龙头企业5000多家，带动农户2200多万户，经审核确定的百龙工程企业达到104家，1998年共创产值一百多亿元，实现利税4.8亿元。

进入21世纪，浙江农村经济逐步实现了从单一农业经济向一、二、三产业综合发展的跨越。以乡镇企业和民营经济为主体的农村工业成为农村经济的主导力量，乡镇企业各项指标名列全国第一，2007年各类乡镇企业达到111万家，实现增加值8645亿元；全省个体工商户突破180万户，吸纳就业人员900多万人，1978—2007年浙江省生产总值增量的71%来自民营经济，其中55%是个体私营经济创造的，浙江民营龙头企业占全国民营企业500强中的1/3以上；全省400万左右的省外、国外经商创业人员，绝大多数也是农民出身。县域经济竞争力不断增强，形成了一大批各具特色的区域块状经济，涌现了300多个年产值超10亿元的块状经济，30个县跻身全国百强县；中心镇在农村经济社会发展中的地位日益突出，生机勃勃的新城镇成为农民务工经商的广阔天地，农村劳动力非农化水平达到70%以上，全省共有268个镇进入全国千强镇行列。①

党的十八大以来，浙江注重拓展农业多功能、发展农村新业态。浙江省以"农业+"的新思路培育发展农村新业态，不断推进农业与旅游业、健康、教育、文化等产业的深度融合，催生了一大批农业新业态，休闲农业、养生农业、创意农业、庄园经济等一大批新型农业业态异军突起，成为农业农村经济的新增长点。全省农业休闲观光旅游产值大幅提升，从2010年的89.22亿元提高到2016年的291亿元。用"互联网+"培育发展新动能。发挥互联网大省的先发优势，推进生产方式自动化、智能化，经营方式网络化、品牌化，农产品电商蓬勃发展。浙江省目前拥有淘宝镇56个、淘宝村501个，2015年农产品电商销售达到304亿元，居全国首位，"电子商务进万村"的宏伟蓝图正在实现。

随着产业结构的调整，就业结构也发生了很大的变化。农业户所占比重下降，非农业户所占比重提高。纯农业户所占比重下降，兼业户所占比重提高。1996年年末，全省从事生产经营活动的农村住户920.32万户。其中农业户所占比重为65.39%，非农业户占34.61%。在全部农业户中纯农业户占40.63%，农业为主兼营非农业的户占25.05%，非农业为主兼营农业的户占34.32%。2013年，农村劳动力中，从事非农产业的人员比重达76%，比1978年的11.2%提高64.8个百分点。2016年，农村常住人口中从事一、二、三产业人员比重分别为25.8%、44.5%和29.7%。农业经营户占全部住户的49.1%。

---

① 顾益康：《浙江30年农村改革发展实践的理论分析》，《农业经济问题》2008年第10期。

二 农业现代化水平显著提升

《2016年全省农业现代化发展水平评价报告》显示，2016年全省农业现代化发展水平综合得分为83.11分，自2013年开始评价以来连续4年实现稳步提升，年际综合得分增量平均为3.30分、平均增速为3.37%。浙江农业现代化水平的提高具体表现在以下方面。

（一）农业劳动生产率快速提升

农业土地产出率不断提高，要素投入水平不断改善。2016年，全省农业土地产出率达到3623元/亩。全省土地流转率不断提高，适度规模经营比重持续增加。通过创新整村流转、长期流转以及土地股份合作农场等形式，促进土地规模经营持续增长。到2016年土地流转总量1005万亩，占承包耕地总面积的53%，其中10亩以上规模经营的占到土地流转面积80%以上。已有经工商注册登记的家庭农场23719家，经营土地面积228.4万亩，平均每个家庭农场经营规模近100亩。

农业劳动生产率显著提高，新型农业经营主体不断壮大。2016年，全省农业劳动生产率达到34068元/人，比全国平均水平高21.7%。农民组织化建设成效显著，全省参加农民合作社的农户比重达到44.25%。农业劳动力素质进一步提高，全省农村实用人才培训数量累计达到11.12万人次，农村实用人才占农业劳动力总数的比重约为2%。2017年，"千万农民素质提升工程"培训46.6万人，其中，农村实用人才和新型职业农民培训19.7万人、农业富余劳动力转移就业技能培训6.5万人，实现转移就业5.2万人，转移就业率80%。

（二）农业产出水平取得新突破

2016年全省农业增加值首次突破2000亿元，为近5年最高。农业"两区"建设水平持续提升。到2016年，全省已累计建成粮食生产功能区9131个，总面积760万亩；累计建成现代农业园区818个，总面积516万亩；两区合计总面积1276万亩，占全省耕地面积的1/2。大力推广粮经结合、种养结合、粮饲牧结合等新型高效农作方式。新型农作模式面积达272万亩，突破粮田低效益的瓶颈。

（三）农业企业化经营和产业化合作经营水平不断提升

积极引导从事农产品加工营销的农业龙头企业与农民专业合作社、家庭农场结成股份合作等形式的利益共同体，构建起共创共享的产业化合作经营新机制，在农产品加工、营销、出口等方面发挥了积极作用。2015年全省已有农业龙头企业7664家，农业龙头企业实现销售总收入3500亿元；农民专业合作社总数已达45989家，成员116.2万名，专业合作社经营服务总收入达到519.8亿元。

（四）农业设施装备水平向机械化、设施化、智能化发展

深入实施农业领域"机器换人"，提高农业装备覆盖率、渗透率。2015年年底设施大棚数量达到近300万个，农业物联网示范基地200个，粮食生产耕种收综合机械化率达到74.02%，设施种植业、畜牧业和水产养殖业分别占到10.99%、53.65%和16.24%。2016年年末，全省温室占地面积2.5千公顷，大棚占地面积57.5千公顷，渔业养殖用房面积0.5千公顷。2017年建成省级智慧农业示范园区11个，农业物联网示范基地234个。

（五）农产品质量安全不断提高

积极发展"三品一标"农产品，实施农产品绿色品牌战略。全省拥有无公害农产品、绿色食品、有机农产品7281个，列入国家地理标志产品44个，"三品"产地认定面积累计1662.87万亩。大力推动主导产业全面构建全程可追溯的安全生产体系和监管体系建设，严格农产品市场准入条件，在全国率先启用食用农产品合格证。2016年浙江主要农产品质量安全抽检合格率保持在98%以上。2017年农药、化肥使用量分别比上年下降6.4%和2.5%。

（六）农业可持续发展能力不断提高

浙江省坚持高效生态农业发展方向，深入践行"两山"理论，在资源利用效率、生态环境保护、农旅融合等方面成效显著。2016年全省一等田面积达到702.86万亩，标准农田一等田比重为46.44%。全省农田灌溉水有效利用系数平均达到0.6，已达到2020年目标值，高效节水灌溉面积占比达到65.2%。生态循环农业和农业节能减排成效显著，全省农牧结合与畜禽排泄物资源化综合利用率达到98.60%，农作物秸秆综合利用率达到92.17%。畜牧业绿色转型取

得显著成绩,生猪规模化养殖比重稳步提升。2016 年,全省生猪规模化养殖比重达到 91.9%,已提前达到 2020 年 90% 的建设目标。深入推进农旅融合,全省休闲观光农业总产值 293 亿元,同比增长 29.5%,带动从业人员 21.5 万人。浙江省在 2015 年率先完成全国唯一一个现代生态循环农业试点省创建,并成为全国首个畜牧业绿色发展示范省。按照"场区建设美、环境生态美、品牌文化美、设施配套优、生产管理优"的要求,建设了一批省级美丽生态牧场。积极推广"主体小循环、园区中循环、区域大循环"的多层次、多形式生态循环模式,推动农业废弃物无害化处理、资源化循环利用。

三 农村居民生活水平显著提高

改革开放 40 年来,浙江省的农民生活水平实现了从温饱到小康的跨越。1978 年,浙江省农民人均可支配收入略高于全国平均水平,在全国省份排名中比较靠后。到 2017 年,浙江省农民人均可支配收入达到 24956 元,连续 33 年居全国各省(区)首位。农民生活水平大幅度提高,生活质量不断提升,农村居民家庭恩格尔系数由 1978 年的 59.1%下降到 2016 年的 31.8%;农村耐用消费品不断更新换代,电脑、汽车等现代消费品走入寻常百姓家庭;住房条件不断改善,农村居民人均居住面积从 1978 年的 10 平方米增加到 2015 年的 61.28 平方米;消费能力大为增强,农村居民人均生活消费支出由 1978 年的 157 元增加到 2016 年的 17359 元。2010 年,浙江省农村全面小康实现度达到 87.3%。"十三五"以来,浙江省进入了高水平全面建设小康社会的新阶段。

(一)农民收入保持较快增长

改革开放以来,浙江省农村居民人均可支配收入总体上呈现上升的趋势,1978 年城镇居民人均可支配收入和农村居民人均可支配收入分别 332 元和 165 元,2016 年大幅增加到 47237 元和 22866 元,扣除价格因素,年均实际增长 8.0%和 8.4%。城乡居民储蓄存款余额由 1952 年的 0.37 亿元增加到 1978 年的 7.73 亿元,[①] 2016 年大幅增

---

① 浙江统计局编:《新中国 65 年浙江经济社会发展成就》,2014 年 9 月,第 14 页。

加到38077亿元，人均储蓄68116元。城乡居民收入差距小于全国平均水平，城乡平衡发展成效显著。2016年，城镇居民与农村居民人均可支配收入之比为2.07，小于全国的2.72，是全国城乡收入差距最小的省份。

与此同时，浙江省农村居民家庭经营收入也出现了较快增长。1983年浙江省农村居民家庭经营人均可支配收入为258.67元，1995年增长为1696元，较之于1983年增长了6.56倍。2000年以后，家庭经营收入增长进一步加快，2000—2011年的12年间，家庭经营人均可支配收入平均增长速度为12.83%。从家庭经营人均纯收入占全年人均纯收入的比重来看，从20世纪80年代初到20世纪90年代末期，家庭经营纯收入占有绝对的比重，而从1999年以来，家庭经营纯收入在人均可支配收入中占的比重逐年下降，从1999年的0.48下降到2016年的0.25，这表明，浙江省农村居民家庭收入结构已经发生了变化，农村居民家庭人均收入增长的主要来源由以前的家庭经营转为其他收入增长来源。①

从农村居民收入来源来看，1980—1990年，来自集体经营和家庭经营的收入是农村居民收入的主要来源，占农村居民纯收入的90%左右；而来自经济联合体和其他的收入仅占到10%左右。1995—2008年，工资性收入和家庭经营收入同样也是农村居民家庭收入的主要来源，占农村居民纯收入的90%以上，尤其是20世纪90年代中后期竟高达95%左右，而财产性收入和转移性收入占农村居民家庭纯收入比重在这个阶段有所上升，从1995年的5.3%增加到2008年的9.6%。2009—2011年，工资性收入和家庭经营收入占农村居民纯收入的比重稍微有所下降，财产性收入和转移性收入占农村居民纯收入的比重进一步增加到10%左右。2016年，工资性收入占比为62%，经营性收入占比为25%，财产性收入和转移性收入共占13%。

---

① 顾益康、金佩华等：《改革开放35年浙江农民发展报告》，中国农业出版社2013年版，第74页。

表4-1　　浙江省农村居民人均可支配收入增长与结构变迁

(单位：元、%)

年份	全年人均可支配收入	家庭经营人均收入	家庭经营/全年收入	年份	全年人均可支配收入	家庭经营人均收入	家庭经营/全年收入
1980	219.21	62.79	0.29	2002	4940	2075	0.42
1983	358.86	258.67	0.72	2003	5431	2336	0.43
1984	446.37	335.60	0.75	2004	6096	2554	0.42
1985	548.60	414.04	0.75	2005	6660	2766	0.42
1986	609.31	453.62	0.74	2006	7335	3030	0.41
1987	725.13	529.77	0.73	2007	8265	3422	0.41
1988	902.36	668.52	0.74	2008	9258	3654	0.39
1989	1010.72	731.82	0.72	2009	10007	3788	0.38
1990	1044.58	748.28	0.72	2010	11303	4190	0.37
1995	2966.00	1696.00	0.57	2011	13071	4872	0.37
1996	3463.00	1929.00	0.56	2012	14552	5190	0.36
1997	3684.00	2011.00	0.55	2013	17494		
1998	3815.00	1990.00	0.52	2014	19373	5237	0.27
1999	3948.00	1896.00	0.48	2015	21125	5364	0.25
2000	4254.00	1918.00	0.45	2016	22866	5622	0.25
2001	4582.00	2000.00	0.44				

资料来源：浙江省统计年鉴数据（1981—2017）。

表4-2　　　　　　　　2016年居民收入主要指标

指标	全体居民 本年（元）	增幅（%）	城镇常住居民 本年（元）	增幅（%）	农村常住居民 本年（元）	增幅（%）
人均可支配收入	38529	8.4	47237	8.1	22866	8.2
1. 工资性收入	22207	7.5	26656	6.8	14204	8.5
2. 经营性收入	6589	6.6	7126	7.2	5622	4.8
3. 财产性收入	4337	6.3	6381	5.5	662	8.9
4. 转移性收入	5396	16.7	7074	16.5	2378	15.1

（二）农村居民消费能力大为增强

农村居民人均消费性支出由1978年的157元增加到2016年的17359元，农村居民恩格尔系数从中华人民共和国成立初期的60%以上降至2016年的31.8%。农村居民人均居住面积由1962年的11.7平方米增加到2015年的61.28平方米。居民膳食结构由满足温饱向追求营养和保健转变。高档耐用消费品大量进入普通居民家庭。2016年年末，农村每百户家庭拥有家用汽车30.2辆、移动电话230部、接入互联网的计算机43.6台、热水器86.9台、空调113.6台、摄像机1.0台、中高档乐器0.9台。从消费结构来看，食品烟酒、居住、交通通信支出是农村居民生活消费的主要支出方向，其次是教育文化娱乐支出，占总支出的9%。

表4-3 浙江农村居民生活消费支出表（1990、2000、2016年）

指　　标	2016年（元）	2000年（元）	1990年（元）
人均生活消费支出	17359	3231	946
1. 食品烟酒	5520	1406	495
2. 衣着	953	167	59
3. 居住	3882	581	190
4. 生活用品及服务	870	146	126
5. 交通通信	3076	275	8
6. 教育文化娱乐	1611	368	22
7. 医疗保健	1173	200	7
8. 其他用品和服务	274	87	6

资料来源：《浙江统计年鉴》。

（三）农村贫困人口加快脱贫

1978年以前，浙江省的贫困问题主要是由城乡二元结构所造成的、农村普遍贫困的结构性贫困。1978年，按当时中国政府制定的贫困标准（年人均收入200元），浙江省农村贫困人口有1200万人，占全省农村总人口的36.1%，农村贫困发生率高于全国平均水平5.4

个百分点。改革开放以后，浙江扶贫开发取得了历史性突破，走出了一条富有浙江特色的扶贫开发道路，是全国省区农民收入最高和城乡居民收入差距最小、区域发展差距最小的省份之一。

1994—1999 年，以消除贫困县绝对贫困为目标，在文成、泰顺、永嘉、云和、景宁、青田、磐安、武义 8 个贫困县实施国家"八七扶贫攻坚计划"，于 1996 年起实行城乡一体的最低生活保障制度，到 1997 年，8 个贫困县提前 3 年完成脱贫目标，浙江成为全国第一个没有贫困县的省份。2000—2002 年，以消除贫困乡镇绝对贫困为目标，在 101 个贫困乡镇（1999 年农民人均收入 1500 元以下的乡镇）实施"百乡扶贫攻坚计划"。到 2002 年，贫困乡镇农民人均收入达到 1922 元，浙江成为全国第一个没有贫困乡镇的省份。2007 年，全省基本消除农村贫困人口（年人均收入 1000 元以下），相对 1978 年的 1200 万人（年人均收入 200 元），农村贫困发生率从 36.1% 下降到 2007 年的 3% 以下。2008—2012 年，以低收入农户奔小康为目标，到 2012 年年底，浙江城乡居民收入之比下降到 2.35∶1；全省农民人均纯收入与低收入农户人均收入之比下降到 2.32∶1。2012 年，新确立 4600 元的省级扶贫标准，比国家标准 2300 元高出一倍。①

2013 年以来浙江进入了低收入农户收入倍增阶段，以全省农村人口 2 万人以上的县（市、区）为范围，以 2010 年家庭人均纯收入低于 4600 元（相当于 2012 年 5500 元）的低收入农户（134 万户、318 万人）和低收入农户比重较高或数量较多的扶贫重点村为对象，实施"低收入农户收入倍增计划"。2015 年年初，淳安等 26 个欠发达县一次性"摘帽"。2015 年年底，全省全面消除家庭人均年收入低于 4600 元的绝对贫困现象。2016 年上半年，全省完成农民异地搬迁 2.6 万人，实现有效投资 18 亿元，全省农家乐旅游村总数达到 916 个，从业人员 13.8 万人（其中低收入从业人员 3.2 万人）；全省低收入农户人均可支配收入 5879 元，同比增长 16.5%，超过农民人均可支配收入增幅 8.3 个百分点。

---

① 《浙江农村扶贫历程》，《浙江日报》2016 年 8 月 24 日第 3 版。

第二节　建设产业兴旺的富裕乡村

浙江省乡村经济发展是与浙江省域工业化和城市化发展密切相关的。改革开放40年间，浙江省域工业化走过了从初期到发达期的完整过程，浙江已接近工业化发达阶段中等水平。与之相适应，浙江乡村经济发展也经历了农村工业大发展，占全省工业总产值的比重从1978年的16%上升至1991年的48.3%（2003年这一比重提升到65.5%）[①]到农村第三产业加快发展阶段。乡村经济发展方式也由粗放型向高效生态集约型转变，从单一产业向一、二、三产业融合发展转变，实现了产业兴旺带动村民增收、乡村富裕。

一　大力发展高效生态农业

随着农村工业化、市场化和城镇化的发展，在农业比较利益明显下降的条件下，如何妥善处理非农产业与农业的关系是农村现代化发展过程中的一个重大课题，也是关系到村民持续增收的重要问题。浙江人多地少，水资源紧缺，但地形地貌多样、物种丰富、气候适宜。广大农民根据本地特点进行了积极而独特的探索，各级政府部门则顺势致力于突破自给半自给的小农经济和计划农业的束缚，不断推进农业制度创新，大力推进农业市场化，提升农业专业化、规模化、集约化、产业化和农民的组织化水平，积极推进浙江农业现代化进程。

改革开放以来，浙江省实现从传统的产量农业到一优两高农业、效益农业和向高效生态的现代农业迈进的历史性转变。在20世纪80年代，浙江省就坚持粮经并举，发展适度规模经营，开启了农业市场化改革之路。1998年，浙江省按照"什么来钱种什么"理念，大力发展效益农业。为适应市场化改革不断深化和效益农业发展要求，2001年起，浙江率先在全国进行了粮食购销市场化改革，全面取消粮食指令性生产任务和计划收购任务。2001年1月6日，中共浙江省委下发了《关于进一步促进农业增效农民增收的若干政策意见》（浙

[①] 参见浙江省统计局《浙江企业调查》2004年第12期。

委〔2001〕1号文件），出台了以粮食购销体制改革为基础，旨在促进农业市场化发展和增加农民收入的四十条政策意见。浙江省农业生产全面走上了市场化发展道路。同时，顺应城乡居民消费升级、喜爱特色优质、生态的农产品的需求及提高国内外市场竞争力的需要，2003年，根据农业面临的新形势、新要求，省委、省政府作出了发展高效生态农业的决策部署，践行绿水青山就是金山银山重要思想，在继续追求高效的同时，突出生态建设和可持续发展，注重农业生产方式转变和体制机制创新。要求各地把发展高效生态农业放到全面推进新农村建设的首要任务来抓，以"高效""生态"为目标，以增强农产品的市场竞争力和可持续发展能力为核心提升农业专业化、规模化、集约化、产业化和农民的组织化水平。全省由此进入了发展高效生态农业的新时期。

（一）坚持差异发展，深入推进农业结构的战略性调整，大力培育浙江优势特色产业

在"做稳"事关国计民生的粮食、油料、远洋渔业等战略性产业基础上，重点培育和发展蔬菜、茶叶、果品、畜牧、水产养殖、竹木、花卉苗木、蚕桑、食用菌、中药材十大主导产业，形成了300万亩以上的特色产业带、产业群和产业基地。

2008年11月，中共浙江省委工作会议研究部署了新形势下推进全省农村改革发展的总体思路和目标任务，提出了《关于认真贯彻党的十七届三中全会精神，加快推进农村改革发展的实施意见》。此后连续8年高标准推进农业两区建设。浙江围绕发展高效生态的现代农业，以现代农业园区和粮食生产功能区建设为载体，推进农业生产规模化、标准化和生态化"三化"建设，加快发展具有比较优势的十大农业主导产业，积极培育十大农业高科技产业。一是发展一域一品，积极培育优势产业强县（乡镇）和各具特色的产业群、产业带，并以优势主导产业和特色精品农业为支撑，持续推进特色农业强镇建设。到2016年年底，累计建成粮食生产功能区9131个、760.7万亩，保持了粮食生产稳定。粮食生产功能区建设经验连续3年写入中央一号文件；建成现代农业园区818个，516.5万亩，深入推进茶叶、水果、蔬菜等主导产业提质增效，园区亩均产出高出周边农户

30%以上，为农业部开展的现代农业产业园建设提供了直接经验。[①]二是打造了一大批引领全国的发展平台。组织开展全国唯一的现代生态循环农业试点省、农产品质量安全示范省、农业"机器换人"示范省、畜牧业绿色发展示范省以及土地确权登记颁证示范省、信息进村入户示范省等六个"国字号"试点示范建设。

（二）建立完善的高效生态的制度体系

首先，在全国构建了农业现代化评价指标体系，并纳入对各地党委政府考核内容，有效地引导各地提升农业现代化水平和可持续发展水平。2013年，全省农业现代化发展水平综合得分为73.22，已完成2010—2015年五年计划任务的66.1%，超过了前三年完成60.0%的目标值。[②] 2016年全省农业现代化发展综合得分83.11分，比2013年首次评价提高9.89分。其次，构建了较为完备的绿色农业发展政策体系。提炼形成绿色农业生态农业政策53条清单，树起了绿色发展"风向标"。再次，坚持用现代生态技术模式装备推动农业的生态化、清洁化生产，评选出生态循环农业十大技术创新模式。每年推广生态循环农作制度300万亩，总结提炼出八大科学养殖模式，探索构建了畜禽养殖污染线上智能监控、线下网格化巡查、第三方抽查的长效监管机制。最后，坚持用标准化提升农产品质量安全水平。创新开展绿色农产品"一品一策"风险管控，创新推广农作物病虫害八大绿色防控模式，率先全面实行食用农产品合格证管理制度，农业标准化生产程度达到63%以上，多年来未发生农产品安全事故。[③]

二　推进农业全产业链建设，促进产业融合发展

浙江省户均耕地不到4亩，低于全国户均7.5亩的水平，要实现农业增效、农民致富、农村发展，必须突破传统、单一的发展路子。在发展乡镇企业、专业市场、小城镇和农业产业化经营的基础上，浙江省从2011年开始，提出进一步发展农产品加工业、流通业和农业

---

① 孙景淼：《积极探索具有浙江特点的农业供给侧结构性改革路子》，《行政管理改革》2017年第7期。
② 资料来源：浙江统计信息网（http://www.zj.stats.gov.cn）。
③ 资料来源：浙江省农业厅。

服务业，促进农村一、二、三产业融合联动发展。2016年农业部、财政部采取竞争立项的方式，确定浙江等12个省（直辖市）作为2016年农村一、二、三产业融合发展试点省，并要求试点省按照"基在农业、利在农民、惠在农村"的思路，以促进农民增收为核心，以延伸农业产业链、完善利益联结机制为切入点，着力构建农业与二、三产业交叉融合的现代产业体系，进一步促进农业提质增效、农民就业增收和农村繁荣稳定。

浙江抓住建园区、强加工、兴三产等关键点，将产业链、价值链、生态链等现代产业发展理念引入农业，加快构建一、二、三产业融合发展的全产业链。农业产业链不断延伸，农业多功能不断拓展，农村新业态不断涌现。

（一）加快构建一、二、三产业融合发展的全产业链

按照纵向延伸、横向联结的思路，引入和培育农业龙头企业等产业链的核心组织，通过股权、品牌、战略合作等途径把产业链各节点连起来，推进农业产加销一体化，一、二、三产融合。已形成以下几种模式：

1. 按纵向融合方式延伸产业链。在推进农业标准化生产、打造优势农产品的基础上，促进农业生产、加工、销售、服务一体化发展。做强做大农产品加工、强化产业互动融合集聚，促进产业融合发展。

浙江省近年出台了一些培育生鲜农产品加工产业化经营主体的政策。优先提供土地、人才、资金等生产要素。比如，解决农产品初加工用电执行农业用电价格、省农行等金融机构通过发票融资、保理、票据池融资等供应链融资产品为上下游、产供销各环节的农业企业和农户进行整体授信、批量放款，解决农业小微企业和农户贷款难问题。2013年起，浙江省财政连续3年安排1亿元支持主导产业强县推进全产业链建设。5年内，全省以主导产业和特色农产品为重点，努力打造80条产值均在10亿元以上的省级示范性全产业链。全省已培育出一批知名加工园区。其中，江山市共有蜂产品加工企业29家，全年蜂产品加工营销产值超10亿元，蜂业规模与经济效益连续22年位居全国各县（市）第一。走出了一条"以组织化运作、标准化生

产、社会化服务、品牌化管理、产业化经营"为核心的蜂产业全产业链发展新路。

2. 按横向融合方式，以信息化为引导，大力发展农村新业态。随着计算机网络的推广，电子商务产业形成替代传统农业销售模式的农业电子商务化。电子网络技术向传统商业、运输业渗透而产生了电子商务、物流等新型产业，互联网+农业+美丽乡村在各地广泛发展。一是加快农村电子商务发展。浙江省政府出台《浙江省农村电子商务工作实施方案》，围绕农产品销售、农民消费和农村创业，大力实施"电子商务进万村"工程。临安市依托淘宝特色馆和阿里巴巴产业带，建立了两个电商园区，培育出白牛村等一批农产品电子商务特色村。2016年，全省共有农村电商服务点1.31万个，新增4300余个。农村电商服务点在原先代购代销的基础上，逐步延伸了手机充值、水电费缴纳、宽带办理、车票代购和快递包裹存取等增值服务功能，为农村居民提供"一站式"综合服务。二是依托阿里巴巴的平台优势，全面推进农业电商换市战略。各地依托淘宝特色馆、赶街县级运营中心、农民信箱等平台，广泛开展农产品电子商务，带动县域内农产品生产加工销售，2016年全省农产品网络零售396.2亿元。2016年，全省建成淘宝"特色馆"39个，入驻企业10000家，销售额突破80亿元。2016年，全省共有506个"淘宝村"和51个"淘宝镇"，以大于第二名、第三名总和的绝对优势稳居全国第一，继续领跑全国。电商村的规模涌现，赋予农村地区新的竞争优势，已成为电商脱贫的典范、创业创新的载体、城乡融合的桥梁和开启金山银山的金钥匙，对农村经济社会发展具有重要意义。[①] 三是提升传统流通业态，降低流通成本，提高流通效率。2011年、2013年省政府出台改造实体市场、提升线下营销扶持政策。通过每年扶持举办农博会、农企农商对接会，组织10多个团次参加国际博览会等形式，促进农产品线下营销，提高流通效率。四是推动茶叶、食用菌等20多个大宗农产品在渤海、舟山等商品交易所上市交易。

---

① 浙江省商务厅：《2016年浙江省电子商务发展报告》，《浙江经济》2017年第13期。

3. 按混合融合方式形成"第六产业"。将现代特色农业与农产品加工、乡村休闲旅游等有机结合，创新探索了农业与二、三产业融合的新发展模式。"建德果蔬乐园"已成为一个以鲜果采摘为基础、融合亲子娱乐、自然科普、创意农业、农作体验、地方美食、休闲养生、风景观光为一体的区域乡村旅游品牌。休闲农业功能得到不断拓宽，农业与科普、婚庆、文化、养老养生、休闲等产业融合发展，品牌影响力提高，向全产业链延伸，产业布局优化，成为一、二、三产业融合发展的重要载体。2015年全省休闲农业园区接待游客10270万人次，休闲农业实现产值227亿元，同比增长25.1%。

（二）以信息化促进农业转型升级

随着科学技术的快速发展，信息化已成为世界各国推动经济社会发展的重要手段和资源配置的有效途径，各种新型信息技术快速应用是推动现代农业转型升级和推进农业现代化的必然趋势。为此，浙江省为推动农业信息化发展做了很多探索。

1. 开发建立"农民信箱"，建成集电子政务、电子商务、农技服务于一体的公共服务信息平台。2005年浙江省政府全面启动实施"百万农民信箱工程"，集通信、电子商务、电子政务、农技服务、办公交流、信息集成等功能于一体，采用"真姓实名注册、手机邮件捆绑、网上门牌号码、农民坐等服务、各级共同管理"的运行和管护模式，初步构建起信息真实、诚信可靠、方便实用的网上信息服务系统，使广大农民能够快速、便捷、免费地获取各种农业技术信息、市场信息和政策信息，有效地促进了农产品产销对接，提升了防灾抗灾预警能力，加强了各级政府与农民群众的沟通。2016年农民信箱拥有279万实名注册用户，其中农民209.5万户，各类涉农企业、合作社25.6万户，涉农科技、管理、服务人员33.2万户。

2. 以信息化带动农业现代化，促进两化深度融合。一批现代信息技术已直接应用于农业生产。各地在建设现代农业园区、发展设施农业中，综合应用了专用传感器、环境信息监测系统等信息化产品，建立了温湿度智能控制系统、自动喷（滴）灌系统等信息系统。测土配方施肥、耕地地力培肥、标准农田地力提升等农业技术中，不断融入了"3S"信息技术，建立了相关的信息控制与管理系统。

2013年,科技部等三部门批准在浙江省开展国家农村信息化示范省建设试点工作。明确示范省建设的重点任务是建设一个省级综合服务平台,完善三大服务体系,建成10个子系统,实施五大示范工程,并在此基础上做了3年行动计划。为大力推进农村信息化运用,根据《浙江省国家农村信息化示范省建设实施方案》和《浙江省国家农村信息化示范省建设三年行动计划》,2015年8月浙江省农村信息化建设领导小组确定了丽水市、武义县、临安市、安吉县、桐庐县、遂昌县、桐乡市、衢江县、德清县、浦江县十个市(县、区)创建省级农村信息化示范工程。入选的十项工程都紧扣当地特色和优势产业,如丽水市农产品电子商务示范工程,将通过区域农产品电子商务示范基地建设、农产品电子商务O2O平台建设、数据管理平台建设三个方面开展农产品电子商务示范工程建设。武义县农产品电子商务示范工程,将建设集"农产品综合服务、农产品交易、全网代购"于一体的农村电商综合平台,构建农产品信息服务、检测、仓储配送等中心,实现农产品生产与营销的全程服务。①

杭州市大力推进智慧农业平台建设,实现农业生产环节智能化决策、精准化种植、可视化管理,流通环节方便化订单、快捷式配送、质量可追溯管理。

杭州市政府《关于加快发展信息经济的若干意见》要求充分发挥杭州基础条件和先发优势,抢抓机遇,顺势而为,加快发展信息经济、智慧经济,加快杭州经济转型升级、促进社会全面进步。继续加大对智慧农业的扶持力度,对其中的3个智慧农业示范园区和10个农业物联网应用示范点通过以奖代补的方式给予政策扶持资助。杭州市通过"金农工程""数字农业"建设,构建了省、市、县三级贯通的农业信息服务平台,为农服务网络窗口持续完善,信息服务范围不断扩大,信息服务内容不断丰富,基本满足了农业生产经营主体、农民群众对农业生产经营信息和服务的需求。

浦江县对物联网技术在农业生产中的应用方面进行了积极的探

---

① 浙江省科技厅:《浙江省确定十个农村信息化示范工程》(www.most.gov.cn),2015年8月19日。

索,积极发展智能农业,助推现代农业发展。截至 2016 年已建立农产品质量安全追溯体系企业 58 家,农业物联网示范基地和智慧农业示范点 20 个,共建环境因子、小气象站、传感设备等 18 台套,智能连栋大棚 192 个,智能连栋大棚面积 10 万多平方米,智能化规模猪场 7 家,全县 12 辆沼液运输车辆安装了定位管理系统。农业物联网技术与视频技术相结合在农业生产中应用,为政府监管部门的管理带来了极大的便利,为农业生产经营主体带来了明显的应用效果。

为加快提升农业设施装备水平,提高农业劳动生产率,促进农业发展方式转变,浙江省政府出台了《浙江省人民政府办公厅关于加快推进农业领域"机器换人"的意见》(浙政办发〔2016〕19 号),提出实施农业领域"机器换人"示范工程,加强粮食生产功能区、现代农业示范区、农业产业集聚区、特色农业强镇等农业设施装备推广应用,全面提高农业生产机械化、设施化水平。创新公共服务,提供产业融合发展保障。采取政府引导,联合部门、企业和服务组织搭建公务平台,重点为农业产业化经营主体在科研创新、检验检测、创意设计、营销推广等方面提供公共服务。

(三)创新公共服务,提供产业融合发展保障

采取政府引导,联合部门、企业和服务组织搭建公务平台,重点为农业产业化经营主体在科研创新、检验检测、创意设计、营销推广等方面提供公共服务。

慈溪市统一成立全市农产品展示展销中心和电子商务平台,并由海通食品集团有限公司等农业龙头企业联合慈溪市农业监测中心等组建慈溪市农业检测战略联盟体系,完善整合蔬菜产业种植、加工、物流配送、批发市场经营、电子商务、出口贸易等环节的服务资源,加快蔬菜产业全产业链融合发展。

(四)培育产业融合发展的新型主体

实施农业龙头企业"百龙工程"、合作社和家庭农场培育工程。全省已建立家庭农场 2.1 万家、农民专业合作社 4.6 万家、合作社联合社 151 家。浙江省强化创业要素,供给服务和政策扶持,鼓励支持大学毕业生、科技人员等投身现代农业,高素质的"农创客""粮二代""农二代"不断涌现。

（五）深入实施品牌战略

积极支持优势农产品申报名牌产品、著名商标，着力培育农产品区域公用品牌，不断提高无公害、绿色、有机食品和地理标志等"三品一标"农产品、品牌农产品的比重。每年举办浙江农业博览会、国际森林产品博览会等展会，为企业搭建品牌展示和营销平台，涌现出了龙井茶叶、庆元香菇、金华火腿等一批特色优势农产品品牌，有效地带动了产业的提升。

三 大力发展农村新产业新业态，实现美村富民互促互进

浙江省以"绿水青山就是金山银山"重要思想为指导，积极探索"绿水青山"向"金山银山"转变的路径，坚持"以业为基"，从建设美丽乡村向经营美丽乡村转变，大力发展农村新产业、新业态，实现美村与富民的互促互进。

依托美丽乡村，推进一产"接二连三""跨二进三"发展，实现产业联动、城乡互动，最终实现"园区变景区，产品变礼品，农民变股民"。把美丽乡村生态良好的潜在优势转化为产业发展的现实优势，做好农村经济生态化和生态经济化"两篇文章"。深入挖掘美丽乡村的旅游功能、文化功能、休闲功能、教育功能和体验功能，满足度假养生、农事体验、乡愁追忆、户外运动等不同层次的乡村休闲旅游需求，因地制宜推进休闲观光农业、创意农业、养生农业等新型农业业态，大力发展体验经济、文创经济、养生经济、民宿经济等新型业态，促进农旅融合、农文融合。农家乐、民宿等乡村休闲旅游业蓬勃发展。2016年，全省已有近100个村实现了美丽乡村精品村与农家乐休闲旅游特色村（休闲农业先进村）完美结合。全省农家乐特色村（点）3484个，从业人员16.6万人，年营业收入291.1亿元。"电子商务进万村"村级服务点1.31万个，来料加工从业人员108.9万人，经纪人1.8万人，发放加工费105亿元，全省农产品网络零售396.2亿元。[①] 利用美丽乡村建设带来的客流和商机，发展景区经济、物业经济和配套服务产业，带动了集体经济发展壮大。

---

① 章文彪主编：《城乡融合的浙江探索与实践》，浙江人民出版社2017年版，第2页。

第三节　不断壮大村级集体经济 实现村民共富共享

历届浙江省委、省政府一直高度重视村级集体经济发展。进入21世纪以来，各地坚持以市场为导向，因地制宜探索村级集体经济发展路径，推动发展模式从兴办企业向开发经营集体"三资"（资源、资产和资金）转变，经营方式从直接经营向间接经营转变，探索出了资源开发、资产盘活、产业带动、配套服务、农旅融合、混合经营等多样化的集体经济发展模式，走出了一条因地制宜、分类施策、精准发力、特色鲜明、成效显著的发展路子，全省农村集体经济总体实力明显增强。2016年，全省村级集体经济总收入达到383.6亿元，村均收入132.1万元，分别比2011年增长47.9%和53.1%。集体经济组织资产总量达到4700亿元，比2011年增长73.4%。2016年全省年收入100万元以上的村达到7795个，比2011年增加2231个，年收入10万元以下的集体经济薄弱村比2011年年底减少了4836个，减少幅度为41.1%。

一　加大政策扶持力度

浙江省委、省政府先后于2001年、2009年和2012年出台了发展壮大村级集体经济的专项政策意见，多次召开会议研究部署，形成了较为完善的政策支持体系。特别是2012年起，省财政每年安排8000万元，重点用于欠发达地区薄弱村建设物业项目，带动全省各级财政安排20多亿元支持村级集体经济发展。与此同时，各级财政加大对村干部补贴转移支付，支持村级项目建设和公共服务，扶持范围从原来单一的农业基础设施向公共服务和社会保障等方面拓展。

二　全面推进村经济合作社股份合作制改革

农业自然资源及村域所处区位是村集体经济发展的重要条件但不是决定因素。村集体产权制度安排及集体经济组织配置和管理资源的能力的差异是村集体经济发展差异的决定性因素。[①] 为探索农村集体经济有效实现形式,赋予农民更多财产权利,浙江省自20世纪90年代就开始了村经济合作社集体经营性资产的股份合作制改革的探索。首先由城中村、城郊村、园中村等人口流动较频繁、户籍农转非较普遍、集体经济较发达的村率先实践,并逐步向其他类型村扩展。随着农村集体资产股份合作制改革日渐释放出红利效应,2005年5月,中共浙江省委办公厅、省政府办公厅制定下发了《关于全省农村经济合作社股份合作制改革的意见》予以推进。明确规定村经济合作社股份合作制改革以行政村为单位,对原有村经济合作社进行股份制改造,原村经济合作社更名为股份经济合作社,继续依法行使村级集体资产的所有权和经营管理权。温州市和嘉兴市分别出台了改革指导意见。温州市在2011年全市统筹城乡推进城镇化改革发展工作中将村集体资产分为土地资产和非土地资产,对经营性非土地资产实行股改,将土地资产组建村土地合作社,负责村集体土地的经营管理。股改采取"一村一策"的办法进行,原则上不设集体股,只设社员个人股,倡导实行股权静态管理。嘉兴市在进行农村股份合作制改革的同时把农村集体资产交易纳入农村产权交易平台,既有利于促进产权交易,也有利于加快农村三资网格化监管体系建设。截至2013年年底,全省累计完成8844个村社股份合作制改革,占行政村总数的29.7%,累计量化集体资产558.3亿元,持股社员1365.9万人。通过改革,实现社员资格从"户籍身份"向"经济身份"转变、集体所有从"共同共有"向"按份共有"提升,并探索了股权的继承、社内转让权能等制度,在保障社员对集体资产享有长久化、定量化、物权化的财产权道路上迈出了新步伐。

2014年,省政府办公厅制定下发了《全面开展村经济合作社股份合作制改革的意见》(浙政办发〔2014〕101号)。文件提出,坚持依法、自愿、民主、公正和集体所有制性质不变、村级集体经济组织功能不变、财务管理体制不变的原则,按照归属清晰、权能完整、

[①] 王景新:《村域集体经济历史变迁与现实发展》,中国社会科学院出版社2013年版,第269页。

管理科学、流转顺畅、运营高效的要求，以确权确股为基础、赋权活权为重点，完善配套制度，创新运营机制，全面推进村经济合作社股份合作制改革。①

到 2016 年年底，全省 29489 个村社（含渔业村）完成股份合作制改革，占总村社数的 99.5%，共界定社员股东 3527 万人，量化资产 1151 亿元。完成股改村社当年股金分红总额 46.3 亿元，比上年增加 15.6%。基本建立起"确权到人（户）、权跟人走"的农村集体产权制度体系，实现社员对集体资产产权长久化、定量化享有，促进村级集体经济发展和农民增收。

三 创新集体经济发展模式

近年来，浙江省各地坚持以市场为导向，坚持从实际出发，因地制宜发展壮大村级集体经济，推动发展模式从兴办企业向开发经营集体"三资"（资源、资产和资金）转变，经营方式从直接经营向间接经营转变，主要采取发包、租赁、入股等，走资本经营路子。从收入来源看，浙江省村级集体经济发展总体上呈现城镇化带动，经营收入、租金上交和投资收益等各项收入全面增长的局面。2015 年全省农村集体经济 362.4 亿元总收入中，经营收入 143.3 亿元，占总收入的 39.5%，比上年增长 8.2%；资源资产开发力度加大，发包及上交收入达 39 亿元，占总收入的 10.8%；投资收益 14.7 亿元，占总收入的 4%，比上年增长 14%；各级政府补助村集体建设资金 101.8 亿元，占总收入的 28%，比上年增长 9.7%。

归纳起来主要有以下几种模式：

（一）因地制宜开发资源促增收

这种模式主要是因地制宜，深入挖掘当地的土地、山林、水面、滩涂、自然风景、民族文化、水资源以及太阳能等自然资源，将资源优势转化为经济优势，拉动村级集体经济发展。龙游县在符合集镇、村庄建设规划和土地利用总体规划的前提下，利用自有土地，通过自

---

① 参见章文彪主编《城乡融合的浙江探索与实践》，浙江人民出版社 2017 年版，第 63 页。

建、配建、联建等多种方式，兴建标准厂房、商铺店面、仓储设施、农家乐经营点、农家乐管理服务中心等二、三产业设施，增加村集体物业租赁收入。文成县西坑畲族镇梧溪村，以集体山林资源为资本，参股龙麒源风景区，以门票收入的2.5%获取分成，每年增加集体收入10万元。

（二）盘活资产促增收模式

这种模式主要通过盘活闲置的校舍、仓库、礼堂、祠堂等集体资产，以及开展集体土地整理、宅基地复垦、土地流转等，挖掘农村集体经济新的增长点。如奉化市岳林街道后方村整理村集体闲置用房和宅基地，建设3100平方米集体用房用于花鸟市场项目，村集体年增收65万元。德清县洛舍镇砂村村拍卖农村集体经营性建设用地使用权，提高村集体经营性建设用地收益。2016年9月8日，浙江省农村集体经营性建设用地使用权拍卖的第一槌在德清县敲响。该县洛舍镇砂村村20亩村级集体土地40年使用权，从957万元起拍，经过24轮举牌竞价，最终以1150万元的价格成功出让。依照德清县有关农村集体经营性建设用地入市实施方案，缴纳土地增值收益调节金后，砂村村集体可获得拍卖总价的68%。按规定，这笔资金作为集体资产，列入集体公积公益金专户管理，由村监委监督，可用于对外投资、股份合作及购买政府性债券等，发展壮大集体经济。如桐乡市洲泉镇马鸣村通过荒废地土地整治后出租，村级经济年收益增加15万元。平湖市36个村级组织通过联合整合资源，优势互补，抱团实现共同发展。通过复垦"低小散"集体存量建设土地，整合出低效集体建设用地120亩，由54个村和国资共同投资1.9亿元，集聚到平湖经济技术开发区，建设标准厂房8万多平方米，参建村每年可增加收益1300多万元。常山县芳村镇下猷阁村成立农业开发公司，村集体占51%股份，村民832亩土地折价占49%股份，发展"三花一椿"种植、豆腐加工等项目，2015年实现村集体经济收入50.2万元，村民人均可获得土地折价保底、入股分红、集体股分红等计1000多元。

（三）整合资金提高资金使用效率

这种模式主要通过整合各路资金，形成合力促进增收。一是对各项分散资金进行整合。如遂昌县摒弃了以往"撒胡椒面"的分散扶持方式，成立遂昌县农村经济发展有限公司，将全县203个行政村全部纳为公司股东，以投资回报率为标准优选投资项目，尤其主攻优质物业项目，收益由公司根据各村的实际情况进行统一分配。二是财政扶持资金作为村集体资本金入股。即将各级、各种类型的财政扶持资金转换为资本金入股，变一次性投入为持续性经营。如嵊州市通源乡4个经济薄弱村将各级财政帮扶资金作为集体资本金投入村小水电开发，村均每年可分红2万元以上。三是利用信贷资金利率差价增收。如平湖市钟埭街道钟南村充分利用针对经济薄弱村贷款利率下浮的政策优惠，贷款参与该市54村"飞地"抱团发展项目，该项目由平湖经济技术开发区按实际投入资金的10%支付租金，而享受政策优惠后贷款利率只要4.9%，由此可给村集体带来5.1%的价差收入。四是规范实施资本运作增收。一些村通过村办企业转制、土地征用、围海滩涂等积累了大量货币资金，他们通过股份合作、独资、参股投资等方式参与项目开发或资本运作，增加村集体收入。如海盐县秦山镇杨柳村与民营企业合资组建同丰农业发展有限公司开发海涂，兴办农贸市场，为村集体每年增收50多万元。

（四）组建服务组织，拓展服务促增收模式

这种模式主要由集体经济组织组建服务性组织，围绕农业生产服务、乡村旅游服务、仓储物流服务、居民生活服务等向多方提供各方面的生产、生活服务，为村集体获取有偿服务收入。如嘉善县干窑镇范东村成立范东植保专业合作社，在进行粮食生产的同时为本村及周边农户提供水稻机插秧等粮食生产社会化服务，每年获取近12万元的服务性收入。开化县齐溪镇龙门村利用村庄前山后水的生态资源，紧扣"龙"文化主题，通过统一宣传营销、统一服务标准、统一接团分客、统一结账收费的"四统一"模式运营乡村休闲旅游，发展民宿经济，2015年村集体经营收入达40多万元。衢州市柯城区花园街道上洋村利用毗邻家具市场的地理优势，盘活集体土地建造了1.2万平方米仓库，为物资流通提供仓储服务，每年创收60万元。嘉善县魏塘镇庄港村利用地处镇郊、新居民集中居住的有利条件，积极发展餐饮等生活服务，通过主动为工商企业和新居民提供全方位服务，每年村集体实现增收30多万元。

第四节　培育新型农业经营主体

在坚持家庭承包经营基础上,培育从事农业生产和服务的新型农业经营主体是关系我国农业现代化的重大战略。加快培育新型农业经营主体,加快形成以农户家庭经营为基础、合作与联合为纽带、社会化服务为支撑的立体式复合型现代农业经营体系,对于推进农业供给侧结构性改革、引领农业适度规模经营发展、带动农民就业增收、增强农业农村发展新动能具有十分重要的意义。[①]

一　大力培育农民专业合作社等新型农业经营主体

一是建立政策支持体系。为支持、引导农民专业合作社的发展,规范农民专业合作社的组织和行为,保护农民专业合作社及其成员的合法权益,浙江省在2004年在全国率先出台了《浙江省农民专业合作社条例》,提升了现代农业发展的组织化程度。2009年,浙江省根据《农民专业合作社法》修订了《浙江省农民专业合作社条例》。全省以法律、条例为核心,形成了以2010年省政府印发的《关于促进农民专业合作社提升发展的意见》、2016年省农业厅等11个部门联合印发的《关于引导促进农民专业合作社规范发展的意见》等为主要内容的农民专业合作社政策支撑体系及农业部门依法统一指导、各种社会力量牵头兴办、有关部门大力支持的工作指导体系。

二是加大扶持力度。省级财政每年安排合作社专项培育资金,各项农业产业扶持项目向合作社倾斜。各级财政增加合作社发展资金,新增农(林)业补贴向合作社倾斜,以县级以上示范性合作社发展为重点,支持开展各种服务。积极开展政府向合作社购买农业公益性服务,加大财政支农项目交由符合条件的合作社及联合社承接和实施力度。省级合作社专项补助资金重点支持省级示范性合作社。同时,认真落实合作社优惠政策并加强咨询和辅导工作。宁波市对符合条件

[①] 中共中央办公厅、国务院办公厅:《关于加快构建政策体系培育新型农业经营主体的意见》,2017年5月31日,新华网(www.xinhuanet.com)。

的合作社购置农产品加工、储存、包装等设备和拓展服务场所建设等项目，市、县财政按实际投入额的30%给予补助，2013年起提高到50%，增强了示范社服务带动能力，延伸了合作社产业链。据统计，2016年有2934家农民专业合作社获得各级财政扶持资金4.2亿元。2009年，省委、省政府明确对经营规模100亩以上的专业合作社，允许按0.5%的比例安排配套设施农用地，省国土资源厅、省农业厅先后于2013年、2015年两次下发文件要求做好设施农业用地落实工作。协调相关部门，认真落实税收、金融等各项政策。将减轻合作社负担纳入农民负担监督管理，开展经常性的监督检查工作。省级成立农民专业合作社联合会，并在多数市、县成立相应联合会，形成自律体系，解决合作社缺乏行业自律问题。浙江省在试点基础上于2013年出台《农民专业合作社联合社登记办法》解决联合社登记难问题。先后编印《浙江省农民专业合作社经营机制创新100例》《浙江农业新型经营主体100例》，认定100家百强合作社，引领、激励合作社创新经营机制。

三是坚持依法规范，实行民主管理。浙江省于2005年、2007年分别根据条例和法律制定合作社规范化建设意见；2008年、2009年分别针对土地股份合作社建设、粮食合作社建设出台规范管理意见；2013年省农业厅、省工商局、省农信社联合出台合作社信用体系建设意见并开展信用评价工作；2016年全省提出清理整顿一批、规范改造一批、提升壮大一批的合作社提质发展意见。全省持续组织各地开展以"运行规范化、生产标准化、经营品牌化、产品安全化、成员技能化"为内容的规范化创建活动，被市县农业部门认定为规范社的达8981家，省级示范社982家，国家级示范社319家。[①]

四是"精准服务"，为合作社发展提供良好环境。加强人才和培训服务。每年组织合作社管理人员分期分批进行培训，组织合作社理事长参加"现代农业经营领军人才提升班"，学费由市财政全额买单。为解决人才引进难问题，实施"一社一大学生"政策，省政府

---

① 参见章文彪主编《城乡融合的浙江探索与实践》，浙江人民出版社2017年版，第63页。

办公厅出台《关于鼓励和支持大学毕业生从事现代农业的若干意见》,加强与农业高等院校的合作和交流,鼓励高校毕业生到合作社就业创业。宁波市积极鼓励合作社引进人才和高校毕业生牵头领办合作社,对市示范社进行人才扶持和合作社专项项目扶持,到2016年宁波市共引进大学生325人。加强市场营销服务。组织合作社开展优质农产品产销对接,搭建产品直销平台。利用各类农业会展和农产品电商平台,坚持"线上""线下"两条腿走路,不断探索农超对接、农社对接、农网对接等多形式的对接,不断健全合作社营销网络。宁波市对符合条件的合作社开展农超对接实行以奖代补。完善金融保险服务。引导金融机构支持合作社发展向规范化合作社开展贷款授信。2009年制定《浙江省农村土地承包经营权作价出资农民专业合作社登记暂行办法》,允许农村土地承包经营权作价出资农民专业合作社。开展农村土地经营权抵押贷款试点,支持农民合作社开展资金互助服务,宁波市共组建农民资金互助会11家;制定完善农业保险,创新农业防灾减灾形式,政策性农业保险已覆盖六大主导产业51个品种,农业抗风险能力得到有效提高。①

五是坚持产业协同,提升竞争能力。坚持以提高农产品市场竞争力为核心,以现代农业园区、粮食生产功能区"两区"为主阵地,以规模化生产已有一定基础的优势产业和特色产品为依托,组织农民兴办合作社。从产业、市场、产权重组入手,积极引导同类合作社走向联合。通过合作社辐射带动农民调整农业结构,促进优势产业、特色产品的区域化布局和规模化生产,形成了合作社与产业发展良性互促机制。

通过多年培育,浙江省农民专业合作社发展态势平稳,日益呈现出产业类型多样化、合作层次逐步提升、规模实力不断壮大、利益联结更加紧密、带动能力持续增强的发展特征。截至2016年年底,全省农民专业合作社达48688家,成员121.6万户,带动非成员农户416万户,入社和带动农户占全省总承包农户数的59.5%。合作社经

---

① 参见章文彪主编《城乡融合的浙江探索与实践》,浙江人民出版社2017年版,第63页。

营实力不断增强，2016 年资产总额达 390.3 亿元，年销售额 500 万元以上的合作社 1759 家。其中，500 万—1000 万元有 1076 家，1000 万—5000 万元有 624 家，5000 万元以上有 59 家，1 亿元以上 11 家。①

二 推进"三位一体"农合联建设

2006 年以来，浙江省根据习近平同志构建"三位一体"新型合作体系的构想，积极发展以供销社联合社、有条件农民合作社、合作社联合社、涉农产业协会等为载体的生产供销信用"三位一体"的合作与服务。2014 年以来，中共浙江省委、省政府根据农村生产力不断发展和新型农业经营主体不断成长的新形势，认真贯彻中央〔2015〕11 号文件精神，进一步完善顶层设计、加强组织领导，通过 2014 年 7 县试点、2015 年 20 县推开、2016 年所有市县铺开，全面构建了农合联组织体系，有效推动了农民合作经济组织提升联合发展层次、拓展为农服务领域、创新合作经济方式，初步形成了农民合作经济组织及农民群众共建共享农业现代化和城乡一体化的组织框架和发展格局。

各地供销社充分发挥自身优势，利用农合联庞大的组织网络体系，参与为农服务，充当服务龙头。一是参与现代农业服务体系建设。发挥农资服务主渠道优势，整合农民合作社联合社生产服务等功能，促进涉农部门经营性服务职能转移和公共服务事项委托购买，建立健全以县级涉农事业单位、行业协会、合作社联合社、农资公司等为主导，以合作社、庄稼医院等为基础的现代农业服务体系。全省已建成现代农业综合服务中心 30 家、庄稼医院 915 家，"智慧农资"覆盖 2/3 的区县。许多地方还利用以农民合作社及联合社、产业协会等为载体的特色农业专业化服务体系，将农资服务、农产品流通服务延伸和融入进去，促进了"农合联综合化公用性服务体系+专业合作组织系列化专业性服务体系"经纬结合的特色产业服务体系的形成。二

---

① 浙江省农业厅：《浙江省：大力推动农民合作社提质发展》，《中国农民合作社》2017 年第 7 期。

是参与城乡商贸服务体系建设。发挥资本运作功能,扩大与连锁经营和物流配送企业的合作,建立健全由物流配送企业为龙头,县城超市、乡镇商贸综合体、村消费合作社组成的城乡商贸服务体系。一大批如柯桥"淘实惠"超市、上虞乡镇商贸综合体、玉环村消费合作社、瓯海"老供销"便利店遍布乡村,不仅日用品、农产品通达乡乡村村,而且数十项公共服务和家政服务"搭便车"延伸到了村村寨寨,全省建成乡镇综合体881家、村综合服务社(消费合作社)7200多家。创新农产品流通业态,加快发展电子商务、中央厨房、社区菜店、产销对接等模式,构建农产品配送服务体系。探索面向高端消费者的以文化为先导、体验为基础的"品牌引领+连锁专营"的高档农产品销售方式,涌现了如"丽水山耕+丽水绿盒"等一批典型。①

三 加强农民培训,培育新型职业农民

新型职业农民是新农村建设、现代农业发展和新型农业经营体系构建的中坚力量。浙江在新型职业农民培育上一直走在全国前列。

一是大力开展农民培训。2004年,在习近平同志的亲自推动下,中共浙江省委、省政府作出实施"千万农村劳动力素质培训工程"的重大决策部署。在全国率先成立了依托高等院校和科研院所教育资源开展农村实用人才培养的农民大学等省、市、县三级培训机构,形成了多种培训模式,取得了明显成效。

浙江省从2006年起对就读省内大中专院校农业种养专业类的本省学生实行免交学杂费的政策,第二年又把这一政策扩大到园艺花卉、蔬菜、果树等专业。实行省内高校毕业生从事现代农业创业补助政策,鼓励更多年轻人从事现代农业。同时,建立优秀合作社理事长、大学生骨干、农产品经纪人等人才库,分层次开展轮训,鼓励支持合作社带头人和骨干参加全国成人高考、参加现代农业领军人才提升班。

---

① 邵峰:《坚守合作初心,推进"三位一体"农合联建设》,《农村工作通讯》2017年第15期。

开展新型农民科技培训工程。以村为基本实施单元，以实用、实效、实际为基本目的，按"围绕主导产业、培训专业农民、进村办班指导、发展一村一品"的要求，深入实施"新型农民科技培训工程"。2006—2008年先后在40个县1620个村实施，培训基本学员6.48万人。2013年年底宁波市鄞州区又以农民提高素质、增强实用性为主要目的，出台《鄞州区农民科技教育培训规定》。2014年、2015年两年主要以培养生产型职业农民为主，共举办各类新型职业农民培训班16期。全省累计培训农村劳动力和后备劳动力758万人次，有276万劳动力在培训后转移就业。

二是在政策上精准扶持。培养职业农民就是要想方设法吸引年轻人务农，留住年轻人，让农业后继有人。因此，在政策上针对各类青年人的特点，实行精准扶持。积极引导青年人领办、创办合作社、家庭农场。共青团浙江省委开展合作社青年示范社认定工作，促进规范管理，发挥合作社示范带动作用。积极组建青年创业导师团队，为青年合作社提供有效扶持。推动青年示范社进入全省百强社行列，积极争取资金项目扶持。搭建青年农民发展平台。支持地方开展青年农民创业创新示范点活动，创建农民创新园区，搭建农民网上创业平台。设立县域电商创业孵化园区，免费提供创业场地和培训、信贷、加工仓储物流的配套支持。宁波市鄞州区从2014年起计划到2020年，每年安排100万元的资金用于新型职业农民的培育、奖励。2014年、2015年两年通过考核并认定的新型职业农民有883人，对符合条件并通过认定的农民给予每人2000元的一次性奖励。再加上投入的培训费，两年共支出经费240万元。同时为了规范资金的使用，还专门制定了《鄞州区新型职业农民资金管理办法》，做到所有的资金使用有依据，用在哪里有落脚点。此项奖励政策的出台对新型职业农民培育工作的顺利开展提供了有力的支撑。[①]

[①] 王红珠：《鄞州区新型职业农民培育实践调查及启示》，《三江论坛》2017年第1期。

第五节　乡村经济发展新空间

　　经过改革开放 40 年的发展，浙江乡村经济发展已取得了令人瞩目的成绩，乡村居民生活水平显著提高。但是，从中国特色社会主义进入新时代的站位来看，乡村经济的发展仍然不能满足农民群众日益增长的美好生活需要，城乡发展不平衡、农村发展不充分依然是社会主要矛盾的重要表现之一，已经成为决胜全面小康社会的最大制约和突出短板。党的十九大报告提出乡村振兴战略，作为乡村振兴的总要求，产业兴旺被摆在首位。习近平总书记在参加十三届全国人大一次会议山东代表团审议时强调，要推动乡村产业振兴，紧紧围绕发展现代农业，围绕农村一、二、三产业融合发展，构建乡村产业体系，实现产业兴旺。

　　乡村振兴，产业振兴是基础。产业经济的发展是乡村可持续发展的前提和基础，而乡村的社会和谐、文化发展以及村庄空间环境优美、生态良好则为产业经济发展提供更好的社会环境条件，有助于实现更高水平、长期稳定的经济发展，进而推动乡村经济、社会、文化等各项事业协调发展。从对浙江乡村的调查看，凡是"文明村""五星党支部""美丽乡村精品示范村""民主法治村"等大都是在经济比较发达、集体经济发展较好基础上又注重文化和社会事业同步发展的村，如东阳市花园村、宁波奉化的滕头村、杭州的航民村、安吉的余村等。

　　促进乡村产业兴旺、经济发展就是要通过农业供给侧结构性改革，加快形成现代农业生产体系、现代农业产业体系、现代农业经营体系，使农业成为规模化、集约化、产业化、组织化的有竞争力的产业。从发达国家现代农业发展实践看，各国现代农业发展道路和模式尽管不尽相同，但现代农业建设在内容上无不包含了产业体系、生产体系、经营体系"三个体系"。产业体系、生产体系、经营体系构成了现代农业的内涵要求和必要内容。建设现代农业，"三个体系"缺一不可，否则不能成为现代农业。建设现代农业，"三个体系"要同时构建，不能畸重畸轻，甚至出现偏废。现代农业"三个体系"在内容上也是不断发展和丰富的。

一 坚持科技支撑，补齐现代农业生产体系短板

农业生产体系是指种（养）、管和收这三个基本环节的组织形式和管理模式。现代化的农业生产体系最显著的特征是单位投入具有较高产出"量"和"质"。为了最有效地提升农产品的质和量、构建现代农业生产体系，应该从生产过程、对象、形式及要素流动等方面引入现代化因素。以生态循环农业示范省试点和健全农产品质量安全可追溯体系为契机，构建绿色化循环化可持续的现代农业生产体系。

第一，以生态化、低碳化、循环化为目标引领，探索农业绿色化、可持续发展新路子。以生态循环农业示范省的试验为契机，加快发展生态化、低碳化、循环化农业，构建数量、质量和生态"三位一体"的新型农业生产体系。大力发展高效生态循环种养结合、农林牧结合循环农业，逐渐减少农业面源污染。

第二，加快调整农业科技创新方向、重点和布局，突出研发节本降耗、绿色环保技术。以现代科技为手段，促进农业向自动化、智能化以及机械化、自动化、智能化相结合的生产方式发展，促进新兴农业科技与农业深度融合，农业生产效率显著提高。加快农业科技推广服务体系建设，解决"最后一公里"问题。

第三，以品牌引领产业优化。把提高农产品品质和附加值作为农业生产的主攻方向，实现农业生产由主要追求产品数量向更加重视产品品质提高、更加重视生态可持续方向转变。通过推行标准化生产、实施农产品品牌战略，促进农业区域结构、产业结构、品种结构全面优化。深入实施农产品品牌战略，保护地理标志农产品，打造一村一品、一县一业发展新格局，从而破解农产品同质竞争和增产不增收困境。同时要建立健全农产品质量安全的可追溯体系，做出浙江"放心农产品"和"绿色农产品"品牌。并开发区域品牌，推动农产品品牌的推广和价值提升。

二 以产业融合发展推进现代农业产业体系建设

世界现代农业发展趋势表明,农业一、二、三产业融合发展能够实现农业"接二连三"全产业链发展,获得更大的产业链增值空间,提升农产品附加值,也是提高农业可持续发展能力的现实需要。因此,必须以创新、协调、绿色、开放、共享五大理念为引领,以市场需求为导向,以紧密型利益联结机制为纽带,以制度、技术和商业模式集成创新为动力,着力培育产业融合主体,推进现代技术、创新理念与传统农业深度融合,促进农村产业链延伸、产业功能扩展和产业形态创新,着力完善产业融合发展的市场环境。加快农村三产融合政策体系的构建。应树立"跳出农业、跳出区域"的观念,运用工业、旅游、文化等领域的先进产业发展思路,推进现代技术、创新理念与传统农业深度融合,促进农村产业链延伸、产业功能扩展和产业形态创新,提升农村一、二、三产业融合效能。

三 坚持效益优先,健全完善现代农业经营体系

党的十九大报告提出"构建现代农业经营体系"就是要加快构建新型农业生产经营主体、新型农业服务主体,带领小农户迈向现代化发展轨道的新型农业经营体系,使农业经营体系能够高效、快捷、低成本的运行。为此,要加快健全完善现代农业经营体系。

要着力构建"农业龙头企业+专业合作社+农户"的产业化合作经营新体系,着力培育以农业龙头企业、农业专业合作社、家庭农场等新型农业生产经营主体的培育。为此,积极推进农村土地"三权分置",稳定完善农村土地承包关系,引导土地经营权有序流向新型经营主体。同时,进一步完善利益分享机制,带动小农户参与农业现代化进程,分享现代化成果。建立鼓励新型农业经营主体带动小农户、服务小农户共同发展的政策机制,带动扶持小农户共同发展。继续实施精准培育新型职业农民工程,解决乡村振兴战略"谁来引领、谁来做"的问题。为此,要制定相关政策,吸引具有市场意识、资金实力、管理能力的能人回流农业、农村,成为发展现代农业的带头人、乡村振兴的引领者;搭建青年创业发展平台,建立起一套符合农业、

农村特点的职业认证体系，让符合这些规范与条件的青年农民，获得应有的职业荣誉，积极引导青年人领办、创办合作社、家庭农场；出台针对乡村振兴人才的贷款、保险支持政策，为进入农业农村领域的人才提供特别帮助；重塑乡村文化，为青年人才在农村创业提供良好的精神家园。

第五章　三治合一、推进协商的浙江乡村基层治理

党的十九大报告提出健全自治、法治、德治相结合的乡村治理体系，针对乡村治理提出具体要求。健全"三治合一"的乡村治理体系，既是加强基层民主法治建设的明确指向，也是着眼于新时代乡村社会转型发展、实施乡村振兴战略的必然要求，更是全面推进我国治理体系和治理能力现代化的根本基础。

中共浙江省委、浙江省人民政府始终本着以人民为中心的发展理念，并以此指导着各项工作的开展，推动乡村治理体系和治理能力不断进步。浙江乡村也紧紧围绕政策指引不断开展自主创新的实践探索，"三治合一"的治理理念与实践由嘉兴桐乡高桥镇走向全省并被写入十九大报告。浙江省逐步形成了治理主体一核多元，治理机制依法有序，治理手段智慧精细的善治格局，走向乡村治理的社会化、法治化、智能化、专业化，在治理结构、治理模式、治理方式、治理体系、治理制度等方面都有创新、有成效。

第一节　乡村治理体系不断完善

乡村是社会治理的基本单元，是服务群众的"最后一公里"。改革开放以来，随着城镇化水平的日益提升，浙江乡村社会逐步由相对封闭的"静态"转型到流动加剧的"动态"，农业生产方式日益变革、农村社会结构日益复杂、农民思想观念日益多元，乡村社会治理基础发生了巨大变化，乡村社会治理体系也随之不断变迁与完善。

一 历史回望：治理制度的不断完善

改革开放以来，随着人民公社体制的终结和农村家庭承包经营制度的实行，我国恢复了乡镇一级政府，实行了村民自治。20世纪90年代体制改革不断深化、市场经济加速发展，以民主选举、民主决策、民主管理和民主监督为内容的村民自治快速发展。进入21世纪以来，随着统筹城乡发展战略的实施和农村税费制度改革、农村综合改革、城乡体制改革等措施的施行，乡村治理社会基础持续稳固，党的执政能力不断加强，村民自治制度不断完善，协商民主日益发展，乡村管理转变为乡村治理。浙江省一贯重视农村建设，形成了比较完善的"以村庄治理为中心，由村级组织建设制度、村干部选举制度、村务公开制度、民主决策制度、民主管理制度、民主监督制度、村级经济事务自治制度以及村干部管理制度等组成的村庄治理制度体系"[1]，实现了乡村治理结构的转型和重建，逐步走向乡村治理体系和治理能力的现代化。

1978年党的十一届三中全会召开，尤其是1984年人民公社制度的取消，全国基本完成家庭联产承包责任制改革以后，乡村的经济社会发展需要有与之相适应的制度设计。1987年第六届全国人大常委会第二十三次会议通过并公布了《中华人民共和国村民委员会组织法（试行）》，正式规定村民委员会是村民自我管理、自我教育、自我服务的基层群众自治组织，并确定了村委会的具体工作内容，这部法律的公布和实施，基本确定了中国"乡政村治"的治理格局。[2] 浙江深入开展试点工作，1988年11月，浙江省七届人大常委会第六次会议通过了《浙江省村民委员会组织法实施办法》，浙江省不仅是全国最早制定实施办法的省份之一，而且在村民委员会选举制度的设计和内容上都处全国领先地位。[3]

从1990年开始，浙江省逐步在全省各地开展自治示范活动。

---

[1] 卢福营：《当代浙江乡村治理研究》，科学出版社2009年版，第26页。
[2] 杨建华等：《进步与秩序——浙江乡村社会变迁60年》，浙江人民出版社2009年版，第54页。
[3] 卢福营：《当代浙江乡村治理研究》，科学出版社2009年版，第16页。

1998年九届全国人大五次会议修订通过了《中华人民共和国村民委员会组织法》。同年，中共中央办公厅、国务院办公厅联合发出《关于在农村实行村务公开和民主管理制度》，浙江省随后出台《关于我省农村普遍实行村务公开和民主管理的实施意见》。1999年，通过《浙江省实施〈中华人民共和国村民委员会组织法〉办法》《浙江省村民委员会选举法》。2005年，浙江省发布了《进一步健全完善村务公开和民主管理制度的通知》和《浙江省村级组织工作规则（试行）》，构建了基本完善的村级组织架构和公共权力的运作规则，加快推进村务公开和民主管理的制度化、规范化和程序化建设，促使浙江的乡村治理走向规范化和制度化。

进入21世纪以来，浙江省在乡村治理模式创新方面始终走在前列。浙江省颁布出台一系列文件，如《中共浙江省委关于全面加强基层党组织和基层政权建设的决定》《关于全面开展制订修订村规民约社区公约活动的通知》《关于全面深化法治浙江建设的决定》《关于加大改革创新力度加快农村现代化建设的若干意见》《关于加快推进"三社联动"完善基层社会治理的意见》《关于加强乡镇（街道）"四个平台"完善基层治理体系的指导意见》《关于创新基层社会治理的若干意见》《关于深化"千村示范、万村整治"工程全面推进美丽乡村建设的若干意见》《关于建立涉村（社区）工作事项清单制度的通知》《关于加强传统村落保护发展的指导意见》等。2003年，浙江省在全国率先开展"民主法治村（社区）"创建活动，普遍推行民情恳谈会等民主协商制度。此后，中共浙江省委、省政府先后制定出台了一系列加强乡村协商民主工作的重要文件，如健全完善科学民主决策制度的规定，提出推进民主议事协商、集体财务审计监督、民主协商村干部工作"三项制度"建设和创新。全省各地陆续推行了民主恳谈、民主听证、民主评议"三会"制度，乡村协商民主制度得以进一步完善与落实。

二 党建先行：引领全局的牢固根基

作为乡村社会的"领头雁"，基层党组织是加强和创新社会治理所依靠的最基本、最直接、最关键的力量。浙江乡村基层党组织紧紧围绕乡村社会治理结构变化对基层党建提出的新课题和新要求，始终坚持党在乡村社会治理中的领导核心地位，把加强基层党的建设、巩固党的执政基础，作为贯穿社会治理和基层建设的一条红线，以基层党的建设创新引领和推动社会治理创新。

从 2003 年起，浙江省全面开展了农村党组织以县、乡、村"三级联创"为基本途径，以乡镇党委创建经济快速发展、村镇管理科学规范、精神文明协调共进、农民群众拥护满意的基层党组织的"先锋工程"建设为主要载体，以强核心、强素质、强管理、强服务、强实力为核心内容的农村"五好"村党支部建设活动。① 2005 年浙江省出台《浙江省村级组织工作规则（试行）》，并于 2011 年进行修订，在中组部提出的"四议两公开"的基础上，结合浙江实际对村级重大事务决策提出"五议两公开"② 新的更高要求。2015 年党中央在浙江召开全国农村基层党建工作座谈会，中组部专门印发《浙江省农村基层党建工作经验做法》，梳理总结了浙江的经验，如省市县乡四级党委书记任期内"四个走遍"③，带动各级干部"走村不漏户、户户见干部"；建立市县乡党委书记抓农村基层党建责任清单，充分发挥县委"一线指挥部"作用；坚持对村党组织实行评星定级，每年按照不低于 5% 的比例对村党组织进行集中整顿；组织农村党员每月集中活动、每半年评议、每年评定不合格党员等。

根据习近平总书记 2015 年 5 月 25 日至 27 日考察浙江时强调的"干在实处永无止境，走在前列要谋新篇"重要讲话精神和全国农村基层党建工作座谈会精神，2015 年浙江省出台了《中共浙江省委关于全面加强基层党组织和基层政权建设的决定》，健全六大体系④，强化基层党组织的领导核心地位。提出基层党建"整乡推进，整县提

---

① 顾益康、邵峰等：《农民创世界：浙江农村改革发展实践与理论思考》，浙江人民出版社 2009 年版，第 253—256 页。

② 五议两公开：党员群众建议、村党组织提议、村务联席会议商议、党员大会审议、村民（代表）会议决议、表决结果公开、实施情况公开。

③ 四个走遍：省委书记走遍县（市、区），市委书记走遍乡镇（街道），县委书记走遍行政村，乡镇（街道）党（工）委书记走遍自然村和困难户。

④ 六大体系：工作责任体系、组织体系、治理体系、联系服务体系、制度体系、基础保障体系等。

升"战略举措,通过建强每个支部来整乡推进基层党建工作,通过抓好每个乡镇来整县提升基层党建工作,从而实现全面进步、全面过硬。[①] 这一加强农村基层党组织建设的战略举措后来也被中央写入2016年1号文件。

多年来,历届中共浙江省委都高度重视抓基层、打基础工作,将其作为长远之计和固本之举一以贯之,使浙江农村基层党建全面进步、整体提升,"党建+"成为引领乡村发展的新动力。离临安城区近两个小时车程,海拔600米的清凉峰镇马啸村,交通困难、信息闭塞、市场面窄,但特色农产品却产量丰富、绿色天然、品质优良。村党组织扬长避短,成立淘宝党支部、建立特色淘宝党小组,党员干部带头示范,电商专干免费培训,并开展党员线上、线下亮身份活动,让党员在诚信经营上起到先锋模范作用,"党建+电商",成了带动一方致富的"主引擎"。新昌县东茗乡后岱山村原来是全乡环境最差村、全县挂名无星级村和落后村,新一届党支部发挥战斗堡垒作用和广大党员的先锋模范作用,开展环境整治攻坚战。先是改造了村中央两口被污染多年的池塘,接着在村书记、党员的带动下,村民们也主动拆除老台门、大围墙,建成一个个大大小小的花园,将村点缀一新,一个人们原来避而远之的村子一下变成了"网红村""党建+生态",改变了环境,赢得了人心。平湖市钟埭街道花园村在经济发展的同时,乡村社会治理面临着日渐增多的社会矛盾和公共服务需求。花园村充分发挥党员的力量,成立"睦邻自治会",下设调解团、劝导团、评议团、巡访团、帮困团等5个团进行民事调解、文明劝导、工作评议等,"党建+治理",解决了矛盾,凝聚了人心。

加强基层党员干部的培养,选树千名好支书。如扎根农村的全国优秀共产党员、绍兴市上虞区崧厦镇祝温村党总支书记杭兰英,守护社区大家庭的宁波市江东区划船社区党委书记俞复玲,打造生态共建"贺田模式"的衢州市龙游县大街乡贺田村党支部书记劳光荣等一大批干事创业有思路、村务管理有规矩、服务群众有感情、带领队伍有

---

① 中共浙江省委组织部课题组:《基层党建"整乡推进、整县提升"研究报告》,陈华兴等主编《2017年浙江发展报告(政治卷)》,第103页。

办法、廉洁公道有口碑的优秀基层党组织书记脱颖而出。他们用自己的创造力和苦干实干的精神，成为基层党员服务群众、发挥先锋引领作用的生动教材。浙江许多乡村获得了全国先进基层党组织荣誉称号：如东阳花园村以"强党建、抓工业、兴产业、惠民生"为重点，倡导"以工富农、农工强村、共同富裕、全面小康"的花园之路；绍兴市上虞区崧厦镇祝温村在党总支带领下，贯彻"民情通"工作七法：入户访谈法、现场解难法、用心服务法、阳光议事法、互助共治法、精神引领法、示范带动法，规范完善村级民主管理，形成了"人和、心齐、风正、气顺"的村级精神；淳安县枫树岭镇下姜村两委团结带领全村党员群众，以"美丽乡村"精品村建设为主抓手，村容村貌明显改善，乡村品位明显提升，村民生活品质又上了一个新的台阶；德清县阜溪街道五四村，全村60名党员家庭全部"挂牌亮户"，主动参与美丽乡村建设，带动村民遵守村规民约，乡风文明水平大大提高。

三 多方协同：治理结构的整体谋划

浙江乡村的治理结构以基层党组织为领导核心，形成了村民委员会和村经济合作社为执行主体、村务监督委员会为监督主体、新型社会组织为协同主体的治理结构，切实提升了乡村自治水平。

以基层党组织为领导核心，全面实行村委会"自荐直选"，完善"五议两公开"决策程序，在村"两委"换届选举中明确"五不能六不宜"，[①] 选准选好带头人，匡正选举风气。浙江农村村民自治制度不断完善，在村党组织的领导下，不断深化以"民主选举、民主决策、民主管理、民主监督"为内容的村民自治运行机制，保障群众的知情权、参与权和监督权。

2011年浙江省在村级组织换届中特别强调要全面健全村经济合

---

① 五不能：被判处刑罚或者刑满释放（或缓刑期满）未满5年的；违反计划生育未处理或者受处理后未满5年的；涉黑涉恶受处理未满3年的；受到党纪处分尚未超过所受纪律处分有关任职限制期限的；丧失行为能力的。六不宜：煽动群众闹事、扰乱公共秩序的；严重违法用地、违章建房行为拒不整改的；长期外出不能正常履行职务的；有辞职承诺情形而又不主动辞职的；先锋指数考评中被评为不合格党员的；道德品质低劣、在群众中影响较坏的。

作社，各地根据《浙江省村经济合作社组织条例》，选举产生了村经济合作社，推进村经济合作社"十有"[①]规范化建设。2014年制定了《全面开展村经济合作社股份合作制改革的意见》，全面推行以"确权到人（户）、权跟人（户）走"为重点的农村产权制度改革，截至2015年12月底，全省29489个村社完成改革，占总村社数的99.4%，在全国率先全面完成农村集体资产确权工作，为全国其他地区提供了改革范式。2015年颁布《浙江省农村集体资产管理条例》，为村股份经济合作社的治理与发展提供法制促进和保障。以诸暨市为例，镇村在实施股改工作中严格按照"8632"程序要求，即"动员培训、清产核资、界定成员、制定方案、股权设置、健全组织、变更登记、总结归档"8个步骤，"股改决议、清产核资、人口摸排、股改方案、股权清册以及《章程》、董事会、监事会名单"6次公告，"股改动员会议、股改方案会议、股东代表会议"3次社员代表会议，"调查签字、领证签字"2个签字，确保程序到位、资料齐全。

　　2004年武义县在后陈村建立村务监督委员会试点，村务监督委员会在村党组织领导下，重点对村务决策、村务公开、"三资"管理、村工程项目、惠农政策措施落实、耕地保护和土地流转等实施监督。2009年年底全省2.8万个行政村实现村务监督委员会全覆盖，2010年省委制定出台《村务监督委员会工作规程》。这一制度创新被写入2010年新修订的《中华人民共和国村民委员会组织法》和2013年、2015年中央一号文件，后陈经验由"治村之计"发展为"治国之策"。后陈村紧跟时代步伐，不断推陈出新，推进深化完善，通过开展"四定二评一创"活动，推行"五化标准"等使村务监督制度化、规范化、体系化。

　　为了便于村监会对村干部进行监督，浙江省全面推行农村小微权力清单，乡镇党委结合当地实际，围绕村级集体人财物管理和便民服务内容，梳理出村级权力事项，绘制权力行使流程图，村监会可对照权力清单开展全程监督。除了接受村监会监督，农村小微权力清单还

---

① "十有"规范化建设：有治理组织、有规章制度、有议事场所、有合法证书、有印章牌匾、有资源管理、有资产增值、有经济发展、有理财民主、有社务档案。

在村里的办事大厅上墙公开，接受全体村民以及外来人员的共同监督。如宁海县桃源街道下桥村是典型的城中村，村集体资产多、项目多，村民收入水平较高。在小微权力清单实行前，村领导集体缺乏明确的职责权限划分，制约村干部行使权力的制度和规范不够健全，村民对村干部缺乏有效和实在的监督，对村务治理的参与有限。推行小微权力清单后，下桥村明确了村组织和人员的职责，规范了村级权力运行流程。以村农贸市场摊位招投标工作为例，通过村党组织提议——两委联席会议商议——党员大会审议——村民代表会议决议，决议结果公示后交公共资源交易中心公开招标，由村两委组织实施，实施结果公示并接受群众评议，整个过程接受村监会监督。村民在接受小微权力清单实施情况调查时，都认为下桥村村务治理情况明显好转，满意度很高。

在乡村基层党组织建设蓬勃发展的同时，乡村新型社会组织也得到快速发展。浙江出台多部专项规定，加大对社会组织的政策扶持和分类指导力度，建立健全社会组织参与社会事务、维护公共利益、救助困难群众、帮教特殊人群、预防违法犯罪的机制和制度化渠道，引导并促进平安志愿者、社区工作者以及群防群治队伍的专业化、职业化、社会化，发挥社会组织对其成员的行为导引、规则约束、权益维护作用。实现政府治理和社会自我调节、居民自我治理的良性互动，形成党委领导、政府负责、社会协同、公众参与、法治保障的社会治理格局。

第二节　乡村治理实践不断创新

治理是一种驾驭和引导社会和组织的艺术，它包括权利如何应用、决策如何做出、居民或利益相关者如何参与决策过程等。[1] 经济社会发展进入新时代，有效地开发经济和社会资源实施治理、调动和激励社会组织实践治理、使社会多元角色充分实现与治理主体的互

---

[1] 丁元竹：《治理方式现代化：内涵、特征及类型》，载俞可平编《推进国家治理与社会治理现代化》，当代中国出版社2014年版，第235页。

动，成为创新治理方式的时代要求。

一 两网融合：治理方式的时代创新

充分运用公共服务网络，有效提升公共服务水平，从而实现社会多元角色的交流、互动，是浙江在提升治理水平路径选择上的有益尝试和有效探索。浙江在2007年首创"网格化管理，组团式服务"，2009年在全省推广这一模式，2016年持续推进网上网下两网融合工作。

"网格化管理、组团式服务"，是在乡镇（街道）、社区（村）行政区划不变的前提下，把乡镇（街道）划分成若干个单元网格，按照"网格化定位、组团式联系、多元化服务、信息化管理、全方位覆盖、常态化保障"和"社会管理终端化、力量整合兼容化、诉求解决初始化、工作保障常态化"的要求，为辖区内的居民提供主动、高效、有针对性的服务。"网格化管理、组团式服务"首创于舟山，2007年下半年开始，舟山市普陀区先后在桃花镇、勾山街道等地进行改革试点，并在试点取得显著成效的基础上，进行全面推广。"网格化管理、组团式服务"是基层社会治理的一项重大成果，获得过2010年"首届全国基层党建创新最佳案例""2010年中国全面小康十大民生决策"及2011年"浙江省公共管理创新案例特别贡献奖"等荣誉称号。这一做法在省内外不少地区得到推广和应用。

网格化管理和服务网络的融合，提升了现有治理资源的效率，调动了乡村群众参与治理的积极性，丰富了治理手段。衢州市衢江区素有"七山一水二分田"之称，是典型的山区农村，自开展网格化治理以来，在专职网格员的基础上，设立网格警察和网格治安员，并将部分基层基础的公安工作纳入网格员的绩效考核中，构建起了网格警务社会治安综合治理和社会大联动新模式。2017年，衢江全区有效刑事、治安警情同比分别下降36.6%和27.3%，刑事发案同比下降33.8%；平湖市则建起了乡村社会治理的大网，将农村网格分为两种：以自然村落、农民新村、片组等村网格，和相对独立的各类工业园区、流动人口集中居住地、较大规模的企业、学校等专属网格，填补了地理、人口分布等因素自然形成的治理盲区，嵌入了包括养老、医疗、心理疏导、文化服务等在内的组团服务。

湖州市南浔开发区的洋南村是一个拆迁村，300余户拆迁农户集中居住。洋南村组成了以党员为网格员的红色网格，实施党员亮出身份、亮出承诺、亮出职责、亮出星级、亮出家训的五亮工程，党员主动走进群众家中上门服务，随时掌握群众的心声、诉求和意见建议，帮助群众排忧解难，收集社情民意，夯实了乡村治理社会基础，有效地调动起乡村社会的凝聚力和主人翁意识，激发了乡村社会的内生活力。

浙江省还进一步制定并推广统一规范的基础数据信息采集和储存标准，建立社会治理数据交换交互系统，推进各级各类社会治理服务网络互联互通、资源共享，实现健康、就业、社保、能源、信用、统计、质量、国土、农业、城乡建设、企业登记监管等重要领域信息资源平台、系统间业务数据集成应用，构建全省"一张网"的基层社会治理网络，既保持了原有基层治理架构的完整性，又使其管理单元进一步细化。"一张网"统筹各方资源，实行多方协作、一网联动，通过服务网络与治理网络的进一步融合，乡村基层治理体系格局得到了进一步完善。

二 三社互动：治理模式的转型实践

党的十八大以来，我国社会治理转型的重点从"管控型"逐步走向"善治型""参与型"的社会治理模式。党的十八大提出"正确处理政府和社会关系"，强调"适合由社会组织提供的公共服务和解决的事项，交由社会组织承担"，对社会治理模式的探索和转型，实现行政力量与社会力量协同的治理模式有效运行，浙江省也积累了探索和转型的成功经验。

浙江省乡村社会治理寓治理于服务中，通过加快推进社区建设、发展社会组织，推进社会工作专业化、职业化发展，探索出了一条本土化、内生性的"三社联动"发展路子。截至2016年年底，全省共2.5万名专职社会工作人员、420多家民办社工机构，累计建立2472个城市社区社会工作室、1773个农村社区社会工作室，为全省城乡居民提供精准有效服务，较好解决了一大批社会问题。

从 2007 年起，中共浙江省委、省政府先后下发了《关于推进和谐社区建设的意见》《关于推进农村社区建设的意见》《浙江省城乡社区服务业"十二五"发展规划》《关于加快推进现代社会组织建设的意见》《浙江省社会工作专业人才队伍建设中长期规划（2011—2020 年）》等基础性制度文件，把构建社区建设、社会组织建设、开展社会工作的基础工作作为创新基层社会治理的一项重要的顶层设计安排。2014 年浙江在全国率先出台了《浙江省民政厅关于加快推进"三社联动"完善基层社会治理的意见》的专项文件，明确社区为社会组织提供资源和平台，社会组织吸纳专业社工参与社区建设的推进思路。随后，国家民政部又以参阅件（民阅〔2014〕45 号）的形式向全国推荐，这是在全国省级层面首个推动"三社联动"的政策文件。2015 年，中共浙江省委、省政府出台了《关于加快推进现代社会组织建设的意见》《全省城乡社区建设对口见学活动实施方案》，以加快推进"三社联动"为创新城乡社会基层治理标志，推动城乡社区建设、社会组织和社会工作相互支持、相互融合，构筑起了以城乡社区为平台、社会组织为载体、社会工作为支撑的城乡社会基层治理体制。

温州出台了"1+7"专项文件，是在全国推进"三社联动"方面第一套颇具影响力和参考价值的专项文件，为社会各方面参与提供了良好的政策环境，有利于形成政府与社会之间互联、互动、互补的社会治理格局；杭州形成"四个依托"机制，真正使得"社区、社会组织、专业社会工作"三个主体，"联"上了而且"动"起来；乐清激活治理主体，形成"七步法"，创新了本地的"三社联动"机制，盘活了城乡社区治理这盘棋；兰溪通过"三机制"实现信息联通、组织联建、服务联合；云和依托信息化手段，打造"线上+线下"相结合的 O2O 社区服务模式。按照中央十八届五中、六中全会新的发展理念和要求，浙江省各地结合地方实际，加大"三社联动"改革创新力度，全力打造"三社"品牌，进一步充实完善了"三社"内涵，在推进"三社联动"激活基层社会治理主体，在推动"三社联动"成体系、成建制、成规模方面，不断向纵深发展。

浙江省还运用法制保障、调动、激发社会力量、社会组织参与社会治理。浙江配套出台和起草了有关社会组织登记管理体制改革、发展环境优化、培育扶持、监管执法等方面12个规范性文件，为全省现代社会组织体制建设加强了顶层设计。尤其是在乡村治理层面，培育发展农村社区社会组织工作成为浙江各级党委、政府工作的重要工作，培育孵化在社会治理领域、公益慈善领域有影响力、有发展潜能、农村社区急需的社会组织，引导社会组织参与农村社区建设，提高了农村社区的公共服务水平。如杭州市每年开展公益创投活动，以政府购买服务的方式，吸引社会组织承接包括农村社区在内的公益服务活动，市福彩公益金每年安排500万元资助农村社区管理项目和农村社区公益服务项目。各县、市、区通过提供场地、协助组织活动等方式配合社会组织开展各类活动，按参与管理类、公益服务类、自助互助类、文体科教类四个标准，培育、扶持和发展各类社区社会组织，探索农村社区"政府扶持、社会承接、专业支撑、项目运作"的社会组织联动服务机制。

浙江省社会工作专业人才队伍也不断壮大，充实了乡村基层治理力量。浙江省启动实施社区工作领军人才库项目，加快推进社区工作者专职化。通过全面落实村级组织运转经费、社区服务群众专项经费等保障机制，有效保障了城乡社区正常运转。浙江省积极引进专职社会工作者参与农村社区建设，如余杭区农村截至2016年年底有专职社工992人，建有50多个社会工作室，鼓励社工以社会工作方法开展各类社会服务；萧山区全面推行村务专职工作者聘用制，加快推进农村社区工作者职业化进程，提高了村务工作者的综合实力。

作为乡村社会治理的重要参与者，社会力量在壮大的过程中得到了政府的培育和帮助，在参与社会治理的过程中也实现了与行政力量的有效交流与沟通。这种联动、协同机制的形成，对浙江乡村基层社会治理模式的创新、转型实践起到了重要作用。如温岭倡导成立的慈善义工协会，拥有注册义工6290名，服务队48个。志愿者活跃在广大农村，成为帮困援弱、扶贫助教、环保绿化等工作的重要力量。仅2016年协会就组织大小活动1853次，参与义工1万多人次，服务总时长5万多小时，受益人数20多万人。平湖在乡镇（街道）建立志愿服务总站，在村级便民服务中心建立志愿服务站，依托农村党员先锋站、民情茶室、文化示范户等建立"爱心驿站",如新埭镇鱼圻塘村在企业打工的村民较多,假期无人照看的孩子有 200 多人。根据这一需求,村里组建了春泥护花志愿者服务队,在返乡大学生志愿者和村民志愿者的帮助下,借助文化礼堂和村民家庭开办多个暑假班,让孩子们就近参加。同时,村里还通过组建银发关怀、扶贫帮困、生态护绿、平安护卫、文化有约等一支支具有乡村特色的志愿服务队伍,激活了农村志愿服务活动。又如温州市瓯海区潘桥村培育"社会组织促进会"组团进驻服务;茶堂村"村校联动"与高校结对开展服务;马桥村邀请镜心书画社入驻服务等。各村还积极鼓励乡贤能人、热心人士直接组成草根社团直接开展活动,如茶堂村鼓词协会、黄屿村象棋协会、岩一村广场舞协会等。三社互动的治理模式转型,形成了政府治理与村民自治的良性互动,打通了基层党委政府联系服务群众的"最后一公里",推动促进了农村经济社会发展。

三 四个平台:治理资源的有效整合

治理体系和治理能力是一个相辅相成的有机整体。随着浙江社会治理体系的逐步完善与提升,面对新时代社会治理局面,有效激发、提高体系效能,就必须依靠制度建设、依靠高素质的行政体系快速提升乡村社会治理能力。中共浙江省委、省政府从新时代社会治理需要出发,提出了加强建设乡镇(街道)"四个平台"的要求。

基层治理体系"四个平台"运用矩阵化管理理念,对乡镇(街道)和部门派驻机构承担的职能相近、职责交叉和协作密切的日常管理服务事务进行整合,形成综治工作、市场监管、综合执法、便民服务四个功能性工作平台,并以综合指挥、属地管理、全科网格、运行机制为支撑。这项改革推动更多资源向乡镇倾斜,使管理职权、行政力量"围着问题转、贴牢一线干"。对群众来说,"四个平台"的建立,让大家在家门口就能办好事。绍兴柯桥区杨汛桥镇把乡镇党委、政府中心工作整合进四个平台,乡镇提升了对派驻机构的管理、指挥权限,过去社会治理和服务中乡镇看得见管不了的事,现在看得见管得了、管得好。四个平台建设加强了乡村信息化技术手段在社会治理和服务领域的运用,龙泉市上垟镇全科网格已成为一个覆盖全乡镇

(街道)的信息收集端;综合信息指挥室成为一个高速运转的处理器,及时进行研判分析和命令指派;四个功能性平台是有力的处理终端,可及时有效处理事件。大大提升了对接群众诉求的效率和能力,促进了乡村社会和谐稳定。

建立平台协调联动机制。建立"四个平台"管理协作联席会议,代表党委、政府对"四个平台"实行统筹管理和协调指挥。以综合信息指挥体系为依托,形成信息收集、分流交办、执行处置、日常督办、信息反馈、督察考核一条龙,实现受理、执行、督办、考核闭环管理,加强了各平台运行及交办事项办理情况的监督、检查,提升了行政效能。通过多种渠道上报的信息事件最终被分成综合执法、市场监管、综治工作、便民服务四大类,"四违"监管、食药安全、维护稳定、弱势帮扶等34个小类,每项清单都明确到具体负责人,并实现精准推送。诸暨市枫桥镇综合信息指挥室即时收集网格指导员、专职网格员、网格信息员、网格警长和兼职网格员"四员一警"的巡查反馈,按照治理和服务事项的需求,根据事权交办给相对应的平台作相应处置,从情况反映到问题解决,耗时不到一天。

建立网格综合管理机制。深化"网格化"管理职能,在乡村按照有关规定划分网格,作为基层社会治理的基本工作单元,按照全科网格的定位推进"网格化管理、组团式服务"。将党建、国土、民政、环保、文化、规划、行政执法等网格整合,与综治、消防、安监、食药监、计生、劳动保障、公共卫生等网格统一管理,实现"一网管天下"。龙泉市八都、上垟、小梅等乡镇实行集中式办公,实现"一站式"服务。整合市政府应急联动指挥中心等16家机构,组建成全能型、全域化、全覆盖的市级综合指挥中心,对19个乡镇(街道)综合信息指挥中心进行升级改造,建立市乡联动、功能集成、反应灵敏、扁平高效的综合指挥系统,截至2017年12月初,龙泉"四个平台"共接收各类信息35720件,基层办结率达99.5%。

通过"四个平台"建设,基层治理实现了由条块分割、单打独斗,向乡镇(街道)统筹共治转变。四个平台建设通过治理体系的重构与服务网络的下沉,减少乡村社会矛盾,促进了乡村社会和谐。

东阳市虎鹿镇运用四个平台,将市林办请到了乡村,解决了多年来遗留的西垣村自留山边界的纠纷,蔡宅村村民蔡先生因邻居养家畜气味扰民问题通过"四个平台"上报,第二天镇政府就把问题解决了。四个平台建设也系统性地提升了乡村便民服务体系,衢州市龙游县依托"组团驻村"服务机制,村村建成5—10人代办队伍和网上代办服务点。推出群众常办"N件事",实行干部跑、数据跑、物流跑"三跑"和专(兼)职网格员线上线下协办,推进村级"自助办事",帮助网格群众"在线办事、指尖办事"。326项行政审批服务类事项实现办事快递送达"村村覆盖";户籍办证、生育登记等农村群众常办"10件事"实现"指尖办事";"村情通+微警务"开通以来,用户逾5万,成功办理户政、出入境证件500余人次,网上预审办事材料1500余件,解答网上咨询3000余条。群众办事少跑腿甚至不跑腿,在家门口就能把事办成,有效地提升了乡村社会公共服务质量,提升了乡村居民的满意度和获得感,为乡村社会治理打下了坚实的群众基础。

四 规约修订:治理制度的有益补充

浙江省持续推进法治建设,将法治精神贯穿乡村社会治理的各个领域、各个环节。其中,乡规民约作为群众自发形成的、具有约束力的行为规范,是新形势下构建和维持乡村社会秩序不可或缺的要素之一,是现代法治观念渗入基层社会的有效途径。村规民约、社区公约既反映传统,又体现了法律、法规的精神,成为乡村公共事务管理的法律法规补充;既能与国家政策相适应,又体现了乡村社会传统习俗特点,是乡村社会伦理体系的系统表达。

浙江省自古有着运用村规民约治理基层的良好基础和传统。600多年前,浙江的淳安县枫树岭镇下姜村就有了村规民约,祖训代代相传,人人遵守,潜移默化地影响着村民的生活,造就了当地淳朴的民风。中华人民共和国成立后,在继承传统的基础上,浙江省的农村又赋予了村规民约新的内涵,特别是习近平同志主政浙江期间,浙江省率先开展民主法治村(社区)创建活动,各地涌现了不同形式的新的村规民约。党的十八届四中全会强调要"发挥乡规民约在社会治理中的积极作用",2014年,中共浙江省委十三届六次全会《关于全面深化法治浙江建设的决定》把"村规民约"作为"推进基层依法治理"的重要内容,2015年浙江省综治委等四部门联合下发了《关于全面开展制订修订村规民约社区公约活动的通知》。截至2015年年底,全省27901个村、3461个社区都完成了"两约"的制定修订工作,完成率达100%。

浙江注重"两约"制定修订的顶层设计,统一部署。各地都成立了制定和修订村社"两约"工作领导小组,工作领导小组由党委统一领导,省综治委牵头,省委组织部、省民政厅、省司法厅三部门协同推进,其中组织部门号召党员带头参与制定、修订和遵守"两约"、民政部门负责具体业务指导、司法行政部门负责合法性审查。浙江注重"两约"制定修订在程序上的相对统一规范。要求各地按照"三上三下"原则[①]开展工作,严格按照宣传发动、组建班子、草拟初稿、讨论修改、审核把关、表决通过、备案审查、公布实施八个步骤开展。许多地方在遵照省里统一程序的基础上,还探索出行之有效的标准化做法,如湖州市吴兴区推行"两议、两公开、一表决、八步走"的"2218"工作制度;诸暨枫桥镇结合国家标准委员会试点项目"基层社会治理综合标准化"项目,编制了"村规民约制定和修订工作规范"。

浙江注重"两约"制定修订在内容上的因地制宜。从婚姻家庭、邻里关系、美丽家园、平安建设、民主参与(公共秩序)等6方面提出22个示范条款,鼓励各村(社区)根据自身实际制定规约,同时结合各村特色,如文化传统、风俗习惯、产业特色等制定规约条款。如景宁把弘扬畲族文化纳入"两约",临安把山核桃采摘规则写入村规民约等。

各地在"两约"制定修订上,以柔性的治理方式配合国家"硬法",填补了基层农村的法治洼地,对提高村民素质、实现村民自治、

---

① "三上三下"原则:"一上一下"为收集议题,村两委会从群众中收集议题,并通过上门下访征求意见;"二上二下"为酝酿方案,通过召开民主恳谈会,对方案进行深入讨论,进一步完善;"三上三下"为审议决策,方案提交党员会议审议,经村民代表会议表决通过后组织实施。

维护农村稳定具有特殊的作用。绍兴市新昌县儒岙镇石磁村的《石磁村典章》诞生于2004年，是国内首份内容详尽、操作性强的现代村民自治公约。这部乡村典章共6章26条，包括村级组织及职责、村务议事及决策、村财务管理、村务公开制度、村干部违规失职追究办法、村规民约6部分。自实施典章后，该村涉及村级财务的矛盾纠纷或信访案件逐年递减，几乎无财务类信访案件发生。在引导、约束村民配合村环境整治工作方面，《石磁村典章》也起到了很好的作用。绍兴市王城寺村改变了过去村规由镇村制定、村民遵守的方式，在充分吸取村民的意见建议后，重新酝酿起草了更符合实际、更具可操作性的村规民约。由村法律顾问审核把关后，新的村规民约在村民会议上高票通过。如今，在王城寺村社区服务中心和村内的各大宣传栏里，都张贴着这份被村民们称作升级版的村规民约。为了使村规民约能真正落到实处，王城寺村还设立了30余万元的村民遵守村规民约奖励基金，根据平时的检查考核情况进行惩处或奖励。村规民约增强了村民的内心认同和参与支持村级事务的主动性，成为基层治理制度体系的有益补充。"两约"的全面修订与全面遵守强化了公民意识，为乡村治理的法治保障增添了底气。

五　协商民主：有效治理的体系对接

党的十九大报告指出，"有事好商量，众人的事情由众人商量，是人民民主的真谛"。基层协商民主以村、社区和企业为实施单位展开，贯穿于基层选举、决策、管理和监督各方面。近年来，浙江各地乡村不断积极探索协商治理的制度创新，建立了丰富的协商形态，如杭州建德的"协商选举"、武义县后陈村的"村务监督"、金华金东区的"村民议事中心"、宁波江北区的"村民代表调查小组"、杭州余杭崇贤镇的"村民小组代表制度"、常山县的"村民代表质询制度"、温州乐清的"人民听证"、丽水的"乡贤参事会"等。这些制度建设都在实践中取得了良好的治理成效，通过强调平等参与、自由对话，在沟通、辩论和协商的基础上修正偏好、化解矛盾、达成共识，从而有利于提高广大群众对社会事务的参与度；有利于广纳谏言，广聚共识，促进决策科学化民主化；有利于协调关系，化解矛盾，促进乡村的和谐稳定。浙江在协商式乡村治理中的制度创新与实践探索无疑都具有全国性的典范意义，代表着中国乡村治理的发展方向。

（一）开展"选举协商"，将协商民主与选举民主直接结合

在民主政治的发展进程中，选举是最主要的民主实现形式，协商民主的产生和发展则实现了对选举民主的补充和增效。2011年建德市村级组织在换届选举工作中引入政协委员的参与，直接针对选举开展协商工作。市政协下设的乡镇街道工作委员会组织120名政协委员挂起胸牌，担纲"民主观察员"。在选举之前，"民主观察员"深入乡村，通过谈话的方式，如集体座谈、个别交心，同自荐人谈、和老党员谈、与村民代表谈等，广泛了解和收集真实的民情民意。再根据村里的实际情况，以"选对人、选成功、选和谐"为目的在选举人与候选人之间、选举人之间、候选人之间开展选举协商。

这一做法的优势有三：一是在选举协商中，政协委员本身是由民众选举产生的，一般具有较高的威望和群众信任度，并且他们在选举工作中身份相对独立，立场相对中立，这便为选举协商提供了一个较好的中间人身份；二是尽可能在选举前通过对话、倾听、了解、交流、说服等协商机制达成共识，减少村级自治组织"自荐海选"中拉帮结派、宗族势力、贿选等因素的负面影响；三是政协参与始终坚持村民自愿原则，尊重村民的主体地位，实现了政协参与和村民自治的有机融合。协商机制仅就选举前达成共识而努力，选举的最终决定权仍然属于村民，同时，确保协商程序在法律法规框架内进行，在以法律法规为最高准则的前提下实现有效的协商，从而进一步维护和促进村民自治。

社会主义协商民主是中国共产党领导下的中国人民在实践中形成的原创性民主载体，其产生并不是针对传统选举民主的弊端而进行的否定或矫正，更不能取代选举民主。因而，把选举与协商结合起来，既是中国特色社会主义民主的一个特点，也是中国民主政治的优势所在。协商民主与选举民主共同内在于我国的民主政治：选举民主是人民民主的基本形式，协商民主是我国人民民主的重要形式。尽管协商民主强调协商程序的价值，选举民主则突出投票的多数决原则，但是

在我国的民主实践中，协商与选举始终是两个前后相继、相辅相成、不可分割的组成部分。"选举协商"的做法就是着眼于充分发挥协商民主在维护民主理想、弥补聚合不足、提升合法性等方面的价值与优势能够对选举民主起到重要的补充和平衡作用，并在实践中取得了良好的实效。

（二）落实"村务监督"，将协商民主与民主监督有机结合

民主监督是指村民自治中，通过村务公开、民主理财和民主评议村干部等主要形式，监督和约束村干部的行为和村委会的工作。村民的民主选举、民主管理、民主决策都离不开民主监督作为其重要保障，只有有效的民主监督，才能对村委会成员的行为形成约束和制约，否则民主自治就很容易受到利益或权力的影响或左右，成为个人或少数人的行为。同时，加强民主监督也是解决农村中一些突出矛盾和问题，理顺干群关系，实现基层善治的关键手段。然而，在实际工作中，村民委员会组织法并没有对村民行使监督权的形式或制度安排作出明确规定，民主监督恰恰成了村民自治中最薄弱、最难以发挥效率的环节。

近年来，浙江省大力加强村民民主监督工作，积极探索制度的创新与运用。目前，村级监督机构主要分为四种代表性形式：村务公开监督小组和民主理财小组，天台县的廉情监督站，温岭市的村民代表监督委员会以及武义县后陈村的村务监督委员会。这些村务监督形式中，都逐步实现了民主监督与协商民主的有机结合。

以武义县后陈村为例，村务监督委员会的设立将村务监督机构与村两委的关系变为平行关系，村务监督委员会在村党支部的领导下直接实施对村委会的监督权，从而理顺了村级组织关系，形成了村党支部管方向，村委会抓执行，村务监督委员会抓审核监督的三位一体、各司其职、相互制约的运行机制，保障了村务监督委员会权力的落实。这一制度性创新实现了对村级民主监督现状的革新，是村级民主监督机制创新的成功典范。与武义农村原有的监督体制相比，村务监督委员会的创设及其职权配置，把村务监督专职化，结束了以往村民独立分散、"单打独斗"的监督形式，增强了监督权行使的独立性，创新了农村基层民主监督的主体。在这一制度设计中，民主监督是由

独立、专门的机构所开展的事前、事中、事后的全程监督，监督的规范化、科学化水平大大提高，监督的力度也明显增强，形成了农村基层化解内部矛盾和解决问题的高效的民主监督机制。因此，"村务监督委员会"改变了村民自治中"四个民主"发展不均衡尤其是民主监督滞后的状况，引导村级公共权力相互制衡，为村级治理营造了良好的政治生态环境，大大提高了村级治理的民主化水平。特别是在引入协商民主，将这种民主方法与村务监督相结合以后，更加有利于监督的真实、公开、透明、高效，能够更好地发挥其上下沟通、释疑解惑的作用，促进了党群、干群关系的融合，形成了基层政府、体制精英、村民之间的良性沟通与互动模式。

（三）推行"人民听证"，将协商民主引入地方人大监督

乐清"人民听证"制度是市县级人大履行监督职权的一种具体方式，是人民代表大会制度与协商民主制度在地方实践中的创新性结合，是社会主义基层民主政治建设实践探索的地方经验。2007年以来，"人民听证"制度经历了从最初的"一年三考副市长"到"向部门延伸的辩论式议政"，再到"议行合一、协商民主"的几个重要阶段的发展，在体制框架内为政府与人大代表、社会组织、市民等多方主体的参与、互动搭建了公共平台，在地方社会经济发展中关注度高的重要议题内，起到了整合各方力量进行多层次、全方位的协商，求得最大公约数，增进最大共识度，形成最大凝聚力，促进社会难题社会共治等重要作用。

2015年以来，"人民听证"更加突出协商民主原则，更加注重代表作用发挥，更加重视落实成效评估评价机制建设。首先，把积极开展人大协商作为推进完善发展的重要抓手和着力点，在开展监督、讨论决定重大事项之前，根据需要进行充分协商，更好汇聚民智、听取民意，支持和保证人民通过人民代表大会行使国家权力，同时也能寓支持于监督之中，更加有力地推动市委中心任务、支持政府开展工作。其次，扩大代表对"人民听证"工作的参与度，吸收代表参加执法检查、调研视察等活动，组织代表就听证议题与部门之间开展专题协商，发挥好代表在协商民主中的作用。开展代表联络站规范化建设，完善代表履职服务平台，推广代表向原选举单位报告履职情况、

走访选区选民制度，密切代表同人民群众的联系。加强对代表履职情况的考核，落实代表履职档案公示制度，发挥履职档案在代表考评中的重要作用。最后，探索成效评价评估机制，落实跟踪监督。根据"人民听证"会议专题协商情况，制定相应监督实施意见，并建立市人大监督情况通报及落实成效评价结果应用等制度，依法打造更加科学、更为完整的监督链条。

这种县域人大协商是中国基层协商民主的重要组成部分，并且能够通过乡镇干部、村干部、村民、本地精英的直接参与将协商民主的原理、机制、方法以及参与型政治文化直接传递到乡村。监督主体与监督对象双方的直接协商与互动，既能使"一府两院"了解到群众的呼声和建议，又能使广大群众体会"一府两院"工作的难处，努力使一些不合理的诉求和情绪在对话中被理顺，使一些合理的建议要求在沟通中努力达成共识。听证会议大多采取实况网络直播形式，这也有利于形成更为广泛的社会监督与社会合力。因此，从总体上看，乡村协商治理所形成的合作秩序不仅体现为微观层面基于乡村共同体中的信任、认同和归属而建立起的一种亲密无间、守望相助、服从权威且具有共同信仰和风俗习惯的人际关系[①]，更体现为民主需求与社会成长、政府主导与干部推动的内外力量所形成的合力结果，表征着政治与经济、国家与社会、政府权能与民主法治、秩序与博弈之间的互动与平衡。

（四）创建"乡贤参事会"，调动新型社会组织参与民主管理与民主决策

早在20世纪末，浙江丽水最早成立了乡贤参事会，是一种村级党组织支持下筹建成立的新型村级社会组织，主要由热心服务本村的乡贤自愿组成，以参与农村经济社会建设，提供决策咨询、民情反馈、监督评议及开展帮扶互助服务等为宗旨，具有公益性、服务性、互助性、联合性、地域性、非营利性等特征。乡贤组织是一种典型的扩大农村公共参与、增强协商功能、提高治理质量和效果的自治机制

---

① ［德］斐迪南·滕尼斯：《共同体与社会：纯粹社会学的基本概念》，林荣远译，北京大学出版社2010年版，第48—76页。

创新。进入 21 世纪以来，这一做法迅速在全省范围内普遍兴起并蓬勃发展，截至 2015 年年底，除金华、台州外，全省 9 市基层均设立乡贤参事会，总数达到 1690 个之多。

以德清为例，乡贤参事会是由村"两委"和乡贤代表发起，采取个人荐、群众推、组织选等方式，择优产生会员，这些会员主要包括"德高望重的本土精英、功成名就的外出精英、投资创业的外来精英"三类乡贤群体。乡贤参事会将"协商民主"作为其重要功能定位，以现有章程为依据，按照已经明确的职能，实施"六环节"参事议事制度。即按照民意调查"提"事、征询意见"谋"事、公开透明"亮"事、回访调查"审"事、村民表决"定"事、全程监督"评"事，构成乡贤参事会参与商议村级事务的完整流程。通过"六环节"程序，乡贤参事会充分考虑各方意见，在解决决策事项矛盾争议的前提下，求同存异，提出较为妥善的协商意见。这样，在"协商"和"参议"两大主题之下，乡贤参事会逐步发展成为一种以村民自治为基础，以乡村精英为主体，不断集聚体制外资源（包括智力、人力、物力、财力等）的新型社区协商平台。

从实践成效上看，乡贤参事会一方面能够充分发挥乡贤独特优势，为体制外资源进入乡村提供制度性通道，另一方面也有助于落实村规民约，参与评议监督村级事务，协助调解邻里纠纷等。近年来，德清县的实践已经证明，乡贤参事会在推进乡风文明、带领帮扶致富、助推农村发展、提供决策咨询、维护公序良俗、了解村情民意等方面发挥了重要作用，逐步形成了以村党组织为核心、村民自治组织为基础、乡村精英为骨干、村民广泛参与的现代乡村治理全员共建共享新格局。

第三节　乡村治理经验不断丰富

乡村是社会治理的基础阵地，乡村的兴旺治乱是一个国家稳定与否的基石和标志。正如邓小平同志指出的："农村稳定了，发展了，百分之八十的人口生活有比较显著的改善了，中国就稳定了。"长期以来，浙江乡村社会治理坚持法治引导、问题导向、改革创新，着力破除体制机制障碍,切实解决基层社会治理中的突出问题,走出了一条具有浙江特色、符合现代社会治理规律的乡村社会治理之路。

浙江在基层治理的探索一直没有停止脚步。通过结合实际完善社会治理体制,畅通和规范群众诉求表达、利益协调、权益保障渠道,积极探索建立"法治、德治、自治"相结合的基层治理模式,把各类矛盾纠纷和问题解决纳入法制轨道。注重发挥人民群众在社会治理中的主体作用,进一步健全法制、德治、自治相结合的基层治理机制,进一步把精力向基层集中、力量向基层加强、政策向基层倾斜,切实加强基层、打牢基础、固本强基,形成社会治理合力。

一 党政主导与社会参与相结合,推进乡村治理更有力

浙江在省级层面不断完善乡村治理机制,加强工作指导,及时协调解决乡村社会治理重点、难点问题;省委、省政府各部门主动参与、积极支持乡村社会治理工作;各市、县党委把乡村社会治理放在重要位置,研究制定相关政策措施。乡镇(街道)党委把乡村治理摆在突出位置,切实发挥在基层社会治理中的领导核心作用。党政主导的同时,浙江还倡导社会多元参与,实现了由党政力量唱"独角戏",向基层党组织、自治组织、社区、社会组织、社会工作者、居民代表等多主体共同参与转变。在党委领导、政府主导下,鼓励和支持社会各方有序参与基层治理,构建了基层民主协商、社会各方面力量共同参与社会治理的新平台新途径。

当前,乡村治理改革面临重大时代使命,实现乡村善治对于贯彻落实党中央提出的乡村振兴战略,高水平建成全面小康社会具有重大意义。浙江党政组织特别是基层党政组织强劲治理基础、创新治理体系,通过基层党组织、基层政府凝聚起方方面面参与乡村治理的社会力量,形成全面提升乡村治理效能的"大合唱"。在浙江实践乡村善治的过程中,广大群众充分提升了对于社会自治的认识、增强了社会自治能力、扩大了社会自治范围,各类社会组织蓬勃发展,社会自治的法规制度不断健全。党和政府充分发挥了"掌舵"和"导航"的作用,"划桨"的具体事务则由各类社会主体通过市场化、社会化的机制妥善完成。社会治理的各参与方、受益方相互之间构建起了完善

的社会协商与互动合作机制。浙江乡村治理的持续创新发展，满足了人民群众日益多样化的各种实际需求，也有效解决了各类社会问题。

十九大报告提出"打造共建共享的社会治理格局"的重要论述，描绘出了社会治理现代化的美好前景，也指明了完善社会治理体系的方向和任务。其中增加的"共治"表述，极大丰富了社会治理的时代内涵。在中国特色社会主义进入新时代、社会主要矛盾发生历史性转变的背景下，充分发挥、调动、激发社会力量参与乡村社会治理，发挥好社会协同和公众参与。促进形成以党的领导为核心、多元社会力量广泛参与的社会治理格局，是近年来浙江乡村治理逐步迈向善治的重要途径和加强乡村治理探索实践形成的宝贵经验。

二 理论指导与实践探索相结合，推进乡村治理更科学

面对新时代社会治理格局，浙江始终秉持浙江精神，立足当前、着眼长远，科学制定符合浙江实际的基层社会治理的规划文件，又解放思想、大胆实践，探索出符合本地实际的、生动鲜活的经验，不断推进制度的改进与完善。改革开放以来的浙江治理体制体系改革实践表明，一方面浙江的改革从基层起步，从群众中来；另一方面在政策引导设计层面也注重及时总结基层的创新实践，将其上升为理论、政策、路线和方针，在更大的层面上指导和推动基层社会治理改革实践。实现了浙江加强乡村治理体系顶层设计和基层提高治理能力的实践创新的有机统一。

浙江坚持问题导向、效果导向和群众满意导向，积极探索推进基层社会治理改革实践的新路子与新经验。从第十一届省委提出"八八战略"重大决策部署以来，在这一顶层设计的指引下，浙江经济社会建设取得了世人瞩目的成果。发展成果推动着经济社会建设和人民生活水平的日益增长，城乡统筹发展推动了公共服务体系不断向基层推进，形成了浙江良好的基层治理格局；充分运用市场经济体系和社会组织发育领先的优势，促进形成浙江特色的政府、市场、社会互动模式，不断优化形成浙江良好的基层治理结构。与顶层设计互动作用的地方实践，催生着民间组织、社会团体的快速成长，为推进政府职能转变，推动治理体系创新创造了有利基础，在

实践中，浙江发展形成了党委领导、政府负责、社会协同、公众参与的基层社会治理经验。

习近平总书记强调，中央通过的改革方案落地生根，必须鼓励和允许不同地方进行差别化探索。[①] 全面深化改革任务越重，越要重视基层探索实践。浙江在实现乡村治理体系和治理能力现代化的道路上，从顶层设计到基层实践有机统一，鼓励和引导各地党委政府根据国家治理体系的总体设计，根据各地实际和实践，从关系到社会治理的经济社会发展各个方面开展治理创新，进而从地方治理探索实践经验中，汲取和升华实现治理体系和治理能力现代化的创新智慧。

三 社会力量和专业力量相结合，推进乡村治理更实际

近年来，浙江大力推动"三社联动"，按照以城乡社区为平台、社会组织为载体、社工人才为骨干的三社联动模式，进行了积极有效的改革探索，全面推进了城乡社区治理和民政工作整体转型发展。通过推动乡村基层加强党建引领作用、强化村规民约修订、切实落实乡村协商民主治理，突出了乡村治理的自治功能；通过引导社会组织进入乡村服务乡村、优化乡村社会组织运行机制、推动城乡社区社会组织转型发展服务乡村、推进政府采购乡村社会服务等工作，充分激发了社会治理活力融入乡村治理；通过组织引导社会工作者专业教育培训与考试、积极扶持社工人才机构建设、着力提升社工人才服务能力，强化了乡村基层社工队伍，夯实了乡村治理的人才基础。浙江还积极在城乡社区养老服务、防灾救灾、社会救助等领域加强引导、创新机制，主动适应社会成员日益多元的民主诉求，鼓励与引导社会力量，凝心聚力参与城乡社区的社会治理与服务。

全省范围内，按照"边推进、边研究、边调整改善"的方针，从内源上发挥政府引导、激励和推动保障作用，吸纳社会力量参与"三社联动"；加强"三社联动"发展平台、机制及环境建设，引导和支持各级各类社会组织、社工专业人才参与社区建设，积极探索形成有

---

① 《习近平鼓励基层改革创新大胆探索　推动改革落地生根造福群众》，《人民日报》2015年10月14日。

效的合作发展途径，形成由下而上、内外互动的联动形势。充分发挥社会组织在基层社会治理中的作用，积极引导各类社会组织参与矛盾纠纷排查化解、社会治安巡防等工作，在居民自治良性互动方面取得新突破。通过社区建设、社会组织、社工人才的联动发展，为提升社区综合服务水平注入活力，充分重视基层社区服务的资源培育，形成了购买社会力量、基层服务网络、志愿者服务的浙江方案。在社会管理、公共服务、改善民生、基层民主、维护稳定、环境建设、社会事业、政府治理等多个领域引入社会力量，更好地服务基层居民。

四 现有体制与地方实际相结合，推进乡村治理更长效

改革开放以来，浙江沿着法治和德治的轨道，不断提高社会自治的程度，从而走向了更加民主的社会治理。协商民主在浙江的生动实践，体现了我国民主政治建设中人民群众的伟大创造力，见证了我国从硬性管理到柔性治理的重大转变，充分展示了浙江创造的丰富性、深刻性和示范性。一系列民主协商制度的创建与发展，在推进与深化社会主义民主政治建设、提高政府治理能力、促进基层的稳定与和谐发展、确保公民个体权利与扩大公民参与等方面均取得了明显成效，是具有示范效应的成功经验。

"民主恳谈""选举协商""监督协商""乡贤参事会"等制度形式是社会主义协商民主在基层的生动体现和具体落实，既是时代发展要求的必然结果，也是在地方实际条件与需求基础上产生和发展的。随着改革开放的深入发展，社会的利益结构和权力格局发生了重大改变，利益的个体化和多元化激发了人们参与政治、参与政府决策的热情，而国家权力也适应社会发展的需要逐步退出一些社会领域，单向强制型的权力行使模式难以为继，协商式民主作为沟通国家和社会、实现两者良性互动的新型民主治理形式便应运而生。浙江在创新地方社会治理实践时，既考虑不同的方式、不同的阶段、不同的政策这些差异点，更考虑到方向、目标和规律性这些共同点。不同地方由于经济、社会、文化水平发展的差异，公民政治参与的意识和需求也有所不同，协商民主制度必须以这些地方实际为基础，有侧重地开展不同领域的协商实践，满足不同层次群众的不同需求。如村级协商民主主要以涉及修路建桥、土地征用、房屋拆迁等重大民生为主要协商议题，社区则可能更多地涉及社会和政治领域的公共协商，且不同类别的基层实践又可以根据实际情况形成不同协商形式。

乡村协商民主制度在坚持党的领导这一根本性原则下，以现有制度或机构为依托，与本土文化相结合，能够确保协商民主制度的长期运作与发挥实效。如与人大、政协等基本制度相结合，不仅能够提高公共决策和公共治理的效率，实现权威与参与之间的适当平衡，而且能够增强对协商之议题、规则的必要规范，以及协商结果的监督实施，有助于避免纯粹公民议会式协商中因议题盲目分散而无法聚焦、长时间讨价还价的低效率等问题。在某种意义上，公共协商的效率问题必须通过权威性强制才能得以有效回应。因此，只有坚持党的领导、人民当家做主和依法治国三者的有机统一，才能在最大程度上实现人民群众的根本利益、保护公民的基本权利、扩大公民的有序参与。

五　协商治理与民主决策相结合，推进乡村治理更和谐

广泛开展协商民主，有利于增强公共决策的民主性和科学性，提高基层治理的有效性和合法性，实现公开、公正的民主监督。通过协商的方式，不仅能够广泛地收集民情，真实地了解民意，使公共决策能够真正地以民情民意为导向，而且能够整合各方利益、集中集体智慧，提高公共决策的科学性。同时，由于吸纳了民众的参与，公共决策或公共决定能够获得更多的民众理解与认同，这不仅增强了政府治理的可接受性和正当性，而且能够推动治理工作的顺利进行，提高政府治理的效率。另外，由于引入了现代媒体等多种公众参与机制，使得政府权力与公民权利的行使都"在阳光下进行"，既有效地约束了权力的利益化和利益的特权化，又能引导公民参与的理性与有序化发展，从而在客观上对政治系统和公民都能起到一定的监督和约束功能。

协商民主的开展，有助于推动民众与政府以及民众内部的信息沟通和理性对话，有利于矛盾的化解和关系的融洽，促进社会的稳定与和谐发展。一方面，作为一种组织和机制，民主协商不仅能将党支

部、村委会、其他基层单位以及社区居民或村民有效地整合起来，而且不同协商主体也能在协调原则下，运用各自的资源、能力和影响力推动协商结果付诸实施，形成支持社区或村镇公共权威的非正式权力。另一方面，民主协商为社会各方群体的利益表达和思想交流提供了平台，这不仅能够"下情上达"，使得民众的意见、困难和矛盾能够得到集中反映；也可以"上情下达"，引导和教育民众理性理解政府的决定和政策，并且在信息对称和理性对话的情况下，可以纠正偏见、疏导情绪，促进共识的产生和矛盾的化解。通过建构公共协商机制，国家与社会的关系得以进一步优化，社会的多元利益群体在公共利益的框架下，能够通过平等、自由的对话、辩论和协商的过程，达成协调与整合，从而加强基层社会主体之间的信任与和谐，形成更强的社会团结力与凝聚力。

六 坚持与发展"枫桥经验"相结合，推进乡村治理更全面

20世纪60年代初，浙江省诸暨市枫桥镇干部群众创造了"发动和依靠群众，坚持矛盾不上交，就地解决。实现捕人少，治安好"的"枫桥经验"。1963年毛泽东同志亲笔批示"要各地仿效，经过试点，推广去做"。"枫桥经验"由此成为全国政法战线一个脍炙人口的典型。毛泽东思想引领催生了"枫桥经验"，进入新时代，习近平新时代中国特色社会主义思想则孕育发展了新时代的"枫桥经验"。浙江认真贯彻落实习近平总书记把"枫桥经验"坚持好、发展好的重要指示精神，顺应新型城镇化快速发展和经济社会转型升级，改善和优化基层社会治理形态。以"推进社会治理现代化"为目标，浙江各地在社会治理领域赋予"枫桥经验"新的时代内涵，有力推动了"枫桥经验"转型升级。

面对"成长的烦恼"，浙江不断创新发展"枫桥经验"，坚持走群众路线，积极完善社会矛盾化解体系。近年来，浙江先后出台了一系列文件，支持人大、政协和群众团体履行发扬各自在民主协商治理体系中的职能作用，支持人民群众通过这些渠道表达自己的利益诉求。通过基层干部手中的"两张报表"，全省各级党委政府建立了社会治理形势分析制度，及时分析、研究解决基层治理工作中的问题，

不断提升群众的获得感和幸福感，也顺应了新时代经济社会转型发展的要求。创新和发展"枫桥经验"为浙江基层治理积累了宝贵的基层治理经验，使全省基层社会治理形势不断好转。近年来，群众安全感满意率一直在 96.3% 以上，浙江被公认为最具安全感的省份之一。[①]

浙江建立党委领导大综治格局，即"1＋X"的集综治、司法、信访、调解、警务、流动人口、安全管理、应急管理、土地管理、劳动管理、社区矫正、反邪教十二项职能的一站式综治工作中心，"全科网格"建设提出"三必到"：有矛盾纠纷必到、有违法违规行为必到、有生活变故必到。构筑社会矛盾大调解体系：面上三级联动，线上专业调解，点上多元调处。实现源头管理少出事、综合施策化解事、依法治理了结事，形成了"环境好、发展好、生活好"的新局面。

浙江还坚持深化"互联网＋"基层治理新模式，开展互联网＋社会矛盾化解、互联网＋公共安全、互联网＋公共服务，全面促进治理更精准、服务更高效。运用法治思维和法治方式解决涉及群众切身利益的矛盾和问题，把基层治理纳入法治化轨道。强化党政主导、公众参与、社会协同的基层治理理念，不断健全"多元调解＋互联网"枫桥调解体系；重点推进乡规民约与乡贤参事合作，发挥乡贤在乡村治理中的亲缘、人缘、地缘优势和协同治理作用。

第四节　乡村基层治理新空间

社会主义协商民主是中国人民民主的重要形式，是社会主义民主政治建设中的一种独特的、独有的、独到的民主形式。党的十八大从国家制度层面确立了协商民主的发展方向，提出协商民主概念，强调社会主义协商民主是我国人民民主的重要形式，与选举民主共同构成了社会主义民主政治。这标志着中国社会主义民主政治进入了一个新

[①] 浙江省统计局：《党的十六大以来浙江经济社会发展成就》，载浙江省区域经济与社会发展研究会编《浙江区域经济发展报告（2007）》，中国财政经济出版社 2008 年版。

的发展阶段。此后的 5 年多时间内,我党高度重视全国各地的协商民主理论研究和基层协商民主实践中的各种积极探索,并快速形成相关理论成果,不断总结实践新举措、新做法和新经验,用于指导新的实践。党的十九大再次强调,"协商民主是实现党的领导的重要方式,是我国社会主义民主政治的特有形式和独特优势"。"加强协商民主制度建设,形成完整的制度程序和参与实践,保证人民在日常政治生活中有广泛持续深入参与的权利"。

习近平总书记指出:"人民群众是社会主义协商民主的重点。涉及人民群众利益的大量决策和工作,主要发生在基层。要按照协商于民、协商为民的要求,大力发展基层协商民主,重点在基层群众中开展协商",强调"要坚持把实现好、维护好、发展好最广大人民根本利益作为一切工作的出发点和落实点,我们的重大工作和重大决策必须识民情、接地气"。[①] 可见,我党始终把基层工作作为协商民主的重点领域,是推进协商民主广泛多层和制度化发展的关键所在。当前,协商民主已经从政治领域扩大到了经济、社会、文化、生态等各个领域,形成了从中央到地方,涵盖了政党协商、政府协商、政协协商、人大协商、人民团体协商、基层协商、社会组织协商等多种形态的、立体的协商民主网络体系。乡村协商民主作为其中最基础,也最有创新性的一环,在这个网络体系中始终发挥着基础性和关键性作用。

一 乡村治理的时代转型

乡村治理是政府与乡村社会的互动与合作过程,乡村社会在激发民众权利意识、规范政治参与和促进实现政府与社会的沟通等方面发挥着重要作用。中华人民共和国成立以来,乡村治理体制经历了由人民公社制度向"乡政村治"模式的转变。20 世纪 70 年代,人民公社制度弊端日益凸显。一方面,对生产资料实行单一的公社所有制,分配上实行工资制和供给制相结合,取消了自留地,大大挫伤了农民的

---

① 习近平:《在庆祝中国人民政治协商会议成立 65 周年大会上的讲话》,《人民日报》2014 年 9 月 22 日。

生产积极性，影响了农村生产力的发展。另一方面，"政社合一"制度把基层政权机构（乡人民委员会）和集体经济组织的领导机构（社管理委员会）合为一体，统一管理全乡、全社的各种事务，存在着管理过分集中、经营方式过于单一、管理成本增大和分配上平均主义等缺点。20世纪80年代初期，以"家庭联产承包责任制"为标志的农村土地制度改革，使农民获得了生产经营的自主权，激发了农村的生产活力。随着经济体制的市场化转型，农民群众创造性地探索出了一种村民直接行使民主权利，依法实现自我管理、自我服务和自我教育的治理模式，从而获得了参与公共事务的民主权利，并且这些权利还以法律形式得到了国家的认可与保护，最终形成了以民主选举、民主决策、民主管理和民主监督为核心的村民自治。同时，乡镇处于国家的行政机构的末梢，通过"乡政"实现政府管理，与"村治"在互动中形成有机结合。也就是说，这一制度并不是凭空产生的，而是"在改革和破除计划经济体制及打破城乡分割的过程中建立的"[①]。它标志着中国乡村治理步入了民主治理的新时期，村民自治成为具有中国特色的一大草根民主治理制度。

由人民公社制转型而来的村民自治是基层民主的一大基本制度，是农村居民根据法律独立自主地管理本村事务的自治制度，也是新形势下农村治理的一种有效方式。村民自治制度大体经历了三个发展阶段，一是1980年村委会产生到1988年村委会组织法试行前的萌芽时期，二是1988年村委会组织法开始试行到1998年村委会组织法正式施行前的试验时期，三是1998年村委会组织法正式施行后到目前的普及时期。目前，我国已经初步形成了层次多样、形式多样、内容广泛、规范性与多样性相结合的村民自治制度体系，构建了以农民为主体，党的领导、依法办事、人民当家做主和谐统一的新型治理机制。

随着市场取向改革的全面深入，村民自治模式重新面对新一轮的挑战与机遇。经济社会环境不断地发生变化，乡村社会不可避免地、越来越多地受到市场化、工业化、城镇化浪潮的深刻影响。经济结构的分化带来了个体经济、私营经济、股份制经济的活跃和集体经济的

---

① 项继权：《农村基层治理再次走到变革关口》，《人民论坛》2009年第5期。

弱化；社会的开放与流动打破了传统乡村的封闭状态，传统城乡的界限变得越来越模糊，农村居民的身份不再局限于本地村民，体现出了明显的异质性社会特征；利益诉求和思想观念也同步多元化，导致各种复杂的利益冲突与矛盾纷争。

在新的时代背景和现实条件下，传统村庄开始了向"超级村庄"的转型，村庄既是一种工业化的社区，又保留着乡土社会的某些生活秩序与原则，表现出非城非乡又亦城亦乡的特点。企业化集团化的发展模式为乡村发挥民间自治和"准政府"治理的双重功能提供了经济基础，使其能够在国家与农民的关系中起到中介作用。[①] 同时，村庄也正经历着从农业生产共同体到城乡社区衔接带之弱质自治社区的转型，具体体现为经济共同体的转型、治理共同体的转型和农民社区的转型。[②] 在这一系列转型过程中，以村民自治为核心的乡村民主建设也遭遇了诸多现实困境，如"两委"矛盾突出、选举"乱象"、村民代表会议难以召开、村务公开存在盲点、自治权与行政权相互冲突等，乡村治理也由此被推向了一次新的时代转型。

21世纪初，浙江温岭"民主恳谈会"的形成与确立标志着中国"协商式乡村治理"的肇始，即将协商民主作为乡村治理的一种新的方法，以公众参与和对话为基本特征，鼓励、引导社会公众制度化参与地方政府公共政策制定和公共事务决策。此后，温岭各级干部群众致力于民主恳谈的制度化、程序化、规范化，逐步将民主恳谈建立为温岭市各级政府公共政策制定和公共事务决策的必经程序，成为浙江乃至全国乡村协商民主的典型范式。进入改革开放全面深化的新时期，浙江省的民主政治建设开始步入全面深化发展之路。乡村协商民主作为地方民主政治建设的重要内容和地方政府治理的有效形式，在民主实践中发挥了独特优势。

制度建设是持续推进协商民主发展的重要保障，是一项带有根本性、全局性、稳定性和长期性的重要工作。在社会与村民通过"草根

[①] 折晓叶、陈婴婴：《超级村庄的基本特征及"中间"形态》，《社会学研究》1997年第6期。

[②] 毛丹：《村庄的大转型》，《浙江社会科学》2008年第10期。

式民主"的方式自发应对时代变化与挑战的同时,中共浙江省委、省政府始终坚持从实际出发,创造性地贯彻中央精神,统筹规划协商民主的建设与发展;始终坚持把民主政治建设放在全省社会主义事业的整体格局中去把握,扎实推进政治建设与经济建设、文化建设、社会建设、生态文明建设和党的建设协调发展。习近平同志担任中共浙江省委书记期间,非常重视总结和推广各地在丰富民主形式、拓宽民主渠道上的做法和经验,着眼于中国特色社会主义政治发展道路的战略高度,深化对发展协商民主重要性、必要性的认识,把发展协商民主纳入建设"法治浙江"的重要任务加以研究部署。2003年,浙江在全国率先开展"民主法治村(社区)"创建活动,普遍推行民情恳谈会等民主协商制度。此后,中共浙江省委、省政府先后制定出台了一系列加强乡村协商民主工作的重要文件,如健全完善科学民主决策制度的规定,提出推进民主议事协商、集体财务审计监督、民主协商村干部工作"三项制度"建设和创新。全省各地陆续推行了民主恳谈、民主听证、民主评议"三会"制度。2007年省第十二次党代会之后,又出台了《浙江省村级组织工作规则(试行)》等相关文件,乡村协商民主制度得以进一步完善与落实。

在各项政策文件出台的同时,浙江各地更加坚定了地方治理转型的信心,纷纷兴起了形式多样的实践探索,在全省范围内逐步形成了一种以参与、协商、合作为重要特征的乡村治理模式。乡村社会在面对市场化、工业化和城镇化冲击,面临结构分化、利益多元、矛盾叠加等多重困境时,协商的治理模式能够有效吸纳和整合多种治理力量,发挥疏导诉求、弥合分歧、凝聚共识、促进合作等积极功能,提升公共政策的合理性和有效性,具有重塑乡村秩序、实现乡村善治的积极意义。

二 "协商式乡村治理"表征三重互动与平衡

19世纪以来,中国经历了一场历史性、综合性的现代化转型,其中既包括经济的现代化,也包括政治的现代化,以及社会、文化和人的现代化等。改革开放以来,随着经济的飞速发展,全面深化改革,加快政治体制改革、缩小贫富差距、加强社会管理、构建公民一政府的合作与信任的步伐等方面也变得更加迫切。必须尽快通过民主政治的推进，补足改革的短板，实现政治与经济的齐头并进。政治发展首先需要以提升政府权能为目标，作为国家发展的第一推动力和民主法治的前提，才能从根本上确保更多地满足多元社会日益增长的利益诉求和参与需求、增进党政系统与公民之间的合作与信任、提升政治合法性、推进国家治理体系和治理能力的现代化。同时，"乡政村治"模式的产生，在很大程度上是由于民众自下而上的需求压力对地方政治系统所形成的"倒逼"机制，这恰恰也说明了社会的发展不仅能够自然生成民主法治的需求，而且能够对超强的政府权能形成要求与压力，政府权能不得不面对这一客观需求，并适时做出让步与调整，从而寻求二者之间新的平衡。因此，在乡村治理逐步走向协商的这场时代转型中，充分体现了经济与政治、政府权能与民主法治、国家与社会之间的三重互动与平衡。

第一，"协商式乡村治理"体现了经济增长与政治发展的共进趋向。马克思主义哲学的基本观点认为，经济基础决定上层建筑，经济决定政治，政治又对经济产生反作用。经济基础的变化，经济水平的发展，必然从客观上形成政治发展的需求与动力。浙江作为中国市场经济和民营经济的先驱者和领跑者，城市以及大多数民营经济所在的乡村地区都拥有较好的经济增长速度和发展水平及较高的教育水平和民众权利意识，因而也更为突出地体现出多元而矛盾的社会利益诉求，客观上形成了更多的民主权利要求，也一定程度上激发了浙江省在政治发展与社会治理中的超前意识与改革精神，成为地方经济与政治"双元发展"的探路者。

第二，"协商式乡村治理"表征着政府权能与民主法治的互动与平衡。以温岭为例，"民主恳谈会"创建之初，温岭地区经济发达，地方财政每年上缴高达 20 多亿元。如果按照学界将乡村关系划分为强乡弱村、弱乡强村和弱乡弱村三种基本类型[①]，那么温岭的情况则体现为第四类强乡强村型。由于大量民营经济的发展，温岭地区的乡

---

① 贺雪峰、董磊明：《中国乡村治理：结构与类型》，《经济社会体制比较》2005 年第 3 期。

村实现了经济快速增长，乡村一级不仅能够顺利完成各项财政上缴，而且能够较好地实现各种资源的自我供给与配置，村民生活水平大大提高；较高的城乡流动（大概有1/4的人口常年进城务工）带来了知识和观念的进步，使得村民需要并且能够积极地参与到公共决策中去，形成较高的村民监督压力。乡镇一级所面临的则不仅仅是实施政务，如计划生育、税费征收以及上级交给的提留任务等，更多的是一些相对积极的、具有实质内容的决策任务，如伴随着城市化而来的乡镇行政区调整、乡镇整体规划的制定与修改、镇村两级道路规划的调整和道路工程的启动、中小学布局的调整、供水供电等。如何能够形成和提供更有利于地方发展、更好地满足民众诉求的公共决策成为基层政府必须面对的一大重要任务，要求政府的积极回应和正面引导，因而"民主恳谈会"得到了温岭地方政府的肯定与支持，并且由政府主导性地推动了这一制度的发展和推广。在这种强乡强村的关系中，两股强力汇集在一起而形成良性互动，催生了乡村的协商治理——"强村"中较高的民主法治需求为协商治理的自然生长提供了内部动力，"强乡"的主导性作用则为其发展与推广提供了强有力的外部保障。在民主恳谈实践中，以"强乡"为载体的政府权能和以"强村"为基础的民主法治，通过紧张—协商—妥协—合作的循环互动方式不断寻找彼此之间的动态平衡，从而实现"善治"。

第三，"协商式乡村治理"反映了国家—社会关系的调整。中国特色的社会主义政治制度是以共产党和政府的领导地位和主导作用为前提的，"强国家"作为"第一推动力"，对中国经济快速发展、地方公共基础建设高效进行、人民生活水平大大改善等方面，具有毋庸置疑的积极作用。在现有的大多数乡村的协商治理实践中，国家仍然处于主导位置，这主要是由于受历史文化、经济转型等多重因素的影响，乡村治理主体分化（集中表现为村支两委的矛盾）、村治力量薄弱、基于熟人社会的信任资源的丧失等，在客观上要求一个强有力的外部力量来重构乡村治理秩序。国家力量仍然表现为乡镇政权对村庄的介入、自上而下的村民自治制度的推动等，以此构建出一种人为的外生秩序。不过，随着乡村社会的壮大，国家力量必然要继续回退和缩小，放权于社会（例如农业税费改革的推行，就大大弱化了以乡镇政府为代表的基层政权），从而不断完成国家与社会之间关系的调整。

从社会的角度来看，如果乡村的经济转型较为顺利和成功，社会在获得更多集体经济收入（包括土地收入）、集体资源收入、集体信用时仍然能够具有良好的原生秩序，能够依据自身内部的非正式组织力量来生产村庄秩序，并且形成自发性的协商驱力，如上述温岭、杭州、宁波、温州、金华等地就属此类；"协商"这一要素就能够同时进入原生秩序与次生秩序，一方面通过家族血缘关系内部或者乡规民约的非正式协商，另一方面通过"村民议事中心""村民代表质询制度""选举协商""人民听证"、村务监督等制度中的正式协商。如乐清"人民听证"工作中的协商民主，不仅是指会议期间的协商，还体现在会议前的各种形式的非正式协商，协商与视察、调研及闲聊等方式有机结合起来，使社会不同利益群体的要求能在会前充分表达，达成共识，形成一种类似于哈贝马斯所提倡的"双轨协商"① 机制，从而将两种秩序相耦合，共同生产和维护村庄秩序。

第四，"协商治理"彰显了多元的力量博弈和合作秩序。在浙江各地的协商治理中，乡镇干部、村干部、村民、本地精英等多方主体成为协商的主要参与力量。村镇干部通过强制性的行政命令制定和规范协商的规则与程序（如温岭的协商在很大程度上就是各级村镇干部乃至学界先进的导向结果）；村干部则通过主持人的身份以正式或非正式的途径影响和把控议事进程；村民及其代表则出于自身利益表达诉求，通过协商了解不同的观点及其理由，最终达成共识、形成合议；本地精英（一般是指致富能力强的"能人"）则通过其能力和威望在议事中成为主导力量。其中，多元的利益诉求是形成协商的内驱力，政府的行政权能是协商的有效外力，村干部和本地精英的控制与影响成为协商的主导力，而村民及其代表仅仅作为协商的一般参与力

---

① 哈贝马斯认为，民主并不意味着人民直接行使政治权力，也不仅意味着人民代表代替人民行使权力，而是要有一个原则上向全体公民开放的政治公共领域，使这个公共领域中非正式公众舆论的形成过程成为立法机构中正式的公共意志形成过程的基础。因而他所提倡的协商民主就是一种兼具非正式公共领域协商和正式公共领域协商的双轨模式。具体参见［德］哈贝马斯《在事实与规范之间》，童世骏译，生活·读书·新知三联书店 2003 年版。对乐清人大监督权改革的双轨协商分析，可参见汪玮《双规协商：县级人大监督权改革研究》，《浙江社会科学》2015 年第 3 期。

量而存在。不可否认，在现有的协商实践中，参与主体的力量大小不一，特别是村民及其代表往往容易受到其他因素的影响，如熟人社会中关系利益的紧密度，乡村精英和村干部的话语权威等，在协商中表现出较强的依附心理。基于这些原因，乡村协商更多的是一种多元力量的博弈，而真正的自由辩论、对权威权力的制约、基于公共利益的考量等还没有得到充分展现。

三 "协商式乡村治理"的发展与完善

在乡村治理中，一方面由于中国正处于一场时代转型之中，经济高速增长所带来的大量利益分化与矛盾等问题在乡村越来越突出，这在客观上需要一场治理方式的转型；另一方面，大量农民涌入城市打工，乡村逐步"空心化"和"边缘化"的现状必然造成"村民自治"的各种自治功能悬空，民主选举质量不高，甚至受到地方宗族势力、金钱、市场等的干扰和破坏，民主决策、民主管理和民主监督更无法得到真正落实。因此，在面对诸多治理瓶颈与法律困境的情况下，乡村协商式治理的发端与成长既是中国共产党立足社会发展现状所做出的重大决策，也是现阶段乡村治理的客观要求与选择。有西方学者曾经指出，中国式民主可以被定义为一种"治理驱动型的民主"，其更多的是在回应各种治理难题和法律僵局。[①] 综上所述，发端于乡村的协商式治理，不仅表征着中国社会主义民主政治的新空间，也体现了基层（乡村）治理的新方位。

然而我们也必须看到，中国乡村的协商式治理是社会主义民主政治和基层治理两个领域共同孕育出的新事物，任何新事物在产生初期都是力量弱小并面临各种旧传统的制约的，它需要不断努力冲出藩篱和桎梏，才能获得更多的空间和更好的发展。尽管浙江各地的乡村探索已经走在了全国前列，已经取得了很多有益经验和参考价值，但是这些实践仍然面临诸多困难、存在诸多问题，这也在客观上要求地方政府、民众和社会组织等，必须正面且积极地应对这些困难与问题的

---

① ［加拿大］马克·沃伦（Mark E. Warren）：《中国式"治理驱动型民主"》（http://news.sohu.com/20100816/n274251398.shtml）。

挑战，方能在现有成果的基础上，继续开拓乡村协商式治理的新空间，探索乡村协商式治理的新方位。就目前阶段而言，最重要的就是要进一步完善制度建设、全面落实"四个民主"、优化治理环境、提高协商质量、提升民主能力与素养、再造乡村共同体。

（一）持续完善制度化建设，形成总体性思路，实现"协商治理"制度创新

在村庄治理过程中，制度建设既是基础，也是保障，是一项带有根本性、全局性、稳定性和长期性的重要工作。改革开放以来"村民自治"模式下的乡村政治，制度建设一直都处于多制度的同时构建之中，如1980年至1985年的"社改乡"和"乡政村治"、2005年提出的社会主义新农村建设战略、2006年正式提出的农村社区建设战略、城乡统筹与一体化发展以及十八大以后提出的新一轮城镇化建设，等等。然而，这些制度建设和制度创新与预想中的治理成效尚有相当距离，不少学者认为，这种应急型的制度建设，存在较为严重的碎片化倾向，并且制度与制度之间还容易出现不匹配甚至相互冲突的情形。[1] 因此，制度建设要大胆鼓励创新和突破，但这必须以一种总体性的治理理念和思路为前提。只有在形成一种整体性的治理机制之后，不断探索符合这一整体性思路的制度创新，并将其纳入制度体系之中，才能形成一种同向的合力，共同推动乡村治理乃至整个国家治理的现代化。

（二）全面落实"四个民主"，健全协商与民主结合，实现"协商治理"升级转型

随着改革开放向纵深发展，市场经济和城市化进程不断推进，乡村的大量农民涌入城市打工，村庄留守的大多数只剩下妇女、儿童和老人，乡村逐步"空心化"和"边缘化"。精壮劳动力的大量离开必然造成"村民自治"的各种自治功能悬空，民主选举不仅投票大量减少，有效性也大大降低，选举质量不高，甚至受到地方宗族势力、金钱等因素的干扰和破坏；民主决策、民主管理和民主监督则更加无

---

[1] 更多的分析参见郎友兴《走向总体性治理：村政的现状与乡村治理的走向》，《华中师范大学学报》（人文社会科学版）2015年第2期。

法得到真正落实，既缺乏积极而充分的参与，也缺乏有效的监督。因此，当前乡村治理的转型升级中迫切需要解决的是在党的十九大提出的"乡村振兴"战略之下，尽快提升乡村的经济、文化、公共设施等各项建设，增强农民工返乡的动力和热情，实现乡村—城市的平衡发展。在协商式治理的探索与实践中，首先要逐步厘清协商与选举之间的关系，而不能将二者简单嫁接；其次要全面推进地方人大改革，用协商民主激活人大功能；再次要切实保障民主监督的真实性和有效性，促进村务管理和民主过程的公开透明；最后还要发挥好乡贤的精英引领功能，与村支两委共同构建其乡村治理的有效权威，同时也要避免"富人治村"或"能人治村"，避免片面强调经济效益或社会稳定而"一人说了算"的治理方式，要始终坚持以治理为驱动，以民主政治发展为方向，实现"村民自治"的再落实和再升级。

（三）切实提高协商质量，加强配套支持，实现"协商治理"效能提升

协商的质量主要与议题的发动、范围的设定、参与人员的结构、共识的达成和落实等方面相关，而这些方面又主要与治理结构中的权力关系相关。因此要提升协商质量，关键就在于要形成平衡的权力关系。在乡村的治理结构中，既需要一个集中且有效的权威（即党的引领），才能统一意志地进行乡村建设与治理，避免混乱；同时也需要构建党政—社会组织—精英—村民等多元主体之间的平衡关系，充分发挥各主体的优势和动能，共同参与治理实践。在协商过程中，要避免议题仅以自上而下的方式提出，议题的范围仅仅局限于事务性议题，参与者的身份欠缺代表性，参与者的选择权被权力主导方独揽，共识难以达成，达成共识以后难以落实等问题。同时，为了确保各种乡村协商的有效开展，还应该建立配套的相关支持政策，如专项财政政策，根据各个村（社区）的客观情况为不同层级的协商提供资金支持。[1]

---

[1] 一种新近的较好做法参见北京市朝阳区的协商民主实践，郎友兴、张品《中国协商民主的新进展及对西方经验的超越》，《浙江大学学报》（人文社会科学版）2017年第6期。

（四）着力提升开放性与内生性，提升民主能力与素养，实现"协商治理"稳健长效

随着经济、政治、文化、社会生活的变迁与发展，特别是20世纪后期社会分化的进一步加剧，中国社会形成了日益多元化的利益主体和价值取向，乡村亦然。协商民主正是基于多元性现实，以多元利益主体、价值诉求为动力，通过开放动态的实践形式实现多元主体之间的相互表达、沟通和交流，实现多元利益诉求之间的相互了解与理解，进而实现对多元社会现实的平衡和包容。一方面，协商治理的开放性，不仅体现在面向不同的参与成员开放，还体现为面向不同的协商形式、协商议题、主体层面等方面开放。乡村协商式治理，也应该立足实际情况和实际需要，不断扩大协商这一民主方法的适用范围，探索出新的协商形式，进一步扩大协商主体的覆盖面等。另一方面，民主的发展离不开民主主体的教育与进步，基层（乡村）的民主实践可以逐步培育村民的民主意识、提升民主素质、增强参与热情，同时，民众的教育与进步必然带动民主形式的创新、民主效率的提高、民主社会辐射功能的扩大等。因此，通过必备的公民教育以及民主实践的熏陶，培养出理性、开放、宽容，富有公共精神，善于表达沟通，能够同情式理解并妥协等特质的现代公民，使乡村中传统的"村民""臣民"转变为"公民"，才是乡村治理的真正希望所在。

（一）致力重建乡村公共价值体系，夯实乡村共同体，实现"协商治理"创新发展

近年来，随着市场大潮的冲击，农村劳动力和土地都逐步被纳入了市场体系之中，一方面，村庄凋敝的现状必然伴随村落共同体的巨变，另一方面，村庄相对于城市来说，仍然具有"乡、土、人"紧密相连的独特优势。很多农民工亦对村庄保持着浓重的"乡愁"，再加上难以在城市找到归属感和认同感，因此，"返乡"依然具有较强的吸引力，特别是在党的十九大以后"乡村振兴"战略的提出，为大量农民工返乡，农民精英反哺村庄提供了良好的契机。同时，"乡村协商式治理的一个重要使命就是要通过协商民主的机制与实践，重建乡村公共价值体系，培育农民的共同体意识，找回具有超越传统道

义的新'道义'"①。只有通过公共价值体系重建和共同体再造,才能增强村民之间对于未来长期合作的可能性预期,增强村庄的社会信任水平,强化村庄的共同意识。我们相信,在党的领导和民众齐心协力的共同努力下,一定能开创出乡村治理的新天地。

---

① 郎友兴:《村落共同体、农民道义与中国乡村协商民主》,《浙江社会科学》2016年第9期。

第六章　以人为本、重在铸魂的浙江乡村文化复兴

改革开放40年，浙江乡村文化建设取得显著成就。乡村文化建设是社会主义文化建设的主战场，在调整和加快乡村经济发展的同时提高农民文化素质和道德水平，才能推进乡村的物质文明、政治文明、精神文明三位一体、协调发展。浙江乡村文化建设坚持以人为本，尊重人民的主体地位，继承发展乡村传统文化，结合新时代农民思想观念变化的内在要求，增强广大乡村文化场所和文化活力，满足广大农民多层次的精神文化需求。

第一节　以人为本：40年浙江文化建设之魂

一　1978—2003年："东海明珠"工程开启浙江文化发展之路

改革开放以后，浙江省各级文化馆（站）的文化工作开始逐渐恢复。20世纪80年代，是各级文化馆（站）繁荣振兴的时期，机构越来越健全，各类培训、演出、比赛活动开展比较频繁，群文刊物、研究著作、学术活动成果较多。乡镇（街道）文化站在这一阶段得以快速发展，基本完成"乡乡有文化站"的目标，在深入群众文化生活、发现与保存民间文化方面起到一定作用。

一些数据可以呈现改革开放初期浙江文化活动日益蓬勃的景象。1978年6月至7月，温州地区各县（市）开展群众文化工作对口检查。据8个县（市）初步统计，巩固恢复俱乐部已达1562个，其中经常活动的俱乐部有683个。1981年10月，宁波地区已建立370个

业余剧团和 54 个亦工亦艺的厂队合一业余文宣队。这些业余文化队伍运用越剧、平调、甬剧、姚剧、滑稽、走书等形式，巡回演出，还定期送戏到大队和生产队。临安天目山区有各类群众自办的民间文艺团队 400 多个，队员近千人，每年演出近 3000 场。1980 年 11 月，金华地区文化局对全区业余剧团分期分批进行登记、考核、发证工作。共有婺剧、越剧、昆剧、睦剧、木偶剧等剧种的业余剧团 600 多个，文艺演出骨干两万多名。1981 年，舟山市岱山县东剑杨梅坑冷库首创"青年民兵之家"，1983 年普及全乡并推广全县。"青年民兵之家"（或"青年之家"）逐渐取代俱乐部。1983 年年底，丽水地区有业余剧团 253 个，有一支 2500 余人的业余文艺骨干队伍。同时培育了一系列艺术团队和创作群体，如"摄影之家""闪光影会""歌友俱乐部""音乐创作沙龙""器乐沙龙""小品创作俱乐部""戏剧票友俱乐部""视·野国画群体""女花鸟画家学会""少儿书法兴趣营""丽水摄影黄埔"等。杭州余杭滚灯作为全县特色文化项目进行普及发展，全县 15 个乡镇成立滚灯表演队，队员人数达到 430 余人。余杭被文化部命名为"中国民间艺术（滚灯）之乡"。

浙江省整体推进基层文化建设从"东海明珠工程"开始。1992 年，文化部提出建设"全国万里边境文化长廊"的构想，浙江省于 1994 年 3 月向文化部提出：海疆也是边境，而且有它的特殊性，要求将浙江省列入"全国万里边境文化长廊"建设工程。经研究认可，文化部于 1994 年将这一文化建设工程拓展到沿海九个省市。

东海明珠工程旨在加强基层基础文化建设，合理规划，分类指导，分步实施，推进和加强基层文化阵地、文化队伍、文化活动内容和方式的建设，满足群众不断增长的精神文化需求，建立起与当地经济、社会协调发展的先进文化，为浙江省农业农村提前基本实现现代化，发挥了很大的作用。浙江东海文化明珠乡镇（街道）创建工作制定六大指标进行验收命名。考核验收主要看乡镇领导重视程度、文化设施设备布局、文化活动开展、文化遗产保护、文化队伍水平和站务管理规范六大指标，既注重考核标准操作性，又有明确的量化指标，保证东海文化明珠乡镇命名的质量。

1995 年 4 月，浙江出台《全国万里边境文化长廊·浙江东海明珠工程规划（1995—2000）》，全省开始实施"东海明珠文化工程"。杭州市、宁波市、嘉兴市、金华市、湖州市分别制订"市级文化明珠工程"创建标准，落实规划，同步推进省、市两级"东海明珠工程"建设。温州市推出"金海岸工程"、舟山市推出"海岛百花工程"、丽水市实施"山花工程"、台州实施"市级文化星镇"、衢州开展"金走廊工程"等。1995年年底，绍兴市启动第一批35个重点镇的省、市两级"东海明珠"工程建设。

2002年11月，浙江省出台《全国万里边疆文化长廊·浙江东海明珠工程建设规划（2001—2005年）》，规划建设"浙江东海文化明珠"150个；并要求各市按1∶3的比例配套建设市级标准的东海文化明珠共450个，具体名单由各地自行核定。规划还明确创建要求、工作措施等。2003年，浙江省政府出台〔2002〕17号文件；大力推进公共图书馆、群艺馆、文化馆（站）建设，提出"县有三馆，乡镇有文化站"的目标。乡镇统筹当地的文化、教育、体育、广播电视、科技、民兵、妇女、青少年、老年活动场所的规划和建设，集中资金建设多功能的综合性文化站。

东海明珠工程几乎贯穿了浙江文化建设的各个时期。2004年，浙江省以评选文化先进县、东海明珠工程为抓手，全省文化建设和农民自办文化红红火火。2005年开始，乡镇综合文化站建设规划提高了对经济欠发达地区乡镇综合文化站建设补助标准，一类地区从每平方米480元提高到720元，二类地区从每平方米210元提高到315元。2008年全省新建或改建乡镇综合文化站160个。同时，利用村级组织活动场所和闲置校舍、旧礼堂、旧宗祠等，采用多种方式建设多功能、综合性的村级文化活动室，重点补助了1000个一类、二类地区村级文化活动室购置设备器材。全省75%左右的行政村因地制宜建成了村级文化活动室。

以点串面，是浙江文化建设一以贯之的工作原则，无论是创造性地提出"东海明珠"工程，还是后来更具文化建设前瞻性的"农村文化礼堂"建设，都充分发挥各地各村的文化自觉性，既集中推进，又因地制宜，以明显高于国家标准的要求推进了乡镇和村级公共文化服务场所建设，领跑全国。截至2010年年底，全省共有"浙江东海文化明珠"乡镇545个,省级文化示范村(社区)431个。乡镇综合文化站基本实现全覆盖,平均面积分别达到1084平方米,村级文化活动室的覆盖率达到85%,平均面积达到206平方米。

二 2003—2011年:村文化发展步入快速通道

浙江文化建设一直保持良好有序的发展态势。随着2003年实施"千万工程"、2005年出台《关于加快文化大省建设的决定》等举措和文件的出台,浙江乡村文化和经济、社会、生态建设相互融合,步入快速发展通道,成为助推浙江"三农"工作的重要力量。

浙江是美丽乡村建设的首创地。"千万工程"的实施,城乡统筹推进基层文化设施建设,过去"城市建设热、农村建设冷"的局面发生改变。2005年7月,中共浙江省委十一届八次全会通过《中共浙江省委关于加快建设文化大省的决定》,提出围绕实施"八八战略"、建设"平安浙江",以人为本,不断满足人民群众的精神文化需求,提高人民群众的思想道德素质、科学文化素质和健康素质,增强文化软实力。在两项政策的强力推动下,浙江文化建设不仅获得了全局观,更是城市文明与乡村文明统筹发展的新开端。

这一时期浙江基层文化建设的基本思路是结合加快文化大省建设的城乡全面推进,提高公共文化服务质量,立足传统文化,树立新精神风貌,培育新型农民,促进社会全面进步。提升基层文化建设水平的基本路径是强化政府对公共服务职能,加大政府财政投入,调整资源配置,深化体制改革,重点加强文化设施建设,构建完善的公共文化服务体系,激发文化馆、文化站、博物馆、图书馆等公共文化服务机构的活力,整合社会文化资源,创新文化生活的载体和手段,提高文化自我发展能力,为新农村建设提供精神动力。关于文化建设的要求主要具体包含在提高社会公共服务能力的着力点上,提出面向基层、面向群众、广泛开展群众性文化体育活动,村落文化与企业文化、校园文化、社区文化等并列作为丰富广大群众精神文化生活的途径,并进一步要求兼顾不同社会群体多层次、多样化的文化需求,使全社会共享文明成果。

这一时期文化建设的一项重要工作是文化传播工程,具体要求是加强文化传播渠道建设,进一步提高广播电视入户工程建设水平,力争行政村及20户以上自然村实现有线广播电视村村通。截至2005年年底,浙江省文化阵地覆盖面、文化资源利用率、文化服务能力等主要发展指标不断提升,文化建设投入不断增长。"十五"期间,浙江各级财政投入文化建设11.23亿元,居全国各省份第二位,占全省地方财政预算总支出的比重为0.09%,比"九五"期间增加了7.01亿元,增长166.11%,人均文化经费7.8元,居全国各省份首位。多项文化建设指标全国领先,全省有20个全国文化先进县、36个省级文化先进县、484个浙江东海文化明珠乡镇、87个县级文化馆、79个县级图书馆。全省乡镇文化站和行政村文化活动室建设步伐明显加快,新建、改扩建乡镇文化站162个,行政村文化活动室的覆盖率已达70%。专业和兼职相结合的文化服务队伍快速壮大。全省活跃着1300多支电影放映队、1万多支业余文保队伍、500多家民间职业剧团、近2.5万支业余文体队伍以及51.4万名业余文体骨干。文化服务内容日益丰富,广场文化、村落文化、节庆文化蓬勃开展。省政府大力实施文化下乡"三万工程"——万场演出进、八万场电影下、百万册图书送工程,2005年、2006年共送3.15万场演出、33.02万场电影、500万册图书到乡村,组建"钱江浪花"艺术团,利用文化直通车下乡演出,为43个欠发达地区市县及有关艺术院团配送了流动舞台表演车,全省400多家民间职业剧团年均为农民演出14万场。传统特色文化成为旅游经济发展的重要资源,农家乐成为带动特色文化品牌、民间艺术、非物质文化遗产传承与保护的新载体。

2006年,聚焦"三农"的中央一号文件《中共中央国务院关于推进社会主义新农村建设的若干意见》,标志着全国农村文化建设进入快车道。在"十一五"的开局之年,浙江文化建设成为"三农"工作和社会主义新农村建设、实施"八八战略"和加快文化大省建设、构建和谐社会等重大战略布局的一个交会点,具有重要意义。

2006年1月8日,中共浙江省委召开全省农村工作会议,这是新年第一次全省性重要会议。习近平同志作了"以科学发展观统领'三农'工作 全面推进社会主义新农村建设"的重要讲话,全面筹划和部署了社会主义新农村建设。他指出,要按照"生产发展、生活富裕、乡风文明、村容整洁、管理民主"的要求,大力实施统筹城乡发展方略,全面推进经济建设、政治建设、文化建设、社会建设和党的建设。他专门将文明健康的生活方式、丰富多彩的文化生活、奋发向上的精神风貌及全民发展的新型农民等文化建设相关方面提到与高效生态的现代农业、繁荣兴旺的经济、整洁优美的社区、城乡一体的公共服务、民主和谐的社会管理、城乡协调的发展体制等经济、社会发展战略相并列的位置,并把抓好现代农民素质列入浙江新农村"六大建设"之一,足见对文化建设的高度重视。3月23日,习近平同志在省委建设社会主义新农村专题学习会上的讲话,提出全面推进浙江的社会主义新农村建设,要着力抓好七个方面的建设,其中专门强调"讲文明兴村",推进现代农民素质建设。他要求继续深入开展社会主义新农村建设教育活动,培育健康的价值观和道德观念,倡导合作共事与和谐共处的意识,革除乡村中的陈规陋习和思想懒散现象,营造科学、民主、健康、向上的社会氛围。

为进一步推进浙江文化建设进程,根据中办、国办《关于进一步加强农村文化建设的意见》,2007年3月,浙江省实施乡村文化建设十大工程,以重点带全局,以工程促发展,全面开创文化建设新局面。这十项工程是:文化基础设施建设工程、广播电视"村村通"工程、文化信息资源共享工程、文化遗产保护工程、农民体育健身工程、电影放映"2131"工程、送戏送书工程、乡村文化活动繁荣工程、乡村文化队伍素质提升工程、乡村文化示范户创建工程。这十项工程着眼浙江发展全局,在全局中梳理出加快探索浙江文化发展的现实出路。

2007年6月,《中共浙江省委办公厅 浙江省人民政府办公厅关于进一步加强农村文化建设的实施意见》(浙委办〔2007〕38号)(以下简称《意见》)出台。《意见》提出了进一步加强文化建设的总体目标是至2010年,全省基本形成适应社会主义市场经济体制、符合文化大省建设要求的文化建设新格局,文化阵地覆盖面、文化资源利用率、文化服务能力等主要发展指标全国领先。全省45%的县(市、区)成为省级以上文化先进县,其中全国文化先进县的比例达到26%;全省35%的乡镇(街道)成为"浙江东海文化明珠",其中欠发达地区达 20%；全省 85% 的行政村建成能正常开展活动的文化活动场所，其中不少于 1/3 的行政村建成适应群众需求、功能基本健全的文化活动中心。创建省级文化示范村 300 个、示范社区 100 个。每年扶持建设 3000 个新农村小康体育村。加强群众文化骨干培训，培养文化建设带头人，培育一批文艺团队和文化经纪人。发展村社文艺，大部分村建有一支以上农民业余文化队伍。扶持、鼓励自主开展多种形式的文化活动，全省县（市、区）及乡镇（街道）每年各组织一次以上以农民群众为主体的文化展演活动。每年送文艺演出、电影、图书到基层，保证全省每村每月放一场电影，每个乡镇每两个月有一场演出，1/3 的行政村建有图书流通站（点）。有条件的 20 户以上自然村通广播电视。基本实现各行政村建有广播室，有线广播农户覆盖率达到 80% 左右。出版发行网络覆盖到乡镇一级。各级政府进一步建立完善的文化投入机制、工作机制和考核机制。

这一时期文化基础设施建设的亮点是文化信息资源共享工程"浙江数字文化乡村行"，这是结合全国文化信息资源共享工程延伸到基层的专项行动。主要借助网络信息资源处理和传播技术，将中华优秀传统文化及贴近大众生活的现代社会文化信息整合建立国家级信息中心和网络中心，并在省图书馆建立镜像网站作为分中心，按统一技术标准逐级设立服务点。这项工作于 2007 年年初启动，与互联网、有线电视网等基层文化设施网点建设，各级图书馆网络化、数字化建设紧密结合，互为促进。至 2010 年年底，共建设基层服务点 44886 个，乡镇（街道）、行政村村基层点实现全覆盖，全面完成了县级支中心规范化建设任务。推进"数字文化乡村行"，为下一阶段的数字图书馆建设打下了基础，为文化服务工作实现城乡统筹开启了大门。

三　2011—2018 年：绘就美丽乡村建设的文化蓝图

浙江乡村文化建设工作内容取得大突破，借助《浙江省美丽乡村建设行动计划（2011—2015）》（浙委办〔2010〕141 号），通过与生态建设和现代社区建设相结合，获得了崭新的增长点。这个 5 年行动计划是对"千万工程"的深化，围绕省委十二届七次全会《关于推进生态文明建设的决定》精神，提出促进人与自然和谐相处、提升农民生活品质，对浙江科学规划布局、村容环境整洁、生活创业增收、乡村文明风气等四个专项实施重点突破。

2012年省第十三次党代会上，省委、省政府提出打造美丽乡村升级版的要求，全省各地坚持"绿水青山就是金山银山"重要思想，不断丰富内涵，提升水平，建设宜居宜业宜游的美丽乡村建设的标杆省。从文化研究的角度看，生态成为现代和文明的重要注脚，以"农村生态文化体系"为这一阶段的文化建设命名，将大文化概念和大生态概念相融合，文化建设与经济、社会等方面的建设全面一体化实施。"人的美引导环境之美"，为新农村建设中的文化工作注入了新动力。具体要求是，特色生态文化的有效发掘、保护和弘扬，生态文明理念逐步深入人心，健康文明的生活方式初步形成。坚持以人为本、城乡一体、生态优先、因地制宜，大力改善生产生活生态环境，积极构建具有浙江特色的美丽乡村建设格局。

紧接着生态文明赋予浙江文化建设新境界的，是一条更深刻更具时代力量的主线。2012年，培养和弘扬社会主义核心价值观成为文化建设的基础工作和核心工作。2012年11月，党的十八大报告明确提出"三个倡导"，即"倡导富强、民主、文明、和谐，倡导自由、平等、公正、法治，倡导爱国、敬业、诚信、友善，积极培育社会主义核心价值观"，这是对社会主义核心价值观的最新概括。因浙江结合"最美妈妈"吴菊萍、"最美司机"吴斌而引起全国关注的"最美浙江人"现象，在全省部署开展"发现'最美浙江人'、争做'最美浙江人'"主题实践活动，把发现、学习、宣传和争做"最美浙江人"作为推动社会主义核心价值观体系建设的有效载体，主动打造加强公民思想道德建设的精神文化品牌。

2013年12月，中共中央办公厅印发《关于培育和践行社会主义核心价值观的意见》，明确提出以"三个倡导"为基本内容的社会主义核心价值观，与中国特色社会主义发展要求相契合，与中华优秀传统文化和人类文明优秀成果相承接，是我们党凝聚全党全社会价值共识作出的重要论断。浙江深刻认识培养和弘扬社会主义核心价值观是凝魂聚气、强基固本的基础工程，必须以城乡统筹的文化建设为载体。在新一轮浙江新农村文化建设中，社会主义核心价值观成为打造浙江公共文化服务体系建设"升级版"的核心工作，全省呈现出弘扬文明乡风，建设文化为魂的人文乡村的新局面。

从总体看，这个时期浙江建设更强调文化建设的引领和支撑作用，把文化建设贯穿于建设的全过程。[①] 无论是美丽乡村建设的生态文明拓展了文化建设的边界和内容，还是倡导社会主义核心价值观赋予文化建设更深刻的当代意义和时代责任。提升农民素质、培育新型农民，是建设美丽乡村、弘扬社会主义核心价值观的关键之举。乡村新发展与新农民塑造呈现出齐头并进的局面。新农村建设的重点越来越落实到通过形式多样的工作不断提高广大农民的综合素质上。"以人为本"的理念越来越成为美丽乡村建设的中心要义。"人的新农村"就是突出以人为本，围绕民生做文章。将"物的美丽"与"人的美丽"并重，充分发挥社会主义核心价值观引领思潮、凝聚共识、推动发展已在浙江文化建设中发挥越来越强大的作用。

2015年启动的浙江省现代公共文化服务体系建设工作旨在统筹城乡和区域文化均等化发展，加快构建体现时代发展趋势、符合文化发展规律、适应社会主义市场经济、具有浙江特点的现代公共文化服务体系。着眼均等化发展需要，把工作重心放到城乡基层和贫困地区等薄弱环节，眼睛向下、重心下移，找准老百姓最关心、最迫切的需要，提升公共文化服务短板。统筹推进公共文化服务均衡发展，为切实做好城乡统筹的文化建设开启了新篇章。

2015年7月，中共浙江省委办公厅、浙江省人民政府印发《关于加快构建现代公共文化服务体系的实施意见》（以下简称《实施意见》），重点对基本公共文化服务均等化、标准化，进一步完善公共文化服务设施网络提出了要求。同时公布了《浙江省基本公共文化服务标准（2015—2020年）》，这标志着浙江现代公共文化服务体系中的文化建设工作步入标准化、均等化的阶段。

《实施意见》中对促进城乡基本公共文化服务均等化提出要求，主要体现在两个方面。

一是把城乡基本公共文化服务均等化纳入国民经济和社会发展规

[①] 顾益康：《以文化建设来引领新农村建设》，《新农村》2012年第5期。

划及城乡规划。推动公共文化设施、产品供给、服务提供、队伍建设、资金保障与城镇化发展、城乡常住人口基本匹配，有效利用各类闲置的公共设施，进一步提升送戏送电影送出版物下乡、文化走亲等文化惠农质量，加大对民间文化艺术扶持力度。健全"三农"出版物体系和发行网络，提升广播电视涉农节目质量，加强题材文艺作品创作，充分配备山区、海岛广播电视用户接收设备，合理安排广播电视维修服务网点。进一步提高以县文化馆（图书馆）为中心的乡镇分馆建成率，实现流动文化服务和数字文化服务全覆盖，基本形成农家书屋与公共图书馆互通互联机制，提升管理绩效。深入开展城乡结对子、种文化，促进城乡文化资源互动共享。

二是推动重点区域公共文化建设跨越式发展。按照省委、省政府推进淳安等26县加快发展的决策部署，有针对性地制定公共文化发展规划，研究落实机制、人才、科技、文化资源发掘利用等方面的政策措施，促进淳安等26县文化建设与社会经济协调发展。重点推进泰顺、磐安、龙游、开化、天台、庆元、遂昌7个公共文化建设整体提升重点县实现基本公共文化服务标准，推进金华市、衢州市、丽水市3个市本级公共文化发展，按照精准扶贫的要求，通过转移支付、结对帮扶等方式，集中实施一批文化设施、广播电视、数字服务等重点项目，有效提升重点区域的文化建设短板。加大对山区、半山区、偏远海岛、革命老区、少数民族聚居区的扶持力度，持续开展流动文化服务，加强文化队伍培训，全面提升公共文化服务水平。支持上述地区发掘、开发、利用民族民间文化资源，丰富公共文化服务内容，发展地方特色文化，促进当地经济社会发展。

公共文化设施网络建设的相关要求充分体现了浙江文化建设的成果和特色，主要体现在三个方面：

一是推进以农村文化礼堂为代表的基层综合性文化服务中心建设。按照"五有三型"标准，整合村现有文化阵地，因地制宜、分类推进农村文化礼堂建设。推动提升文化综合体品牌建设，在全省建成一大批集学教型、礼仪型、娱乐型于一体的农村文化礼堂。围绕"精神家园"的目标，大力培育礼堂文化。完善文化专家定点定期辅导机制和文化礼堂活动展示机制，确保农村文化礼堂周周有活动、月月有演出。丰富农村文化礼堂的活动内容和形式，加强内容配送、平台配送和项目配送，把群众需要的文化产品送进文化礼堂。开展农村文化礼堂系列展示活动，通过团队展示、活动展示等方式，塑造农村文化礼堂的品牌形象。科学规划和建设城市文化公园，加快构建数量达标、分布均衡、功能完备、品质优良的文化公园体系。充分利用现有城乡公共设施，统筹建设集宣传文化、党员教育、科技普及、普法教育、体育健身等多种功能于一体的基层公共文化服务中心，配套建设群众文体活动场所。

二是推进公共图书馆、文化馆总分馆建设。充分发挥县级以上公共图书馆、文化馆的资源辐射作用，鼓励市、县两级公共图书馆、文化馆向乡村和社区延伸服务，建立完善公共图书馆、文化馆的分层服务机制。推进公共图书馆总分馆制，探索文化馆总分馆制，制定公共图书馆和文化馆总分馆建设管理服务标准，不断提升公共图书馆、文化馆整体服务效能。倡导各级各类公共图书馆、文化馆以行业联盟的形式，开展馆际合作，推动公共文化资源有效整合和互联互通。

三是推进民间文化艺术之乡建设，开展特色文化小镇建设。深入开展"千镇万村种文化""我们的节日"等系列主题活动，调动群众自办文化的积极性。传承发展民族民间传统体育，广泛开展形式多样的群众性体育活动。

更具全国示范意义的是，《浙江省基本公共文化服务标准（2015—2020年）》对全省推进现代公共文化服务体系建设提出了刚性要求，从基本服务内容、硬件设施、人员配备三个方面明确了49条标准，是目前已出台标准的省份中政府保障最多的。与标准出台同时推进的是第一轮文化精准扶贫行动，从项目帮扶、提升队伍素质、服务升级和督促指导四个方面，对重点市县在理念、队伍、机制上给予帮扶和支持，并由省财政厅设立5000万元专项资金。第一轮文化扶贫的重点市县是泰顺县、磐安县、龙游县、开化县、天台县、庆元县、遂昌县，以及金华市金东区、婺城区，衢州市柯城区、衢江区，丽水市莲都区。

经过两年建设，12个重点县的平均公共文化投入明显增长，2015—2016年分别达到5827万元、6978万元，比上一年分别增长了

45.7%、19.8%。文化投入占公共财政预算支出的比重由2014年的1.9%提高到了2.2%，开化县、遂昌县2016年公共文化投入更是达到了1.17亿元和1.14亿元。遂昌县、开化县、天台县、庆元县2016年的文化投入比2014年增加了202.1%、138.8%、108.7%、102.7%。根据《浙江省基本公共文化服务标准（2015—2020年）》的要求，各重点县未达标的省定标准由2014年的163条下降到2016年的19条，且多数为建设周期较长的重大文化工程及其相关项目。12个重点县2016年平均开展送戏453场、送书26331册、文化走亲20场、培训业余文化队伍11369人次，分别比2014年度增长177%、99%、124%、88%。

2017年，浙江公共文化精神扶贫工作升级为省公共文化服务"十百千"工程，推动提升项目落地，推动优质资源下沉，推动模式机制创新，推动人才队伍培养，推动工作效能督察。温州市洞头区、绍兴市越城区、绍兴市新昌县、金华市兰溪市、衢州市江山市、衢州市常山县、舟山市定海区、台州市仙居县、丽水市云和县、丽水市庆元县10个县（市、区）日前被遴选确认为浙江省第二轮公共文化服务重点县。

2017年6月，浙江省第十四次党代会提出，在提升文化软实力上更进一步、更快一步，努力建设文化浙江。12月，《浙江省公共文化服务保障条例》（以下简称《保障条例》）出台，2018年3月起施行，作为"浙江公共文化尺"，《保障条例》对各级政府提供的公共文化服务实行全程监督、实时管理、动态评价，不断提高人民群众的文化获得感。

2017年12月1日，《人民日报》刊发2005年6月21日时任中共浙江省委书记习近平在《光明日报》发表的《弘扬"红船精神"走在时代前列》一文。浙江作为中国革命红船的起航地、改革开放先行地、习近平新时代中国特色社会主义思想的重要萌发地，文化浙江建设步入新征程。据统计，浙江省共有文化馆102家、文化馆乡镇分馆312个；公共图书馆102家、公共图书馆乡镇分馆894个；城市书房（自助图书馆）133个；各类博物馆275家、农村文化礼堂近8000家、文化广场26109个；出台各类公共文化服务标准190个，157家公共文化机构成立理事会；送戏下乡 2.26 万场次、送书 280 余万册、送讲座展览 5010 余场次；开展"文化走亲"活动 1500 余场次；实现乡镇（街道）综合文化站、村（社区）文化活动室全覆盖，归口文化部门管理的各级博物馆、美术馆、图书馆、文化馆（站）全部实现免费开放。

第二节 礼堂与最美：浙江农民的精神家园

一 "双万结对、共建文明"活动

2004 年 12 月，习近平同志在基层调研时指出，要发挥文明单位的信息、资金、技术等优势，指导结对村搞好创建工作。2005 年，浙江在全省范围内启动万个文明单位与万个行政村结对的"双万结对、共建文明"活动。2006 年，习近平同志又对活动作出专门批示：双万结对共建文明活动是推进以城带乡、以工促农的有效载体，符合建设社会主义新农村的目标。要继续深入开展，把这一活动抓紧抓实。[①] 浙江省文明委以全面提高农民的思想道德和科学文化素质，加快建设社会主义新农村为目标，奋进开拓，积极创新，在实践中走出一条具有浙江特色社会主义新农村建设之路。

"双万结对 共建文明"活动的主要做法是：全省各级文明单位以行政村为结对对象，采取"自愿结对、一对一或一对多、三至五年一轮"的方式进行帮扶和指导，突出培育良好社会风尚、提升农民文化素质、丰富农民精神文化生活、改善生产生活环境、助推实现村强民富奔小康五个方面的结对共建内容。

十多年来，"双万结对 共建文明"活动始终与浙江发展和美丽乡村建设相结合，融汇在建设的各个阶段，切入各阶段的发展主题和攻坚任务中。浙江已连续组织文明单位开展四轮结对活动，累计结建 4 万多对，覆盖全省 90% 以上行政村，充分发挥了城市对乡村的辐射带动作用和对城市的支持促进作用，形成了城乡互补、协调发展和共

[①] 浙江省文明办、中共浙江省委宣传部编：《美丽乡村 美好生活——浙江农村精神文明建设》，第 42 页。

同繁荣的良好局面。

　　培育良好社会风尚。以培育和践行社会主义核心价值观为结对共建的指导思想，通过多种形式的政策宣讲、文体活动和文明礼仪教育，弘扬优秀传统美德，培育广大农民现代文明的新习惯，倡导社会主义新风尚。农民群众崇德向善，开展立家训、树家风活动；开展"文明家庭""最美家庭""身边好人""新乡贤"等选树活动。此外，广大修订和实施村规民约、社区公约，开展乡风评议活动，遏制陈规陋习，推进移风易俗，提升乡村治理水平，共享文明和谐生活。全省各地不断涌现出新做法和新活动，比如海宁航港管理处把党课送到渔民船上；安吉县高禹村立村规倡议酒席减负，村民共立《酒席减负倡议书》；浦江县大畈乡湃桥村为80岁以上老人设立敬孝礼仪；宁波在留守儿童中开展"家风家规"教育活动；嵊州"村嫂"志愿服务队人手一本"爱心存折"与孤寡老人结对认亲；舟山马岱街道村规民约印上挂历，文明新风时时记；仙居县建设农村文化礼堂、和合书院，县草根讲师开展绿化发展改革巡回宣讲，打造更高水平的文化小康、建好高水平有质量的"文化综合体"；天台乡贤依托孔庙兴办台岳书院成为新农村建设的重要生力军；临海市桃渚镇永兴村举办村民家训故事会；东阳市巍山镇王宅村推行善行档案，发布"王宅好人"；海宁许村镇南联村建立乡风文明"红黑榜"等，新人新风融入浙江日常生活，蔚然成风。

　　提升农民文化素质。针对农民群众文化、知识、技能需求实际，从"授人以鱼不如授之以渔"的思路出发，发挥结对单位的人才、资金、设施等资源优势，为建设便捷的农技服务圈、教育服务圈、卫生服务圈、文化服务圈提供有力支持。通过结对村经常性开展形势政策宣传、素质教育、技能培训和各类讲座，帮助农民了解强农惠农富农政策，解疑释惑、疏导情绪，树立与市场经济相适应的现代观念，提供创业本领和致富能力，提升文化素质，培育新型农民。例如杭州职业技术学院继续教育学院为征地农民开展插花技能素质培训；浙江水利水电学院赴缙云县福康村宣传知水、爱水、护水、节水知识；国家电网绍兴市上虞区供电公司为崧厦镇祝温村村民提供现场用电服务，增强村民用电绿色生活理念；长兴电厂与吕山当地村民结对开展消防安全进农村活动等。

丰富农民精神文化生活。把文化共建作为文明共建的重点内容，各结对单位帮助村里建设文体活动场所，利用农闲时间、集市等时机场合，与结对村联合开展形式多样的群众文化体育活动。特别是从2013年全省开展农村文化礼堂建设以来，各结对单位因地制宜，量力而行，在资金、项目、人才和内容上帮扶结对村文化礼堂建设，帮助提升内涵、丰富内容、创新机制，打造农民群众的精神家园。以"我们的节日"为主题，利用农闲、集市及传统节日等时机，开展传统节庆礼仪、特色民俗文体活动，传承特色乡土文化。积极推进"种文化"活动，帮助结对村培养民间艺人、文化能人等文体骨干，让他们在文化建设中发挥示范带头作用，不断丰富农民群众精神文化生活。例如全省文化礼堂逢年过节举办传统民俗活动，端午包粽子，重阳做花糕等，创新农村优秀传统文化传承形式；"我们的村晚"彰显浙江农民的文化自信，各地纷纷全村总动员，年年在村文化礼堂举办，丰富节日乡村文化生活；"我们的节日"唤起村民们自办文化的热情，温州市泰顺县的百家福宴闹元宵，临安市的龙飞凤舞闹元宵，德清县下渚湖街道塘泾村村民恢复祈求蚕茧丰收传统习俗；海宁"好日子"家庭舞蹈队年年送戏到空巢老人家，长兴县小浦镇本土文艺团队"小京班"走亲入户开展京剧演出送农家，永嘉书院和村民合办"岙运会"，宁波海曙消防支队与奉化西坞街道蒋家池头村举行联谊晚会；德清县洛舍镇东衡村把村歌画到农村文化礼堂外墙上，海宁市黄山村将村规民约编成三字经形式绘在墙上，成为村里一道亮丽的风景线等。

实践证明，浙江省"双万结对 共建文明"活动自2004年开展至今，不仅为群众带来了奔小康的致富经，也同时悄然改变乡村农民和城市单位职工的思想观念。文明单位在发挥示范引领作用中主动承担起了应有的社会责任，推动了农村精神文明建设，农民群众在文明单位的支持和帮助下，把提升道德素质、改变生活方式作为创造幸福小康生活的自觉追求，使浙江的广大农村地区呈现出富强、文明、进步的现代新农村风貌。

二 农村文化礼堂建设成为全国农村文化工作标杆

2013年以来,浙江把建设农村文化礼堂列为当年"十件实事"之一。按照"文化礼堂、精神家园"的定位,在全省广泛开展农村文化礼堂建设,高扬社会主义核心价值观的精神旗帜,将核心价值观的丰富内涵和实践要求融汇到农村公共文化服务建设中。《人民日报》、新华社、中央电视台、《光明日报》等中央媒体进行了多次宣传报道。

浙江农村文化礼堂建设由无到有,从小到大,探索走出了一条推动农村精神文化建设的新路。截至2017年年底,浙江已建成农村文化礼堂7916个,"城市15分钟和农村30分钟文化服务圈"初步建成。

(一)农村文化礼堂的建设要求和标准

浙江农村文化礼堂的建设要求是将公共文化设施建设与社会主义新型农民培育相结合,增强发展活力、促进城乡共同繁荣。以"文化礼堂、精神家园"为主题,将农村文化礼堂建设成为宣讲理论政策、弘扬乡风文明、教化文明礼仪、传授文化知识的高水平的农村文化服务综合体,更成为弘扬社会主义核心价值观的阵地。以文化礼堂建设完善市县重点文化设施、乡镇文化综合站和文化礼堂为一体的现代公共文化服务体系建设。

浙江农村文化礼堂的建设坚持规划先行、科学布局、分层推进。按照有场所、有展示、有活动、有队伍和有机制以及学教型、礼仪型和娱乐型的"五有三型"标准建设。

(二)农村文化礼堂的场所设施和活动内容

浙江农村文化礼堂的场所因地制宜,硬件设施上一般要求有礼堂,配舞台,满足节庆、仪式、议事、集会等功能需求;有讲堂,进行思想道德教育、形势政治宣讲、精神文明和科学技能培训、普法等讲座;兼容相关要求的文化活动室、农家书屋、广播室、"春泥计划"活动室、群众体育活动设施、文化信息资源共享工程基层网点等文体活动场所。鼓励有条件的县(市、区)建设网上文化礼堂。

浙江农村文化礼堂活动内容包括展示和活动两部分。展示的主要载体是村史廊、民风廊、孝悌榜、寿星榜、最美人物榜、笑脸墙等，包括村史村貌、乡风乡贤、模范义举、时事政策的图文展示，做到"一村一色""一堂一品"。村史村貌指本村历史沿革、重大事件、物产特产等；乡风乡贤指村规民约、家训家谱、先贤事迹等；模范义举指历任村党组织、村民委员会负责人、道德模范、优秀学子、成功人士及善行义举；时事政策指最新政策形势宣传，上级党委政府重大部署和本村大事要事等。重点开展的礼仪活动有春节祈福迎新、儿童开蒙、重阳敬老、欢庆国庆、成人礼等。

（三）农村文化礼堂发挥的乡村文化治理功能

农村文化礼堂是聚心堂，让心有所归，塑造价值观。农村文化礼堂像村庄"客厅"，为村民群众之间、村民与党员干部之间提供了更多充分沟通、密切联系的场所和机会，建立相互关心、相互敬重的邻里感情。文化礼堂活动与乡村基层组织建设相结合，为乡村公益性、社会化的基层党建、社会组织建设提供了场所和资源，以乡村历史中的积极的文化因素带动发挥当前依法治国、建设法治社会等文化治理功能，提升了乡风文明的层次和内涵。

农村文化礼堂是红色殿堂，让心有所信，凝聚价值观。农村文化礼堂是多种形式传达党和政府的惠民政策、传播社会主义先进文化的场所。通过文化宣讲活动，例如道德讲堂、时政讲座等，培育农民的爱国热情，有效挤压宗教势力渗透的心理空间，促进基层乡村社会的和谐稳定。

农村文化礼堂是文艺家园，让心有所养，涵育价值观。农村文化礼堂会聚了农民文艺骨干、民间艺人、文化能人，特别是一批批优秀的文化工作者深入乡村送文化，满足农民不同层次的文化需求。民间职业剧团、乡村业余演出队依托农村文化礼堂建设蓬勃发展起来，成为繁荣发展乡村文化的生力军。在农村文化礼堂，各种舞蹈腰鼓、戏曲、合唱等文艺活动有声有色地开展，各种民俗、民艺被创造性地恢复起来，这是非常强大的乡村民间文化自信力的重建。农村文化礼堂活动不仅丰富了农民群众的精神文化生活，潜移默化地滋润了农民心田，还将逐渐向更高层次的文化精神和日常生活过渡，构建现代乡村文化生活。

农村文化礼堂是理想家园,让心有所仪,落实价值观。农村文化礼堂之礼,是传承乡村优秀传统礼仪文化,满足当代农民日常需求,具有较强可操作性的新乡风乡俗。在最初的2013年版《文化礼堂操作手册》中的《礼仪活动指南》中,包括开蒙礼、成人礼、婚礼、敬老礼、祈福迎新礼五项礼仪活动指南。随着农村文化礼堂建设全面铺开,各地结合本土民俗和生活需求,创设了立春迎春礼、清明崇先礼、冬至感恩礼、村干部就职礼、新兵入伍礼等活动,贯穿了人生与社会最重要的若干开端,让中华优秀传统文化与社会主义核心价值观通过文化礼堂的礼仪活动深深根植于农民群众的精神血脉和日常生活中。

三 乡村精神文明品牌引领乡村文化工作新风尚

"牢固的核心价值观,都有其固有的根本。抛弃传统、丢掉根本,就等于割断了自己的精神命脉"。[①] 乡村优秀传统文化与社会主义核心价值观的结合,是乡村文化建设的新任务。浙江在全国较早同步开展了乡村文化阵地和乡村文化品牌建设。在广大乡村依托村文化礼堂建设,将乡村文化建设与社会主义核心价值观建设、与美丽乡村的"内在美"建设、与群众日常生活相融合,打造了一系列乡村精神文明品牌,致力于培养新型农民、繁荣乡村文化、培育文明乡风、建设优美环境,推动"物的新农村"向"人的新农村"迈进。

一是"最美"品牌,以"最美"引领新风尚。2006年7月20日,时任浙江省委书记习近平提出要善于抓典型。抓典型,更具意义的是要树立精神上的榜样,让人们学习典型所体现的精神,让典型身上的精神发扬光大。从2011年始,"最美"系列推选在浙江全面开展,坚持常态化、机制化、品牌化,已成为浙江弘扬社会主义核心价值观具有全国标杆意义的社会文化品牌。

这项工作在浙江乡村广泛开展的是"最美媳妇""最美邻居""最美妯娌""美德少年""最美村官""最美家庭"等"最美浙江人"推选,纳入全省每月、每季度发布的"浙江好人""最美家庭"

---

① 习近平:《习近平谈治国理政》(第一卷),外文出版社2018年版,第164页。

评选宣传活动及相关道德模范关爱机制。在浙江乡村，以"邻里守望"为主题的乡村志愿服务，"村嫂志愿服务队""微笑在邻里""爱心联盟"等一大批乡村志愿服务队伍与品牌不断涌现，呈现出以文明传文明、共育新风尚的良好社会环境。

二是树家风，选乡贤，培育乡村新风尚。2014年、2015年，全省城乡开展"我们的家训　浙江百姓重家风""好家风建设"活动，广大农民通过在家谱村史中找，民间故事中挖，牌匾楹联中寻，经典家训中承，长辈口述中记，家人邻里共议等形式，挖掘、整理、编写好家训，书法家等文化志愿者进村入户写家训、拍全家福，制作成匾额、条幅、戒条等，挂在厅堂门楣上；将好家训在文化礼堂、文体中心、宣传橱窗中展陈。600余万户家庭参与立规立训，50万户家庭家训亮厅堂。30多个县市整理编印当地民间优秀家训家教家风书籍，提炼出向善向美向上的区域文化基因，如临安市"钱氏家训"、浦江郑义门《郑氏规范》等8门家风被列入中纪委网站"中国传统中的家规"专栏。与"好家风"并行的活动是各地大力推动挖掘、传承、提炼向善向美向上向前的地域文化基因，打造地域道德品牌。如台州市路桥区的"乡村十礼"包括"周岁礼、启蒙礼、成人礼、新婚礼、重阳敬老礼、迎新祈福礼、清明崇先礼、遵宪守法礼、村干部就职礼、新兵入伍礼"十大礼仪，被评为全省宣传思想文化工作"创新奖"。[①] 另外，仙居的"慈孝文化"、嘉善的"善文化"、德清的"德文化"、义乌的"信义文化"等都来源于民间社会文化又植根于乡村土壤的民俗民风，具有很强的生命力。"好家风"和"区域道德品牌"都重在接地气，把社会主义核心价值观渗透到日常生产生活中，做到"百姓日用而不觉"。

浙江乡村新乡贤的选树途径主要有两个，一是在"浙江好人""最美村官""千名好书记"活动中，一大批成长于乡土，奉献于乡里，在乡民邻里间威望高、口碑好的农村优秀共产党员，身边好人和热心公益事业的"新乡贤"涌现出来。二是在连续举办三届世界浙

[①] 中共台州市路桥区委宣传部编：《乡村十礼：浙江省农村文化礼堂礼仪活动的路桥实践》，浙江人民出版社2017年版。

商大会上，同乡会、联谊会举办省亲联谊、乡贤纪念、地域文化研讨等活动，吸引和凝聚本地本乡在外创业的乡贤回乡创业投资，对外交流，文化反哺，参与乡村治理，特别注重把一批有学识专长、创业经验的乡土精英吸收到乡村治理和文化服务队伍中。在工作机制上，各地建立"新乡贤"人才数据库，加强联络沟通。探索乡贤参与乡村治理机制，培育发展乡贤理事会、乡贤参事会、乡贤议事会等，发挥乡贤在新农村文化建设中的独特作用。

三是春泥计划立德树人，丰富乡村未成年人精神文化生活。2008年开始实施的浙江乡村未成年人思想道德建设"春泥计划"，以行政村为单位，在中小学寒暑假、节假日等校外时间，组织引导乡村未成年人开展道德实践、社会体验、能力提升、文体游戏等活动。经过近十年的坚持，"春泥计划"成为浙江乡村未成年人思想道德建设的品牌项目。

根据乡村青少年不同年龄段重点不同的需求，"春泥计划"结合各类乡村文化阵地功能，量身定制四大类、300多项活动项目菜单，包括道德践行项目、传统文化体验项目、能力提升项目、文体娱乐项目等，供"春泥计划"实施点选择。坚持就近就便原则，根据各地的发展基础、地域条件、乡风民情等不同特点因地制宜、因人而异地实施"春泥计划"。例如依托农村文化礼堂，鼓励各地利用村旧校舍、大会、村史陈列室、假期作业辅导站、道德讲堂等室内活动场所；利用晒谷场、村内企业等场地，建立文体活动点、学农基地、学工基地、环保基地等户外活动场所，开辟"春泥书屋""春泥乐园""春泥讲堂""春泥长廊"等阵地。从乡村未成年人的需要出发，根据他们的兴趣和时间设计活动，力求灵活高效、小型多样，努力扩大未成年人的参与面。海宁、玉环、乐清、浦江、宁波鄞州区等地通过搭建"微博春泥"平台，推出春泥需求对接、微教育分享等项目，瑞安、安吉、德清、长兴等地创设暑假快乐营、春泥体验场、"心立方"少年宫等活动载体。鼓励当地城乡中小学教师到村组织策划活动；发挥当地文化馆、青少年宫、图书馆、博物馆和乡镇文化站、农技站、派出所等站、所专业人员的特长，挖掘能工巧匠、示范户、大学生村官等本土人才，利用自己的专业知识，为孩子传道授业；发挥

"五老"人员和志愿者队伍的作用，强化"春泥计划"日常管理工作。

政府主导，多渠道筹措资金，浙江省财政将"春泥计划"纳入公共财政预算，每年安排1000万元专项经费，市县级财政根据财力状况和工作情况安排补助资金。各部门用于新农村建设、乡村文化体育等专项资金积极向"春泥计划"倾斜；动员社会力量参与，不断筹措资金支持"春泥计划"。2013年开始，培训"春泥计划"业务骨干1000多名，省文明办联合省教育厅、团省委、省学联等部门组织并动员各高校大学生志愿服务"春泥计划"，平均每年有1.3万余支团队、7.8万余名志愿者参与。[①]

第三节　合力与传承：浙江乡村文化建设经验

2003年开始的新一轮浙江乡村文化建设，是美丽乡村建设的始创阶段。浙江呈现出城市公共服务加快向乡村覆盖、城市基础设施加快向乡村延伸的同时，城市文明加快向乡村辐射的新态势。诸多实践为后来以培养新型农民为目标的乡村基层文化建设提供了经验和启示，奠定了改革开放进入21世纪后浙江乡村文化建设的工作格局。

一　由政府主导带动农民办文化

借助农民自办文化的对外交流机制，不仅激发广大村民的集体荣誉感和认同感，增强内部凝聚力，正是乡村治理、乡村建设的强大动力和深厚群众基础。[②]

浙江乡村本来就有丰富的传统文化资源和深厚的民俗文化积淀，在政府的引导下，乡村群众广泛参与文化建设，结果许多群众喜闻乐见的"草根"文化资源被激活。鼓励农民自办文化，积极推进面向乡村的文化产品生产是浙江乡村文化建设中引人注目的新发展方向。

[①] 相关资料数据来源于2016年浙江省文明办、中共浙江省委宣传部编《美丽乡村美好生活——浙江农村精神文明建设》。

[②] 陈立旭、潘捷军：《乡风文明：新农村文化建设——基于浙江实践的研究》，科学出版社2009年版。

2007年6月出台的《中共浙江省委办公厅 浙江省人民政府办公厅关于进一步加强农村文化建设的实施意见》明确提出将两者作为浙江乡村文化建设新增长点，为10年来浙江乡村文化发展提供了新的内生动力。

首先是各级政府扶持和引导农民群众自主开展文化活动，变"送文化"为"种文化"。一方面，加大"送文化"力度，围绕乡村最需要的文化服务为重点，提高"送文化"的频率，建立规范长效的工作机制。另一方面，为促进"送文化"向"种文化"的转型，不断丰富"送文化"的内容，创新"送文化"的方式。通过培育乡村文化艺术骨干队伍，鼓励农民自办文化，自建基层文化服务品牌，为乡村文化发展找到内驱力和竞争力。

例如，90%的地域是乡村、83%的人口是农民的衢州市，开出了一辆"农家乐大篷车"，被群众称为"文化110、时事宣传队、文艺轻骑兵、农民贴心人"。其主要做法是：特种车辆搭建舞台，巡演乡村常年服务，全年演出200场以上，大篷车不能抵达的地方，派文艺小分队进村演出；吃住行演费用自筹，纯公益性免费服务，不给基层增加任何负担；演出节目动态管理，村民点演互动服务，200多个节目通过《农家报》向群众公布，你点我演，双向互动。同时以大篷车为平台，逐步增加电影、图书等项目，整合科技、卫生、法律等部门力量，提供综合服务。

其次是建立完善面向乡村的文化产品创作运行机制。各级群众文化单位及专业文艺院团、协会要通过举办乡村题材的小戏、小品比赛和展演、评奖等活动，不断推出新人新作，培育群众文艺创作群体，建立乡村文化生产基地，为乡村文艺舞台注入新的生机和活力。积极创造条件，设立农村文艺创作奖，加大乡村文艺创作人才培养和乡村题材精品创作力度。浙江还出现了一支"农村文化经纪人"队伍。他们既熟悉艺术，又懂得经营，像桥梁一样，把观众和剧团紧密地连接起来。如在富阳，2005年乡村各类经营性演出共有1200场，其中60%的演出场次是由乡村文化经纪人安排的，甚至在政府组织的一些大型活动中，也总是活跃着他们的身影。

最后是完善相关政策，优化文化发展环境。有关部门积极拓宽乡村文化事业捐赠渠道，鼓励和支持企业、非营利组织、社会团体等社会力量参与乡村文化建设。鼓励和支持农民群众自筹资金、自负盈亏、自我管理，兴办个体放映队、民间剧团、农民书社等，大力发展乡村特色文化产业，政府要在土地使用、税收、信贷等方面给予一定的优惠。为拓宽乡村文化阵地建设的投资渠道，各级政府还积极探索个人捐资、社会筹资、利用民资等多种办法。如台州是全国首家乡村数字电影放映试点，这里村居众多，一年需放映3万场电影。其中1万场数字电影由市政府公益采购，免费为农民服务。其余2万场的电影市场则由乡村数字电影有限公司组织放映员自行去开拓，各县（市、区）政府每场给予60元的补助。宁波市则把"万场电影千场戏剧进农村"作为政府采购项目向社会公开招标，中标的包括一批民营剧团和民营放映队。

以上三个方面的政策倾斜将浙江乡村文化建设的存量逐渐盘活了，农民群众纷纷创新整合出很多新的乡村文化项目和品牌。在许多国有剧团哀叹没有市场时，民营剧团正在浙江的乡村显示出强大的生命力。这些剧团在乡村土生土长，都是农民自己的艺术团体，如今数量已激增到452家。他们常年在山区、海岛演出，每个剧团一般一年演出200—600场，平均为350场以上。特别是随着农村文化礼堂建设的广泛开展，全省8000多个文化礼堂接地气、贴近生活，让农民在家门口就有了场地、设施相当标准的乡村文化活动中心，农民自主办文化的创新潜能越来越充分地发挥出来，各级文化团体的"文化走亲"也越来越接地气。农民群众"身有所栖、心有所寄"，在这个各显文艺才能、演绎乡村乡音乡愁的草根舞台上开展了丰富多彩的文化活动。

近年来非常红火的"我们的村晚"活动，体现了浙江农民自办文化的若干经验。

第一，在农民家门口建立文艺演出的标准场地，无论是自己演，还是请外来艺术团体演，都告别了文艺大篷车。"我们的村晚"，农民演，演农民，演绎的是乡愁，浓缩的是记忆，展示的是歌舞，留下的是传承。对很多浙江农民来说，以前过年忙着看电视，现在过年忙着演节目。在众多"我们的村晚"中，最负盛名的是丽水乡村春晚，被誉为"中国式乡村过年之文化样本"。2016年春节，丽水全市自办"我们的村晚"772台，出现百万群众上村晚、20多万外地游客走进秀山丽水乡村过大年的文化景象，成为文化部全国公共文化发展中心和中国文化馆协会共同策划实施"百姓大舞台"群众文化品牌活动的典范项目。事实表明，越有文化氛围的村子，就越是乡风文明、和谐稳定。

第二，促进农民自办文化节目的交流，让农民通过乡村文化舞台实现更广泛的社会交流。"我们的村晚"以家门口的文化礼堂为舞台，开启了村民跨地区文化交流的新风尚。村民们带着自己的节目去"串门走亲"，例如舟山和宁波、台州和温州、丽水和衢州、金华和绍兴、嘉兴和湖州两两结对，共享农村文化礼堂建设成果。乡村农民村晚已成为浙江广大农民的新年俗，成为浙江农民扩大社会活动的新平台。例如台州市三门县有个人称"越剧村"的金板山村，地处海拔500米山区，全村230多户，900余人，有3个越剧团，5家戏剧专业户，90名演职人员。这些演职人员，常年在外演出，农忙和春节回村，也为左邻右舍演出，除了演传统剧目，也常创作一些如《王大嫂劝夫》的小戏，对村民们进行禁赌禁毒等政策教育。这批演职人员长期在外流动演出，接触新事物多，信息比较灵通，给山村带来了富裕和文明。这些乡村文化建设先进村之所以连续多年无刑事案件、无民事纠纷、无赌博、无封建迷信，社会稳定，经济发展，"一个重要的因素，是农民业余剧团立下了汗马功劳"。

第三，让农民自办的文化活动走得更远，增强乡村文化自信。村晚是农民自己的舞台，更是向全省全国人民展示浙江农民精神风貌的舞台。2017年春节，丽水的乡村村晚节目通过网络电视直播走向全国。由文化部全国公共文化发展中心、浙江省丽水市人民政府、全国乡村春晚百县联盟主办的"2017全国乡村春晚百县万村网络联动开幕式"在丽水市缙云县仙都朱潭村举行。文化共享工程中国文化网络电视通过覆盖25个省市地区的1万多个入站终端、1400万个人入户终端和手机APP、微信平台等多种接收平台进行直播，并通过中国文化网络电视微信公众号同步开展了送祝福、点赞等线上互动活动。在中央文化管理干部学院参加"文化共享'百姓大舞台'品牌项目班"的各地文化馆和多家乡村春晚联动单位的代表在北京观摩了这次活动。"我们的村晚"文艺演出也已连续3年由中共浙江省委宣传部、浙江广电集团联合搬上电视荧幕,围绕"文化礼堂我的家"的主题,反映浙江乡村文化、美丽乡村建设的丰硕成果,是浙江省农村文化礼堂建设品牌活动,并被列入浙江省"五个一"文化精品工程建设扶持项目。更生动的经验是,"我们的村晚"涌现出很多"乡土艺术家",他们的艺术养分直接来自乡村,是乡村文化活动中最活跃的因子,他们的团结和带动作用正在激发乡村自身的文化活力。

二 乡村文化建设成为新农村建设的加速器

乡村基层文化建设是提升乡村公共服务的新突破口,也是乡村经济社会转型的新突破口。浙江省利用先进文化改造提升乡村传统产业,带动乡村生态文明恢复,促进乡村社会面貌更新,形成了新乡村创新发展的生动局面。

遵循乡村乡风文明建设的客观规律,中共浙江省委高度重视乡村精神文明建设,在财政投入、阵地建设、干部配备、发动民间力量等方面均进行有效探索,使乡村文化建设不再"虚设",有了实实在在的"抓手"和载体。浙江乡村文化建设的内在动力被进一步激发出来,其方式是通过乡村经济、社会、文化、生态的整体规划、同步推进和相互融合,采取各种措施扎实稳妥地推进以提高农民思想文化、道德水平,广泛调动新农村建设中的乡村传统文化力量,促进以崇尚文明、崇尚科学、社会风气健康向上为内容的乡风文明建设。

具体实施方向包括坚持建设与保护、培育与传承相结合,保护乡村的文化血脉,不断彰显美丽乡村建设的乡土特色,使乡风文明走上与经济发展、农民生活、生态环境、政治民主紧密结合,具有时代气息的发展道路。如台州市把这项工作列入对干部的重点工作考核目标,现在全市已有30%以上的村居有了基层文化俱乐部;嘉兴市政府出台文件,把乡镇、村、文化户三级文化建设列入政府的公共财政预算,两年来,全市对乡村一级文化固定资产投入达5亿多元,大大超过以往多年的总和。

1. 结合乡村基层社会治理，创新引领乡风文明建设

浙江省既注意与乡风文明建设的长远目标相衔接，又在内容、形式与实际效果上达到一致，使乡风文明始终融会在美丽乡村建设的各个层面。在这个意义上，浙江乡村文化建设重在让农民感受文明、享受文化、接受教育，更重在培育新农民的诚信意识、环保意识、公德意识。

浙江乡村乡风文明建设的重点同时落在文化、法治和社会管理上。浙江美丽乡村建设的诸多实践并不回避乡风里的负面因子，如小生产者偏好、私利计算、家庭观念重等，这些并非乡村治理的天然敌人，并不定然妨碍农民转变为现代化的新型农民。乡风文明中包含核心价值观的共享内容，基于对村庄共同体的认同，表现为对村庄公共事务的关切，乡村文化建设与农民公共关心和处置公共事务能力的提升是紧密相关的。因此文化建设在美丽乡村建设中牵一发而动全身。例如农村文化礼堂建设由于涉及土地红线、用地性质、规划调整、土地流转、房屋拆迁等问题，很多村的用地指标都是统筹安排。资金方面，完成省级标准文化礼堂建设的，市县镇村各级补助资金都有协调配套。在这个过程中，乡村经济、文化、社会、生态等领域的建设是一盘棋同步推进的。

浙江美丽乡村建设注重将文化建设和基层社会建设相结合。如创新发展乡贤文化：充分发挥新乡贤作用，重建乡村组织权威。乡风文明建设离不开关键性人物的组织与推动，新乡贤利用国家政策与民间文化资源，协调村落社会秩序，带领村民修复村落公共文化设施，组织村民集体性活动，让村民重新找到共同体的感觉。如深化法治、德治、自治相结合的村规民约工作：倡导敬宗尊祖、敬老爱幼、守望相助的伦理精神。乡风文明建设最关键的是精神文明，乡村精神文明的核心是孝道和顺，家庭孝道、邻里和顺是乡风文明的基础。为此需要传承我们敬宗尊祖、敬老爱幼、守望相助伦理传统，只有家庭和睦、邻里和谐，相互支持依靠，乡村才有内聚力与生机。传承复兴乡村伦理精神，是复兴乡土文化，提升乡风文明的重要途径与关节点。

2. 乡风文明建设中培育新型文化生态

按照"乡风文明身心美"的要求，浙江乡村文化建设将提高农民

群众生态文明素养、形成乡村生态文明新风尚作为目标，加强生态文明知识普及教育，积极引导村民追求科学、健康、文明、低碳的生产生活和行为方式，增强村民的可持续发展观念，构建和谐的乡村生态文化体系。结合乡村乡风文明评议，开展群众性生态文明创建活动，引导农民生态消费、理性消费。倡导生态殡葬文化，全面推行生态葬法，转变生活方式。

浙江农村文化礼堂及围绕文化礼堂开展的一系列文化品牌建设都旨在恢复和更新当代乡村文化生态。乡村文化有自身的发展规律，以生态文明的理念去理解，乡村传统文化像一座宝库，又像是一件精雕细琢的工艺品。生态文明视角下的乡村文化，承载中国传统中"天人合一"的生活哲学，哺育着田园牧歌式的生活理想。传统乡村的自然、自足、自养、自乐是乡村生活的最大魅力，顺应自然、有限利用资源、可持续发展以及智慧产业，则是乡村文化的最大财富。在这个意义上，新型的城乡关系是尊重城乡差异基础上的互补。

在美丽乡村建设中，环境生态和文化生态相辅相成，两者都是把乡村建设得更像乡村，而不是用城市替代乡村，或在乡村复制城市。乡风文明维系着乡村文化中的价值系统，潜移默化地引导规训人们的日常生活。社会主义核心价值观在乡村的宣讲落实，不能停留在正面灌输道理，更要注意结合日常活动使农民在生活实际中达事明理，其效果要比单纯的宣传说教深刻而有效。乡风文明的教化对于促进人与自然的和谐、构建和谐社会具有积极的推动作用，是最基本的乡村文化生态建设。农业生产经验、熟人社会的交往规则、节日民俗庆典的仪式象征作用、地方性知识的无可替代，民间传统手工艺的技艺和经验，都在乡村找到活态保存和发展的空间，是乡村振兴中乡村文化建设需要重点突破的地方。

三 传承和创新乡村传统文化

乡村是文化的载体，不仅有桥梁、庙宇和祠堂等物质文化遗产，也有传统美术、传统音乐、民风民俗等非物质文化遗产。这些有形和无形的文化遗产蕴含的是乡村的文明之魂，世世代代与乡村日常生活融合在一起，即使是城镇化发展带来乡村人口快速流动的今天，很多非物质文化遗产仍然与乡村的乡风民俗保持天然的融合。无论是节庆仪式还是娱乐宣教，非物质文化遗产作为一项丰富的文化资源，散落在乡村民间，活在个人记忆里，亟待一个具有较强覆盖性和整合功能的项目和农民家门口的文化活动场所，把它们全面有效地挖掘、开发、继承和传播开来。

浙江农村文化礼堂建设和活态传承非物质文化遗产相结合，是乡村文化建设的新景观。全省8000多座农村文化礼堂正在成为乡村历史文脉和文化基因传承的大平台。2014年，中共浙江省委宣传部、省文化厅、浙江日报报业集团、浙江广电集团联合印发了《浙江省"美丽非遗进礼堂"系列活动实施方案（2014—2016年）》，各地在整合村落原有礼堂、书堂、祠堂的基础上，通过普及非遗知识，开展民俗文化活动，成为展示当地非遗资源、凝聚乡情的重要平台。

这项活动的主要经验是让非物质文化遗产回归乡土的原生态环境，有效促进了非遗的传承和保护，也充分发挥了农村文化礼堂的功能。一是将非遗项目的保护传承及基地建设引入文化礼堂，使非遗传承基地、非遗传承教学基地、非遗生产性保护基地、传统节日保护基地等载体落地生根，开花结果。二是在文化礼堂设立非遗代表性传承人工作室，开展非遗传承和技能培训，积极挖掘和培育当地非遗传承队伍，建立非遗人才库。把文化礼堂建成非遗项目传承的基地、教学的课堂、展示的窗口和非遗体验的场所。三是在文化礼堂布点建设乡村非遗馆，大力收集乡土文化实物资料，做好陈列展览布置，体现非遗活态传承展示的特色等。

随着农村文化礼堂建设全面铺开，非遗文化在乡村活起来。以苍南县12个乡镇"传承非遗，留住乡愁"的非遗进农村文化礼堂巡演为例，作为传统手工艺的富集地，苍南米塑、夹苎漆器、点色剪纸、木活字印刷术、糖塑、石雕、竹编、畲族刺绣等非遗项目一一呈现在文化礼堂上，形塑了乡村传统的民居建筑、家居装饰、用具器物、特色服饰，维系着民间礼俗、节日气氛，以一种接近文化生产、文化创造的形式，让活的乡村文脉重新焕发出文化生产的动力。苍南百姓家喻户晓的单档布袋戏是第一批国家级非遗扩展项目，由布袋戏艺人一个人挑着全部行当去表演，被誉为"千古江山一肩挑"的"扁担戏"。还有苍南乡村几乎村村有的民间传统戏剧提线木偶戏，又称"傀儡戏"，以演员操纵木偶身上的线条来表演，每个戏偶一般有8条线，重要角色多达28条以上，演起来惟妙惟肖。这些传统文化节目能实现创造性转化、创新性发展的非遗保护实践，一定是活态的、积极的、生动而丰富的，是见人见物见生活的。

"传承非遗，留住乡愁"是一个文化引子，激发农民对非遗的关注和保护的热情。非遗和农村文化礼堂建设的融合，让非遗在乡村生长壮大，呈现出一种活态的流变，赋予时代的新内容，记录时代变迁和社会发展。如苍南的夹缬、点色剪纸、木活字印刷术、碗窑手工制瓷等传统手工艺项目，在历史上都曾是地方支柱产业，如今需要更多当地青年来传承。比如木活字印刷仍然活着，它和民间的宗谱编纂习俗紧密联系在一起，已成为一种重要的乡村民间文化活动。乡村是非遗保护的主阵地，是非遗生存的空间和土壤，大量非物质文化遗产和传承人是"生于斯，长于斯"的。手工艺文化凝聚的是人文之美、乡村之美。这样的乡村文化有形、有劳作参与，也是乡村文化的传承。

四 激活社会力量参与乡村文化建设

引导社会力量参与乡村文化建设，一方面鼓励社会资金参与，充实乡村文化建设的资金池，另一方面鼓励专业人员和城市年轻人参与，带来先进的文化理念和文化人才，促进城乡融合。利用社会力量开发当代乡村资源首先考验的是浙江基层政府职能转变的智慧和能力，在此基础上，也是重建乡村和城市关系中极具创新性、挑战性和代表性的项目。

一个极具未来城乡融合建设乡村文化的经验，是积极发动城市青年的力量，让城市青年把现代社会生活观念带到乡村日常当中，与优秀的乡村传统结合出具有时代意义的文化项目。

著名的案例是杭州心远公益牵头组织的桐庐县深澳镇荻浦乡村图书馆建设项目。2014年开始，杭州心远公益依托"杭州阅读支持计划"，汇聚了中国移动杭州分公司青年突击队、桐庐彩虹公益服务中心、桐庐深澳镇荻浦小学等社会力量，在桐庐县深澳镇荻浦村规划建设了一个公益书屋，既服务当地青少年，推广优质阅读及有益的文化活动，又为杭州及周边城市、桐庐本土的爱心人士和公益志愿者们，提供可实践的项目和场所。

高校师生是青年参与乡村文化建设的主力。浙江的高校在参与乡村文化建设中走出了一条产学研结合的道路，组建了美丽乡村文化团队，探索并形成社会实践与学术研究相结合的模式。

浙江工商大学艺术设计学院通过乡村规划与设计、休闲农业产业规划与设计、乡村区域品牌规划设计、乡村公共设施设计和农产品开发研究等各类研究、专题讲座、课程培训等形式，为地方培养乡村建设专业人才，助力乡村建设的进一步推进。例如，他们在湖州市农民学院蹲点做好新型农民培训工作，坚持每年开展15次讲座，当地农民群众参加培训超过两千人次。同时，乡建工作也为学校教学提供了实践平台，对学生实践能力的培养具有很大的促进作用，可为培养具有专业能力的乡村建设毕业生做好智力储备。

浙江大学城市学院自2015年6月以来，先后投入30余名教师（其中有教授、副教授10人，博士20余人）、本科生600余人组建以资深教授副教授为领导、年轻教师博士为主力的专业教师团队，把项目融入社会调查、公共文化和文化创意产业等相关实践课程中。他们参与的乡村文化建设工作涉及古村落保护、新农村建设、美丽乡村建设、乡村公共设施建设、农村文化礼堂建设、乡村优秀民间文化传承、贫困地区文化扶贫、文化服务规范制定等领域。主要参与的乡村文化项目有富春江国家级传统村落调查项目；浙江省金华市浦江县前吴乡通济湖题名景观文化创意设计全案项目；桐庐县狄浦村乡村公益图书馆建设；杭州西湖区慈母桥村孝文化和"九曲红梅"非遗传承人文化故事；杭州西湖区慈母桥"茶文化"主题图书馆建设项目；浙江乡村文化礼堂与乡村博物馆文化设计建设；美丽乡村文化资源挖掘与精品文化村规划方案研究；桐庐慢生活体验区策划摩崖石刻等项目综合规划研究；海盐现代农业文化长廊策划与展示研究等。他们坚持将文化服务与教学科研相结合，把乡村文化建设融入学科专业实践，既有利于帮助乡村推进文化建设和文化扶贫工作，也有利于深化高校学科建设、提高育人水平，并使之具有持续性和专业性，形成了学校与地方在乡村建设工作上的双赢局面。

浙江在激活社会力量参与乡村文化建设上比较成功的实践主要集中在传统村落保护，特别是以政府资金带动民间投资，探索私人产权低级别不可移动文物的保护、修缮和利用的经验值得推广。浙江是乡村传统文化积累深厚的地区。目前，浙江的历史文化名村共有170处，其中国家级的历史文化名村26处，数量居全国第一。传统村落指民国以前的村落，习惯称古村落。浙江省进入"中国传统村落"名录的古村落共401处，由浙江省农办认定的历史文化村落共有1123个，文保单位4357处，其中国家级文保单位375处，古民宅、古祠堂、古戏台、古牌坊等14类古建筑共3.3万处。

"一头承载历史，一头连接未来"是浙江保护利用历史文化村落的规划原则，纳入"千万工程"和美丽乡村建设的重点项目是浙江对这项工作的基本保障。目前来看，建筑风貌、人文环境和自然生态相适宜的规划保护是第一步，如果从继承乡土文化遗产、建设乡愁记忆的思想宝库来认识这项工程的价值和意义，传统村落保护需要大力引入社会专业力量参与。

经验一是"学者专家在研究＋党委政府在引导＋村民在实施"的全民参与模式。

在浙江农村文化礼堂的前期整体规划工作中，中国美术学院的教授带领设计团队参与了礼堂视觉形象及符号系统设计，经过4个月集中调研，团队聚焦浙江乡村村口大樟树的形象，以"大树讲堂"作为农村文化礼堂的视觉原型，在设计中还融入了中国文字书写笔画、农耕月相图谱、庙堂屋顶三样元素，使整个视觉形象更加丰满和有意蕴。同时采用乡村宗族祠堂中常用的字体形式，结合"颜氏家庙碑"书体风格，创作了文化礼堂的标准用字，这个设计充分体现了乡村文化的时代感。更多城市高校的设计师参与了浙江乡村建设的生态和建筑规划。

2013年2月起，同济大学团队与黄岩区共建"美丽乡村"规划教学实践基地，结合实地调研，积极开展屿头乡乌岩头村、沙滩村等地的规划建设工作，在短时间内取得了显著的成就。同济大学团队提炼先人在当时落后生产力条件下师法自然、天人合一的朴素智慧，研究适合当今现代化乡村生活的物质空间建构，营造了既符合现代人生活需求、又具有地方风貌特色的乡村人居环境，为乌岩头村、沙滩村等村庄的再生重新注入了活力。他们以规划设计为龙头，采用边建设边治理的方式，提炼出参与式、渐进式、互动式的规划方法。"参与式"是指乡村多元主体利益各方共同参与，主动融入县（市、区）、乡（镇）各级政府的政府工作报告项目安排，积极争取更广泛的行政主管部门项目资金，动员村民委员会和广大村民的力量，合理采纳社会资本和外来资源，形成规划建设发展合力；"渐进式"是指根据建设资金可能性和建设时序，将近期建设和远期规划相结合，做到每一个近期实施项目既有自身的独立性和完整性，又可与今后规划建设项目相协调，做到"建一个、成一个"，提升各方信心；"互动式"是指在具体项目规划实施过程中，采用乡村社区规划师、涉及用地和房屋的村民以及施工单位人员之间及时并经常性沟通交流的方式，对于规划设计图与实际施工难以一致（例如因土地或房屋产权纠纷、用地条件限制、地质安全限制、地方民俗文化禁忌等）的地方，采取互动交流并协商一致进行修改，使得局部的规划建设变动所带来的影响在可控范围。目前，沙滩村和乌岩头村的村庄建设取得良好效果，改善了乡村人居环境，增加了村庄知名度。2016年6月2日，浙江省历史文化村落保护利用工作现场会在黄岩区召开，沙滩村和乌岩头村村庄成为会议现场参观点。沙滩村还是同济大学中德乡村人居环境规划联合研究中心所在地，成为中德乡村规划交流的窗口。

丽水市松阳县的传统古村落保护，是具有典型意义的案例。松阳地处浙西南山区，瓯江上游，建县于东汉建安四年，距今已有1800多年历史，是浙江首批历史文化名城，县内保留着100多座格局完整的传统村落，其中中国传统村落71个，是华东地区数量最多、保存最完好的地方。2016年1月，中国文物保护基金会将松阳县确定为唯一一个"拯救老屋行动"整县推进试点县。县域内224处符合项目名录的文物建筑被列入拯救范围，基金会在两年时间里资助4000万元，补贴总维修费用的50%，另外50%的维修费用需要产权人采用多种方式承担。4月，"拯救老屋行动"在松阳县古市镇山下阳村正式启动。

"拯救老屋行动"强调专业团队的技术支撑,同时利用乡土工匠作为施工主体。从正在推进实施的乡村振兴战略看,松阳的传统村落保护行动符合城乡融合的目标:鼓励城市的人才、资本和消费上山下乡,参与乡村振兴,引导城市的年轻人和乡村的年轻人同心协力来振兴乡村,从根本上改变乡村要素净流出的状况,为提升传统村落保护的品质,松阳县广邀国内设计师参与规划。浙江省"千人计划"专家、清华大学建筑学院教授、中央美院数字空间与虚拟实验室的优秀设计师纷纷来到松阳,选取当地最具代表性的文化或产业元素,以村庄公共功能为载体,改善村民的生活条件,增添了公共功能和文化空间,增加村民对村庄文化认知的自信,为旅游创造更丰富的内容。有些团队先后到松阳五六十次,帮助当地结合地方产业、传统文化和特色民俗发展文化民宿项目,如"红糖工坊+民宿""契约博物馆+民宿""木偶剧团+民宿""茶叶作坊+民宿"。松阳相继成立传统村落保护利用专家委员会、传统村落文化研究会等由各方面专家、学者、志愿者组成的组织,出台一系列政策,编辑出版了《松阳古村落》《传统民居改造利用技术指南》《松古村语》等一批具有较强专业性的书籍。"拯救老屋行动"不仅是在拯救传统建筑,更是在拯救文化自觉、乡村文明;不仅是一次推进文物保护的公益实践,更是一项传承优秀传统文化、推动经济社会协调发展的重要民生工程。

经验二是利用现代技术建立乡村传统文化资源数据库。创新更多城乡合作、现代技术和传统文化相结合的途径,可以促进优秀传统文化资源的保护和开发需要。这项工作的目标是对农业生产生活民风民俗文化进行深入挖掘、溯源与整理,传承非物质文化遗产,修复乡村文化延续的断层,让乡愁有所寄托,让美丽乡村形神兼具。基础性的数据工作正在全面展开,例如《武义村庄故事》是浙江乡村自主开发文化名片的成功例子,汇集了武义村庄历代村民创作并传播的口头文学作品。[1] 更大规模的乡村文化数据库建设是在 2015 年,浙江省农办根据全省美丽乡村现场会和全省农村工作会议关于"挖掘传承好古村落古民居背后'故事'"的工作部署,启动了"《千村故事》'五个

---

[1] 唐桓臻编著:《武义村庄故事》,中国文史出版社 2016 年版。

一'行动计划",针对1149个传统村落开展信息采集,包括"寻访传统故事,编撰一套丛书;触摸历史脉搏,形成一个成果;定格乡土印象,摄制一碟影像;回味乡愁记忆,推出一馆展示;构建精神家园,培育一批基地"等,记录整理历史文化村落的历史变迁和当今经济社会基本情况,涉及文保单位4357处,其中国家级文保单位375处。

经验三是市场化专业化项目化的运作管理代表了历史文化村落保护利用的新方向。

2016年10月,浙江省古村落(传统村落)保护利用基金是全国首只专项用于传统村落活态保护与历史文化传承利用的基金,总规模20亿元,由浙江省旅游集团、浙江省农业发展投资基金、华数集团、杭州银行、杭州联合银行、南方建筑设计院、赛石园林、卓锐科技、天迈网络共同发起,由浙江乡悦投资管理有限公司通过市场化运作来进行专业化管理。有关专家建议出台鼓励农户所有的古民居等历史建筑的产权流转政策,确立国营和国有资本进入历史文化村落保护利用的门槛并建立相应监管制度等。在尽快完善制度设计的基础上,历史文化村落保护利用所需的大量投资正在逐步引导当中,以财政投资为主,村集体、个人、企业和其他社会团体共同参与的投资格局正在形成。

第四节　乡村文化建设新空间

党的十九大报告明确提出要"建立健全城乡融合发展体制机制和政策体系"。乡村文化振兴要发挥城乡互补的作用,乡土之美需要走出深山,让乡村文明融入城市,让城市和乡村结成一个有机体相互支撑实现可持续发展。在这个意义上,乡村文化自信就是农民对乡村文化的一种信心,对乡村传统文化价值的充分认定,对乡村文化生命力和乡村发展前景的充分肯定。重建乡村文化自信,要避免以城市化眼光审视乡村。乡村现代化不是都市化、城市化,振兴乡村要充分挖掘乡村文化中的优秀内核,重新唤起乡村的文化活力。

一 坚持"文化治理"的大文化建设方向

"一个国家选择什么样的治理体系,是由这个国家的历史传承、文化传统、经济社会发展水平决定的,是由这个国家的人民决定的。我国今天的国家治理体系,是在我国历史传承、文化传统、经济社会发展的基础上长期发展、渐进改进、内生性演化的结果。"[①] 浙江乡村文化建设要坚持政府主导乡村社会文化治理的深层次文化服务和文化管理。

所谓文化治理,是指以文化的理念、资源、平台、方式、路径,参与、介入基层社会治理。文化治理是社会治理体系的重要组成部分,在传统文脉积淀深厚的中国乡村,尤其具有历史基础和条件优势。浙江乡村文化建设要以农村文化礼堂建设和社区公共服务体系建设为重点,推进乡村文化繁荣和乡风文明发展,充分发挥农村文化礼堂的村庄历史文化陈列馆、农耕民俗文化传艺馆、思想道德教育馆和农民文化大舞台的作用。乡村公益性、社会化的基层社会组织以乡村历史中德治、礼治、教化等熟人社会治理方式中的积极因素为资源,助力乡村治理,在今天重视依法治国、建设法治社会的同时,发挥以德治国的文化治理的独特功能和作用,丰富了乡村自治的层次和内涵。[②]

乡村文化建设中的乡村之美体现在农民之美。提升农民素质,培育新型农民,是建设美丽乡村、创造美好生活的治本之策、关键之举。一是要继续坚持形势政策宣传深入人心。围绕国情省情县情、支农惠农便农政策举措,依托乡镇自办节目、业余党校、微型党课等乡村基层宣传宣讲平台,以讲给农民听、送给农民看、组织农民学的形式开展宣传教育,凝聚思想共识、坚定发展信心、疏解矛盾情绪。二是要继续坚持农民素质教育梯度推进。深入实施"千万农民素质提升工程",农民点单、政府埋单、三级联动,依托职业院校、现代远程

[①] 习近平:《习近平谈治国理政》(第一卷),外文出版社2018年版,第104页。
[②] 陈野:《文化礼堂 乡村文化治理的创新范例》,《浙江日报》2017年4月24日第4版。

教育、电大、成人文化技术学校、科研技术推广单位等各类培训机构，分门别类，开展农民转移就业技能培训、农业职业技能培训和乡村劳动力"双证制"培训。继续深入实施全民读书活动、基层文化队伍素质提升工程、基层科普行动计划、"法律六进"与基层巡回宣讲活动等，合力培养适应时代发展需要的新型农民。

积极拓展乡村优秀传统文化涵养社会主义核心价值观的创新方式。继续推动社会主义核心价值观宣传全覆盖。宣传普及以务实、守信、崇学、向善为内涵的当代浙江人共同价值观。加强爱国主义、集体主义、社会主义教育，引导人们树立正确的历史观、民族观、国家观、文化观。围绕立德树人，构建以社会主义核心价值观为引领的德育体系，从家庭做起，从娃娃抓起。深入实施公民道德建设工程，推进社会公德、职业道德、家庭美德、个人品德建设，激励向上向善、孝老爱亲，忠于祖国、忠于人民。①

继续创新打造各具特色的区域道德品牌，推进好家训好家风代代相传。注重从乡村当地的人文历史、传统文化、民俗民情中追本溯源，寻找本土的道德文化资源，挖掘最具当地特色的历史文化内涵。对本地古往今来的道德人物、道德故事、道德特质进行梳理，做好故事性的解析，赋予新的时代内涵，实现一脉相承的道德认同。积极运用文艺表现的形式，朴素的语言，情境体验的方式，互动参与的方法，让收藏在展馆里的文物、散落在广阔大地上的遗产、书写在古籍里的文字活起来，把典型人物感人事迹展现出来，让典型在农民群众树起来，不断增强道德教育的感染力。要继续推动品牌道德在区域内的广泛践行，让品牌道德成为当地百姓共同的自觉行为和价值认同。

二 "我们的节日"架起城乡文化融通的桥梁

农业生产作用的减弱，乡村空间的社会功能正在被重新定义。随着旅游、环境保护、休闲等在乡村空间的持续扩张，支配乡村居住区的似乎不再是农业和农民，人们也开始更多地从生活、消费类型上定

---

① 《中共浙江省委　浙江省人民政府关于推进文化浙江建设的意见》，《浙江日报》2018年3月22日第9版。

位乡村地区。随着乡村生态和环境整治，一些热爱田园的城市人开始计划移居乡村，城市生活成本高企的压力也让一些老人计划到乡村养老，另外，乡村仍然被视为担负着为整个社会提供自然资源的角色。这两种观念涉及对乡村和乡村发展的价值认识。乡村经济出现的结构性变迁是乡村消费功能的增长，其中很重要的是乡村文化消费功能的增长。

在乡村特色文化项目中，"我们的节日"是具有地方特色的节庆活动，不仅唤起城乡民众参与传统节庆文化活动的热情，促进非物质文化遗产融入民众、融入生活，在全社会营造欢乐祥和的节日氛围，也为传统文化的传承创新提供了新场域，更是城乡文化融合的新机遇。浙江的优秀传统文化传承体系正日趋完善，许多民族传统节日历史久远，内涵丰富，具有浓郁的地方特色。2008年1月，浙江省首批18个民族传统节日保护基地确立，2013年年底，26个浙江春节特色地区确立，2014年年底，第二批35个传统节日保护基地确立。浙江省许多民族传统节日历史久远，内涵丰富，具有浓郁的地方特色。浙江的优秀传统文化传承体系日趋完善。

从以上数据可见，传统节日在乡村、城市都得到保留和传承，文化发展以城市为本位的情况正在出现转变，城乡联动的文化供给、文化消费开始出现。城乡文化融合发展资源的宏观布局、层次结构、发展模式和要求，在"我们的节日"这个项目中实现试点，其目标是探索增强城乡文化融合发展的集聚效应和开发效益。这是乡村文化和城市文化相融合的增长点。浙江城乡公共文化服务体系正在建构的新型供给机制，如菜单式服务、一人一艺等在城乡都已有积极探索。以"我们的节日"为纽带，文化搭台，城乡融合，乡村文化中可以具备城市的品质，城市地区也可以呈现乡村的特质，让城乡文化上的分离越来越少，在城乡交接和中小城镇地区实现城乡节庆文化联动。

有专家建议七大传统节日的德育、美育、体育、文娱等功能是城乡相通的，有人类处理人与社会、人与自然、人与他人、人与自我和谐关系的经验和智慧。当代城市和乡村都亟待挖掘传统节日的综合功能，提倡传统道德、社会公德、家庭美德，提倡亲近自然、感悟时序、共享天伦的文化新风。在这个目标下，打通城乡文化节目正当其时。从"我们的节日"出发，改良节庆风俗，并在节日中开展城乡社区文化活动，如端午可倡导成为卫生下乡日、爱国卫生日；七夕设为妇女艺术日；端午为诗歌日；中秋为民族团结日；重阳为敬老日。尊重无害社会的民间俗信，恢复民间节日庙会，突出文化功能和城乡群众参与。

城乡联动的文化政策和文化市场将在未来迅速加大城乡公共文化产品供给量。从"我们的节日"活动着眼，"我们的节日"是实现城乡文化统筹的平台，最重要的是城乡文化成果共享和多元发展。如鼓励优秀的乡村文化演艺团队、优秀的农民艺术在"我们的节日"里进城为市民表演，抬阁展演、木板年画展卖、灯彩展览、传统乡村美食节等，促进城乡文化互动。在城乡文化融合中，把"我们的节日"活动打造成城乡文化人才统筹培养的范例，包括文艺人才、创新人才、经管人才及新业态文化人才等，推进城乡文化身份职业化，实现农民文化从业人员的就业之路，为城乡文化融合发展奠定基础。

"我们的节日"是优化城乡文化消费结构的一个节点，充分体现当代文化发展模式的自组织性、自生成性及内在张力和活力。例如将传统手工艺的产业化融合到"我们的节日"项目中，依托乡村的地方物产和自然资源，进行手工艺制作，能带动特色农产品销售，拓宽农民增收渠道。[①] 手工艺产品还与民俗旅游、智慧农业等新经济概念相契合，吸引和创新乡村和城市的节日消费。在传统节庆活动中，城乡文化资源各有所长，皆面临传统风俗的传承和创新，皆待观念的转变和制度上的解放，更重要的是从空间和时间上具备确立一种有机联系城乡经济和社乡社区衔接带的巨大潜力。城市有齐备的基础文化设施和丰富的社会资源，乡村有浓厚的风俗土壤和家喻户晓的内容支持。两者的消费环境各有优势，需求上的互补性较强，文化产品和消费结构上的互补性也较强。浙江城乡各地通过"我们的节日"共同提炼当地历史文化、民俗风情作为既独特又能共享开发的文化资本，整体释放文化发展的创新动力，将继续为增加公共文化服务总量，缩小城乡文化差距积极探索实践路径。

---

① 潘鲁生：《乡土文化根不能断》，《人民日报》2017年12月10日第10版。

第七章 城乡一体、普惠共享的浙江乡村公共服务体系建构

无论城乡，提供公共服务与公共产品，是实现社会发展的重要保障。世界历史的普遍规律是，在工业化之前，乡村的公共服务主要通过乡村居民的集体行动与慈善行为来实现自给自足；在工业化时代之后，由于城市掌握了科学技术与财政税收的主导权，乡村的公共服务水平与城市间的差距便不断拉大。浙江作为中国乡村发展的重要实践，在改革开放之后的40年间也经历了乡村公共服务的两次重大转型。第一次转型的主要特征是由人民公社作为乡村公共服务的唯一提供者，转变为由村庄、村民和市场力量共同提供乡村公共服务。第二次转型的主要特征是由低水平、碎片化的乡村公共服务向全民覆盖、普惠共享、城乡一体的基本公共服务体系转变。在高水平全面建成小康社会战略指引下，浙江在解决乡村居民公共服务覆盖范围小、保障水平低、城乡差距大等问题上探索了大量具有创新性和实用性的改革举措，将协调发展与共享发展理念运用于乡村社会保障和社会事业的发展上，覆盖城乡均等化的公共服务体系正在蹄疾步稳地建设之中。

第一节 走向融合共享：乡村公共服务体系建设之路

在不同的历史时期内，浙江乡村社区依据其政治、经济和社会条件形成了不同的公共服务供给机制，产生了特征鲜明的公共服务水平与效率。传统浙江乡村社会以社区宗族组织为联结形成相对自给自足

的封闭社区，依靠村庄内资源在乡村精英领导下提供有限的扶危救困、兴医助学的社区公共服务。人民公社时期，浙江乡村主要依靠集体经济和上级政府下拨少量资源，按照以政府统一行政决策，建立起低水平但普遍保障的乡村公共服务体系。改革开放初期，受到市场化改革的影响，部分乡村公共服务供给采取了市场化供给机制，而部分公共服务领域受到人员与资金的影响遇到了一定困难。在改革开放进入深化阶段以后，随着农村税费改革在浙江全省范围内实行，尤其是在基本公共服务均等化行动开始后，受到政府财政资金保障的乡村社会保障与公共服务体系建设全面铺开深入，形成了由地方政府、村集体和社会力量共同参与的乡村公共服务新格局。

一 乡村公共服务的内涵及其供给机制：理论与争辩

公共服务在概念内涵上与公共产品是基本一致的，即与私人产品和服务相对应，具有一定的非排他性、非竞争性、外部性以及消费上的共同性的产品和服务。萨缪尔森（P. Samuelson）认为公共物品是"每个人对这种产品的消费，都不会导致其他人对这种产品消费的减少"[1]。他所定义的实际上是纯公共产品，具有严格的消费非排他性和非竞争性的特征。奥斯特洛姆（E. Ostrom）从消费或使用的可分性和排他性角度考察公共产品，认为是否具有可分性或排他程度是划分公共产品与私人产品的界限。[2] 布坎南（M. Buchanan）也对公共产品给出了更为宽泛的定义："任何由集团和社团决定，为了任何原因，通过集体组织提供的物品或服务"，包括公共性程度从 0（私人产品和服务）到 100%（纯公共产品和服务）之间的物品和服务。[3] 如果将公共服务的地域限制考虑在内，实际上绝大多数乡村公共服务和产品均属于地方性的准公共物品（或者说"俱乐部产品"），仅对村庄

---

[1] ［美］保罗·萨缪尔森等：《经济学（下册）》，高鸿业译，中国发展出版社1992年版。

[2] ［美］埃莉诺·奥斯特罗姆：《公共事物的治理之道》，余逊达译，上海三联书店2000年版。

[3] ［美］詹姆斯·布坎南：《民主进程中的财政》，唐寿宁译，上海三联书店1992年版。

内个人、家庭和社区的福利有明显影响。

在广义内涵上，乡村公共服务可分为基础性公共服务（如农村基层政府行政服务、乡村道路建设、用电、饮水设施、广播电视、通信等），社会性公共服务（如社会保障、基础教育、基本医疗、社会养老等），经济性公共服务（如农业技术推广、病虫害防治、水利设施、农业信息平台建设等），以及公共安全服务（如卫生防疫、治安防控、污染防治、大江大河的治理、生态保护等）。从乡村居民日常生产生活的基本需要来看，乡村基本公共服务一般只涵盖社会保障（如社会保险、社会救助、社会福利、社会慈善），社会事业（如教育事业、医疗事业、养老事业、文化事业）和公共设施（如公共交通、供水供电、通信网络、污水垃圾处理）三个领域。由于乡村农业公共服务、文化公共服务和基础设施建设已在其他章节具体介绍，本章将从社会保障和社会事业两个领域集中论述浙江乡村公共服务体系的发展经验。

从供给机制来看，不同类型的乡村公共服务体系存在较大差别。其中，政府、市场和第三部门（含社区）均能成为公共服务的提供主体。西方公共管理的早期理论主张公共服务必须由政府供给，方能克服由市场失灵带来的一系列经济社会问题。[①] 但20世纪70年代以后随着产权理论和新公共管理理论的兴起，一些学者认为市场也能提供公共服务，而且可以降低交易成本，提高公共服务的效率。此后不久，部分学者指出公共服务领域不仅存在政府失灵，同样也存在市场失灵。他们主张公共产品服务可以由非营利组织、非政府组织、社区等多元主体进行供给。[②]

在乡村公共服务供给的各种实践形式中，政府、市场和社会的三种力量无论在资源来源，还是在配置决策方面均发挥着独特作用。在传统乡村社会中，"皇权不下乡"使国家正式权力很少深入乡村社会。除了国防、赈灾和建造大型水利工程等公共服务由国家承担，乡

[①] ［美］大卫·N.海曼：《公共财政现代理论在政策中的应用（第六版）》，章彤译，中国财政经济出版社2001年版。

[②] ［美］曼瑟尔·奥尔森：《集体行动的逻辑》，陈郁等译，上海人民出版社1995年版。

村地方性公共服务主要由以士绅、族长等乡村社会精英为主导的社区居民自助合作与慈善救助来提供。一些成熟稳定的村庄中往往存在公田和族田，还有作为社区贫困居民救济形式的社仓等来提供一定的社会保障。族田除了用于祭祀祖先，主要是用来赡济贫族、救济疾病，或供族人读书及应试等。同时，乡村精英还会以私人的名义为同族或乡里提供救灾救荒、修桥铺路等社区慈善服务。这也意味着传统乡村社会中，公共服务的资源来源和配置决策都主要由乡村社区自行解决。

二 1949—1977年：乡村公共服务的集体化供给

中华人民共和国成立后，为了调配社会资源，集中进行社会主义建设，国家通过多项有力的政策与运动改变传统的乡村社会结构，把国家政权嵌入乡村。通过集体化改造实现了社会资源（土地、劳动、就业等）向乡村集体组织（人民公社、生产大队）集中，而国家通过高度组织化的行政命令"自上而下"地管理集体组织，进而控制各类资源。在组织严密的国家—集体—农民的社会结构下，乡村居民的生产生活对社队的高度依赖，也形成了乡村公共服务主要由乡村集体组织供给的单一模式。从资源来源而论，乡村集体公共服务主要是利用农村集体经济的部分盈余以及社员采取"以劳代资"的方式进行投入，而国家层面的投入相对有限，主要体现在发动城市知识青年下乡的人力资本投入，因而乡村公共服务很大程度上是由乡村居民自己提供的，但这种自我供给具有一定隐蔽性。

同时，乡村公共物品供给的决策权很大程度上受到地方党委政府以及村级党组织的影响。在强有力的控制下，乡村公共产品与服务的安排和配置主要受行政化决策的影响。人民公社作为政权在乡村的基层主体，在遵循国家自上而下政策方针的同时，也会结合当地的实际情况对于诸如教育、医疗和基础设施建设等村庄公共服务的安排进行决策。[①] 由于抹平了乡村居民的阶层差异，居民对公共服务的需求具

---

① 张乐天、曹锦清、陈中亚：《当代浙北乡村的社会文化变迁》，上海人民出版社2014年版，第312—314页。

有高度的同质性，这种自上而下结合地方实际的公共服务统一供给体制无疑具有较高的效率，满足了乡村居民的生产与生存的基本需求。

简要来看，改革开放前浙江乡村公共服务具有以下特点。

第一，为乡村居民提供了普惠但低水平的社会保障。在意识形态的推进下，浙江乡村按照国家政策的统一安排，建立了比较健全的乡村社会保障服务体系。在20世纪五六十年代普及了以农村"五保户"供养和乡村"赤脚医生"为代表的集体保障方式。其中，乡镇卫生站结合以村级"赤脚医生"为代表的合作医疗模式不仅对传染病防治、乡村公共卫生条件改善发挥了很大作用，还基本做到了乡村居民病有所医。到1977年，全省农村87%的生产大队办起了以合作医疗为主要形式的村级卫生组织。与之相似，农村五保供养与社会救济等社会保障也基本是通过"社队"的安排由集体解决，尽管保障水平相对较低，但效率较高。

第二，围绕农业生产建设了各类基础设施与公共服务。通过充分动员乡村人力资源，乡村社队可以在技术条件比较简陋的情况下，大量投入劳动力兴建一些农田水利设施，为农业生产提供保障。此外，国家在基层设立了农技站、农机站、水利站、畜牧兽医站、供销合作社、粮站等部门。其人员的工资和事业费由财政统包，财务上统收统支，工作人员享受国家干部待遇，对农业科技服务和生产流通发挥了重要支撑作用。在20世纪70年代后，受到相关政策鼓励，乡村社队纷纷因地制宜发展五小工业，也对乡村社区发展自给自足的地方农业公共服务形成补充。

第三，文教事业在乡村地区得到空前发展。中华人民共和国成立后，尽管地方政府财力非常有限，但出于社会主义改造的需要，对教育、文化、体育等公共服务高度重视。在地方政府和基层集体组织的共同推动下，浙江乡村基层普遍设立了文化站、广播站、小学等公共服务机构，对提升乡村居民文化素质，宣传国家大政方针发挥了重要作用。以学校普及为例，在1949年以前绝大多数乡村并未建立起正规学校。而到了1965年，浙江全省已有9.41万所小学，入学儿童411.8万人，占全省学龄儿童的85.41%。

尽管改革开放前浙江乡村公共服务取得了令人瞩目的发展，但受到工农业"剪刀差"以及城乡二元分割的影响，乡村居民的公共服务保障水平相对较低、负担较重，只能说解决了乡村居民的基本生存需求。国家对于乡村地区公共服务体系发展的投入也相对有限，乡村公共服务仍主要依靠集体经济的自给自足。

三　1978—2002 年：乡村公共服务的市场化改革

改革开放初期，家庭联产承包责任制的推行将过去由国家政权和乡村社队组织系统掌握的生产经营权下放给个体农民生产者，极大地促进生产力的解放和劳动生产率的提高。但以市场化为主要内容的改革对乡村公共服务的供给也带来较大影响。人民公社制度的取消以及家庭联产承包责任制的推行使乡村资源向乡村个体与家庭回归。在20世纪八九十年代大多数的浙江乡村中，集体组织在乡村社会中的影响力不断下滑，乡村社区精英还未充分成长成熟，多元化的公共服务供给结构还没有形成。原有主要依靠乡村集体组织的公共服务供给机制难以动员充分的资源，国家也没有充分的资源投入乡村公共服务体系建设，造成许多公共服务的供给处在相对的"真空"之中，导致原有的乡村公共服务体系出现了衰退，部分社会福利、基础设施、农田水利管理等公共服务水平甚至出现下滑。

20世纪80年代中期以来，政府为减轻财政负担，对部分事业单位进行了市场化改革，将很多原来政府提供的乡村公共服务（如乡村医疗、农机、农技、畜医等）采取市场化举措，由服务的使用者承担主要费用，造成了乡村公共服务的公共性受损。

第一，乡村社会保障的互助供给缺失。随着人民公社体制的解体，乡村家庭的医疗、养老负担必须由乡村家庭自行承担，乡村集体组织的互助救济机制也基本丧失原有功能。以乡村医疗服务为例，20世纪80年代以后浙江乡村的赤脚医生大部分转业，或转而开办私人诊所，农村合作医疗和赤脚医生制度基本消失。不受医疗保险覆盖的乡村居民只能自掏腰包，前往乡镇卫生院和城市大医院就诊。因病致贫、因贫弃医等形象在乡村家庭中时有发生。

第二，市场化导致乡村公共服务公共性不足。随着乡镇农机站、水利站、农经站、农技站、畜牧兽医站、文化站等机构的管理权限由县级下放到乡镇，并实行"块块"为主的管理体制，这些乡村公共服务机构与上级相关业务部门的联系断裂，运行经费难以得到财政保障，不得不实行市场化改革，向接受相应服务的乡村居民直接收费，导致了服务质量下降、收费不合理、公共性缺失等一系列问题。[①] 而乡村社区灌溉、小型水利设施也实行了民营化改革，采用承包经营、租赁、拍卖、股份合作制等方式转制经营，也产生了收费混乱、缺乏维护投入等问题。

第三，乡村居民为公共服务所承担的税费负担过重。由于政府财政对乡村地区缺乏投入，乡村公共服务的资金来源主要依靠乡统筹、村提留等制度外财政收入渠道。由于乡镇政府特别是欠发达地区财政压力较大，只能通过减少乡村公共服务的数量来节约财政支出。据浙江省财政厅课题组的研究统计，到 2002 年，在全省 1298 个乡镇中，预算内赤字乡镇 135 个，赤字面 10.40%，赤字金额 10840 万元；预算外赤字乡镇 308 个，赤字面 23.73%，赤字金额 78171 万元。[②] 以农村中小学教育经费为例，浙江 2000 年征收农村教育附加费 10.47 亿元、农村教育集资 1.17 亿元，占财政安排给农村中小学预算内经费的 40%。[③] 也就是说就连义务教育这样的乡村基本公共服务有四成的经费直接来源于乡村居民。

受到乡村公共服务供给机制转型的影响，浙江乡村公共服务在改革开放初期的一段时期内存在"服务真空"的状态，主要表现为乡村集体组织在公共服务领域中的退场，政府财政对于乡村公共服务投入的不足，以及新兴乡村精英和自治组织对弥补乡村公共服务短板的力量缺陷。同时，改革开放初期乡村社会从人民公社体制下行政权力主导的一元结构向市场力量主导的多元结构演化，造成利益主体和组织的多元化，给乡村公共服务的配置决策机制也带来了冲击。伴随着

[①] 农业部产业政策与法规司编著：《中国农村 50 年》，中原农民出版社 1999 年版，第 284 页。

[②] 浙江省财政厅课题组：《浙江省加快农村公共财政建设的对策研究》，《改革》2003 年第 6 期。

[③] 俞云峰：《农村公共产品供给机制创新的若干思考——基于浙江省的调查》，《农村经济》2007 年第 2 期。

人口流动限制的放宽，大量原先从事乡村公共服务的专业技术人员或迁移至城市，或下海经商，也对旧有乡村公共服务体系的瓦解产生助推效果。需要注意到，在一些集体经济发展相对较好的村庄，也出现了通过投入部分集体经济的盈余来改善村民的公共福利的现象。这为探索乡村公共服务社区化供给提供了参考经验。

四 2003—2018年：基本公共服务均等化的实践

2002年，党的十六大第一次明确提出"统筹城乡经济社会发展"，并把"社会更加和谐"作为全面建设小康社会的目标之一。在2006年《国民经济和社会发展"十一五"规划纲要》中首次提出基本公共服务均等化的目标。在2012年党的十八大报告进一步明确提出"要围绕推进基本公共服务均等化和主体功能区建设，完善公共财政体系，增强政府提供基本公共服务能力，把更多财政资金投向公共服务领域，以发展社会事业和解决民生问题为重点，优化公共资源配置，注重向农村基层欠发达地区倾斜，逐步形成惠及全民的基本公共服务体系"。2017年12月的中央农村工作会议强调中国特色社会主义乡村振兴必须走城乡融合发展之路，坚持以工补农、以城带乡，把公共基础设施建设的重点放在农村，逐步建立健全全民覆盖、普惠共享、城乡一体的基本公共服务体系。

中共浙江省委、省政府高度重视乡村社会发展工作，深入贯彻中央加快推进基本公共服务均等化的各项方针举措，将其作为21世纪统筹城乡发展的重要内容。尤其在习近平同志主政浙江以后，浙江省市地方政府明显加大了对乡村社会事业和民生发展的投入。2003年1月在浙江省十届人大一次会议上，习近平同志首次提出了"五大百亿"工程，具体包括"百亿基础设施建设"工程、"百亿信息化建设"工程、"百亿科教文卫体建设"工程、"百亿生态环境建设"工程、"百亿帮扶致富建设"工程，对浙江乡村的经济社会发展和人民生活改善产生了持续的推动作用。2008年浙江省十一届人大一次会议通过的《政府工作报告》明确提出"基本公共服务均等化行动"，并将其列入全面小康六大行动计划之一，在全国率先启动了省级层面的"基本公共服务均等化行动计划"。2009年，省政府印发《浙江省人民政府关于加快推进基本公共服务均等化进一步改善民生的若干意见》，对健全社会保障体系、提升教育发展水平、完善城乡公共服务体系、提高农村公共文化服务水平、改善城乡居民生产生活条件等提出了要求。2012年、2016年浙江省政府办公厅印发了浙江省基本公共服务体系"十二五"和"十三五"规划，对乡村基本公共服务体系建设做出详尽规划。

以下主要从乡村社会保障体制改革、乡村教育事业和乡村医疗卫生事业发展三个方面简要介绍2002年以后浙江在乡村公共服务体系建设方面做出的举措。

(一) 乡村社会保障体制改革锚定乡村发展之需

党的"十六大"以来，中共浙江省委、省政府按照统筹城乡发展的要求，从促进经济社会协调发展的大局出发，不断深化城乡社会保障制度改革。针对经济社会发展过程中，乡村社会与乡村居民面临的新情况、新问题探索建立了包括城乡一体的最低生活保障、被征地农民社会保障、农村新型合作医疗、新型农村养老保险等在内的新型农村社会保障制度，并对农村五保供养进行了改进。

一是建立完善城乡一体的最低生活保障制度。最低生活保障制度是指以保障人民群众基本生活为目的，科学、合理地确定最低生活保障标准，然后对其家庭人均收入低于最低生活保障标准的，给予差额补助。[①] 浙江省于1996年率先在全省建立了覆盖城乡的最低生活保障制度。经过数年的探索完善，2001年8月浙江省政府颁布了《浙江最低生活保障制度办法》，促进最低生活保障制度在浙江走向规范化、法治化。2003年省政府出台《关于加快建立覆盖城乡的新型社会救助体系的通知》，提出加快构建以最低生活保障为基础，以养老、医疗、教育、住房等专项救助为辅助，以其他救助、救济为补充，与经济社会发展水平相适应的新型社会救助体系。2004年，中共浙江省委将低保工作列入了对市县党政主要领导和领导班子的考核内容。2017年9月浙江省政府常务会议审议通过《浙江省最低生活保障办

---

① 吴桂英主编：《民政30年（浙江卷，1978年—2008年）》，中国社会出版社2008年版，第15页。

法》修订案，对最低生活保障对象家庭成员的范围作了进一步界定，对家庭收入及财产状况的认定作了原则规定。为体现城乡一体的原则，省内绝大多数区县实现了最低生活保障给付标准的城乡统一。

　　二是建立完善被征地农民社会保障制度。为了确保被征地农民的权益，2002年，浙江省政府出台了《关于加强和改进土地征用工作的通知》文件不仅规定合理确定征地补偿标准、及时支付征地补偿费用等外，还要求完善土地征用补偿安置办法、加大被征地农民就业工作力度、建立健全被征地农民基本生活保障制度。2003年9月，浙江省政府下发了《关于加快建立被征地农民社会保障制度的通知》，明确被征地农民社会保障是一个与城镇社会保障体系既有区别又相衔接的制度框架和运行机制。2004年1月，中共浙江省委、省政府在《关于统筹城乡发展促进农民增收的若干意见》中提出要"切实维护被征地农民利益""被征地农民基本生活保障问题没有解决的不予审批"。2005年4月，浙江省政府又发出了《关于深化完善被征地农民社会保障工作的通知》，提出"从2005年1月1日起，各地对被征地农民要做到即征即保"，并要求实施就业社会保险补贴，并提供被征地农民就业培训和妥善解决被征地农民的医疗保障。2009年8月省政府颁布了《浙江省征地补偿和被征地农民基本生活保障办法》，明确全省征地补偿最低标准由省政府制定并公布，各市、县制定的征地补偿标准不低于全省最低标准，标准每两年至三年调整一次，确保失地农民基本生活水平不降低，长远生计无忧虑。2014年5月，省政府下发了《关于调整完善征地补偿安置政策的通知》，进一步明确完善被征地农民基本生活保障与相关养老保险制度的衔接政策，被征地农民可按照相关养老保险制度规定选择参加职工基本养老保险或城乡居民基本养老保险。通过不断的制度完善，被征地农民的劳动就业、社会养老等方面的权益得到了切实有效的保障。

　　三是建立完善覆盖城乡的基本医疗保险制度。浙江省于2003年8月出台了《关于建立新型农村合作医疗制度的实施意见（试行）》，提出按"低点起步、扩大覆盖，政府推动、多方筹资，县级统筹、保障适度，先行试点、逐步推广"的原则，到2007年全省基本建立以县为单位的农村大病统筹合作医疗制度，当年确定了27个县开始试点。2007年,浙江省87个有农业人口的县(市、区)全部实施了新型农村合作医疗,实现了全省新型农村合作医疗制度的全面覆盖,九成农民享受了新型农村合作医疗。同时,浙江省新型农村合作医疗逐步提高保障水平,从以县为主"大病统筹"发展到全面推行"大病统筹"为主、兼顾"门诊统筹",住院补偿比例和门诊补偿比例不断提高。2007年,浙江省人民政府办公厅下发《关于进一步完善新型农村合作医疗制度的意见》,该《意见》提出要加大政府投入,提高筹资水平,完善合作医疗补偿方案。2012年年底,浙江省出台《浙江省人民政府办公厅关于开展城乡居民大病保险工作的实施意见》。2014年11月,浙江省政府公布《关于加快建立和完善大病保险制度有关问题的通知》,将参加城镇职工基本医疗保险、城镇(城乡)居民基本医疗保险和新型农村合作医疗制度的参保人员统一纳入大病医疗保险制度范围。新农合与大病医疗保险的全面铺开,为乡村居民看病解决了较大的经济负担,乡村居民的医疗保险水平与城镇职工的差距不断缩小。在此基础上,2016年浙江省人民政府办公厅出台了《关于深入推进城乡居民基本医疗保险制度建设的若干意见》,提出按照全覆盖、保基本、多层次、可持续的方针,建立完善全省统一的城乡居民基本医疗保险制度。这也标志着浙江居民医疗保险正式进入城乡融合的新时代。

四是建立完善城乡居民养老保险制度。2004年,浙江省劳动和社会保障厅发布了《关于积极探索建立农村社会养老保险制度的通知》,该《通知》要求各地努力建立以个人缴费为主、集体补助为辅、政府适当补贴和统账结合方式的新型农村养老保障制度。2008年中央一号文件提出"探索建立农村养老保险制度,鼓励各地开展农村社会养老试点"和3月全国人大通过的《政府工作报告》指出"鼓励各地开展农村养老保险试点"之后,中共浙江省委、省政府在2009年和2011年分别出台了《浙江省人民政府关于建立城乡居民社会养老保险制度的实施意见》,以及《浙江省人民政府关于加快实施城乡居民社会养老保险制度的意见》。随着城市化的推进、劳动力的流动以及农民身份的转变,使得原有的农村养老保险制度难以适应。2014年2月,《国务院关于建立统一的城乡居民基本养老保险制度的意见》决定将"新农保"和"城居保"合并实施,在全国范围内建立统一的城乡居民基本养老保险。在此背景下,2014年浙江省决定将"城乡居民社会养老保险"更名为"城乡居民基本养老保险",以充分发挥城乡居民基本养老保险在保障人民生活,调节收入分配,促进经济社会协调发展中的重要作用。2014年《浙江省人民政府关于进一步完善城乡居民基本养老保险制度的意见》对浙江城乡居民基本养老保险制度进行了规范。与原有"新农保"相比,城乡居民养老保险制度有几方面具体变化,包括缴费档次有所提高,提高了政府补贴标准,基础养老金有所提升,更加注重制度的衔接,保障跨地区转移以及保险关系转移接续。

五是率先实行农村"五保"集中供养。2003年,中共浙江省委、省政府提出在前期试点的基础上,实施农村"五保"对象的集中供养,力争3年内全省集中供养率达到80%以上,科学规划、合理布局,积极调整利用社会性各方资源,加快农村敬老院养老基础设施建设,明确农村"五保"对象集中供养经费由县(市、区)、乡镇政府和村集体按比例分担。[①] 2006年5月,浙江省政府下发了《关于促进养老服务业发展的通知》,通知要求全省各地大力发展养老服务业,加快建立与经济社会发展水平相适应、能满足老年人生活需要的养老服务体系。2015年1月,作为地方性立法的《浙江省社会养老服务促进条例》获得省第十二届人民代表大会第三次会议通过。该《条例》明确保障农村五保对象的养老需求,并要求省级财政对农村地区和人均可支配收入较低地区给予倾斜。

(二)城乡教育均衡化栽种乡村未来希望

把促进城乡教育公平均衡发展作为促进城乡社会公平和统筹城乡发展的重要基础,中共浙江省委、省政府于2002年和2005年相继提出建设"教育强省"和把建设"教育强省"的重点放到农村的目标,并先后出台和实施了一系列举措。

一是实施全省免费义务教育,提高农村教育质量。2002年,宁

[①] 吴桂英主编:《民政30年(浙江卷,1978年—2008年)》,中国社会出版社2008年版,第25页。

波市在全国首开实行免费义务教育先河,省委、省政府也在2003年起对五类困难家庭的学生义务教育阶段和高中阶段教育实行全部免费,并从2006年秋季开始,全省城乡义务教育免收学杂费,成为全国第一个全面实行免费义务教育制度的省份。进入21世纪,为加强统筹城乡教育的力度,加快农村教育的发展,浙江省先后出台了《关于确保农村义务教育事业健康发展的意见》（浙委办〔2002〕39号）、《关于进一步加强农村教育工作的决定》（浙政发〔2004〕47号）。之后,又实施了农村中小学"四项工程"和现代远程教育工程（2005）、农村中小学教师素质提升工程（2005—2007）和"领雁工程"（2008）,提升农村教师素质,提高农村教育质量。在2010年制定的《浙江省中长期教育改革和发展规划纲要（2010—2020年)》中提出"建立健全中小学校长和教师在县域内合理有序流动机制,鼓励支持骨干教师到薄弱学校特别是农村学校任教。增加薄弱学校特别是农村学校教师的培训机会"。积极推广"名校集团化""城乡学校共同体"、乡（镇）中心学校带村校等组织方式,改进和加强薄弱学校内部管理,扩大优质教育资源覆盖面。在2016年制定的《浙江省教育事业发展"十三五"规划》也将统筹城乡义务教育发展,不断提升农村和偏远地区中小学办学水平,推进农村小规模学校小班化教育,切实增强吸引力,促进学生就地入学作为义务教育的一项重点工作。

二是发展农村职业技术教育,提高劳动者素质。2001年,浙江省政府召开了全省职教工作会议,出台了《关于加快中等职业教育发展的意见》,明确提出职业教育必须"做大做强"。2004年,浙江省政府召开全省农村教育工作会议,进一步强调职业教育要以就业为导向,以服务为宗旨,加快培养大批高技能人才和高素质劳动者,发挥职业教育在推进城镇化进程和转移农村劳动力中的重要作用。2001年至2006年连续6年实现普教与职教之比1∶1,创出了职业教育的"浙江经验"。2006年6月,省政府下发《关于大力推进职业教育改革与发展的意见》,全面实施"六项行动计划",推动职业教育改革与发展。但由于浙江城乡经济快速发展,农村生源对农村职业教育缺乏足够兴趣，农村职业教育的持续发展也面临较大挑战。①

三是推进农村成人教育，提升农民素质。自2001年以来，先后在全省范围组织实施了"百万农民培训工程""百万职工双证制教育培训工程""千万农村劳动力素质培训工程"和"阳光工程"四大农民培训工程，大大提高了农村劳动力素质和就业能力，为促进浙江经济的快速发展作出了积极的贡献。以国家级和省级农村职业教育和成人教育示范县和城乡成人社区教育示范学校建设为抓手，积极培育农村社区教育培训品牌项目，打造成人农村社区教育特色课程。

（三）乡村公共卫生事业发展解决乡村群众心头之患

针对乡村市场经济发展后乡村居民"看病难、看病贵"的问题，在党的十六大以后，中共浙江省委、省政府以"三个代表"重要思想和科学发展观为统领，先后两次召开全省农村卫生工作会议，并把加强农村公共卫生服务体系建设作为统筹城乡、建设社会主义新农村的重要任务。

2001年，在全国率先出台了《浙江省卫生现代化建设纲要（2001—2020年）》，2003年出台了《关于进一步加强农村卫生工作的意见》（以下简称《意见》），《意见》提出要"加强宏观管理，优化卫生资源配置，逐步缩小城乡差距，满足农民不同层次的医疗服务需求，从整体上提高广大农民的健康水平和生活质量"。2005年8月，浙江省政府召开农村卫生工作会议，出台了《关于加强农村公共卫生服务工作的实施意见》，按照"让农民看得起病、有地方看病、加强预防少生病"的要求，作出了实施"农民健康工程"的决策。2006年，浙江省政府正式颁布《浙江省卫生强省建设与"十一五"卫生发展规划纲要》，"卫生强省"的农民健康工程、公共卫生建设工程、城乡社区健康促进工程、科教兴卫工程、"强院"工程、中医药攀登工程"六大工程"，被纳入《浙江省"十一五"国民经济和社会发展规划》中，使"卫生强省"建设成为全省各级党委、政府发展卫生事业的共同行动纲领。从2013年起，浙江启动"双下沉、两

---

① 龚海珍：《新时期浙江省农村职业教育发展现状及对策》，《时代经贸》2016年第28期。

提升"工作,即"医学人才下沉、城市医院下沉,提升县域医疗卫生服务能力、提升群众满意率"。2015 年省政府印发了《关于推进"双下沉、两提升"长效机制建设的实施意见》,提出"加快形成医疗资源依次梯度下沉的格局"目标,把 26 个加快发展县作为资源下沉的重点,并全面推进县级医疗资源下沉到乡镇,与基层医疗卫生机构建立紧密型医疗技术协作合作体,具备条件的可探索省(市)县乡一体化紧密型合作办医模式。此外,省卫生计生委、人力社保厅、发改委等五部门于 2014 年 8 月出台《浙江省分级诊疗试点工作实施方案》,省政府办公厅于 2015 年 6 月印发《关于推进责任医生签约服务工作的指导意见》,又于 2016 年 6 月印发《浙江省人民政府办公厅关于推进分级诊疗制度建设的实施意见》,"双下沉,两提升"已成为深化医改、重新架构医疗服务体系、加快建立分级诊疗制度的重要内容,基层首诊、双向转诊、急慢分治的分级诊疗体系也在加紧建设之中。

经过 16 年的发展,浙江省乡村卫生工作全面加强,基层公共卫生体系不断完善,城乡社区卫生服务框架基本建立,医疗卫生技术水平和能力显著提高,初步形成了城乡一体、分级诊疗的医疗卫生服务体系。

总结来看,自 2002 年左右浙江改革进入深化阶段以来,乡村公共服务体系建设取得了突飞猛进的发展。在建设社会主义和谐社会与全面深化改革等中央决策的指引下,浙江各级地方政府花大力气加大投入乡村公共服务,在基础设施建设城乡一体化的基础上,加快教育、医疗、社会保障等基本公共服务城乡均等化,为全面实施乡村振兴战略奠定了坚实基础。与此同时,随着越来越多的浙江乡村通过发展特色产业,充实了地方经济,有越来越多的乡村民间组织和社会公益组织主导参与到各项乡村公共服务事业中来,为构建以政府为主题,多元主体协同参与的乡村公共服务体系提供了初步条件。

第二节　乡村公共服务体系建设为乡村振兴筑基铺路

如前所述，广义的乡村公共服务包含经济、社会、文化等多方面的内涵。为对应乡村基本公共服务的主要内容，本节主要从乡村社会保障体系建设、乡村教育事业发展、乡村公共卫生体系建设和乡村社区建设四个方面对浙江改革开放以来乡村公共服务体系建设的内容、特色和成效加以介绍。

一　向普惠覆盖迈进的农村社会保障体系

改革开放以前，受到长期的城乡二元结构影响，农村社会保障主要以五保户供养、灾荒救助及优抚安置工作为主体"小社保"。但随着改革开放以后，经济社会的快速发展，农村社会保障内涵也不断扩大，农村养老保险、农村合作医疗、农村最低生活保障、被征地农民生活保障等成为新时期农村社会保障体系的新兴领域，逐渐形成"大社保"的工作格局。

（一）农村社会养老保险制度：从试点到覆盖

传统乡村社会普遍采取家庭养老为主要养老方式，但受到人口结构变动和经济社会发展的影响，在乡村引入社会养老保险越发有其不可替代的价值。早在1992年4月省政府按照民政部《县级农村社会养老保险基本方案》的要求，确定在杭州、宁波、嘉兴三地的14个县（市、区）进行农村社会养老保险制度改革的试点，其中的临安县千洪乡成立了全省第一个乡级养老保险管理所。1993年5月，浙江省政府下发了《关于建立农村社会养老保险制度的通知》，并于1995年1月印发了《浙江省农村社会养老保险暂行办法》，正式建立农村社会养老保障制度，并在1999年将农民工纳入保险范围。到1997年年底，全省1464个乡镇（占全部乡镇的96%），31360个行政村（占全部行政村的85%），开展了农村社会养老保险工作，累计参保人数近 600 万。①

但 1998 年中央政府在调研后提出，农村社会养老保障问题较多，存在较大金融风险和社会风险；农村养老保险应按商业原则操作，政府不再直接参与组织。1999 年 7 月，《国务院批转整顿保险业工作小组保险业整顿与改革方案的通知》指出，目前我国农村尚不具备普遍实行社会养老保障的条件，决定对已有的业务实行清理整顿，停止接受新业务，建议有条件的地区应逐渐向商业保险过渡。政府对农村社会养老保障的态度发生转变，导致"老农保"成为农民自己缴费、自我储蓄的养老模式，难以解决农村低收入群体养老经费的实际需要。因而，浙江省农村社会养老保险暂时进入停顿。

虽然遭遇挫折，浙江从未放弃建立农村社会养老保险制度的努力。从 2007 年下半年开始，浙江在杭州、宁波、嘉兴、绍兴等地相继开展城乡居民社会养老保障的试点工作。2007 年 10 月 1 日起，嘉兴市开始实施《嘉兴市城乡居民社会养老保障暂行办法》，把城乡居民不重不漏、应保尽保地纳入多层次社会养老保障体系，从制度层面构建了"全民社保"体系。在试点成功的基础上，浙江省许多地方行动积极，例如奉化市实施《奉化市城乡居民养老保障暂行办法》和《奉化市被征地人员养老保障办法》，实现了被征地人员养老保障、城镇居民养老保障和新型农村养老保险政策"三保合一"，做到了缴费标准、待遇标准、经办机构、操作和管理"五统一"，从而实现了社会养老保障的城乡统筹。

2009 年《国务院关于开展新型农村社会养老保险试点的指导意见》出台，浙江省政府根据这一指导意见，制定了《关于建立城乡居民社会养老保险制度的实施意见》，按照"保基本、广覆盖、有弹性、可持续"的原则，把城镇非从业居民和农村居民一起纳入社会养老保障范围，并于 2010 年起在全国率先付诸实践。截至 2011 年 5 月，浙江城乡居民社会养老保障参保人数达到 1237 万人，参保率达到 85% 以上，已领取养老金人数达到 589 万人，养老金发放率达到

---

① 林吕建主编：《浙江蓝皮书：2009 年浙江发展报告（社会卷）》，杭州出版社 2009 年版，第 159 页。

100%，实现了社会养老保障的制度全覆盖和人员基本全覆盖。2014年根据中央建立统一的城乡居民基本养老保险制度的意见，浙江将"城乡居民社会养老保险"更名为"城乡居民基本养老保险"。2014年参保人员总数近 1400 万，参保率为 97%，其中 60 周岁及以上领取养老金人数有 600 万左右。[①] 近五年来，全省城乡居民基本养老保险参保人数也实现了大幅增长（见表 7-1）。截至 2017 年 11 月底，全省参保人数约为 1191 万人，其中缴费人数为 654 万人，占全部参保人数的 54.9%，领取养老金的人数为 537 万人，占全部参保人数的 45.1%。

表 7-1　2012—2017 年浙江省城乡居民基本养老保险参保人数[②]

单位：万人

年份	60 岁以下参保人数	领取待遇人数	合计
2012	759.7	572.7	1332.4
2013	778.7	577.1	1355.8
2014	762.0	580.0	1342.0
2015	735.1	550.1	1285.9
2016	691.0	542.0	1233.1
2017	654.0	537.0	1191.0

注：数据来源于浙江省财政厅和人社厅统计数据，以及《2016 年浙江省人力资源和社会保障事业发展统计公报》，其中 2017 年数据截至 2017 年 11 月底，其余年份截至当年年底。

在 20 余年的探索实践中，浙江农村社会养老保险不仅实现了从"老农保"向"新农保"直至"城乡居民基本养老保险"的"三级跳"，还实现了参保人数的持续增长和待遇水平的稳定提高。从 2017 年 1 月 1 日起，全省城乡居民基本养老保险基础养老金最低标准由每

---

① 张伟斌主编：《浙江蓝皮书：2015 年浙江发展报告（社会卷）》，浙江人民出版社 2015 年版，第 182 页。

② 杨建华主编：《浙江蓝皮书：2018 年浙江发展报告（社会卷）》，浙江人民出版社 2018 年版，第 152 页。

人每月120元调整为135元。这是浙江省自2010年全面组织实施城乡居民基本养老保险制度以来，第五次调整提高基础养老金最低标准。调整后，浙江城乡居民基本养老保险基础养老金水平继续位居全国省区前列。浙江农村社会养老保险从"制度全覆盖"发展为"参保对象全覆盖"，进而成为"保障标准最优惠"省级标兵。

在政府所给予的养老金之外，浙江一些集体经济比较发达的农村还为乡村老年人提供额外的福利，探索可持续推进的农村社区养老服务模式。例如海宁市华丰村投入资金设备建设村级日间照料服务中心，还聘请专业保健医师，让医养结合在乡村扎根落地。浙江很大比例的农村都建立起了老年食堂，无论山区海岛每顿饭一般只要3—5元，高龄老人还能完全免费，解决了许多乡村空巢老人生活的后顾之忧。

（二）基本医疗保险制度：从合作医疗到城乡共享

党的十六大以来，省委、省政府按照建设"卫生强省"的目标，全面建立新型农村合作医疗制度。浙江从2003年开始新型农村合作医疗试点，先后出台了《关于建立新型农村合作医疗制度的实施意见（试行）》《浙江省新型农村合作医疗试点工作方案》《关于积极稳妥推进新型农村合作医疗工作的指导意见》和《关于进一步完善新型农村合作医疗制度的意见》等省级层面文件。

浙江各级政府高度重视并积极推进新型农村合作医疗制度的建立，截至2006年年底，浙江全省新型农村合作医疗制度的参保人数提高到2902万人，参保率为87%，人均筹资水平为60元，提前达到中央关于2008年基本建立农村合作医疗制度的工作要求。2007年，浙江全省87个有农业的县（市、区）已经全部实施新型农村合作医疗制度，参保人数达到3000万人，参保率达89%，87个县（市、区）全部实行小病门诊报销制度。截至2009年年底，全省所有的县（区、市）新型农村合作医疗人均筹资达到140元以上，参合农民3035万人，参合率为92%。与2008年比较，新农合参保人数基本持平。2009年浙江新农合人均筹资水平达到179元，全省共有170万人次得到住院报销结算，共报销住院费用43亿元，住院补偿率为36.5%；5000万人次得到门诊报销结算，门诊费用共报销12亿元，门诊补偿率达到24%，新型农村合作医疗得到农民群众的广泛拥护。① 到2014年，新型农村合作医疗参合2527.5万人，参合率高达97.7%。人均筹资标准649元，比2013年增长16.5%，其中财政补助453元，占70%。所有统筹地区各级政府人均补助均高于省政府要求的330元，部分地区人均筹资标准超过700元。统筹基金最高支付限额达到全国农村居民人均纯收入的8倍以上且不低于8万元。②

截至2011年，浙江新农合累计筹资214亿元，人均筹资标准将达到370元左右，其中各级政府对新农合的注资比例高达70%，个人出资仅占30%，缓解了农民看病贵的难题。新农合从2003年至2011年的8年间，为农民报销医药费203亿元，共有1.98亿人次受益。③新农合减轻了农民的医疗负担，缓解了农民"看病难、看病贵"问题，农民参合积极性较高。

作为新农合的重要补充，2014年浙江省政府公布《关于加快建立和完善大病保险制度有关问题的通知》，将大病保险覆盖范围从原来的城乡居民拓展到包括职工在内的全体基本医保参保人员，实现大病保险制度人群全覆盖，这在全国属于首创。有5069万名基本医保参保人员纳入大病保险保障范围，受益人群规模较此前整整翻一番。

2016年，为进一步深化全省统一的城乡居民基本医疗保险制度建设，促进全民医保体系持续健康发展，根据《国务院关于整合城乡居民基本医疗保险制度的意见》，省政府办公厅出台了《关于深入推进城乡居民基本医疗保险制度建设的若干意见》提出建立完善全省统一的城乡居民基本医疗保险制度，统一参保范围、统筹层次、资金筹集、保障待遇、经办服务、基金管理和医保监管，推动保障更加公平、管理服务更加规范、医疗资源利用更加有效。自此，浙江省内凡

---

① 浙江省统计局、国家统计局浙江调查总队：《2009年浙江省国民经济和社会发展统计公报》，2010年3月5日，浙江统计信息网（http：//tjj.zj.gov.cn/tjgb/gmjjshfzgb/201003/t20100305_122159.html）。

② 浙江省统计局、国家统计局浙江调查总队：《2014年浙江省国民经济和社会发展统计公报》，2015年2月27日，浙江统计信息网（http：//tjj.zj.gov.cn/tjgb/gmjjshfzgb/201003/t20100305_122159.html）。

③ 王蕊：《我省"新农合"筹资达214.4亿元 城乡医保差距缩小》，2011年3月24日，浙江在线（http：//zjnews.zjol.com.cn/05zjnews/system/2011/03/24/017386896.shtml）。

不属于职工基本医疗保险参保范围，具有浙江省户籍的居民、在浙江省内就读的全日制学生，以及国家、省、市和县（市、区）规定的其他人员均可参加城乡居民基本医疗保险。截至2016年年底，城乡居民基本医疗保险参保人数达到3160.61万人，筹资标准达859元，其中财政补助598元，政策范围内，住院报销比例为62.4%，共有332万人享受到城乡居民基本医疗保险。

在农村居民的服务性消费中，医疗保健消费是一个重要的支出项目。从1985—2012年的统计数据来看，农村居民人均医疗保健支出总体上呈上升趋势（见图7-1），已由1995年的人均103元升至2011年的人均851元，升幅达到726.21%，年均增长42.71%，显著高于其他生活性消费支出项目的增长。而受到新农合政策举措加大的助力2012年的农村人均医疗保健支出有所下降，达739元。从医疗保健支出占生活性消费支出的比重来看，1985—2001年浙江省农村居民人均医疗保健支出比重呈现出快速增长的态势，从1985年的0.54%上涨为2001年的7.24%，上涨了6.70个百分点；2003年以

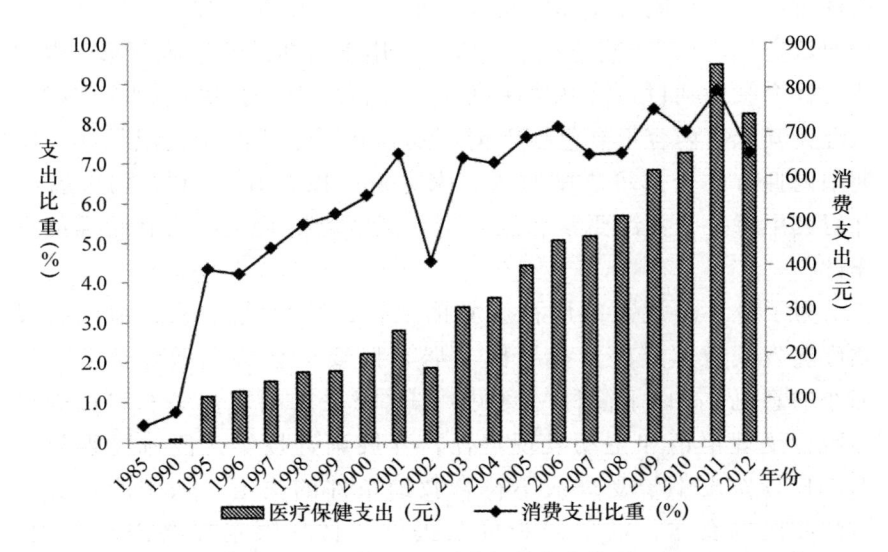

图7-1　浙江省农村居民历年人均医疗保健支出状况（1985—2012年）
资料来源：历年浙江统计年鉴（1985—2013）。
注：因2013年后农村居民收支数据统计方式发生变化，故未计入。

后呈现相对平缓的增长阶段，由 2003 年的 7.14% 上涨为 2011 年的 8.82%，上升了 1.68 个百分点，这与浙江从 2003 年起实施的新型农村合作医疗制度是密切相关的，新型农村合作医疗在改善农村医疗状况、保障农民获得基本卫生服务、缓解农民因病致贫等方面发挥了重要的作用。

（三）农村最低生活保障制度：从率先建立到高效落实

浙江从 1996 年开始探索农民最低生活保障制度，到 1998 年全省全面建立并付诸实施，是继广东、上海之后第三个建立城乡一体化最低生活保障制度的省份。2002 年，浙江在全国范围内率先建立了城乡统一的最低生活保障制度。

2007 年和 2010 年《浙江省最低生活保障家庭收入核定办法（试行）》和《浙江省低收入家庭收入核定办法》先后实施。这是最低生活保障制度运行和相关社会救助项目实施的重要基础。但随着经济社会发展和社会救助体系的演进，这些办法中的部分内容已经不再适应新的情况，也没有体现一些新情况。因此，2015 年 1 月，浙江省民政厅会同有关部门联合颁布了《浙江省社会救助家庭经济状况认定办法》，明确这一办法统一适用于包括最低生活保障在内的所有社会救助项目。该办法明确家庭经济状况是指家庭收入和财产状况，其认定内容主要包括申请人及其共同生活的家庭成员在一定期限内拥有的全部可支配收入、家庭财产以及其他相关资产情况，并对其中每一个关键要素和流程进行了清晰的规定，具有较强的操作性。

为了进一步规范基层社会救助工作，2015 年 7 月，浙江省民政厅转发民政部《关于指导村（居）民委员会协助做好社会救助工作的意见》（以下简称《意见》）。《意见》要求乡镇和村民委员会履行受理申请和主动发现责任，开展调查核实，但村民委员会不得自行作出不予受理或不符合救助条件的决定；强调严格贯彻简政便民的要求，需要困难群众提供的材料限定在必需范围内，防止过多过滥；要求准确领会最低生活保障是最后一道安全网的功能，不能简单以具有劳动能力或有成年子女，非共同生活的家庭成员有轿车、第二套住房，以及受过刑事处分，道德有瑕疵等理由不给予批准。①

截至 2016 年年底，全省城乡在册低保对象（含五保供养）达 84.05 万人，其中农村低保人口 74.21 万，保障标准为每人每月 631 元（7572 元每年），增长 10.7%；农村五保集中供养 3.44 万人，供养率 97.7%。城乡低保标准比达 93%，比 2015 年提高 5.8 个百分点，全省 68 个县（市、区）实现城乡低保标准一致，全省农村低保金支出 27.9 亿元。

（四）充分保障被征地农民权益：从建立到完善

为解决被征地农民基本生存问题，浙江从 2002 年到 2005 年相继出台了多个文件保障被征地农民的权益，明确全省从 2005 年 1 月 1 日起，各地新增被征地农民，必须做到即增即保，被征地农民基本生活保障水平原则上要高于当地城市最低生活保障水平。到 2005 年 6 月，全省所有市、县（市、区）均出台了被征地农民基本生活保障制度和实施办法。同年年底，全省已将 233.9 万名被征地农民纳入社会保障范围。

到 2006 年，全省共有 233.9 万被征地农民纳入保障范围，累计筹集资金 253.77 亿元，其中 88.19 万名符合条件的参保对象已按月领取基本生活保障金或基本养老金，人均保障水平为 190 元/月。截至 2007 年年底，已有 291 万名被征地农民被纳入社会保障范围，其中有 109 万名符合条件的参保人员已按月领取基本生活保障金或基本养老保险金，累计筹集保障金 316 亿元，浙江被征地农民参保人数和保障资金筹集总量占全国的 1/3。

2009 年 7 月，《浙江省征地补偿和被征地农民基本生活保障办法》出台，规定各地征地补偿不得低于全省征地补偿最低标准，基本生活保障金，政府实际出资比例提高到 50%，被征地农民按照规定参保的其基本生活保障金标准应当不低于当地城市居民最低生活保障标准。被征地农民基本生活保障资金实行财政专户管理、专款专用。2014 年省政府颁布的《关于调整完善征地补偿安置政策的通知》对

---

① 杨建华主编：《浙江蓝皮书：2016 年浙江发展报告（社会卷）》，浙江人民出版社 2016 年版，第 143 页。

被征地农民社会养老保障政策进行了调整，明确规定按照"即征即保、先保后征、人地对应"的原则按照征收耕地及其他农用地的数量，合理确定参保人数，足额计提社会保障风险准备金，逐步提高政府补贴标准和社会保障水平。

二 走向高水平均衡发展的乡村教育事业

改革开放以来，省委、省政府高度重视教育事业，先后提出实施科教兴省战略、创建教育强县活动，确立"基础教育迈向基本普及15年教育"宏伟目标，在全省上下形成了重视教育、发展教育的良好氛围，走出了一条有浙江特色的建设"教育强省"的路子。

（一）1978—2002年农村义务教育的巩固提升

在改革开放初期，浙江农村教育分阶段实现普及初等教育，实施九年义务教育和高标准、高质量普及九年义务教育的"三步走"。在第一个阶段，对"文化大革命"时代激进的"教育革命"进行拨乱反正，浙江农村基础教育和规模得到了有效调整，保障了基础教育应有的教学水平。从1978年开始至1984年，全省做到了乡乡（1万人左右）有初中，每个县有一所重点中学和一所农村示范性初中，农村学校规模和布局趋向于合理，基本上消除了虚肿现象，规模效益得到提高。1985年，浙江省为全面落实《中共中央关于教育体制改革的决定》，在中央"分级办学、分级管理"改革的框架下，深化农村教育体制改革，在政府体制内创新性地构建农村基础教育"县、乡、村三级办学，县、乡两级管理"的框架，最大限度地调动起各级政府的财政资源，广泛全面地调动起社会性资源，凸显人民教育人民办的体制优势，创造了在经济支撑水平还不高的情况下率先普及义务教育的典型。在此基础上，浙江农村教育得到了明显改善，经过不懈努力，至1989年，全省所有县（市、区）基本实现了普及初等教育的目标。

第二个阶段为普及农村九年义务教育进行严密的规划和富有成效的探索。1985年9月，浙江省政府宣布实施九年制义务教育。"规划到乡，测算到校"，逐乡逐校地普及达标。1987年8月，原浙江省教委在绍兴县柯桥区，组建农村区域教育改革试验区，启动连续8年两轮的"柯桥实验"。柯桥实验取得了多方面的丰硕成果，特别是试验区的教育质量获得大面积提高,为全省农村提供了教育改革和发展的系列化经验。1993年,参加全国课程教材改革研讨会的专家们,在柯桥试验区考察后一致认为,从柯桥试验区看农村区域教育,看到了中国农村教育的希望。

第三个阶段在推进高标准、高质量的普及九年义务教育工作的基础上,不断巩固和加强农村成人教育。浙江农村初等教育在1989年得到普及,1997年通过国家"两基"总验收之后,省政府又不失时机地推进高标准、高质量的普及九年制义务教育的工作。到2002年,浙江全省70%县(市、区)实现了高标准、高质量普及九年制义务教育,各项指标均名列全国前茅。同时,浙江农村成人教育坚持为农业现代化建设服务的办学方向,通过农科教结合开展多功能、多层次、多形式的办学。到2002年,全省有省示范性乡镇成人学校128所。1997—2002年,培训农民约1893.88万人次,全省农村劳动力年平均培训率达到30%以上。实施"百万农民培训工程"为普遍提高农民素质发挥了十分积极的作用,成为全国社区教育的突出亮点,多次受到教育部好评。

(二)2002—2018年着力促进城乡教育均衡发展

进入改革深化阶段之后,为加快促进城乡教育均衡发展,浙江省先后出台了《关于确保农村义务教育事业健康发展的意见》《关于进一步加强农村教育工作的决定》,并实施了农村中小学"四项工程"和现代远程教育工程、农村中小学教师素质提升工程和"领雁工程"。2002年和2005年,浙江省相继提出建设"教育强省"和把建设"教育强省"的重点放到农村,2005—2007年各级财政投入资金32亿元,启动实施"农村中小学教师素质提升""农村中小学食宿改造""家庭经济困难学生资助扩面""爱心营养餐"四项工程。大规模开展对农村教师的培训,提高农村教师工资和补贴待遇,建立城镇教师支援农村教师工作机制,极大地促进了农民教育的快速发展。

为了缩小城乡教育发展差距,浙江较早建立健全了义务教育均衡发展、城乡一体化义务教育保障机制和农村义务教育经费保障机制。在优化学校布局,均衡配置师资、设备、图书、校舍等资源,加大财政转移支付力度,特别是在帮助偏远山区、海岛地区、少数民族地区提高义务教育发展水平上走在全国前列。2005年8月，中共浙江省委十一届八次全会通过了《关于加快建设文化大省的决定》，详细制定了"教育强省"的目标体系，把突出农村教育、推动基础教育均衡发展作为其中的重点任务。《决定》提出通过3年努力，使70%的县（市、区）达到教育强县标准；重点实施贫困学生资助扩面工程、农村中小学食堂宿舍改造工程、爱心营养餐工程、农村教师素质提升工程、教育信息化工程五大工程，统筹城乡教育发展，优化农村教育布局，改善农村办学条件，提高农村办学水平，确保所有农村孩子"念上书、念好书"。到2007年年底，各项建设任务圆满完成。全省累计资助家庭经济困难学生176万名，为90万名义务教育阶段中小学生提供免费爱心营养餐，累计完成278.7万平方米的食宿改造面积，完成21万人、86万课时的农村教师全员培训任务。[①] 2008—2010年实施的"领雁工程"，在3年时间内为农村中小学培训3.3万名骨干教师。近年来，浙江各地按照《浙江省中长期教育改革和发展规划纲要（2010—2020年）》的要求，切实推动中小学校长和教师在县域内合理有序流动机制，鼓励支持骨干教师到薄弱学校特别是农村学校任教，为提升农村中小学教育质量产生了重要作用。通过多年努力，全省农村教育办学条件大大改善，教育水平明显提高，城乡、区域、学校间教育差距不断缩小。

为减少农村居民子女教育支出负担，2002年宁波市在全国开实行免费义务教育先河，省委、省政府也在2003年起对五类困难家庭的学生义务教育阶段和高中段教育实行全部免费，并从2006年秋季开始，全省城乡义务教育免收学杂费，成为全国第一个全面实行免费义务教育制度的省份。针对部分农村家庭收入较低的情况，浙江省逐步推动建立了教育救助制度。从2004年开始，浙江教育救助的范围从"最低生活保障的贫困家庭"扩大到"低收入的困难家庭"，同年全省接受教育资助的中小学生扩大到30万人，大学生扩大到5.7万人，资助金额达5.6亿元；2005年又将免除杂费的对象扩大到农村居民年人均收入1500元以下、城镇居民年人均收入3000元以下的低

---

① 石洪斌：《农村公共物品供给研究》，科学出版社2009年版，第180页。

收入家庭子女、少数民族学生，同年全省接受资助的中小学生扩大到50万人。2007年1月22日召开的浙江省教育局长会议提出，浙江在该年提高农村中小学生均公用经费标准，将农村义务教育全面纳入公共财政保障范围，扩大家庭困难学生的受助面，并专门拿出一笔钱给农村中小学生买书，着力为农村教育"输血"补短。与此同时，全省第二轮教育对口支援也开始开展，教育强县通过"一对一"或"二对一"的方式帮助欠发达县发展教育，以促进全省农民教育均衡发展。同时，建立了家庭经济困难学生帮困制度，实施了一系列保障外来农民工随迁子女、残疾儿童、家庭经济困难学生资助政策，使得特殊教育、外来农民工子女教育、民族教育、继续教育得到显著加强。

根据第三次农业普查数据显示，2016年年末，全省95.9%的乡镇有幼儿园、托儿所，95.8%的乡镇有小学。22.4%的村有幼儿园、托儿所。学前教育等级幼儿园比例达89.7%，比2015年提高7.2个百分点，义务教育入学率99.9%，高中段毛入学率96%，比2015年提高0.1个百分点，十五年基础教育普及率达98.7%，中小学标准化学校比例达89%。农村义务教育阶段学校年生均公用经费标准为小学650元，初中850元，农村义务教育阶段学校年生均公用经费实际支出为小学2190元、初中3113元。农村小学低收入家庭子女爱心营养餐标准1000元/生每年，受益学生占义务教育阶段学生总数的6%。

随着全社会对于基础教育的重视程度不断提高，浙江许多先进乡村想方设法为当地引入优质教育资源，以优质的乡村教育公共服务提升对本村居民和外来人才的吸引力。2017年由东阳市花园村投资兴建的浙江师范大学附属东阳花园外国语学校正式落成，成为浙江省内唯一一所由乡村企业投资、为乡村居民服务，拥有国际教育课程，自幼儿园至高中的十五年一贯制学校。依靠雄厚的集体经济资助，花园村推行了16年免费教育，村民子女读书从幼儿园到高中学杂费全免，成为令"城里人"都艳羡不已的高水平教育福利。

三　结构不断优化的乡村公共卫生体系

改革开放以来，浙江以深化改革、整合资源、多元办医为动力，合理布局医疗卫生资源，优化资源结构。近年来在整体布局上更加强调新增卫生计生资源向农村卫生、公共卫生和加快发展县重点倾斜，促进卫生计生资源在城乡、区域和系统内各领域的合理配置，增强医疗卫生事业发展的整体性和均衡性，加快构建覆盖城乡、科学有序的分级诊疗体系。

（一）1978—2002 年：农村合作医疗卫生体系的衰退

改革开放初期，由于农村实行了包产到户的改革，集体经济随之逐渐瓦解，主要依靠社队集体经济支撑的合作医疗制度逐步瓦解了。20 世纪 70 年代农村合作医疗制度一度覆盖了 90% 的农村，但 80 年代以后覆盖面大幅度降低，之后虽有一定程度的恢复与发展，但进展缓慢。

浙江同全国一样，农村合作医疗和赤脚医生的资源保障基础遭到了破坏，农村医疗卫生工作因失去了经济支撑而迅速衰落。农村医疗卫生服务体系县、乡、村三级中的中下两级发生巨变，大量的乡镇卫生院转型卖掉或者关闭，村级卫生室完全放任自生自灭。农村基层医疗卫生服务体系的损毁和合作医疗制度的衰败导致农村医疗卫生状况急剧恶化，农民医疗卫生健康水平下降和公共卫生危险因素增加。农村医疗卫生与健康事业直接关系到农村经济社会的持续发展，在农村医疗卫生服务体系和合作医疗衰落崩塌后，浙江多地也探索尝试建立新型的农村医疗卫生服务体系，努力恢复农村合作医疗。例如 1983 年在萧山首先开展了以初级卫生保健为主要内容的农村卫生示范县建设，并于 1992 年成为全国"初级卫生保健试点达标省"，但总体而论对重建农村医疗卫生体系效果并不明显。

（二）2002—2008 年：资源不断充实的乡村医疗卫生体系

进入改革深化阶段之后，浙江乡村医疗卫生与健康服务体系不断健全。2003 年和 2005 年，中共浙江省委、省政府先后出台了《关于进一步加强农村卫生工作的意见》和《关于加强农村公共卫生服务工作的实施意见》，按照"让农民看得起病、有地方看病、加强预防少生病"的要求，做出了实施"农民健康工程"的决策。不断完善农村公共卫生管理和服务网络，形成了县、乡（镇）、村三级公共卫生服务网络。按照 1000—1500 名人口配备一名社区责任医生的要求组建社区责任医生队伍，全面负责和参与责任片区群众的健康体检、公共卫生服务等工作。2003年8月，浙江省被列为全国新型农村合作医疗试点省份，全省确定了27个县（市、区）开展试点，覆盖全省农业人口的30%，参加新型农村合作医疗制度的人数达831万人，占试点县农业人口的82%。2007年2月，浙江出台《浙江省农村公共服务体系建设规划》，提出完善新型农村合作医疗制度，确保2010年有90%以上的农民参加新型农村合作医疗。2009年，省卫生厅会同有关部门下发了《浙江省农村社区卫生服务中心机构设置和编制标准实施意见》，确定了24个农村卫生改革试点县（市、区），争取了四批中央预算内卫生投资项目建设资金3.495亿元，并启动了卫生强市、卫生强县考评工作。

根据浙江省2003年出台的《关于建立新型农村合作医疗制度的实施意见》，全省从2003年开始进行新型农村合作医疗制度的试点工作，到2007年基本建立以县（市、区）为单位的农村大病统筹合作医疗制度。浙江从2005年开始，由政府出钱，对凡是参加新型农村合作医疗的农民免费进行每两年一次的健康体检（并建立农民健康体检档案）和12项公共卫生服务，当年全省各级财政新增投入17亿元用于新型农村合作医疗制度、农村公共卫生服务体系和农民健康体检工程。浙江省通过提高财政补贴标准逐步提高农民住院医疗费用报销率和门诊医疗费用报销率，加强乡村医疗卫生机构基本设施和装备建设，提高农村医疗卫生服务能力。

浙江在建立和逐步完善新型农村合作医疗制度的同时，还提出了一系列加强农民公共卫生服务的要求和部署，新型的农村公共卫生服务体系初步形成。2005年8月，浙江省政府按照建设"卫生强省"的要求，召开全省农村卫生工作会议，出台了《关于加强农村公共卫生工作的实施意见》，对实施"农民健康工程"、加强农村公共卫生服务做出了全面部署。实施"农民健康工程"的目标是，建立和完善新型农村合作医疗制度、农民健康体检制度和农村公共卫生项目管理制度。同年，浙江省在淳安县开展农村卫生服务运行机制的调研和试点工作，提出了进一步改革农村公共卫生服务运行机制，明确按照农村常住居民人均15元以上的标准，由各级政府筹资，设立农村公共卫生服务专项经费，提供直接面向农民的公共卫生服务项目。通过努力，全省农村公共卫生管理网络进一步完善，乡镇公共卫生管理员达1440人，村级公共卫生联络员有3.3万人，三大类12项农村公共卫生项目达标率为90%。浙江在国家基本公共医疗卫生服务项目的基础上，扩大服务范围，增加了服务内容。对重大疾病、尤其是传染病（如结核、艾滋病、SARS等）的预防、监控和医治，对食品、药品、公共环境卫生的监督管制，以及相关的卫生宣传、健康教育、免疫接种等医疗卫生健康公共服务项目稳步推进，公共医疗卫生健康的安全保障力度进一步增强，2011年，浙江省出台全国首个食品安全地方法规——《浙江省实施〈中华人民共和国食品安全法〉办法》；切实加强以职业病防治（农民工是职业病的高危群体）为重点的卫生综合执法，深入开展粉尘与高毒物品危害治理专项行动，对医疗机构简单执法覆盖率达100%；医疗卫生应急体系建设扎实推进，医疗卫生应急能力进一步提高；全面贯彻实施《浙江爱国卫生促进条例》，深入开展城乡环境卫生整洁活动，在全国率先启用爱国卫生工作综合管理信息平台。浙江农民医疗卫生与健康服务系统的建立和完善，大大减少了农民传染病的发生和传播，提高了广大农民的健康水平。

2006年4月，中共浙江省委、省政府出台的《关于全面推进社会主义新农村建设的决定》中，更加详细地阐述了实施"农民健康工程"的要求，提出要扎实推进"农民健康工程"，按照让农民群众"有地方看病、看得起病、加强预防少生病"的要求，进一步完善农村新型合作医疗制度，改革农村公共卫生管理体制和运行体制，构建县、乡（镇）、村三级公共卫生服务网络。每个乡镇要有一所政府开办的卫生院，每个中心村要有一个村卫生室。在2007年出台的《浙江省农村公共卫生服务体系建设规划》（以下简称《规划》）中，提出到2010年确保有90%以上的农民参加新型农村合作医疗，并逐步提高政府补贴和农民报销比例；完善农村公共卫生服务网络，农村全科医生岗位培训率达到90%以上，乡村医生规范化培训率达95%。实施农民体育健康工程，建设一批镇、村健身活动场所培训乡村体育骨干；到2010年，两万个村达到小康体育标准。《规划》被浙江省内外专家认为"特别关注民生、突出政府公共服务职能,让公共财政的'阳光'更多照耀农村,确保农民享有更多的权益"。

从2008年开始,浙江省全面实施医疗卫生等公共服务城乡均等化行动计划,目标是:让城乡居民都能享受全方位、全过程的均等化公共卫生服务,真正做到"疾病预防立足社区、卫生监督进驻社区、应急行动依靠社区、城市医院牵手社区、责任医生扎根社区"。为保证均等化的全面实施和逐步推进,浙江明确了全年的行动方案和具体指标,包括加快建立城乡统一的社区公共卫生服务项目管理制度,力争80%以上的城乡居民拥有自己的责任医生;完善卫生监督执法网络,100%的县(市、区)完成派出机构的设置;推动60%的县(市、区)设立卫生应急办公室,开展5个卫生应急示范县试点;重点做好农村学校食品、传染病、饮用水及小餐饮、小旅馆、小美发美容店的卫生监管工作,监督覆盖率达100%;农村改厕工作力争完成400个村的整治,每个村至少建一所卫生公厕,新建的卫生厕所实现100%无害化;大力推行农村生活垃圾"户分类、村收集、乡转运、县处理"模式。

党的十八大以来,浙江各级政府更是将农村医疗卫生体系建设作为重点民生领域。《浙江省医疗卫生服务体系规划(2016—2020年)》提出原则上按照"20分钟服务圈"要求规划设置,农村地区重点加强中心村卫生室(服务站)建设,加快推进标准化建设、一体化管理。偏远山区、海岛地区(悬水小岛)应该由乡镇卫生院负责提供"定时、定点、定人"方式的巡回服务。村卫生室可以由政府、集体或单位举办,也可以由乡村医生联办或个体举办,经县级卫生计生部门批准后设立。村卫生室、社区卫生服务站可以由政府采取购买服务的方式运行。原则上按照每千服务人口不少于1名的标准配备乡村医生,每所村卫生室至少有1名乡村医生执业。为农村订单定向免费培养医学生,新增的卫生计生资源重点向农村卫生、公共卫生和加快发展县倾斜,促进卫生计生资源在城乡、区域和系统内各领域的合理配置。

从工作成效来看,浙江乡村医疗卫生服务体系正不断充实完善。根据《2017浙江统计年鉴》显示,截至2016年年底浙江全省有村卫生室 11677 个、年诊疗 4048.4 万人次，乡镇卫生院 1194 家、年诊疗 9400 万人次，有乡村医生和卫生员 8014 人，每万人拥有农村职业（助力）医生人数达 27 人。有健全农村社区医疗卫生服务体系。随着经济发展水平的提高和农村社会保障投入力度的加大，农村卫生医疗机构建设也进一步提高。据浙江省第三次农业普查数据显示，截至 2016 年年末，100% 的乡镇有医疗卫生机构，75.7% 的乡镇有社会福利收养性单位，66.4% 的乡镇有本级政府创办的敬老院。49.9% 的村有卫生室等医疗机构，42.1% 的村有执业（助理）医师。

截至 2016 年年末，公办乡镇卫生院和社区卫生服务中心标准化建设，达标率分别达到 96.2% 和 97.0%，20 分钟医疗卫生服务圈基本形成，每千人医生数 3.42 人，增长 5.6%；每千人护士数 3.55 人，增长 8.2%；每千人医疗机构床位数 5.9 亿张，增长 5.7%。

四 以乡村社区建设夯实公共服务平台

在 2006 年党的十六届六中全会第一次提出了"基本公共服务均等化"的新理念，提出"逐步形成惠及全民的基本公共服务体系"的要求后，乡村社区便成为公共服务重心下沉后承接各类乡村公共服务的主要平台。[1] 因而，健全新型社区管理和服务体制也成为乡村社区建设的一项重要内容。"具体来说，就是生产和提供乡村基本公共产品，以政府性公共产品为主导，构建政府服务、村民自我服务与市场化服务有机结合的乡村社区基本公共服务体系。"

民政部于 2006 年下半年在全国部署"农村社区建设"的试点。浙江省 2006 年年底起开始了"农村社区"建设的试点工作，并走在全国前列，受到民政部高度重视。事实上，早在 2003 年，浙江就把"千万工程"作为统筹城乡发展、推进城乡一体化的"龙头"工程，抓规划、建设、管理三个重要环节，大力推进传统农村社区向新型农村社区的转型。2006 年下半年，浙江省确定 11 个县（市、区）的 46 个村，围绕完善基础设施、深化村民自治、构建服务体系组织等开展

---

[1] 李勇华：《公共服务下沉背景下农村社区管理体制创新模式比较研究——来自浙江的调研报告》，《中州学刊》2009 年第 6 期。

新型农村社区建设试点工作。2006年8月，省民政厅在认真开展调研和总结省内外农村社区建设经验的基础上，下发了《关于开展农村新社区建设试点工作的通知》，提出了农村社区建设的三大任务，即深化村民自治、完善基础设施建设、构建服务体系。2007年7月，全省有18个县（市、区）被国家民政部授予"全国农村社区建设实验县（市、区）"，天台县作为"集镇型"新型农村社区模式在全国农村社区建设工作座谈会上做了经验介绍。2008年11月浙江省农村社区建设工作会议在杭州召开，会议表彰了一批全省和谐社区建设工作先进县（市、区）、和谐示范社区。湖州市、杭州市余杭区、慈溪市、衢州市柯城区等单位介绍了建设经验。中共浙江省委、省政府2008年12月印发了《关于推进农村社区建设的意见》，在全省范围内全面铺开新型农村社区建设工作。

为加快传统农村社区向新型农村社区的转型，浙江省率先在地方法规中单列出了一章内容，对农村社区建设进行规范。2012年5月，浙江在新修订公布的《浙江省实施〈中华人民共和国村民委员会组织法〉办法》中明确了农村社区的职能定位，农村社区要建立社区服务中心，办理公共事务、组织农村社区居民活动、提供社区服务。农村社区要建立由本社区居民和驻在社区的单位组成的社区议事协商组织，协商决定社区建设的重大事务。规定了农村社区基础设施、公共服务设施建设和开展社区服务所需经费，可以通过政府财政、村集体经济、村民筹资筹劳等方式解决等。

党的十八大以来，中央从促进乡村振兴的战略高度进一步强调农村社区建设的重要性。2015年5月，中共中央办公厅、国务院办公厅印发了《关于深入推进农村社区建设试点工作的指导意见》，再次明确了"农村社区是农村社会服务管理的基本单元"，并通知要求各地区各部门结合实际认真贯彻执行。2017年3月，省委办公厅、省政府办公厅印发了《关于深入推进农村社区建设的实施意见》（以下简称《意见》），提出通过提升社区服务专业化、社会化和信息化水平，有效衔接村民自我服务与政府公共服务、社会公益服务，进一步健全农村社区服务体系。《意见》明确了增强农村社区服务功能主要包括三方面的工作：一是优化农村社区规划布局，按照便于服务管理、便于居民自治、便于资源配置的要求，优化农村社区规划布局，合理进行农村社区范围、中心的空间确定，引领农村基础设施和服务资源有效配置；二是完善农村社区服务设施，建立以综合性社区服务中心为主体、专项设施相配套、室内外设施相结合的农村社区服务设施体系；三是提升农村社区服务水平，积极推动创业就业、社会保障、卫生计生、文化教育、体育健身、法律服务等公共服务向农村社区延伸，重点做好农村社区扶贫、社会救助、社会福利、社区养老、扶残助残等服务。

从2016年年底以来基层治理体系"四个平台"建设在全省各地城乡全面铺开。省内多地在农村乡镇"四个平台"建设实践中，将职能相近、职责交叉的机构和各机构公共服务事项进行统筹，以"便民服务"平台为基础不断推进公共服务向基层延伸。通过建设村级便民服务中心，强化基层网格长、网格员的服务职能，"四个平台"与"最多跑一次"改革形成有力衔接，破解了乡村公共服务县乡村断层、条块分割等治理难题，运用矩阵化的管理理念，将服务送到乡村居民的家门口。在切实提升乡村居民获得感的同时，实现乡村社区秩序井然、和谐稳定，广大乡村居民安居乐业。

第三节 乡村公共服务体系建设的浙江经验

如前所述，浙江乡村公共服务体系在改革进入深化阶段后取得了突飞猛进的发展。这在很大程度上得益于习近平同志在浙江工作期间对"三农"工作的创新探索与长远规划。概括而论，浙江乡村公共服务体系建设是努力实践习近平同志"三农"思想，对统筹城乡发展和统筹经济社会发展战略思想的生动诠释，是调整国民收入分配格局的率先探索。其示范价值主要体现在宏观上保障政府财政向农村和欠发达地区优先投入，在中观上不断提升乡村社区公共服务能力，在微观上落实公共服务标准化。

一 重点促成城乡公共服务一体化发展

在浙江工作期间，习近平同志主持制定了《统筹城乡发展推进城乡一体化纲要》等一系列推动"三农"加快发展的重要文件，亲自部署了"千万工程"等一系列统筹城乡发展的重要举措，探索推进了"三位一体"合作经济发展等一系列农业农村重大改革，作出了一系列关于"三农"发展的重要论述，对从根本上解决城乡二元体制和"三农"问题进行了深入思考和实践探索，直接推动了浙江省强农惠农富农政策体系和城乡一体化制度框架的构建和完善。浙江是习近平总书记新时代"三农"思想的重要萌发地，可以说，党的十八大以来习近平总书记提出的"三农"思想，与他在浙江的探索实践具有密切的关系。

在公共服务供给上，习近平同志针对农民公共服务需求日益增长而农村公共服务发展明显滞后的问题，强调"要加大公共财政向农村倾斜的力度，把基础设施建设和发展教科文卫体等社会事业的重点放到农村，全面改善农村的供水、供电、环保、交通、通信、广播电视、信息网络等公共服务的基础条件，继续大力实施城乡教育均衡工程、农民健康工程、农村文化建设工程、小康健身工程，全面提高农村社会事业发展水平；建立健全多层次、普惠性的农村社保体系，不断提高农村社保水平，逐步缩小城乡公共服务的差距"[1]。从2004年起，浙江率先建立为民办实事长效机制，每年办好十个方面民生实事，其中许多实事涉及农民民生的关键短板和乡村公共服务水平提升。

这些年来，浙江坚持把基本公共服务均等化作为统筹城乡发展的战略重点，完善城乡一体公共服务体制机制，加快城乡公共服务制度接轨、质量均衡、水平均等。2015年年底，全省基本公共服务均等化实现度为90.7%，5年提高8个百分点。2016年，县县建成国家义务教育发展基本均衡县，国家卫生城市、卫生县城实现全覆盖，全省农村基础养老金每月135元，城乡基本医疗保险人均筹资标准每年859元，农村低保平均标准每月631元，68个县（市、区）实现城乡低保同标。[2]

---

[1] 《习近平总书记"三农"思想在浙江的形成与实践》，《人民日报》2018年1月21日第1版。

[2] 同上。

二 持续加大对乡村公共服务的资源投入

乡村公共服务具有明显的外性，其受益范围广和运行成本高，决定了乡村公共服务投入的主体只能是政府。鉴于城乡在公共服务保障水平和公共服务基础设施方面的巨大差距，必须坚持以工促农、以城带乡、工农互惠、城乡一体的总体战略，持续加大对乡村公共服务的资源投入，建立和完善乡村的公共财政制度，财政经费投入的公平与效率。

从浙江建立完善乡村公共服务财政保障机制的成效来看，主要有以下三方面的经验。

（一）加大财政投入，完善多元化的投入机制

首先，浙江形成了以中央和省级财政为主，县乡级财政为辅的乡村公共服务筹资格局。农业税取消后县乡级财政相对吃紧，因此在十余年间，省级层面财政资金优先向农村和欠发达地区进行转移支付，促进乡村公共服务体系和公共服务设施持续改善。财政安排用于"三农"领域的资金不断增长。一般公共预算安排"三农"投入从2005年的312亿元增加到2014年的1797亿元，增长475.9%，年均增长21.6%。新增建设用地土地有偿使用费等土地收益对"三农"的投入也逐年增加，2014年省财政安排新增费建设用地土地有偿使用费和用于农业土地开发资金7.1亿元，比2005年增长31.5%。

其次，浙江拓宽支农投入渠道，充分利用政府外债资金。近年来，全省先后实施了世行贷款林业综合发展项目、钱塘江流域小城镇环境综合治理及农村生活污水治理系统及饮水工程建设等项目，政府外债资金成为财政资金的有益补充。

最后，发挥财政支农政策的导向功能和财政支农资金"四两拨千斤"作用。支持规范化农民专业合作组织、家庭农场以及以浙商为主体的工商企业社会资金投入"三农"，建立健全支农投入多元化稳定增长机制。在财政资金的带动下，市场企业和乡村社会组织也更加重视乡村公共服务和慈善事业，有效弥补了乡村公共服务的资金短板。

（二）优化支出结构，有效统筹城乡协调发展

浙江各级财政部门不断调整优化财政支农结构，推进农业农村的

全面、协调、可持续发展,让乡村公共服务成为乡村经济社会发展的重要引擎,促进乡村的"美丽环境"转变为群众看得见、摸得着的"美丽经济"与"美好生活"。

首先,财政加大农村基础设施投入,大力支持实施"千万工程",开展农村环境综合整治。2003年,浙江省在全国率先启动"千万农民饮用水工程"和万里清水河道建设。2014年起,按照五水共治、治污先行的工作要求,省财政进一步加大统筹整合力度,共计整合农村生活污水治理、中央农村环境综合整治、村级公益事业建设一事一议财政奖补、美丽乡村先进县创建奖补等专项资金50.1亿元,集中支持74个有治理任务的县(市、区)开展农村生活污水治理。截至2014年,全省共完成环境整治村2.7万个,村庄整治率达到94%,培育建设省级重点示范中心村1200个,启动87个历史文化村落保护利用重点村和434个历史文化村落保护利用一般村建设,完成农村环境综合整治村庄1709个。全省开展农村生活污水治理村6120个,受益农户150万户。农村面貌和生产生活条件发生了深刻的变化,农村公共服务体系建设也从中明显获益。

其次,财政重点支持基本公共服务水平的提升。十余年来,省财政加大对革命老区、民族地区、山区、海岛地区和库区等加快发展地区的基本公共服务财政投入和公共资源配置的支持力度。鼓励发达地区支持加快发展地区基本公共服务发展,积极采用资金补助、定向援助、对口支援等形式,以基本公共教育、就业创业、社会保障、基本健康服务、基本公共文化服务等领域为重点,帮助加快发展地区完善基础设施,创新供给机制,提高基本公共服务能力及责任意识,形成长效机制。2008年开始,浙江开展新一轮扶贫工作,扶贫重心下沉至村,实施低收入农户奔小康工程,支持农户异地搬迁和"低收入农户集中村"、少数民族地区和革命老区发展特色种养业、来料加工业,支持推进扶贫小额信贷制度建设和贫困村级资金互助组织试点建设等,带动农民增收。此外,从2011年起,省财政每年专项筹集16.8亿元,实施特别扶持政策,按照"增加农民收入,提升民生水平,增强内生功能"的要求,支持扶贫开发、特色产业发展、公共服务均等化项目建设。全面推进精准扶贫,促进低收入农户增收、增强经济发展的内生功能，进一步提升民生发展水平。

（三）深化制度改革，建立财政支农长效管理

浙江以深化改革为动力，多措并举，积极推进财政支农管理体制机制改革，加强财政支农专项资金管理，切实提高资金使用效益，为提升乡村公共服务水平提供长远保障。

首先，浙江各级政府积极调整财政支出结构，加大财力统筹，保证基本公共服务项目与提升工程投入。制定并公开财政支农资金管理清单，省级财政支农专项转移支付由67项整合为9项，除特殊规定以外，专项资金一般通过因素法、竞争性分配或政府购买服务等方式分配使用。省财政会同相关部门修订并公开了9个支农专项资金管理办法，实现一个专项一个管理办法。项目立项管理权限进一步下放，明确省级一般不再直接分配市县具体项目。财政资金绩效得到较大提升，为下一步深化财政支农管理体制机制改革夯实了基础。

其次，深化财政支农体制机制改革，严格规范财政转移支付管理和使用，确保资金按时足额拨付。2014年，经省政府批准，省财政厅下发《关于推进财政支农体制机制改革的意见》，提出通过"分类、分权、分责、促转"，建立科学系统的财政支农政策体系、规范透明的财政支农资金管理体系、客观公正的财政支农政策监督评价体系，实现财政支农体制机制的全面转型。2015年，省财政联合省级农口部门下发《浙江省财政支农体制机制改革三年行动计划》，进一步明确部门职责和改革任务以及推进时间节点，强化对县（市、区）的指导。

最后，创新财政资金分配和扶持方式，以市场化机制提升财政资金的撬动作用。经省政府同意，省财政筹集50亿元设立浙江省农业发展投资基金，并制定《浙江省农业发展投资基金管理暂行办法》，规范农业基金的管理。通过市场化运作，转变财政资金扶持方式，实现政府支农政策导向与市场化运作的有机结合，引导和带动社会资本投向"三农"领域，提升农业发展投资基金对乡村公共服务和民生短板的资金保障力度。

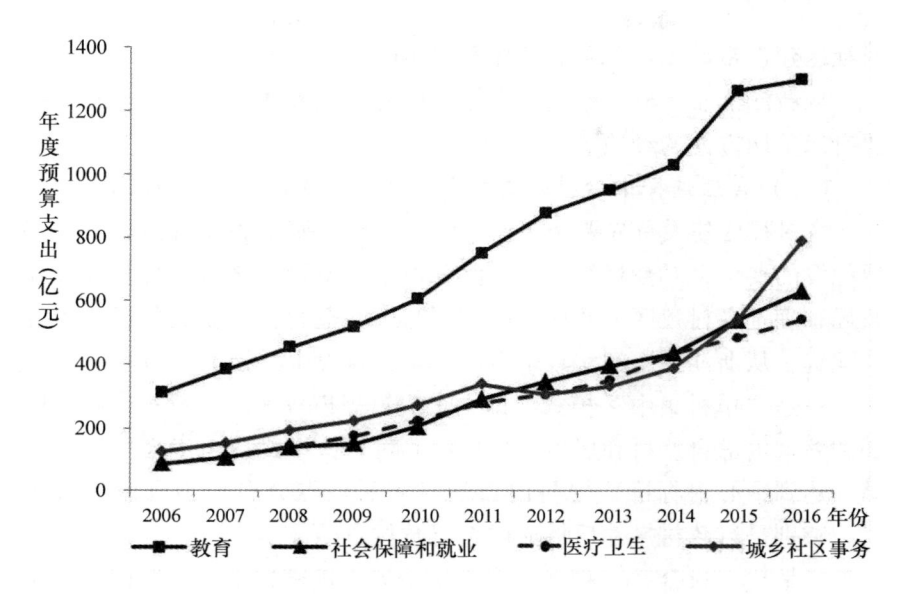

第七章 城乡一体、普惠共享的浙江乡村公共服务体系建构　299

图 7-2 浙江省历年用于公共服务的地方预算支出（2006—2016 年）
资料来源：历年浙江统计年鉴（2007—2017）。

如图 7-2 所示，在 2006—2016 年的 10 年间，浙江地方财政用于教育、社会保障和就业、医疗卫生、城乡社区事务等公共服务的支出占比不断提升。其中一般预算收入年增长率在 15.1%，一般预算支出的年增长率在 16.8%，而用于社会保障和就业、城乡社会事务、医疗卫生的财政支出的年增长率分别达到 21.7%、19.9% 和 20.0%，均明显高于地方预算收入的增长率。这也意味着有更大比例的地方财政投资于公共服务领域，且农村和欠发达地区的投资占比更大。

三 始终将乡村社区建设作为公共服务之基

在国家不断加大实施乡村振兴战略投入的背景下，乡村社区建设是乡村公共服务体系建设的重要组成部分和实现提升公共服务配置效率的重要配套工程。面对乡村人口流动、集体经济弱化、社区认同感流失及农村人口老龄化等带来的诸多社会管理和服务难题，国家试图通过由外向内、自上而下地在乡村植入公共服务的网点，替代村民自治体制下相对封闭的村庄自我管理、自我服务模式。这构成了通过乡村社区建设带动乡村公共服务体系完善的基本动力。

从浙江依靠乡村社区建设完善乡村公共服务体系的成效来看，主要有以下两方面的经验。

（一）合理选择中心村的集聚方式，优化乡村社区规划布局

乡村社区建设首先要按照便于服务管理、便于居民自治、便于资源配置的要求，对乡村社区公共服务设施的位置、交通进行合理规划布局，确定乡村社区公共服务的范围与中心空间，引领服务资源的有效配置。从浙江各地的实践来看，在培育建设中心村中有四种模式。[1]

一是"单村集中"模式，即一个人口规模较大的行政村，通过撤并和缩减内部自然村和居住点形成中心村。该模式适用于人口规模已基本达到中心村标准，但村内自然村和居住点分布较为分散的行政村，特别是行政村撤并后形成的新行政村。

二是"多村合并"模式，即若干个人口规模较小的行政村通过村庄撤并、人口集聚而形成单一行政建制的中心村。该模式适用于一个经济、党建双强的行政村，兼并若干个弱小行政村，而形成人口规模达到中心村标准的新行政村。如东阳花园村就是这种模式的典型。

三是"多村组合"模式，即若干个区域上相连相近的行政村，在保留各自行政村建制前提下，通过部分宅基地置换和自然村缩减而组合形成中心村。该模式适用于发展水平相当的若干个行政村，为完善和共享基础设施和公共服务，而组合成人口规模达到中心村标准的"行政村联盟"。浙江部分地市试验将若干个行政村组合形成"新社区"，就属于这种模式。

四是"人口迁入"模式，即一个行政村通过吸纳其他行政村人口零星迁入集聚而形成中心村。该模式适合于一个区位条件和发展前景良好，如靠近城镇或新兴工业地区人口规模接近中心村标准的行政村，为适应城镇化需要，而吸纳其他行政村人口集聚。

浙江中心村集聚方面的指导原则是不改变村民自治机制，不增加农村基层管理层级。注重城乡衔接，加强对城中村、城郊村和农民跨

---

[1] 林吕建主编：《浙江蓝皮书：2012年浙江发展报告（社会卷）》，杭州出版社2012年版，第57页。

村跨镇集中居住区的社区布局,具备条件的纳入城镇化管理,有效提升乡村公共服务的科学配置与服务效率。

(二)科学处理农村自治与公共服务逻辑间的关系

如前所述,乡村社区建设很大程度上是对乡村公共服务下沉的回应。2006年10月,党的十六届六中全会首次提出"积极推进农村社区建设"的要求。2010年中央一号文件提出,"开展农村社区建设创建活动,加强服务设施建设,培育发展社区服务性、公益性、互助性社会组织。强化乡镇政府社会管理和公共服务职能……"2014年中央一号文件提出:"扩大小城镇对农村基本公共服务供给的有效覆盖,统筹推进农村基层公共服务资源有效整合和设施共建共享,有条件的地方稳步推进农村社区化管理服务。"在此基础上,2015年6月,中办、国办发布了《关于深入推进农村社区建设试点工作的指导意见》,对农村社区建设提出"构建新型乡村治理体制机制"的明确要求,并强调了"完善村民自治与多元主体参与有机结合的农村社区共建共享机制,健全村民自我服务与政府公共服务、社会公益服务有效衔接的农村基层综合服务管理平台"的建设路径。2017年中央一号文件进一步强调:"完善村党组织领导的村民自治有效实现形式,加强村务监督委员会建设,健全务实管用的村务监督机制,开展以村民小组、自然村为基本单元的村民自治试点工作。"

任强和毛丹的研究总结了浙江乡村社区建设中的三种模式,即"舟山做法""杭州做法"和"温州做法",分别对应行政一体化模式、行政与自治分离模式、行政与自治衔接模式。[①] 目前浙江社区结构仍主要是嫁接在"村治"基础上的,乡村公共服务体系的运转还主要依靠村级组织,社区组织只是担负了政府基本公共服务延伸到农村的任务,未能对农村基层管理与服务制度形成根本性变革。面对乡村社区建设中社区公共服务体制与村民自治的"两制分立",不仅需要在制度上厘清两者之间的关系,促进"政务"与"村务"在体系内部的交叉渗透,还需要改革基层治理体制,把乡村社区与基层政府

---

① 任强、毛丹:《中国农村社区建设中的五种实践逻辑——基于对浙江省的政策与实践观察》,《山东社会科学》2015年第9期。

连接起来，在保证国家权力在履行公共服务中作用的同时，拓展基层社会空间，由村民自治走向社区自治，把包括社区社会组织、社区工商业和社区流动人口等多元主体纳入协商共治的体系框架之中。

四 用乡村公共服务标准化破解不平衡不充分难题

标准化是促进基本公共服务均等化的重要手段，也是推动基本公共服务体系建设、基本公共服务管理和质量评价的一项重要工具。早在2016年7月浙江省政府就印发了《浙江省"标准化+"行动计划》，提出要充分发挥标准化在治理体系和治理能力现代化中的基础性、战略性作用，推动标准化与经济社会发展的各领域、各层级深度融合，以"标准化+"引领和支撑浙江省"十三五"时期实现创新、协调、绿色、开放、共享发展。

该计划提出将"标准化+"运用于基本公共服务均等化之中，在提升基本生活服务水平、优化基本发展服务能力、强化基本安全保障三个方面进行重点突破。其中，以老年人、残疾人、孤残儿童为主要对象，建立适度普惠的社会救助标准化服务体系；加快社会服务、居家养老标准化进程，探索社会生活服务标准化实现方式、运行规律与体制机制；加强教育区域布局、学校办学条件、建设和督导评估标准化研究，完善公共教育标准化工作体系；建立健全公共卫生服务、城乡医疗服务、药品供应和安全保障标准体系，提高基本医疗卫生服务的公平性、可及性和质量水平均被列入重点工作任务。

2017年6月，浙江省政府印发了《浙江省基本公共服务标准体系建设方案（2017—2020年）》（以下简称《建设方案》），进一步要求制定实施人人享有的服务标准，目标到2020年，普惠性、保基本、均等化、可持续的全省基本公共服务标准体系基本建成，制定实施基本公共服务重点领域省级地方标准75项以上。截至2017年6月，全省基本公共服务现行地方标准52项，基本覆盖了基本医疗卫生、中小学教育、农产品质量安全等8个基本公共服务关键领域。

该《建设方案》明确了义务教育、高中阶段教育、学前教育、就业服务、最低生活保障、基本公共法律服务、基本养老服务、基本社保管理、公共卫生服务、基层医疗卫生、乡村基本公共服务、公共交通、基本公共文化服务、基本公共体育服务、环境质量、基本公共安全保障共计16个领域重点标准制定内容。表7-3将《建设方案》中与乡村公共服务相关的重点领域进行了罗列。

在基本社会保障方面，除了以残疾人居家照护和困境儿童管理为重点，推动最低生活保障的标准化，还要建立以社会养老、机构养老、居家养老、智慧养老、养老信息服务平台和医养结合为主体的基本养老服务标准。

在基本公共教育方面，不仅要规范中小学教师配备、办学条件、教育技术装备，还要加强对农村留守儿童的教育和关爱，助推中等职业教育产业融合、工学结合、校企合作，研制学前机构教育消防、交通、幼儿接送交接等安全管理标准，落实幼儿园教职工配备标准等。

在基本健康服务方面，通过进一步加强基层医疗卫生机构建设和服务，推行责任医生签约服务，充实基层医疗卫生体系，并且以基本公共服务项目、重点人群健康服务、出生缺陷综合预防、残疾人康复服务为重点，推动公共卫生服务的标准化。

第四节 乡村公共服务建设新空间

改革开放以来，浙江乡村公共服务实现从普遍缺失向基本覆盖的跨越。尤其在2002年到2003年后，乡村发展进入全面推进阶段，浙江在加快教育、医疗、社会保障等基本公共服务城乡均等化，下力气办好涉及广大农民切身利益的关键民生实事方面取得了举世瞩目的成绩，具体表现为：乡村教育基础设施提质升档；农村"20分钟"医疗卫生服务圈基本形成；乡村文化体育设施条件明显提升；乡村社会养老等福利事业加快发展。

尽管当前全省乡村在公共服务体系建设上基本上完成了量上的查漏补缺，但在质量档次的提升，地区差异的平衡运行和维护方面仍存在许多问题。集中表现为公共服务的地区差距、城乡差距仍十分明显，乡村公共服务在覆盖面和服务质量方面距离乡村居民的现实需求仍有一定差距，许多乡村公共服务项目的成效监管和维护机制有待健全，乡村公共服务项目配套资金仍存在不同程度的短缺，广大乡村居民在参与社区治理反映服务需求方面的主动性仍没有得到充分发挥。

应该说浙江在乡村公共服务体系的顶层设计与科学规划方面已经做了大量的工作，出台了许多行之有效的改革举措，本节主要从促进乡村公共服务体系建设规划落地的资源保障、配置决策和服务人才三方面给出对策建议。

一 资源保障从政府包揽转向多元投入

虽然总体上浙江乡村基本公共服务水平和能力在持续提高，由于长期实行城乡分割的二元体制，历史欠账较多，加之改革开放之后农村社会事业发展遇到了新的问题和挑战，导致城乡之间、区域之间公共服务发展不平衡，公共服务水平差距仍然明显。

一方面，从根本上来说，要解决乡村公共服务水平偏低的问题必须依赖资源的持续投入。随着农村税费改革，从制度上扼制了基层政府从农村农民汲取资源的合法路径，基层政府财源基本转向土地财政、工商业税收或上级政府的转移支付，而省市级财政转移支付受到近年来经济发展"新常态"以及产业转型升级的影响也不可能无限扩展。这就导致未来浙江乡村公共服务体系建设必须进一步解决资源从哪里来的问题。

另一方面，政府内部对于农村基层组织的压力型管理体制促使乡镇乃至村级组织疲于应付由上级进行的各种考核，导致无暇对乡村公共服务资源进行拓展，并通过合理的制度设计保障公共服务的效率。[①]在基层治理"四个平台"建设和"最多跑一次改革"向基层延伸的过程中，全省有90%的村已经建立村级便民服务中心，配备10万多名村便民服务中心代办员，为群众提供全程免费代办服务。[②]借助办事服务事项标准化，政务服务信息化等多种机制，乡村居民在获得更加便利政务与公共服务的同时，也实际增加了地方政府和基层干部的工作量。从长期来看，这种由政府单一提供资源，由基层干部包揽服

[①] 陈文胜：《重建考核机制　防止乡镇职能异化》，《中国党政干部论坛》2017年第4期。

[②] 杨建华主编：《浙江蓝皮书：2016年浙江发展报告（社会卷）》，浙江人民出版社2016年版，第78页。

务的做法难以解决乡村公共服务供给不足和公共服务配置效率较低的问题。

有鉴于此，可以通过两种方式对乡村公共服务的供给机制加以改进。一是通过完善政府购买乡村公共服务提升服务的专业化水准和资源配置效率。在实践中，随着乡村经济社会发展的不断深入，一大批诸如老年协会、文体协会、环保协会、调解组织、志愿者团体等民间组织已经开始承担和提供公益性互助性的公共服务。2013年、2014年，国务院办公厅和浙江省政府办公厅相继印发了《关于政府向社会力量购买服务的实施意见》，开始探索推动公共服务供给主体多元化与供给方式多样化。这也为向包括乡村社区组织、集体经济组织和社会慈善组织进行委托，购买乡村公共服务提供了制度保障。为此，除了要提升乡村社会组织公信力和公共服务供给能力，还必须完善公共服务清单和标准化目录，借助第三方评价和居民满意度评估等多种手段完善政府购买乡村公共服务的流程与机制。通过创新社会组织的管理和政策，支持各种社会力量举办社会组织，研究出台鼓励社会组织参与公共服务供给的政策，提高社会组织的社会声望，让社会组织逐步成长为非基本公共服务供给的主要力量。

二是通过充分动员乡村社区多方面的资源，共同加强乡村公共服务的供给。随着新农村建设工作的不断深入，浙江许多乡村已经出现了乡村产业复兴、集体经济向好的态势。应参照前期对农村集体经济股份制改革的相关经验，制定出台鼓励农村集体经济投资乡村社区公共福利，解决乡村公共服务关键性短板的政策举措。大力发展乡村慈善事业，通过建立专业化管理的基金会，编订慈善乡贤名录等多种手段鼓励乡村成功人士为村级福利设立爱心基金，形成村级互助帮扶机制。此外，在乡村发展产业规划中引入关于公共服务和社会事业发展的相关内容，使得乡村产业发展与地方社会公共服务水平提升形成良性互动，打造乡村社会的独特魅力，吸引更多人才在当地就业创业。

二 配置决策从行政命令转向协作共商

乡村公共服务体系建设投资巨大，见效慢且具有显著的外部性，需要国家财政作为主要的投入来源。但问题是，完全由政府"自上而下"分派的投资机制也很容易产生负效应。例如在乡村公共服务中容易出现"形象政绩工程",只重视看得到的设施建设投入,不重视看不到的软件维护与持续服务投资;在资金使用上的"跑、冒、滴、漏"问题突出,支出项目与乡村居民需求不符等。① 因此,如何在乡村公共服务供给的配置决策中同时发挥政府"自上而下"的资源动员优势,以及乡村社区"自下而上"的配置效率优势就成为决定乡村公共服务精细化管理能力提升的关键。

相对于全国其他省份而言,近年来浙江通过强化基层治理"四个平台"建设,推动"最多跑一次"改革和"四张清单一张网"的审批制度改革,已经在基层政务服务和公共服务的标准化、规范化方面取得了突出成绩,根本性地遏制了挪用、滥用乡村公共服务经费的现象,极大地提升了基层组织为乡村居民的服务意识。但是许多乡村公共服务项目人存在比较明显的服务弹性不足、无法适应当地居民复杂需求等问题。以从2013年开始的农村文化礼堂工程为例,尽管许多地方将农村文化礼堂真正打造成为乡村居民的精神家园,为当地提升公共文化水平、发展社区服务提供了良好平台,但还有一定比例的农村文化礼堂缺乏合理的运行维护管理长效机制,无法做到"门常开、人常来、活动常在"。②

乡村公共服务体系建设的基点是坚持以人民为中心,通过便民惠民增强乡村居民的获得感。40年来浙江乡村改革的经验表明,"自上而下"的改革部署必须同"自下而上"改革创新相结合,如果只靠上级政府部门定方向、下任务,而不去创造条件,不鼓励和发挥基层的主动性和积极性,一项改革即使搞起来也不能持久,往往败多成少。因此,乡村公共服务体系建设必须同时注重"自上而下"的顶层设计和"自下而上"举措创新相统一。在影响乡村公共福利的重大决策出台之前,必须在基层党委、政府的统一领导和部署下,邀请

---

① 贾康、孙洁:《农村公共产品与服务提供机制的研究》,《管理世界》2006年第12期。
② 车俊:《高举改革大旗 扛起改革担当 当好新时代全面深化改革的排头兵——车俊在全省全面深化改革大会上的讲话》,2018年1月3日,新华网(http://www.zj.xinhuanet.com/2018 - 01/03/c_ 1122205112. htm)。

农民群众、专家学者和实际部门的同志共同参与，汇集民意、集中民智，科学论证，民主决策，把乡村群众对公共服务的实际需要和呼声化作推进乡村公共服务体系建设最深厚的动力。

在乡村公共服务体系过程中，一方面要在党委、政府的集中统一领导下，严格按照总体方案要求，"自上而下"全力推进体系建设，决不允许执行变形和实施走样；另一方面要广泛调动基层组织、村民小组、社区组织和其他相关利益代表共商服务推进方案。在完善"一事一议"等乡村自我决策机制的基础上，加强村务监督委员会建设，健全务实管用的村务监督机制，开展以村民小组、自然村为基本单元的村民自治试点工作，充分发挥"自下而上"和"自上而下"两个方面动力机制的作用，创造各种条件让农民群众和基层干部"自下而上"广泛参与改革、支持改革、推动改革，变"要我改"为"我要改"，以有效防止在各项举措在落地过程中容易产生的中梗阻和动力逐级递减的现象。

三 服务人才从内部挖掘转向筑巢引凤

实施乡村振兴战略离不开一大批深入基层，扎根乡村的公共服务型人才的人力资源保障。但随着乡村青壮劳力大量外流，乡村公共服务型人才出现极度短缺。即便在浙江许多富裕地区，本地青年人很少有兴趣出任乡村基层干部职位，乡村教育、医疗等专业领域的人才更是出现了难以逆转的短缺，导致应聘基层干部的政策以"不得不考虑外来的学生和退伍军人"为主力来源。[①]

以支撑乡村公共医疗卫生服务的乡村医生为例，历年浙江统计年鉴显示，从2009年有相关数据起，浙江乡村医生和卫生员的人数在持续减少。2009年年末全省共有乡村医生和卫生员1.13万人，到2016年年末已经减少到8000人。在2015年的浙江省"两会"上，多位来自乡村的代表指出，目前乡村医生队伍正日渐萎缩。乡村医生队伍年龄老化严重，几乎有一半以上是由20世纪五六十年代"赤脚

---

① 张静：《基层政权：乡村制度诸问题》，上海人民出版社2007年版，第57页。

医生"转化而来,而且学历偏低,女性医生偏少。①

乡村医生除了面临收入偏低,缺乏相应社会保障的问题,还面临执业门槛的障碍。2014年1月起实施的《乡村医生从业管理条例》规定,进入村医疗卫生机构从事预防、保健和医疗服务的人员,应当具备执业医师资格或者执业助理医师资格。来自丽水的人大代表雷萍表示,"目前村卫生室从业人员普遍存在'一高两低',即高年龄、低学历、低收入现象。而且由于缺乏吸引助理医师进入乡村工作的优惠政策,加上丽水等地经济欠发达,导致近年来乡村医生队伍日渐萎缩"。以丽水市为例,丽水符合注册条件的乡村医生中60岁以上292人,50—59岁155人,40—49岁176人,30—39岁75人,30岁以下27人,乡村医生后继乏人的问题十分突出。②

为乡村培养、引进、留住公共服务型人才,短期内需要依靠各项优惠政策的倾斜,长期则必须依靠乡村振兴培育独具魅力的乡村文化。

在短期人才政策方面,应对大学毕业生、退伍转业军人和有志于乡村公共服务事业的青年人才广开大门。通过定向培养、减免学费、提高待遇等多种政策工具,重点培养乡村社区管理与服务人才、乡村医生、乡村教师、农村社会工作者等公共服务型人才。利用浙江相对优渥的经济社会发展条件,广泛吸引全国各地的人才到浙江乡村来发展。例如,对乡村医生而言,可以实施乡镇卫生院优先聘用优秀的乡村医生,到村卫生室工作的医学毕业生优先参加住院医师培训,支持更多在岗乡村医生进入中高等医学院校接受学历教育等具体的优惠政策。

在长期人才政策方面,应按照乡村振兴战略的部署,全方位提升浙江乡村在生产生活中的独特魅力,构建更为便捷的公共交通系统,实现"30分钟"都市圈的自由通达,为吸引一部分有志于在乡村工作创业奉献的城市青年"逆城镇化",来到乡村从事公共服务工作提

---

① 童静宜、李婷婷:《浙江人大代表聚焦乡村医生:需注入"新鲜血液"》,2015年1月22日,中国新闻网(http://www.chinanews.com/jk/2015/01-22/6996794.shtml)。
② 同上。

供便利的生活条件和强大的文化吸引力。鼓励和引导城镇、县乡公共服务人员和社会志愿者到乡村社区从事责任医生、安全协管员、乡村教师、文化指导员、责任农技员等短期性服务，以及各项公益慈善的志愿者服务，并从中发掘留住人才，为提升乡村公共服务水平提供专业人才保障。

第八章　浙江乡村发展实践的价值启迪

如开篇所述，发展中国家走向现代化的时代命题是在第二次世界大战后的 20 世纪五六十年代亚非拉民族解放浪潮之中逐渐形成的。这也导致在产生之初，该命题就有一个不可避免的主旨假设：成功的现代化就是让西方发达国家的今天成为发展中国家的明天。然而就在"文明的冲突"并未结束，"历史的终结"尚未到来的时候，重拾现代化，尤其是乡村实现现代化的议题，就必须思考现代化在国际政治体系、国际经济体系，乃至文明进程中的背景与内涵。可以说，以浙江乡村地区在改革开放 40 年来的现代化历程，给出了不同于传统西方模式的乡村走向现代化的"中国方案"。每个国家和地区的现实有很大不同，文明与传统也各具特色，乡村走向现代化的道路必然不会只有"西方中心论"提出的唯一样本。与之相对，浙江乡村现代化道路更务实地从解决发展中遇到的矛盾和问题出发，在发展动力、生存环境、社会治理、城乡关系和乡村文化等多方面积累发展经验，为人类共同面对的乡村发展问题不断贡献中国智慧和经验。

第一节　乡村建设中国实践的重要前提与基础

从浙江乡村发展的实践经验来看，探索实践的重要前提与基础，就是坚持党的领导，不断深化改革开放，充分发挥农民的主体作用，并始终把这三点作为乡村实现现代化的起点与依归。

一　坚持党的领导，为乡村发展提供安全稳定的发展环境

在第二次世界大战以前，西方发达国家对发展中国家的控制与剥削，以殖民入侵与资源掠夺为主要形式；在第二次世界大战以后，西方发达国家迫于民族解放的压力，转而以更加隐蔽的方式对欠发达国家进行经济控制与金融掠夺。在此宏观背景下，发展中国家乡村地区和乡村居民往往更容易成为整个不公平的政治经济体系的最终牺牲品。无论是以苏东剧变、前南危机、中东北非动荡为代表的政治危机，还是以亚洲金融风暴、次贷危机为代表的经济/金融危机，均给当事国的乡村地区带来巨大甚至是无可挽回的损失。现代社会中乡村社区在政治经济上的脆弱性，随着世界在人口、物流与信息上更为紧密联系，以及跨国与跨地区的经济社会交往越发频仍而更加凸显。比照人类社会过去任何一个时代，当今的全球化更加深入地将市场意志与资本力量传播到哪怕地球上最偏远的角落。而传统乡村在多种经济社会格局中的边缘地位、尚未实现现代化的农业对抵抗各类风险的劣势处境，以及困囿于信息与经验的乡村居民在快速转型中的迷茫，都对乡村未来的命运走向产生不利影响。

中国共产党的坚强领导，不仅维护国家的独立、自主、强大，为乡村发展提供了稳定的外部环境，还带领近代以来久经磨难的中华民族成功实现了从"站起来""富起来"到"强起来"的历史性飞跃。改革开放40年间，中共中央累计制定公布了20个有关农村农业发展的一号文件，并且从2004年起连续15年就"三农"工作颁布一号文件，体现了党中央对农业农村实现现代化的高度重视。2018年的中央一号文件在实施乡村振兴战略的整体目标下，更是将坚持和完善党对"三农"工作的领导作为实施乡村振兴战略的政治保证，从完善党的农村工作领导体制机制、研究制定中国共产党农村工作条例、加强"三农"工作队伍建设等六个方面，将实现乡村振兴的责任扛在肩上、抓在手上。纵观人类历史，从来没有哪一个国家或者哪一个政党如此重视农村农业的发展问题，如此珍视农民的富裕幸福前景，真正将农业农村农民问题当作关系国计民生的根本性问题。

习近平同志在浙江工作期间曾多次强调，要认识到基层干部和基层工作的极端重要性，采取切实有效的措施，把基层干部队伍建设好、培养好、使用好。在习近平同志的倡导下，中共浙江省委深入推进农村"先锋工程"，全面落实村级组织活动场所，出台落实"三真"、关爱基层意见，评选表彰"为民好书记"，出台了《关于做好村党支部书记跨村任职工作的意见》《关于进一步加强农村基层干部教育培训工作的意见》等15个文件，加强农村基层党组织建设。党的十八大以来，浙江认真总结近年来抓农村基层党建二十条经验做法，建立农村基层党建工作标准，推动全省基层党组织对标落实。2015年6月，中央在浙江召开全国农村基层党建工作座谈会，刘云山、赵乐际等中央领导同志对浙江农村基层党建做法高度肯定。中央组织部印发《浙江省农村基层党建工作经验做法》，全面推行"浙江二十条"。通过择优选人、培训教育、考核激励等机制，浙江许多乡村的基层党委书记成长为主抓当地乡村发展的"领头雁"，在发挥农村党员模范带头作用的基础上，全面提升农村基层组织的战斗力，为推动乡村组织振兴打下坚实基础。

在2018年两会期间，习近平总书记提出通过组织振兴推动乡村振兴，"打造千千万万个坚强的农村基层党组织，培养千千万万名优秀的农村基层党组织书记"。[1] 在浙江通过层层传导压力、夯实责任，党委统一领导、政府负责、党委农村工作部门统筹协调的农村工作领导体制得到全面落实，农村基层组织和乡村居民对未来发展有明确目标和信心，党的领导下国家治理体系和治理能力的现代化也成为浙江农村成功实现现代化、农民获得富裕幸福生活的根本性制度保障。

二 不断深化改革开放，为乡村实现现代化开拓道路方向

40年改革开放的不懈奋斗，让中国闯出了一条发展中国家走向现代化的新路、好路。改革开放的最终目的就是要解放和发展生产力，"既不走封闭僵化的老路，也不走改旗易帜的邪路"[2]，而是找到

---

[1] 《习近平等分别参加全国人大会议一些代表团审议》，2018年3月8日，新华网（http://www.xinhuanet.com/politics/2018lh/2018-03/08/c_1122508329.htm）。

[2] 《十八大报告：不走封闭老路也不走改旗易帜邪路》，2012年11月8日，人民网（http://js.people.com.cn/html/2012/11/08/181607.html）。

一条适合中国国情的中国特色社会主义道路，实现"国家富强、民族振兴、人民幸福"的康庄大路。

按照字面的解释，"改革"是指对现有体制的改良和变革，是把事物中旧的、不合理的部分改成新的、能适应客观情况的；"开放"与"封闭"相对，是指解除封锁、禁令、限制等，形成同外界的联系。对于当代中国乡村实现现代化而言，"改革开放"意味着两条相互交织、不断发展的发展道路。

首先，改革意味着对一切阻碍生产力进步的旧有体制进行变革。浙江乡村发展的 40 年，恰好是人类科技飞速发展、全球化空前深入的 40 年。在这一时期内，人类社会不仅完成了第三次工业革命，也已经迈进第四次工业革命的门槛。如果没有以家庭联产承包责任制为代表的生产关系变革，故步自封于集体化农业，浙江乡村不仅无法利用第三次工业革命、第四次工业革命所带来的最新技术成果，甚至能否实现工业化都未尝可知。实践证明，浙江的制度创新是以民众的诱致性创新为主动力的，但政府提供了制度变迁所必需的组织协调与必要的制度供给。[①] 近年来，浙江乡村经济发展充分利用互联网和信息技术所带来的巨大技术红利，以领先于世界的创新创业精神将互联网思维应用于经济社会生活的方方面面，取得了令许多老牌西方发达国家都震惊的骄人成果。改革与创新不仅体现在技术领域，进入 21 世纪以来浙江各级党委政府在政治、社会和文化等诸多领域实施体制机制改革创新也无处不在地体现着新时代浙江人的改革勇气、创新智慧。例如，浙江在全国率先推进农村税费改革、较早开展了以"落实农村土地集体所有权、稳定农户承包权、放活土地经营权"为主要内容的"三权分置"探索、全面推进村经济合作社股份合作制改革、农村金融体制创新等。在全国率先实施"千万工程"、把生态文明建设贯穿到美丽乡村建设中；促进产业转型升级，建设产业兴旺的富裕乡村；探索村级集体经济发展路径，实现村民共富共享；培育新型农民，培育新型现代经营主体，激发农民创新创业的活力。

其次，开放意味着最大限度地融入世界体系，在全球竞争与合作

[①] 方民生等：《浙江制度变迁与发展轨迹》，浙江人民出版社 2000 年版，第 9 页。

中提升自身优势,发挥独特价值。1978年以前,迫于国际政治与战略格局,中国几乎是在完全封闭的条件下进行经济社会建设。尽管初步建立了工业体系,但与世界先进水平的差距几乎都在二三十年以上。1978年以后,浙江充分利用资本和贸易全球化,以及西方国家对初加工和劳动密集型产业进行转移的战略机遇,积极融入世界经济体系之中,同时汲取人类文明在经济、科技和文化领域的最新成果,在极短的时间内跨越代差,甚至在部分领域实现了弯道超车。如今世界各地的人民均在购买和使用来自浙江的商品,这其中有许多是在浙江乡村地区的工厂生产加工的;以义乌小商品市场为代表,浙江商人将生意做到五大洲,而他们之中的许多人过去都是"面朝黄土背朝天"的农民;浙江企业在世界各地投资兴业,为当地经济社会建设发挥重要作用,而这之中有许多企业的前身是乡镇企业。

习近平同志在党的十九大报告中指出,中国特色社会主义进入新时代,意味着中国特色社会主义道路、理论、制度、文化不断发展,拓展了发展中国家走向现代化的途径,给世界上那些既希望加快发展又希望保持自身独立性的国家和民族提供了全新选择,为解决人类问题贡献了中国智慧和中国方案。对浙江乡村发展而言,改革开放绝不是两个词的简单叠加组合,而是在特定阶段、特定空间、特定语境下通过顽强创业、不断开拓进取而形成的特定概念。浙江40年的改革开放、坚持走中国特色社会主义道路,为世界其他发展中国家实现乡村现代化道路提供了可供参考借鉴的制度和政策轨迹,也充分彰显了中国特色社会主义伟大实践在人类社会发展史上的重大意义。

三 充分发挥农民主体作用,为乡村共建共享凝聚澎湃动力

习近平总书记强调,实施乡村振兴战略要充分尊重广大农民意愿,调动广大农民积极性、主动性、创造性,把广大农民对美好生活的向往化为推动乡村振兴的动力,将维护广大农民根本利益、促进广大农民共同富裕作为出发点和落脚点。[①] 这既是对乡村振兴战略实施

---

① 《习近平等分别参加全国人大会议一些代表团审议》,2018年3月8日,新华网(http://www.xinhuanet.com/politics/2018lh/2018-03/08/c_1122508329.htm)。

路径的前瞻部署，也是浙江40年来乡村发展取得巨大成就根本动力来源的精准阐释。

在乡村发展中，浙江农民一直以来都是一个充满着巨大创造力的群体。受到改革开放以来中央一系列重大决策的激励，浙江乡村居民率先冲破计划经济时代僵化思想的禁锢，摆脱了传统小农生产观念，激发出了敢闯敢干的创业激情，在广阔的国际国内市场中自强不息、坚韧不拔，形成"历尽千辛万苦、说尽千言万语、走遍千山万水、想尽千方百计"求发展的"四千精神"。

"一村一品""一村一业"的形成、专业市场的兴起、个体私营经济的蓬勃发展、村级集体经济股份合作制的改革、股份合作制企业制度的创新及其向公司制的转变、发展优质高效生态农业、土地有偿承包和农田规模经营及农村土地承包经营权流转、建立小额取款便民服务体系、"政银保"助农贷款体系、"三权"抵押融资体系、建设美丽乡村发展美丽经济，因地制宜探索村级集体经济发展路径，从兴办企业向开发经营集体"三资"（资源、资产和资金）转变等富有智慧和创造力的新生事物都是源于浙江农民的大胆尝试。[①] 浙江各级党委和政府尊重人民群众的创新精神，积极总结提炼和推广人民群众的改革创新经验，不断把成功经验转化为新的政策和法规，有力推动了各项创新在全省乃至全国得以推广。

浙江省拥有庞大的创业群体，是全国创业氛围最浓、创业参与度最高的省份。改革开放初期浙江农民的主动性和创新精神主要来源于计划体制对于浙江乡村的"排斥效应"，农民从计划体制获得的恩惠越少，转型的机会成本就越低，唯有投身市场才能找到谋生渠道。但当改革进入深化阶段以后，浙江农民的创新创业精神更多源于认清了市场化大潮蕴藏的巨大机遇，不满足于小富即安，主动投身创业大潮的"正向激励"。浙江乡村创业者们不再满足于在国内跑市场、寻商机，而是放眼全球，在世界市场的巨大舞台中大显身手。正泰集团的南存辉、德力西集团的胡成中、飞跃集团的邱继宝、万向集团的鲁冠

---

① 何显明：《浙江精神：浙江现象的内在动力》，《江西日报》2007年5月28日第B03版。

球、吉利集团的李书福、金义集团的陈金义这些叱咤商海的著名浙商，创业之初都是浙江乡村的普通农民。进入 21 世纪以来，浙江把农民增收作为"三农"工作的中心任务，加快转变增收方式，不断拓宽增收渠道，着力挖掘增收潜力，在充分挖掘农业内部增收潜力的同时，加快发展农村二、三产业，拓宽农民外出务工经商的转移渠道，积极创造环境，支持农民就地创业、返乡创业带动农民就业增收，逐渐形成了"以能人创业为先导，能人创业带动农民就业、农民就业促进农业劳动生产率提高"的"共创共富"的农民持续增收机制。

　　浙江农民的主动创新精神不仅体现在乡村经济发展方面，在乡村治理、社区福利、环境美化和乡风传承等众多实践领域都有源于浙江农民的首创和革新。尤其在浙江开始实施城乡发展一体化战略以后，乡村各项事业在乡贤理事会、老年协会等乡村社会组织和企业家、专家学者、医生教师、技术能人等人才的发挥智慧、推进带动下做出了大量创新改进。以乡村治理为例，村级事务阳光公开，村规民约法治规范，村民说事、村务会商、民事村办、村事民评等一批创新治理手段层出不穷，基本上源于浙江乡村居民根据当地实际情况作出的制度创新，发挥了自治、法治、德治相结合的良好效果。再以乡风文明建设为例，"我们的村晚"、农村文化礼堂村史展览、乡村礼仪活动、红白理事会等都源于浙江乡村基层、充满智慧和主动性的创新。富而怀仁，回馈桑梓。一大批成长于乡村的企业家在实现了创业梦想之后，不忘报答乡里。浙江众多乡村公益事业和文化活动都有赖于这些乡村能人的鼎力相助。

　　事实证明，浙江农民的智慧结晶推动着浙江乡村经济社会的全面发展。浙江乡村发展的重要前提就是发挥农民的首创精神，支持和鼓励农民因地制宜、积极探索，不断推进农村各项事业发展向纵深推进。而务实开明的地方政府、宽松且富有弹性的政策环境，始终以实现、维护、发展农民根本利益为出发点和落脚点的改革举措都是促成浙江农民充分发挥主体作用的重要保障。

第二节　对解决乡村发展动力问题的启迪

在经济全球化浪潮的推动下，乡村发展必须构建与时代相适应的内生性动力，改变以分散小农、低效农业为主的传统产业结构，替代以多种经营主体、高效高价值现代农业和二、三产业融合发展的现代产业结构。浙江乡村在改革开放 40 年中，以工业化和市场化为最初动力，率先实现乡村工商业快速发展；进入 21 世纪以来，浙江乡村抓住生态化与信息化的机遇，构筑乡村产业融合发展的强大动力源，不仅拓展了各类乡村新产业、新业态，并且使乡村产业独特优势更为突出，为乡村可持续发展提供了具有借鉴价值的产业转型升级实践。

一　以乡村工业化为基础，带动一、二、三产业融合发展

浙江在东部沿海各省中自然资源禀赋相对有限，人均耕地面积居全国最末位，1978 年人均 GDP 还达不到全国平均水平。在改革开放伊始，浙江广大乡村地区在经济政策放宽的鼓励下，率先突破计划经济的束缚，依靠市场发展劳动密集型轻工业，为拓宽农民增收渠道、就地解决农村富余劳动力闯出新路。浙江在乡村工业化早期多以生产投资小、技术含量低的轻工业小商品为主，在当时日用轻工业产品严重短缺，市场需求十分旺盛的背景下，靠着农民白手起家为乡村产业发展赚到"第一桶金"。以此为起点，依靠"小商品、大市场""小企业、大协作""小区块、大产业""小资源、大制造""小资本、大经营"的发展模式[①]，浙江乡村工业经历了从小到大、由弱到强的自我积累过程，呈现出明显的内生工业化特征。

乡村工业化为乡村产业的持续发展带来了三方面的积极效果。第一，乡村工业化为后续产业发展积累了较为丰厚的资金，提升了乡村产业发展基础；第二，乡村工业化在很大程度上帮助农村富余劳动力在当地解决了就业问题，做到"离土不离乡"，避免乡村因青壮年人

---

① 陈一新：《浙江现象　浙江模式　浙江经验　浙江精神》，《政策瞭望》2008 年第 12 期。

口大量进入城市打工而陷入衰败;第三,乡村工业化提升了乡村地区产业配套水平和市场组织能力,造就了一批懂市场、会经营的乡村企业家队伍。

进入21世纪以来,尤其是在习近平同志主政浙江之后,浙江乡村出现了一、二、三产业融合发展的新气象。第一,明确农业现代化是乡村产业的基础,提出"要以发展高效生态农业为主攻方向,加快建设农村现代产业体系"。① 第二,按照"农业与工业、农业与服务业融合"的理念②,依靠生态、信息化和城乡一体化等新动能带动一批乡村新业态的发展。第三,以"凤凰涅槃"的勇气和"腾笼换鸟"的智慧,实现乡村轻小工业转型升级,克服资源要素制约、生态环境压力和内外市场约束。

受此带动,近年来浙江乡村产业融合呈现出"一马当先"的发展态势,成为实施乡村振兴战略的重要支撑。2016年,浙江省农林牧渔业增加值同比增长2.83%,达到2001.6亿元,首次跨越2000亿元大关;2017年上半年同比增长1.6%,均高于浙江省农村经济"十三五"规划预定的年均增长1.5%的水平。休闲农业和农村电商指标更是超高速发展,2016年,全省休闲农业实现营业收入293.9亿元,同比增长29.5%;农产品网络零售额396亿元,同比增长30.3%;2017年上半年,休闲农业实现营业收入和农产品网络零售额同比增长分别在10%、30%以上。乡村产业融合发展有力支撑了农民收入持续较快增长,2016年、2017年上半年全省农村常住居民人均可支配收入同比增幅分别达到8.2%和8.7%。③ 一些特色农产品种植业在改良品质的基础上,通过与文化创意和旅游业相融合,极大地激发出经济社会的乘数效应。以椪柑种植产业为例,衢州市柯城区通过搭建"柑橘+文化+旅游"为主导的产业框架,实现了由卖产品向卖风景、卖文化转变,高品质的柑橘和美丽的田园风光吸引了大批游客纷

---

① 习近平:《干在实处 走在前列——推进浙江新发展的思考与实践》,中共中央党校出版社2006年版,第178页。
② 习近平:《之江新语》,浙江人民出版社2007年版,第192页。
③ 《浙江省:产业融合发展绘出农村经济发展新图景》,2017年9月28日,中国发展网(http://special.chinadevelopment.com.cn/2017zt/nccyrh/2017/1179117.shtml)。

至沓来，带火了民俗、农家乐等乡村旅游产业，更进一步扩大了当地柑橘的知名度与美誉度。

另一方面，依靠积极的产业政策引导，以及"五水共治"等环境专项整治的倒逼，过去能耗高、污染多、附加值低、创新弱、品牌少的乡村传统块状经济正在向现代产业集群转型升级。借助信息化和科技创新的力量，一大批乡村工业企业积极响应供给侧改革的号召，通过管理创新、技术改造、品牌建设等举措，提升浙商产品的整体形象，满足国内外消费者对高端化商品的需求。随着越来越多的浙江乡村工业企业更加重视产品品牌、设计和技术等高端附加值的提升，乡村工业在国际竞争和世界经济大环境中将拥有更雄厚的抗风险能力，从而为乡村产业转型升级和融合发展提供坚实基础。

二 以产业发展带动乡村全面发展

在产业发展的路径选择上，浙江乡村贯彻精准施策、分类推进的理念，不搞一刀切，形成了各具特色的发展探索。浙江的众多乡村的资源禀赋不同，原有集体经济基础、城乡关系、交通条件各异，村民素质、乡村传统文化、社会风俗也各自有别。这些差异决定了浙江各地群众必须从本村实际出发，积极探索，形成适合各村特点的产业发展模式。这些源于乡村变革和现代化探索中的发展模式，无一不是深深根植于当地乡村经济、技术、社会、文化的土壤之中。

在众多浙江乡村中简单列举一些乡村发展模式，就包括：依托当地的历史传统和特色资源发展传统文化和旅游相结合的模式；根据当地的资源状况、产业基础和市场需求，在专业化分工的基础上，发展"一村一业"；依托美丽乡村建设，按混合融合方式发展"第六产业"；通过"互联网+"发展农村电子商务带动乡村发展；以兴办市场带动乡村发展；把海洋、海岛、渔业、海运业、旅游业有机结合起来，形成了渔村独特的产业发展模式。

浙江的实践表明，只有乡村群众最清楚，什么样的产业发展模式最适合当地的实际条件，最能促进当地生产力的发展，而不能简单地照搬照抄其他地区的发展模式。尊重农民的首创精神，支持农民从实际出发选择发展道路，是浙江乡村现代化持续健康发展的重要动力来源。

乡村现代化包括经济、社会、文化、生态等全方位的现代化。在乡村走向现代化的过程中，经济现代化居于主导地位，没有经济的现代化，乡村的社会发展、文化发展乃至精神文明建设就没有强大的物质基础。产业经济的发展是乡村可持续发展的前提和基础，而乡村的社会和谐、文化发展以及乡村空间环境优美、生态良好则为乡村的产业经济发展提供更好的社会环境条件，有助于实现更高水平、长期稳定的经济发展，进而推动乡村经济、社会、文化等各项事业全面发展。

从改革开放40年来浙江乡村发展历程看，乡村经济发展对乡村社会和谐、进步和文化传承与发展的积极作用显而易见。随着经济现代化的发展，农村社会从封闭转向开放，新型城乡关系、工农关系正在形成，农村教育、科技和文化事业也迅速发展。乡村居民在收入增加的同时，其个人的文化素质、科技素质、管理水平、经营素质、劳动技能都得到提高，乡村内的社会交往方式、生活方式、价值观念、社会需求层次也在潜移默化中发生改变。在构建了相对坚实的物质基础之后，乡风文明在乡村发展中的重要性日益显现。乡村文化的发展不仅有利于传承乡土文化，培育文明的乡风、家风和民风，改善村民的精神面貌，也有助于维护村民权益，改善乡村治理，进而提升乡村经济发展的水平与层次。可以说，乡村各项事业的全面发展既是乡村产业发展的终极目标，也是乡村产业得以持续健康发展的保证。从对浙江乡村的调查看，凡是"文明村""五星党支部""美丽乡村精品示范村""民主法治村"等大都是产业发达、集体经济基础较好，同时注重文化和社会事业同步发展的先进村庄。例如东阳市花园村经过30多年发展，2016年全村经营收入461.23亿元，村民人均收入达16万元。该村于2010年和2017年先后实施了两次扩村并村，共18个村并入花园村。经济的快速发展、村民富裕水平及公共福利水平的不断提高加上有效的村民自治机制，36年来，花园村做到了"矛盾不上交，纠纷不出村、村民零上访"。本村户籍人口加上外来人口共6万多人和谐相处。此外，宁波奉化的滕头村、杭州的航民村、安吉的余村等都是通过产业发展成为社会主义新农村建设的模范典型，也为全面实施乡村产业振兴、人才振兴、文化振兴、生态振兴和组织振兴提供了重要经验。

三 积极探索构建村社合作经济共同体，实现共同富裕

我国国情决定了在相当长一个时期内，普通农户仍然是农业生产的基本面。农户分散的小规模生产，难以与社会化"大市场"对接，特别是在流通和加工领域，农户的资产收益获取权限很低，无法分享农产品的高附加值增值收益。而且由于其分散的生产经营活动也难以吸收现代农业科技成果，易导致市场竞争力和国际竞争力低下。如何保护好小农户利益，使之与现代农业发展有机衔接、分享现代化成果是农业市场化、现代化发展中必须解决的问题。

浙江为此进行了先行探索和创新。通过大力推动农民合作社发展、积极发展以供销社联合社、有条件农民合作社、合作社联合社、涉农产业协会等为载体的生产供销信用"三位一体"的合作与服务、初步形成了农民合作经济组织及农民群众共建共享农业现代化和城乡一体化的组织框架和发展格局。截至2017年9月，浙江全省有农业龙头企业7576家；农民专业合作社48688家，成员121.6万个；家庭农场29172家，经营土地面积260.3万亩。全省农业产业化组织拥有固定资产1463.5亿元，从业人员234.9万人，带动农户861万户。各地乡村还通过积极开展利益联结机制探索，充分调动各类主体的积极性。譬如安吉鲁家村，建立"公司+村股份经济合作社+家庭农场"的统一经营模式，形成农户、村集体经济和企业的利益共同体、命运共同体。鲁家村集体资产从2011年不足30万元增加到2016年的1亿元，农民人均年收入从19500元增加到32500元，几乎实现全民就业。①

浙江的探索实践表明，大力培育新型农业经营主体和服务主体，建立现代农业经营体系，通过"公司+农户""合作社+农户""基地+农户"等多种组织形式把农民组织起来，建立各种新型经营主体

---

① 《浙江省：产业融合发展绘出农村经济发展新图景》，2017年9月28日，中国发展网（http：//special.chinadevelopment.com.cn/2017zt/nccyrh/2017/1179117.shtml）。

与小农户的利益联结机制，能够增强农户的市场话语权，帮助其参与分享社会平均收益，提高农民收入。

此外，借助较强的产业内分工合作与产业上下游链条的整合能力，浙江乡村产业发展呈现出互利合作、整体发展的良好态势。不同于以行政方式构建的集体经济，农村内部生产型组织依赖较强的内部信任与较为通畅的信息传播机制，有助于集中个体资本进行合作生产，降低市场交易风险，快速应对市场需求变化，获得政府政策支持。无论是温州早期的分散生产，还是在淘宝村、农旅结合等农村新业态中，各种样貌的农村合作经济都有助于农村实现共富发展，增加了乡村的就业发展机会，从而在经济上巩固了村社共同体的内在联系。

第三节　对解决乡村人居环境问题的启迪

一　正确认识乡村发展与生态环境关系，走生态发展之路

回顾浙江40年乡村生态环境整治的历程，其实质是一个对乡村发展和生态环境之间的关系不断深化认识的过程。不同阶段认知的差别造成处理手段的不同从而导致不同阶段浙江乡村的生态环境呈现出不同的特点。大体上说，这些不同的认知可以分为三个阶段：乡村发展与生态环境对立的阶段、兼顾生态保护与乡村发展的阶段以及乡村发展与生态保护融为一体的阶段。实际上，这三个阶段可以用习近平同志提出的"两山"理论来进一步说明，即"只要金山银山，不管绿水青山""既要金山银山，但是也要保住绿水青山""绿水青山本身就是金山银山"。"两山"理论实际上就是对浙江40年乡村生态环境整治的历程的生动总结，是指引浙江乡村深入发展，实现乡村伟大振兴的指路明灯。

在"只要金山银山，不管绿水青山"阶段，人们没有认识到生态环境的重要性，将乡村发展与生态保护相对立。用绿水青山去换金山银山，不考虑或者很少考虑环境的承载能力，一味索取资源。"只要经济，只重发展，不考虑环境，不考虑长远""吃了祖宗饭，断了子孙路"是对这一阶段生动阐述。浙江改革开放前20年，随着工业化

和城镇化的不断推进，浙江的农村环境污染问题越发严重，引发了一系列的环境问题，人们正常的生产和生活都受到影响。可以说，浙江改革开放前20年所遇到的乡村环境问题正是这种错误认知的产物。

在"既要金山银山，但是也要保住绿水青山"阶段，经济发展和资源匮乏、环境恶化之间的矛盾凸显出来，人们意识到环境是我们生存发展的根本，要留得青山在，才能有柴烧。因此，人们开始治理环境污染，改善生态环境。1998年在全省第五次环境保护工作会议上，中共浙江省委、省政府提出了实施"碧水、蓝天、绿色"三大环保工程。为此开展了全省生态环境现状大调查，制定了生态建设规划和一系列相关的行政法规及规范性文件，并加强环保方面的地方立法，同时省财政在"十五"期间每年拨付2000万元生态保护补助资金，从而从规划、政策、法制、财政等多方面保障了环境保护和建设的力度。2000年，浙江制定了《浙江省生态环境建设规划》，提出了从2000年到2050年浙江省生态环境建设50年的长期奋斗目标和政策措施。2002年，浙江提出要以"绿色浙江"为目标，以建设生态省为主要载体，努力保持人口、资源、环境与经济社会的协调发展。2003年，浙江成为全国第五个进行生态省建设试点的省份，全面实施"千万工程"，作为全面推进生态文明建设的开篇之举。2005年，浙江全面启动发展循环经济，建设节约型社会的工作。为保护生态环境，浙江把调整工业结构、转变增长方式作为根本措施。2013年浙江提出"建设美丽浙江、创造美好生活"的战略，以治水为突破口，倒逼转型升级，实施了一系列卓有成效的工程，"五水共治""三改一拆""四换三名""四边三化"等。这些措施和做法显著改善了城市和乡村地区的生态环境，同时也倒逼了经济转型升级。

在"绿水青山本身就是金山银山"阶段，人们认识到绿水青山可以源源不断地带来金山银山，生态优势就是经济优势。于是在改善生态环境的过程中，各地纷纷根据自己的特色发展生态农业、精品农业、生态旅游，开办农家乐，农民收入和生活水平有了显著提高。

二　跳出环境整治局限，站在全局高度综合处理乡村环境问题

乡村环境问题的成因是复杂的，是多种因素共同作用的结果。有

企业污染的因素、农业生产污染的因素、农民生活习惯的因素、农村基层设施不完善的因素等。因此要解决农村环境问题不能单单依靠环境整治。环境整治只能改善一时的环境，造成乡村环境问题的源头没有解决，乡村环境问题就会一直存在。要从全局的高度、从发展的角度采取多种手段才能有效地解决乡村环境问题。

纵观浙江2002年以来的乡村环境治理，其正是遵循了这一理念。浙江并没有不顾现实盲目提高环境污染治理的地位，而是以生产、生活、生态"三生"统筹理念为指导，一个问题一种或多种解决方法，一个问题一个问题地解决，最终实现乡村环境优美，农民生活富裕。通过乡镇企业污染集中整治、倒逼机制推动产业转型升级解决企业的污染问题；推进农业生产向生态循环农业转变，下大力气减少化肥、农药等的用量以及合理规划和设计，根据不同生物的特性和经济价值布局生态循环产业园解决农业生产面源污染问题；通过文化礼堂建设不断提高农民文化素质；通过农村聚居点环境整治、美丽乡村建设来提升农村的基础设施水平，特别是防污治污基础设置，改善农民居住环境；通过推动湖长制、河长制，完善乡村常态保护制度解决治污设施运行常态化，配套管理长效化问题。

三 政府的强力推动是推进农村生态环境治理的关键

农村环境污染治理是公益事业，具有很强的外部性，政府干预十分必要。2003年以来，浙江历届省委、省政府都高度重视乡村整治和美丽乡村建设工作，每年召开工作现场会进行部署，把这项工作列为为民办实事的重要内容之一。通过对资源进行重新整合，形成了美丽乡村建设行动纲领，针对具体的发展规划、建设与监测标准、考核验收指标等都有一套完整的制度体系。工程引领，落实到村，解决了宏观政策与管理缺乏微观运行基础的问题。

在组织领导方面，各地都把美丽乡村建设作为党政一把手工程，坚持党政一把手亲自抓美丽乡村建设。完善美丽乡村建设考评和激励机制，把美丽乡村建设纳入党政工作、干部绩效考核和社会主义新农村建设考核的重要内容。在资金投入方面，到2013年年底浙江投入乡村整治和美丽乡村建设的资金超过1200亿元，省财政安排的专项资金从2003年的4000万元增加到6.6亿元；2013年全省当年新增建设用地指标总量的10%以上用于新农村建设，城乡建设用地增减挂钩周转指标优先满足美丽乡村建设①。

四 乡村环境整治是一个长期工程，需要长期坚持不懈

乡村环境整治具有长期性和艰巨性，需要不懈的努力奋斗。需要从一个个的小问题入手，解决一个问题巩固一个问题。需要有"咬定青山不放松"的劲头，认准目标坚定地干下去，不因外界的风云变化而有所动摇。

纵观浙江的乡村环境整治经历，可以认识到浙江乡村优美环境是中共浙江省委、省政府带领浙江人民坚持"一张蓝图绘到底"，一年接着一年干，一件接着一件干，15年来实施"千万工程"久久为功，通过长期的不懈努力换来的。②

第四节 对解决乡村社会治理问题的启迪

加强和创新乡村社会治理，是推进国家治理体系和治理能力现代化的重要内容，也是解决发展不平衡、不充分问题的关键入口。在以往三农问题研究领域中，对于农民自主性和国家行政干预之间存在的冲突与互补，一直有不同的理论和见解。但从浙江乡村社会治理发展的经验来看，乡村实现现代化发展必须处理好农村自治与国家行政干预之间的关系，使两者在各自领域中发挥其应有的作用，协同共治解决乡村发展与治理的现实问题。

一 政府基础设施与公共服务向农村优先投入

在改革开放之前，受到集中发展工业的政策影响，农村支援城市，以农补工的工农业剪刀差与城乡剪刀差现象相当突出，中央和地

---

① 李波：《万亿生态文明投入打造"美丽乡村"》，《中国证券报》2013年10月17日第A13版。

② 桂从路：《久久为功建设美丽乡村》，《人民日报》2018年4月25日第5版。

方政府对于乡村建设的投入也相对有限。除了新建部分水利与道路基础设施，浙江乡村直至改革开放之初的基础设施与公共服务水平总体较低。有许多偏远乡村，不通道路，未接水电，当地居民在教育、医疗等方面也无法得到充分满足。

改革开放以后，尽管城乡二元结构依然存在，但中央和地方政府仍然投入大量资金建设包括道路、供水供电、防洪排涝的基础设施，以及基础教育、基本医疗服务、社会保障等公共服务。通过多方筹措资金，以省市政府拨一点儿，县乡政府自筹一些，村民集体参与等方式，基本实现了道路与电信系统的"村村通"。以浙江温州为例，其第一条铁路是由民间集资修建，而非政府投资兴建，这在当时创下了一项纪录。

进入新时代以后，中央和地方政府进一步明确了"以工哺农、以城支乡"的总体战略。尤其在"千万工程"全面铺开之后，省市政府投入大量资金建设乡村基础设施，进一步完善道路、通信和网络覆盖，提升乡村地区基本公共服务水平，缩小城乡差距。一些先富起来的民营企业家、乡村集体经济组织也以入股、"建设—经营—转让"（BOT）等多种模式参与基础设施建设，极大地拓展了乡村发展的资金来源，避免了"城市建设像欧洲，乡村建设像非洲"的割裂情况。

以浙江乡村建设的经验来看，中央和地方政府对于乡村基础设施与基本公共服务的投入发挥着搭建框架和社会安全网兜底的核心作用。在财政投入的优先支持下，覆盖城乡的道路、供水供电、通信网络等基础设施覆盖全省所有行政村，而城乡一体化发展的基本公共服务网络也在乡村地区不断扩面提质，为更多乡村居民带来基本医疗、教育、养老等服务，尽可能满足乡村百姓对于美好生活的期盼。随着覆盖浙江全省各个乡村的管理网格基本建成，以及基层治理"四个平台"的推广运用，乡村社会的安全稳定运行也得到有效的体制机制保障。

二 乡村基层自治对乡村治理在地化形成有效协同

大力发展农村基层民主，巩固和扩大乡村居民参与公共事务的渠道，是解决行政制度刚性与乡村社会治理柔性之间矛盾的有效途径。

在数十年的探索之中,浙江各地发展创新出"民主恳谈""选举协商""监督协商""乡贤参事会"等多种制度,成为乡村协商民主发展的时代写照。

实现乡村治理体系的科学化与制度化,既需要以制度建设的手段对乡村组织形式、日常运行、村务协调等框架性内容加以规范,提升基层治理法治化水平,也需要结合乡村社会的特点,探索符合德治需要的基础协商民主形式。从温岭的"民主恳谈"到乐清的"人民听证",从诸暨的"枫桥经验"到武义的"后陈经验",从桐乡的"三治合一"到舟山的"网格化管理、组团式服务",公共决策、公共监督、公共参与成为浙江乡村基层公共事务民主决策机制的标签,行政事务、行政服务、参与决策、决策程序等乡村公共事务的决策脉络、参与方式等,阳光透明地展现在基层群众眼前,让基层群众更有意愿,也更有能力参与到与自身利益和社区发展相关的重大决策之中。

浙江乡村在社会治理领域的经验可以概括为,逐步完善以基层党组织为领导核心、村民委员会和村经济合作社为执行主体、村务监督委员会为监督主体、新型社会组织为协同主体的治理结构,促进网格化管理和公共服务网络的融合,构建以社区为平台、社会组织为载体、社会工作为支撑的"三社联动"的社会基层治理体制,以"四个平台"建设持续优化基层治理效能,发挥村规民约对基层治理制度的有效补充,依靠自治、法治、德治共同构成乡村社会治理的有机体系。

三 提升治理弹性,构建共建共享的良好氛围

与许多发展中国家乡村地区所面临的情况非常相似,浙江乡村基层社会治理也面对地方宗族势力、外来资本、市场等因素的干扰和冲击,对民主决策、民主管理和民主监督的真正落实形成了较大挑战。

浙江的经验是在大力发展完善乡村社区建设的基础上,进一步推动基层治理的制度建设、实现"村民自治"向基层"协商民主"的转型。在基本服务领域,深入县乡乃至行政村的政府与公共服务体系,使乡村居民在家门口就能接受来自政府的公共服务。而自2016年年底以来的"最多跑一次"改革更是以群众的获得感为目标,解

决了过去公共服务和政务服务体系中存在的条块分割与信息孤岛问题，让老百姓享受具有一流标准的服务。

在基层民主领域，面对乡村人口流动、外来人口占居民多数的现实，浙江许多乡村深入探索将以户籍身份为门槛的"村民自治"向全体居民平等参与的"协商民主"转型。在按照相关制度要求，全面落实民主选举、民主决策、民主管理和民主监督的基础上，结合基层治理的现实问题，不断引入体制机制创新，优化治理环境，提高协商民主质量。通过在多领域事务中的广泛参与，不仅乡村居民的民主能力与素养得到了较大提升，乡村的共同体精神与公共价值又在潜移默化中得到了凝练，为构建村社综合治理共同体提供了具有弹性的制度框架，以及具有包容力的身份认同机制。

第五节　对解决城乡关系时代困境的启迪

伴随着大规模的城镇化，许多国家和地区在现代化过程中都出现了青壮年人口舍弃乡村、奔向城市，乡村人口"空心化"的问题。浙江在处理乡村与城市关系问题方面，最重要的经验是落实城乡发展一体化战略，在物流、人才、服务多个方面突出城市与乡村的自身价值，构建大都市圈和大花园，模糊城市与乡村居民的身份界限，全体居民都能在共享城镇化所带来的经济发展机遇的同时，享受绿水青山的生态滋养和乡风乡愁，真正实现城市与乡村的"各美其美、美美与共"。

一　依靠城市化和新农村建设两个"轮子"共同推进

在直至改革开放之初的漫长时期内，国家在整体发展战略上都是执行以农养工的城市优先发展战略，无可避免地造成城乡在发展机会、生活水平等多方面的差异与割裂。

面对在现代化和城镇化进程中城乡差距不断扩大的问题，党和政府在进入 21 世纪以来持续制定了具有针对性的解决方案。2002 年党的十六大提出"城乡一体统筹"，2006 年党的十七大提出"城乡经济社会发展一体化新格局"，2012 年十八大提出"城乡融合"构成了城乡关系的三次飞跃。为了尽快破除传统二元结构不良影响，把城市和农村作为一个有机整体发展谋划，建立并完善城乡发展实际的一体化发展模式，习近平总书记强调："我们一定要抓紧工作、加大投入，努力在统筹城乡关系上取得重大突破，特别是要在破解城乡二元结构、推进城乡要素平等交换和公共资源均衡配置上取得重大突破，给农村发展注入新的动力，让广大农民平等参与改革发展进程、共同享受改革发展成果。"[1] 2017年党的十九大提出乡村振兴，既是对乡村地位、价值、前景的高度肯定，也是转变单一依靠城镇化解决乡村问题的战略思考与布局。

在过去很长一段时期内，无论是理论工作者还是政策执行者，都将农业农村问题局限在本领域内，研究相关政策举措。而在城镇化和人口高速流动的背景下，如果不能将研究视域放在更为宏观的经济社会关系中，做到"跳出三农，研究三农"就无法深入理解造成农业农村农民问题的历史动因与宏观背景，也无法提出真正有助于乡村实现现代化的有效对策。

习近平总书记指出："推进城乡发展一体化要坚持从国情出发，从我国城乡发展不平衡不协调和二元结构的现实出发，从我国的自然禀赋、历史文化传统、制度体制出发，既要遵循普遍规律、又不能墨守成规，既要借鉴国际先进经验、又不能照抄照搬。"[2] 从日韩等国推进城乡均衡发展的经验来说，在市场经济条件下，政府通过政策、税收规划等方式能够适度干预城乡关系，但城乡分割局面仍难以得到根本性扭转。事实上，此前中国一些地方政府也曾出台类似政策，试图增加农业农村对各类人才的吸引力，但收效甚微。其基本思路还是站在城市的视角，片面依靠城市化来解决乡村问题。与之相对，乡村振兴战略是要以乡村发展为中心，将强迫农民转型的推力转变为农民主动选择发展的内生动力，深入发掘乡村发展的内在潜力与独特优势，从而实现城乡共荣发展、平等互惠的新型格局。

---

[1] 《习近平：健全城乡发展一体化体制机制　让广大农民共享改革发展成果》，2015年5月1日，新华网（http://www.xinhuanet.com/2015-05/01/c_1115153876.htm）。

[2] 同上。

习近平同志主政浙江期间强调"从全局的高度统筹城乡发展"①，在全国率先推出城乡一体化发展战略，并制定出台了《浙江省统筹城乡发展推进城乡一体化战略纲要》，提出包括取消"农业"和"非农业"户籍身份差异，依靠城市化和新农村建设两个"轮子"共同推进，以及"坚持政府主导，尊重群众意愿，发挥市场作用"等先进举措。正是依靠这些理念，十余年来浙江正确把握现代化进程中城乡关系的变迁规律，大力度推进统筹城乡发展，城乡发展一体化水平不断提高，率先进入城乡融合发展阶段。正如在众多浙江乡村的经验中所见证的那样，城镇化并不代表乡村的终结。乡村完全可以根据自身特点和资源优势，发展不同于城市的一、二、三产业，形成具有独特魅力的生产生活生态方式，达到城乡之间各取所需、美美与共的协调发展状态。而美丽乡村建设与人居环境整治的成果更是让乡村居民在享受与城市同等水平公共服务的同时，能拥有拥抱"绿水青山"的田园诗意与生活品质。

二 以区域一体化战略为乡村功能进行重新定位

1978 年以前，受到严格的人口户籍管理制度和商品流通的限制，城乡之间的二元结构几乎无法找到辗转腾挪的破解空间。改革开放为原来严格受到国家控制的劳动力和商品流动打开了突破口，通过"鸡毛换糖"等乡村经济发展原始积累手段，浙江乡村经济通过不断的自立挣扎，闯出了一片新天地。

在 20 世纪七八十年代，许多浙江乡村利用新办社队企业、乡镇企业的制度空间，主动寻找当时较为呆板低效的国有工商业未能充分满足社会需求的领域，积极吸纳周边城市的技术和人才资源，发展轻工业与劳动密集型产业，从而初步建立了工农业协调发展的产业结构。工业化与市场化为乡村带来了大量就业机会，通过在地工业化，浙江许多乡村不仅避免了出现中西部的劳动力输出大省乡村人口异地工业化，乡村因而普遍凋敝的局面，其中一些产业发展和规模优势明显的乡村还崛起为具有一定辐射力的特色产业园区，吸引了本省和外

---

① 习近平：《之江新语》，浙江人民出版社 2007 年版，第 45 页。

省的大量农村转移人口前来就业。

改革进入深化阶段以来，浙江乡村利用前期积累的资金与市场优势，借助信息化与生态化的发展机遇，大力发展生态农业，农旅结合与农村电商产业，进一步形成了与城市产业相互融合互补的结构。借助便捷的公共交通网络、遍布城乡的信息通信和基本均等化的公共服务体系，浙江许多地方已然形成了城乡高度统一的半小时都市圈与一小时都市圈，城乡边界更加模糊，生活便利程度普遍提升，城乡二元格局完全打破。

在积极融入长三角一体化发展的战略指引下，浙江许多乡村已经形成了特征鲜明的差异化发展道路。一些乡村借助青山绿水或依山傍海的独特生态资源，大力发展乡村旅游和民宿经济；一些乡村借助雄厚的资金实力和要素市场优势，发展具有国际先进水平的特色加工制造产业；一些乡村借助便捷的物流环境和成熟的产业链条基础，发展商贸物流和网络电商经济。改革开放不仅让浙江乡村的经济社会发展与周边城市群逐步实现同步发展，还让乡村的产业与服务在更大程度上融入全球维度的经济体系之中，获取更大的发展空间。在此发展导向下，许多浙江乡村已经能够为居民和创业者提供不亚于城市的生活便利水平和公共服务保障，为区域一体化融合发展构建了良好的发展条件。而城乡关系的二元结构也逐渐让位于区域一体化发展的时代主题，宜城宜乡、亦城亦乡的空间结构将成为未来浙江大地空间布局的新时代主题。

三 以内生性发展道路拓展乡村成长空间

通常而论，城市与乡村在就业发展机会、公共服务水平、生活方式吸引力、共同体身份感召力四个维度上存在明显差异。市场化与工业化使得城市在就业发展机会、公共服务水平和生活方式吸引力等方面具有乡村无可匹敌的优势，而乡村的共同体身份也在人才外流与人口空心化中逐渐衰落。

在许多发展中国家比较常见的现象是，大型城市周边毫无规划地涌入大量农村转移人口，形成极度缺乏供水供电和排水排污等基础设施的贫民窟。数量庞大且极度贫困的乡村人口之所以愿意在缺乏就业保障的情况下涌入城市，造成无序城市化的根本原因在于城市与乡村发展差距过大，乡村居民即便留在本乡本土也无法获得较好的生存发展机会，而盲目流入城市又造成城市贫困和治理的一系列问题。

浙江乡村在改革之初就走了一条内生性发展道路，通过发展乡村二、三产业，就地提供了大量就业机会，并利用中国加入世贸组织的机会，将浙江乡村产业进一步与世界经济体系相对接，进一步摆脱了单一依靠农业的产业格局。在改革开放的前二三十年，浙江乡村的青壮年人口外流的城市"抽水机"效应相对并不严重。许多乡村能人通过多种途径在家乡就业，或者通过在外经商工作积累的经验与资金返乡创业，取得了绝不亚于同时期城市青年的成就。在此背景下，浙江乡村的基本功能也从单一的农业生产地，向一、二、三产业融合发展，兼具生产、生活、生态功能的"后生产型"乡村转变。一些交通比较发达，毗邻城市的乡村甚至成为城市流动人口的主要居住场所，分享了城镇化所带来的经济红利。

不可否认，城市生活方式、更多的发展机会与较高的公共服务水平对乡村青少年仍有强大的吸引力。随着高等教育的普及，有许多乡村青年在毕业后选择在城市中就业和发展。在浙江多地乡村地区的调研中也发现，有许多"80后""90后"的乡村青年会选择到大城市就业，彻底脱离乡村的生活环境。这一现象在相对偏远的山区和海岛更为普遍，也带来了乡村人才外流与乡村空心化的隐忧。

繁荣富裕与淡泊宁静都是人民对美好生活的向往与需求。随着基本公共服务均等化的落实，以及美丽乡村建设成果的显现，浙江乡村以其独特的生产生活生态和文化优势发挥出别样的魅力。尽管从数量上来看，目前乡村吸引本地人才的返乡回流，吸引城市青壮年到乡村创业的比例还非常有限，但随着浙江乡村一、二、三产业融合发展的态势已然显现，众多乡村新产业、新业态为乡村创造了大量适合高素质人才就业的岗位，将会有更多向往乡村亲近自然、舒适生活形态的青年选择到乡村工作发展。同时，浙江的内生性发展已经对吸引具有自我照料能力的低龄城市老年人到乡村来养老，吸引城市居民到乡村来休闲度假制造了大量社会需求，更多浙江乡村呈现出"好山好水好热闹"的时代新风貌。这也意味着乡村内生性发展将为构建平等互利、共荣发展的城乡关系提供发展的新空间与新人气。

四 村社共同体为乡村三生形态增添独特韵味

在新的发展阶段，构建"五位一体"全面发展的村社共同体，正是乡村振兴的目标指向所在，也是乡村振兴面对城市经济、社会和文化影响力强势入侵，重新掌握自身发展的主体性，实现与城市站在同一维度融合平等共荣发展的支柱与底气。

传统的村社共同体主要是基于血缘和农业共同生产关系而结成的农业生产共同体，而浙江乡村在持续现代化的进程中，不仅因从事相近的非农产业而结成新的村社经济共同体，还转向成为国家与社会共同实施基层治理的村社治理共同体，以及因共同生产生活的地缘关系结成的村社生活生态共同体。① 这些生产生活体验也造就了村社共同体有别于城市的独特形态。

必须认识到，城市所提供的以个人成功和成就动机为核心的生产生活形态并不完全符合人全面发展的需求。在乡村产业结构优化，公共服务水平提升和生活生态样貌美化的基础上，浙江乡村以独特的乡村文化为基础进一步充实提升村社共同体的身份感召力，以更为和谐的人际关系以及更为符合中国传统文化中山水情怀的生活吸引包括原住民和逆城市化的新住民结为新的共同体。

在浙江，城市与乡村的边界已经非常模糊，城市是乡村的 CBD，乡村是城市的大花园。在城市轨道交通、乡村高品质公路和高速铁路等更加快速便捷交通设施的支撑，以及无所不在的互联网络支持下，城市居民与乡村居民能够实现便捷的身份互换，周一到周五在城市中工作，周末在乡村度假的生活也将更加凸显共同体身份中的非生产性要素的价值。具有浓厚人文气息的乡村社区将会反哺城市社区，促使人们反思生活空间与社交空间的叠加与融合。

---

① 毛丹：《村落共同体的当代命运：四个观察维度》，《社会学研究》2010 年第 1 期。

第六节　对解决乡村文化价值整合问题的启迪

乡村在走向现代化的过程中，原有的乡村文化和共同体价值势必受到城市文化和个体化价值的冲击。在浙江乡村发展的过程中，乡村的文化与价值也曾经历失落与迷茫，但受到美丽乡村建设、古村落保护和农村文化礼堂的带动，原本散落的乡村文化得到复兴。通过恢复和发展乡村文化庆典与礼仪活动，将乡村优秀传统文化所蕴含的思想、精神和道德与社会主义核心价值观相结合，不仅使得乡村生活有了生气和活力，更是改善了乡风民风，提升了乡村居民的精神面貌。由乡村社会文明程度普遍提升所带来的乡村文化自信，已成为浙江实施乡村振兴战略的重要价值感召。

一　以乡村文脉基因和当代创新重树乡风民风

浙江在长达两千年的农耕文明发展过程中，出现过众多的知名人物与思想学派，并在浙江的众多乡村流传下地域文化、山水文化、民俗文化、建筑文化乃至民族文化的综合结晶。浙江的乡村传统文化以儒学中的孝义传统和农耕文化为精神内核，形成了超越时空、弥足珍贵的优秀文化财富，为世世代代培育乡风、家风和民风发挥着不可替代的作用。

浙江作为沿海省份，1840年以后，面对列强侵略和以西方工业文明为基础的外来文化强势入侵，其乡村传统文化所赖以存在的生产方式基础和文化吸引力均遭受了较大冲击。在近百年的动荡历史中，科举制度的瓦解，乡村士绅社会结构的弱化，乃至西方工农业产品对乡村经济基础的破坏，均使得浙江乡村传统文化基因的社会传承难以延续。在中华人民共和国成立以后，在"文化大革命"的极"左"思潮的影响下，相当一部分乡村物质与非物质文化以封建糟粕的名义遭到破坏。改革开放初期，西方和港澳台地区的文化产品开始通过广播电视、录音录像等多种渠道渗透到乡村文化之中。与五光十色、充满现代感的外来文化产品相比较，本已处于弱势地位的乡村传统文化更是失去了文化自信，新生代的乡村居民对于传统文化的认识已非常稀薄，乡村礼俗传统和地方戏曲的传承几乎面临断绝。

党的十九大报告指出："要坚定文化自信，推动社会主义文化繁荣兴盛"，将推动乡村文化振兴作为实施乡村振兴战略的重要途径。浙江作为较早实施乡村全面发展战略的省份，在近15年来有众多乡村通过有意识地挖掘、整理和保护乡村文化资源，并与创意设计和最新科技手段相融合，传承发展了一批极具感染力和参与性的乡村文化礼俗活动，不仅对乡村居民产生了明显的文化向心力，还给外来游客带来了有别于城市的新奇文化体验。在乡村环境整治、景观美化和人居环境改善的物质文明水平提升的烘托下，兼具乡村传统和当代创新的乡村文化活动在很大程度上帮助乡村重拾文化自信，也转变了人们以城市文化为中心的普遍认知。

总体而言，浙江在乡村文化振兴方面的经验可以概括为三个方面。首先，深入挖掘乡村古建筑原有资源，不搞大拆大建和过度包装，通过有机更新和艺术创造，增添乡村景观与活动新功能。随着乡村生活进一步富裕，浙江有越来越多的乡村对于保护和整理散落于村落各个角落的文化遗产和传统风俗形成了"文化自觉"。像台州市黄岩区沙滩村、丽水市松阳县平田村这样保留了大量乡村历史、文化、自然遗产"活化石"的历史文化村落，经过里面改造、内部修缮和景观环境布置后，凝聚于古建筑中的乡村文明基因得到了"转化"与"活化"。不仅是古建筑，许多修建于20世纪六七十年代的乡公所、粮仓、兽医站被开发改建为民宿、酒坊和茶亭。在猪圈里喝咖啡，在牛棚里吃茶已经不是笑谈，而是真实发生在浙江乡村中的新变化。在乡村景观资源盘活创新的外力推动下，乡村居民更能真切地感受到传统文化遗产和文化基因的强大文化"倾诉力"，从而更加珍视承载着记录时代变迁，积淀乡土肌理，传承乡村文脉的乡村文化，也从见证乡村特色文化旅游发展中重振对乡村文化的自信心与自豪感。本已没落甚至是废弃的乡村古建筑复兴，不仅表征乡村生命轨迹走向振兴的"履历书"，还对促进地方经济发展与生活品质提升发挥了实实在在的效果。

其次，深入挖掘乡村文化中的特色元素，充分展现乡村个性，避免千村一面，做到"见物、见人、见生活"。浙江许多地方在保护和发展乡村传统文化过程中，重视不让其成为放在博物馆里的"死文化"，而是让其沁入乡村生产生活生态之中，成为看得见、摸得着、离不了的"活文化"。像台州市黄岩区潮济村曾是历史上的水路重镇和重要商埠，当地在修缮和改造老街立面等历史遗存的基础上，让老街重开，让乡村老匠人们发挥手艺绝活儿，木器店、油漆铺、乌饭麻糍、弹棉花、刻字等特色店铺沿街而设，让居民与游客和谐相处，重现昔日繁华。浙江注重借助最新科技手段强化乡村传统文化的传播途径与表征形式，使乡村文化在保留本乡本土、原汁原味、最具特色文化基因，发挥承载村社连绵不断的超越性价值和共同体身份感召力文化内核的同时，又能成为"传统"与"历史"得以再生、再现与体验的场所和空间。通过恢复乡村特色文化礼俗，发掘整理乡村传统物质与非物质文化资源，使得乡村传统文化在保护与利用之间达到一个最佳平衡点，从而依托文化遗产保护与利用来实现乡土文化乃至中国传统文化的传承与创新。

　　最后，发挥乡村居民的主体作用，用贴合群众需求的文化形式弘扬主旋律和社会正气，实现从"送文化"到"种文化"的跨越。浙江在保护利用乡村传统文化基因和文化遗产方面有意识地通过农村文化礼堂展览、"我们的村晚"演出和乡村文化礼仪活动提升乡村居民和社会公众对乡村的"文化自觉"。而众多乡村文化创新依靠的不是专业的文艺文化工作者，而是重视让乡村贤达、文艺骨干和当地知识分子发挥主动性，结合当地乡风民风创作出符合群众需求的文化和文艺作品。在浙江许多乡村已经实现了从"送文化"向"种文化"的转变。地方文化部门立足当地实际，更多地指导、帮助基层文化骨干，充分挖掘各有所专所长的"土艺人"宝库，整合各种具有地方特色的乡村文化资源，着力发掘培养"草根文艺爱好者"，把文化"种"在基层，进而推动乡土特质与外来文化的融合，让广大乡村居民成为乡村文化建设的主力军。而且随着乡村居民和社会公众对乡土的"文化自觉"不断深化，乡村文化对于发展乡村旅游和促进乡村治理的积极效果更加显现，进一步推动了乡村文化的当代创新。

　　尽管实施乡村文化振兴还面临着人才、传承和内容吸引力等多方面的挑战，但浙江众多先进乡村已经用发展实绩展现了新时代融合传统保护与当代创新乡村文化的巨大潜力。通过将社会主义核心价值观与乡土文化传统中的优秀成分相结合，乡村文化将在保持自身独特性的同时，散发出与城市文化具有同等魅力的文化吸引力与感召力，让乡村居民的精神面貌变得更为自信，让务实淳朴的乡风民风保持旺盛活力。

二 以文化整合与秩序重建为村社共同体凝心铸魂

在工业化、市场化和城乡流动加快的浪潮席卷下，传统的乡村道德、规则、秩序和共同体文化受到了激烈的冲击。传统乡村社会由封闭、静止、同质化日益走向开放、流动、异质化，村民逐渐从家庭、宗族、村落等传统共同体中脱嵌出来，在广阔的市场和遥远的城市中寻找生存与发展的机会。

欧洲在19世纪时同样发生过类似的社会整合衰落过程。马克斯·韦伯创造了祛魅（disenchantment）的概念，说明当人们进入世俗化/理性化的时代后，传统社会所极力维护的统一意义感与信仰皆出现了崩塌，人们只是根据利益最大化的计算来追求生命的意义和价值。[1] 涂尔干则使用社会失范（anomie）的概念，说明个体脱离旧有社会团结获得自由与独立，旧的社会规范被突破，个体之间毫无规则地相互争斗，形成霍布斯所谓的丛林法则。[2] 滕尼斯则将此描述为从先天性的地缘、血缘等自然意志占支配地位的"共同体"，向以理性化选择为基础的"社会"的转变过程。[3]

可以说，当代西方社会仍未完成对重新建立新秩序可行途径的探索。鲍曼提出"流动的现代性"概念，认为在"固体"现代性阶段，人们的存在方式可以按照模式化的行为规范，道德伦理作为自己的参照体系，并以此制定人生的策略与发展规划，但是进入"流动"现

---

[1] ［德］马克斯·韦伯：《学术与政治》，冯克利译，生活·读书·新知三联书店1998年版，第28—30页。

[2] ［法］埃米尔·涂尔干：《社会分工论》，渠敬东译，生活·读书·新知三联书店2013年版，第二版序言，第12—14页。

[3] ［德］斐迪南·滕尼斯：《共同体与社会》，林远荣译，商务印书馆1999年版，第43页。

代性阶段之后，一切所谓的模式、规范、道德都在不断地发生变化①。与之相对应，人与人之间的关系变得更加脆弱，社会道德变得碎片化②，社会风险变得更加个人化③，公共精神不断衰弱，公共空间出现了解体④。他进而指出，西欧社会的个体化进程不仅是个体从家庭、宗族、阶层中脱嵌出来，而被制度化地重新嵌入国家的福利体系和市场化体系过程之中，即第一现代性，还包括伴随着全球化和风险社会的冲击，个体不得不减少对国家福利体系的依赖，提高自身的竞争能力，增强自主性，依靠自己而活，即第二现代性。⑤

浙江乡村社会在改革开放后乡村文化的社会整合作用也发生巨大变化，传统乡村规则秩序越来越难以应对乡村市场化和个体化所带来的冲击。首先，由于村内人口流动加快，甚至在一些工商业发达的乡村内有大量非本村的外来人口迁入，作为制度化的村规民约或家族规矩的制约作用变得非常有限，其权威性与合理性受到非常大的质疑。许多外出务工经商的村民在节假日返乡时，他们在城市中耳濡目染的城市生活规则也对乡村传统秩序形成了极大的冲击。

其次，随着农业生产经营活动在家庭收入中的重要性不断下降，家族中的老一辈对于子女在经济方面和伦理方面的权威与控制力也逐渐下滑。传统上主要由老一辈操办组织的乡村祭祀庆典活动也逐渐丧失了对于乡村生活的感召力和影响力，地方戏曲、庙会、花灯舞龙等民间传统文化活动逐渐衰微，祭祀、修族谱、宗族礼仪等民间信仰活动也越来越无人问津。随着电视、电脑等私人化的娱乐方式被引入乡村社会，公共性的文化娱乐更多地被个体化的自娱自乐所取代。

再次，乡村社会中传统的群体性的道德规范出现解体，甚至瓦

---

① [英]齐格蒙特·鲍曼：《流动的时代》，谷蕾、武媛媛译，江苏人民出版社2012年版，第1页。
② [英]齐格蒙特·鲍曼：《生活在碎片中——论后现代道德》，郁建兴等译，学林出版社2002年版，第311页。
③ [英]齐格蒙特·鲍曼：《个体化社会》，范祥涛译，生活·读书·新知三联书店2002年版，第244—245页。
④ 同上书，第130页。
⑤ [德]乌尔里希·贝克、伊丽莎白·贝克—格恩斯海姆：《个体化》，李荣山等译，北京大学出版社2011年版，第28—31页。

解。其中重要的原因是乡村社会的开放性和流动性不断增强，常年在外工作或者季节性的返乡村民很难再像过去那样按照乡村社会的规范与其他社区成员，甚至家族成员产生频繁持续的互动。而市场化所带来的社会身份与生活机会的分化，也促成了过于单一、同质的规则被瓦解。此外，乡村社会公共空间的消失，导致过去承担奖善罚恶功能的公共舆论以及各种非正式奖惩机制的消失，进一步造成道德规范控制力的滑坡。

最后，传统乡村社会乡风民俗家训的式微，以及乡村学校道德与公民教育对社会分化现实的解释乏力，造成新一代的村民存在价值信仰的某些缺失，或者是在多种价值信仰前的莫衷一是。随着全球化的加剧以及信息社会的不断发展进步，浙江许多以工业制造为核心产业的乡村不得不按照世界通行的商业规则进行生产活动，一些风景优美、开发旅游产业的乡村则接待着来自世界各地的游客。这都为过去封闭、静止的乡村社会带来更加开放的信息来源，更加多元的生活机会。村民会从所接触到的城市文明，乃至其他国家的文化价值，从中选择个人的价值信仰。而村民个体价值信仰的分化，反过来又导致乡村社会道德规范的名存实亡，以及乡村公共文化生活的瓦解。

在面对乡村价值整合问题时，浙江在两个方面作出了具有借鉴价值的尝试。一方面，通过公共服务均等化和美丽乡村建设，实现自上而下的乡村福利体系建设。在为乡村居民提供更优质的医疗、教育、养老、交通等公共服务的同时，营造和谐美丽的生产生活环境。为"衣食足而知荣辱，仓廪实而知礼节"提供了外部物质条件。另一方面，越来越多的浙江乡村以文化建设为突破口，在乡村社会内部营造新的公共空间，推广新的公共活动，培育新的公共精神，促成新的公共秩序。在自上而下的农村精神文明建设带动下，通过自下而上的自我组织和共同参与，使村民切实分享到乡村文化振兴所带来的发展成果。

从文化建设层面提炼浙江乡村促进社会整合的探索，有四个方面的经验具有现实推广价值。

第一，以农村文化礼堂建设为突破口，营造乡村社会的新公共空间。随着乡村生产活动更为分散，文化娱乐活动日趋私人化，祠堂宗庙，乃至集体时代的大礼堂逐渐荒废，村民日常可以聚在一起进行公共活动、社会交往的公共空间不断缩小，进而导致公共规则与公共舆论的衰微。2000年以后浙江不少乡村利用多种渠道建设乡村健身广场以及老年人活动中心，在一定程度上吸引了年龄较大的村民会聚到这些场所中活动。而更具创新意义的是自2013年以来，中共浙江省委宣传部为贯彻"两富""两美"浙江战略，在全省各个地市全力推进农村文化礼堂建设。截至2016年年底，全省已累计建成农村文化礼堂6527个。通过"建、管、用、育"精细化的流程措施，浙江农村文化礼堂走出了从无到有、从小到大、由点到面、由盆景到风景的特色发展路径。在浙江许多乡村，农村文化礼堂不仅成为美丽乡村的新地标，更成为村民乐于去、经常去的公共空间与精神家园，为乡村文化复兴提供了重要的载体与阵地。

第二，以文化活动与礼仪活动为抓手，推广乡村社会的新公共活动。在乡村文化活动方面，浙江各地通过推进"菜单式"公共文化服务配送平台建设，把乡村文化服务的供给与村民的精神文化需求有效对接起来，不仅做到"送"文化送得精准到位，还大力推动"种"文化，鼓励各地广泛开展"我们的村晚""我们的村歌"等系列活动。在乡村礼仪活动方面，浙江各地乡村充分挖掘展示乡村的历史遗迹、文化遗存和乡风民俗、风土人情、先贤故事，并以此为文化根基广泛开展开蒙礼、成人礼、敬老礼、新婚礼、新兵入伍壮行礼等礼仪活动，以村民喜闻乐见的活动形式传承优秀传统文化。通过形式多样的活动，不仅让沉寂已久的乡村社会活络起来、热闹起来，更是让乡村社会迸发出区别于城市社会的独特文化魅力与个体吸引力。

第三，传承优秀文化汲取精神养料，培育乡村社会新公共精神。在前一阶段乡村社会出现信仰迷茫、价值真空问题的时候，一些宗族、宗教势力借机进行文化渗透，掌握精神的主导权。而浙江在乡村文化建设中充分汲取红色文化、礼仪文化和乡愁文化的精神养料，通过合适的传播渠道与活动形式，在乡村社会各个人群中培育共同的精神与价值信仰。例如在村民中深入浅出地开展中国特色社会主义、中国梦宣传教育，开展形势政策宣传教育，让村民对于美好生活的前景充满希望；再如充分发掘传统文化、地方文化的丰厚遗产，在农村文化礼堂中广泛开展春节祈福迎新、庆祝国庆、重阳敬老、儿童开蒙、成人仪式等文化礼仪活动,使优秀精神价值在潜移默化中得到传承;又比如征集和陈列反映村庄、家庭甚至个人发展历程的标志性物品、地方性技术等非物质文化遗产,在保护好文化根脉的同时,向年轻一代讲好"我们从哪里来"的故事,以乡愁激发割不断的情感纽带与抹不去的成长记忆。

第四,建立公共参与和奖惩机制,促成乡村社会新公共秩序。为了管好用好文化礼堂,浙江不少乡村探索建立农村文化礼堂理事会制度,鼓励村民和社会力量通过投资或捐赠设施设备、资助项目、赞助活动、提供产品服务等方式参与农村文化礼堂建设。借助这一平台,发动更多村民参与到乡村公共文化和乡村治理活动中来,通过相互协商讨论增加乡村社会人与人之间的交往,提高公共文化服务的效率与水平。此外,许多乡村已经连续数年在农村文化礼堂中设置善行义举榜、好人好事榜等各种宣传窗口,充分展示乡村社会中尊老爱幼、奉献家庭、邻里和睦的典型人物及其先进事迹,以此推动形成向善向美的价值认同。一些走在前列的村庄依托村民议事会、道德评议会、红白理事会等群众组织,通过充分民主协商建立完善各项村规民约,不仅传承了传统文化中家庭友爱、邻里和睦、善待环境的优秀元素,还将扶贫济困、慈善捐赠、志愿服务等新时代的正面价值融合其中。通过适应时代特征的村规民约与家风家训同时发力,让村民更加自觉自愿地感知、认同和践行乡村社会公共秩序,建立美好幸福家园。

总结来看,随着乡村社会流动性的不断增强,以及借助网络和更加便利的交往渠道,全球范围价值观念与社会思潮都给乡村社会带来或多或少的影响。在越发开放、流动的乡村社会中,试图效仿传统要求村民建立整齐划一、别无二致的价值信仰既不现实,也无必要。浙江在乡村文化振兴中所进行的尝试,更多是在群体文化层面发力,使公共空间、公共活动、公共精神和公共秩序得到更多机制保障,不至衰落。与此同时,乡村居民仍可以在个体层面对生活方式和娱乐方式做出自由选择。这种由共赢而实现的社会整合,正是让美丽乡村生活散发独特魅力、别样精彩的必要精神基础。乡村文明也才能真正与城市文明,以及世界其他民族的文明一起各美其美、平等对话,共同建设人类命运共同体的美好明天。

参考文献

［美］埃莉诺·奥斯特罗姆：《公共事物的治理之道》，余逊达译，三联书店2000年版。

［法］埃米尔·涂尔干：《社会分工论》，渠敬东译，生活·读书·新知三联书店2013年版。

［美］保罗·萨缪尔森、威廉·诺德豪斯：《经济学（下册）》，高鸿业等译，中国发展出版社1992年版。

陈剩勇、何包钢主编：《协商民主的发展》，中国社会科学出版社2006年版。

陈家刚：《协商民主》，上海三联书店2004年版。

陈家刚：《协商民主与当代中国政治》，中国人民大学出版社2009年版。

陈家刚：《协商民主与国家治理：中国深化改革的新路向新解读》，中央编译出版社2014年版。

陈野等：《乡关何处：骆家庄村落历史与城市化转型研究》，浙江人民出版社2016年版。

陈立旭：《创新公共文化发展模式：浙江的探索》，中国社会科学出版社2014年版。

陈立旭、潘捷军：《乡风文明：新农村文化建设——基于浙江实践的研究》，科学出版社2009年版。

［美］大卫·N. 海曼：《公共财政现代理论在政策中的应用（第六版）》，章彤译，中国财政经济出版社2001年版。

杜润生：《杜润生自述：中国农村体制变革重大决策纪实》，人民出版社 2005 年版。

［德］斐迪南·滕尼斯:《共同体与社会:纯粹社会学的基本概念》,林荣远译,北京大学出版社 2010 年版。

费孝通:《乡土社会》,上海世纪出版集团 2007 年版。

方民生等: 《浙江制度变迁与发展轨迹》,浙江人民出版社 2000 年版。

冯淑怡、曲福田等:《农村发展中环境管理研究》,科学出版社 2013 年版。

国家统计局国民经济综合统计司编:《新中国五十年统计资料汇编》,中国统计出版社 1999 年版。

顾益康、金佩华等:《改革开放 35 年浙江农民发展报告》,中国农业出版社 2013 年版。

顾益康等:《农民创世纪》,浙江大学出版社 2009 年版。

顾益康、邵峰等:《农民创世界:浙江农村改革发展实践与理论思考》,浙江人民出版社 2009 年版。

顾益康、廉声:《大道地》,浙江文艺出版社 2011 年版。

贺雪峰:《新乡土中国》,北京大学出版社 2013 年版。

贺雪峰:《治村》,北京大学出版社 2017 年版。

何包钢:《协商民主:理论、方法和实践》,中国社会科学出版社 2008 年版。

［德］哈贝马斯:《在事实与规范之间》,童世骏译,生活·读书·新知三联书店 2003 年版。

［美］亨廷顿等:《现代化:理论与历史经验的再探讨》,张景明译,上海译文出版社 1993 年版。

黄宇等主编:《浙江蓝皮书 2017 年浙江发展报告(政治卷)》,浙江人民出版社 2017 年版。

林吕建主编:《浙江蓝皮书 2009 年浙江发展报告(社会卷)》,杭州出版社 2009 年版。

林吕建主编:《浙江蓝皮书 2012 年浙江发展报告(社会卷)》杭州出版社 2012 年版。

陆益龙:《农民中国——后乡土社会与新农村建设研究》,中国人民大学出版社 2010 年版。

李小红：《中国农村治理方式的演变与创新》，中央编译出版社 2012 年版。

鲁可荣：《农村社会组织建设与农村基层社会治理创新——基于浙江实践的研究》，山东人民出版社 2015 年版。

卢福营等：《当代浙江乡村治理研究》，科学出版社 2009 年版。

刘银喜、任梅：《农村基础设施供给中的政府投资行为研究》，北京大学出版社 2015 年版。

［德］马克斯·韦伯：《学术与政治》，冯克利译，生活·读书·新知三联书店 1998 年版。

［美］曼瑟尔·奥尔森：《集体行动的逻辑》，陈郁等译，上海人民出版社 1995 年版。

毛丹等：《村庄大转型：浙江乡村社会的发育》，浙江大学出版社 2008 年版。

农业部产业政策与法规司编著：《中国农村 50 年》，中原农民出版社 1999 年版。

潘佳华、沈满洪：《中国梦与浙江实践（生态卷）》，社会科学文献出版社 2013 年版。

裴长洪主编：《中国梦与浙江实践（经济卷）》，社会科学文献出版社 2015 年版。

［英］齐格蒙特·鲍曼：《个体化社会》，范祥涛译，生活·读书·新知三联书店 2002 年版。

［英］齐格蒙特·鲍曼：《生活在碎片中——论后现代道德》，于建兴译，学林出版社 2002 年版。

［英］齐格蒙特·鲍曼：《流动的时代》，谷蕾等译，江苏人民出版社 2012 年版。

［英］齐格蒙特·鲍曼：《共同体》，欧阳景根译，江苏人民出版社 2007 年版。

石洪斌：《农村公共物品供给研究》，科学出版社 2009 年版。

沈满洪、李植斌、马永喜等：《2013 浙江生态经济发展报告》，中国财政经济出版社 2014 年版。

邵峰：《均衡浙江——统筹城乡发展新举措》，浙江人民出版社 2006 年版。

［巴西］特奥托尼奥·多斯桑托：《帝国主义与依附》，杨衍永等译，社会科学文献出版社 1999 年版。

唐桓臻编著：《武义村庄故事》，中国文史出版社 2016 年版。

陶学荣、陶叡：《走向乡村善治——乡村治理中的博弈分析》，中国社会科学出版社 2011 年版。

［德］乌尔里希·贝克、伊丽莎白·贝克—格恩斯海姆：《个体化》，李荣山等译，北京大学出版社 2011 年版。

吴桂英主编：《民政 30 年 浙江卷 1978 年—2008 年》，中国社会出版社 2008 年版。

吴素雄、何长缨、毛丹等：《农村社区治理的结构转型：温州模式》，中国社会科学出版社 2014 年版。

王景新：《村域集体经济：历史变迁与现实发展》，中国社会科学出版社 2013 年版。

闻海燕：《粮食安全——市场化进程中主销区粮食问题研究》，社会科学文献出版社 2006 年版。

闻海燕主编：《浙江蓝皮书 2014 年浙江发展报告》，浙江人民出版社 2014 年版。

［美］阎云翔：《私人生活的变革：一个中国村庄里的爱情、家庭与亲密关系（1949—1999）》，龚小夏译，上海书店出版社 2006 年版。

杨建华等：《进步与秩序——浙江乡村社会变迁 60 年》，浙江人民出版社 2009 年版。

杨建华主编：《浙江蓝皮书 2016 年浙江发展报告（社会卷）》，浙江人民出版社 2016 年版。

杨建华主编：《浙江蓝皮书 2018 年浙江发展报告（社会卷）》，浙江人民出版社 2018 年版。

俞可平编：《推进国家治理与社会治理现代化》，当代中国出版社 2014 年版。

［美］詹姆斯·布坎南：《民主进程中的财政》，唐寿宁译，生活·读

书·新知三联书店1992年版。

张静:《基层政权:乡村制度诸问题》,上海人民出版社2007年版。

张乐天、曹锦清、陈中亚:《当代浙北乡村的社会文化变迁》,上海人民出版社2014年版。

张仁寿:《浙江农村经济变革的系统考察》,浙江人民出版社1999年版。

张仁寿、李红:《温州模式研究》,中国社会科学出版社1990年版。

张伟斌主编:《浙江蓝皮书2015年浙江发展报告(社会卷)》,浙江人民出版社2015年版。

张秀梅:《乡村秩序的社会保育——安村变迁研究》,社会科学文献出版社2017年版。

《浙江改革开放史》课题组:《浙江改革开放史》,中共党史出版社2006年版。

《浙江省农业志》编纂委员会编:《浙江省农业志》,中华书局2004年版。

《浙江省电力志》编纂委员会编:《浙江省电力志》,中国电力出版社1998年版。

《浙江省环境保护志》编纂委员会编:《浙江省环境保护志》,中国环境科学出版社2003年版。

章健主编:《浙江改革开放20年》,中共浙江省委办公厅等编写,浙江人民出版社1998年版。

章文彪主编:《城乡融合的浙江探索与实践》,浙江人民出版社2017年版。

章文彪主编:《浙江省村级集体经济发展问题研究》,浙江人民出版社2017年版。

周一农主编:《越地文化与乡村治理》,中国社会科学出版社2016年版。

中共台州市路桥区委宣传部编:《乡村十礼:浙江省农村文化礼堂礼仪活动的路桥实践》,浙江人民出版社2017年版。

中共浙江省委党史研究室、当代浙江研究所和浙江省当代史学会编:《当代浙江研究》第五辑《社会主义革命和建设时期中国共产党浙江历史专题集》，中共党史出版社 2016 年版。

陈文胜：《重建考核机制　防止乡镇职能异化》，《中国党政干部论坛》2017 年第 4 期。

陈一新：《浙江现象　浙江模式　浙江经验　浙江精神》，《政策瞭望》2008 年第 12 期。

陈野：《"后城市化时代"村庄共同体重建的文化路向》，《浙江社会科学》2016 年第 5 期。

陈野：《文化治理功能的浙江样本浅析——以农村文化礼堂为例》，《观察与思考》2017 年第 4 期。

陈小俊、蔡欣、刘善红：《龙泉市发展生态循环农业的主要模式、措施与成效》，《浙江农业科学》2016 年第 3 期。

陈小平：《"全国唯一试点"为什么落户浙江——浙江生态循环农业发展纪实》，《今日浙江》2015 年第 3 期。

陈露等：《农村助农金融服务视角的理性思考——基于温州市助农服务点情况的思考》，载浙江省农业经济学会《乡村振兴与农业供给侧结构性改革研讨会论文集》，2017 年 12 月，第 102 页。

董少鹏：《中共浙江省委书记习近平："八八战略"从头越——专访中共浙江省委书记习近平》，2006 年 2 月 9 日，人民网（http：//unn.people.com.cn/GB/14748/4088491.html）。

冯洁：《建设乡村新社区，推进城乡一体化——访浙江省农办副主任、浙江大学中国乡村发展研究院兼职教授邵峰》，《浙江经济》2007 年第 15 期。

傅媛华、朱飞虹、王浙英、吴烨：《义乌实施生态农业循环模式的主要措施及成效》，《现代农业科技》2014 年第 13 期。

付建军：《从民主选举到有效治理：海外中国村民自治研究的重心转向》，《国外理论动态》2015 年第 5 期。

桂从路：《久久为功建设美丽乡村——浙江实施"千万工程"的启示（上）》，《人民日报》2018 年 4 月 25 日第 5 版。

龚海珍：《新时期浙江省农村职业教育发展现状及对策》，《时代经贸》2016 年第 28 期。

顾益康：《浙江 30 年农村改革发展实践的理论分析》，《农业经济问题》2008 年第 10 期。

顾益康:《"千万工程"引领美丽乡村建设》,《浙江日报》2017 年 9 月 15 日第 5 版。

顾益康、邵峰:《全面推进城乡一体化改革——新时期解决"三农"问题的根本出路》,《中国农村经济》2003 年第 1 期。

韩长赋:《用习近平总书记"三农"思想指导乡村振兴》,《学习时报》2018 年 3 月 28 日第 1 版。

何显明:《浙江精神:浙江现象的内在动力》,《江西日报》2007 年 5 月 28 日第 B03 版。

贺雪峰、董磊明:《中国乡村治理:结构与类型》,《经济社会体制比较》2005 年第 5 期。

黄鹏进:《新集体主义、后集体主义:农民组织化路径之辩》,《社会科学论坛》2012 年第 10 期。

胡晓声:《人间花园的建设者　奔向小康的带头人——记中共东阳市花园村支部书记邵钦祥》,《浙江经济》1996 年第 5 期。

贾康、孙洁:《农村公共产品与服务提供机制的研究》,《管理世界》2006 年第 12 期。

《坚持把解决好"三农"问题作为全党工作重中之重》,《南方日报》2016 年 4 月 29 日第 F02 版。

康进昌、许雪亚:《浙江的美丽乡村建设之路——访浙江省委副秘书长、省农办主任章文彪》,《乡村工作通讯》2013 年第 22 期。

李波:《万亿生态文明投入打造"美丽乡村"》,《中国证券报》2013 年 10 月 17 日第 A13 版。

李勇华:《公共服务下沉背景下农村社区管理体制创新模式比较研究——来自浙江的调研报告》,《中州学刊》2009 年第 6 期。

李昌平:《村社共同体不是人民公社的复活》,《中国老区建设》2013 年第 1 期。

林尚立:《协商政治:对中国民主政治发展的一种思考》,《学术月刊》2003 年第 4 期。

郎友兴:《村落共同体,农民道义与中国乡村协商民主》,《浙江社会科学》2016 年第 9 期。

郎友兴：《走向总体性治理：村政的现状与乡村治理的走向》，《华中师范大学学报（人文社会科学版）》2015年第3期。

郎友兴、张品：《中国协商民主的新进展及对西方经验的超越》，《浙江大学学报（人文社会科学版网络版）》2017年第10期。

骆建华：《超越梦想——浙江农村改革发展的四个阶段》，《今日浙江》2008年第21期。

毛丹：《赋权、互动与认同——角色视角下的城郊农民市民化问题》，《社会学研究》2009年第4期。

毛丹：《村落共同体的当代命运：四个观察维度》，《社会学研究》2010年第1期。

毛丹：《村庄的大转型》，《浙江社会科学》2008年第10期。

[加]马克·沃伦（Mark E. Warren）：《中国式"治理驱动型民主"》，http://news.sohu.com/20100816/n274251398.shtml。

《群众关心什么就做什么！人民日报整版聚焦浙江"千万工程"》，2018年4月25日，新兰网（http://n.cztv.com/news/12892481.html）。

任强、毛丹：《中国农村社区建设中的五种实践逻辑——基于对浙江省的政策与实践观察》，《山东社会科学》2015年第9期。

折晓叶、陈婴婴：《超级村庄的基本特征及"中间"形态》，《社会学研究》1997年第6期。

邵峰：《城乡一体化趋势下浙江乡村社会治理的分析与评估》，载《2014年浙江发展报告（社会卷）》，浙江人民出版社2014年版。

邵峰：《坚守合作初心，推进三位一体发展农合联建设》，《农村工作通讯》2017年第15期。

邵峰、杨圆华：《新型城镇化进程中浙江新农村建设评估与分析》，载《2014年浙江发展报告（社会卷）》，浙江人民出版社2014年版。

申端锋：《电视下乡：大众媒介与乡村社会相关性的实证研究》，《华中科技大学学报（社会科学版）》2008年第6期。

省发改委电力与新能源处：《我省全力加快新一轮农村电网升级改造工作》，2016年4月28日，浙江省发展和改革委员会官网（http：//www.zjdpc.gov.cn/art/2016/4/28/art_982_1701971.html）。

苏杨：《浙江：新乡村建设从整治环境入手》，《环境经济》2006 年第 6 期。

孙景淼：《发展浙江特色生态循环农业》，《今日浙江》2010 年第 16 期。

孙景淼：《积极探索具有浙江特点的农业供给侧结构性改革路子》，《行政管理改革》2017 年第 7 期。

童静宜、李婷婷：《浙江人大代表聚焦乡村医生：需注入"新鲜血液"》，2015 年 1 月 22 日，中国新闻网（http：//www.chinanews.com/jk/2015/01-22/6996794.shtml）。

《统筹城乡发展 推进新乡村建设——浙江省实施"千村示范、万村整治"工程纪实》，《中国财政》2004 年第 9 期。

王红珠：《鄞州区新型职业农民培育实践调查及启示》，《三江论坛》2017 年第 1 期。

王平：《蜂窝状经济中的灰色市场——1978 年以前的温州民营经济萌芽》，载周晓虹、谢曙光编《中国研究（2011 年春季卷）》（总第 13 期），社会科学文献出版社 2012 年版。

王蕊：《我省"新农合"筹资达 214.4 亿元 城乡医保差距缩小》，2011 年 3 月 24 日，浙江在线（http：//zjnews.zjol.com.cn/05zjnews/system/2011/03/24/017386896.shtml）。

王颖：《新集体主义与乡村现代化》，《读书》1996 年第 10 期。

王雯、晏利扬：《浙江："千万工程"造就万千美丽乡村》，《中国环境报》2018 年 4 月 24 日第 1 版。

吴锦良：《"枫桥经验"演进与基层治理创新》，《浙江社会科学》2010 年第 7 期。

吴红霞：《一项惠及千百万农户的德政工程——浙江"千村示范万村整治"一年观察》，《今日浙江》2004 年第 15 期。

许威：《德治、法治、自治语境下的基层社会治理创新》，《浙江万里学院学报》2015 年第 5 期。

项继权：《农村基层治理再次走到变革关口》，《人民论坛》2009 年 3 月。

严波：《论当代国际政治经济学流派》，《国外社会科学》2004 年第 3 期。

阎占定：《嵌入农民合作经济组织的新型乡村治理模式及实践分析》，《中南民族大学学报（人文社会科学版）》2015 年第 1 期。

俞云峰：《农村公共产品供给机制创新的若干思考——基于浙江省的调查》，《农村经济》2007 年第 2 期。

俞可平：《协商民主：当代西方民主理论和实践的最新发展》，《学习时报》2006 年 11 月 6 日。

俞可平、徐秀丽：《中国农村治理的历史与现状——以定县、邹平和江宁为例的比较分析》，《经济社会体制比较》2004 年第 3 期。

于建嵘：《社会变迁进程中乡村社会治理的转变》，《人民论坛》2015 年第 5 期。

杨勇、李姗：《浙江生态大循环推动农业大转型》，《乡村工作通讯》2015 年第 12 期。

《因地制宜 久久为功 群众视角——浙江"千万工程"造就万千美丽乡村启示录》，2018 年 4 月 28 日，新华网（http：//news.china.com/domesticgd/10000159/20180424/32345027_1.html）。

郑军：《村民自治在浙江的实践与发展》，《2013 年浙江发展报告（政治卷）》，杭州出版社 2013 年版。

浙江省商务厅：《2016 年浙江省电子商务发展报告》，《浙江经济》2017 年第 13 期。

浙江省农业厅：《浙江省：大力推动农民合作社提质发展》，《中国农民合作社》2017 年第 7 期。

浙江省财政厅课题组：《浙江省加快农村公共财政建设的对策研究》，《改革》2003 年第 6 期。

浙江省统计局、国家统计局浙江调查总队编：《浙江统计年鉴 2017》，中国统计出版社 2017 年版。

浙江省统计局：《党的十六大以来浙江经济社会发展成就》，载浙江省区域经济与社会发展研究会编《浙江区域经济发展报告（2007）》，中国财政经济出版社 2008 年版。

浙江省乡镇企业局：《异军风采多绚丽——浙江乡镇企业改革与发展

回眸》,载《浙江改革开放20年》,浙江人民出版社1998年版。

浙江省统计局:《浙江企业调查》2004年第12期。

中央农村工作领导小组办公室、福建省委农村工作领导小组办公室:《习近平总书记"三农"思想在福建的探索与实践》,《人民日报》2018年1月19日第1版。

中央农村工作领导小组办公室、河北省委省政府农村工作办公室:《习近平总书记"三农"思想在正定的形成与实践》,《人民日报》2018年1月18日第1版。

中央农村工作领导小组办公室、浙江省农业和农村工作办公室:《习近平总书记"三农"思想在浙江的形成与实践》,《人民日报》2018年1月21日第1版。

《中央农村工作会议在北京举行》,《人民日报》2013年12月25日第1版。

《中央外事工作会议在京举行》,《人民日报》2014年11月30日第1版。

浙江省文明办、中共浙江省委宣传部编:《美丽乡村 美好生活——浙江农村精神文明建设》,内部资料,2016年。

浙江省统计局编:《浙江统计分析(18)》,2003年2月19日。

浙江省财政厅办公室:《浙江财政助力"三农"发展迈大步》,2015年12月28日,中华人民共和国财政部官网(http://nys.mof.gov.cn/zhengfuxinxi/czznyxncjsdt/201512/t20151228_1634978.html)。

浙江省旅游局:《浙江"千万工程"引领美丽乡村建设》,2017年9月12日,文化和旅游部政府门户网站(http://www.cnta.gov.cn/xxfb/xxfb_dfxw/201709/t20170911_838823.shtml)。

《浙江省:产业融合发展绘出农村经济发展新图景》,2017年9月28日,中国发展网(http://special.chinadevelopment.com.cn/2017zt/nccyrh/2017/1179117.shtml)。

浙江省统计局、国家统计局浙江调查总队:《2009年浙江省国民经济和社会发展统计公报》,2010年3月5日,浙江统计信息网(http://tjj.zj.gov.cn/tjgb/gmjjshfzgb/201003/t20100305_122159.html)。

浙江省统计局、国家统计局浙江调查总队:《2014年浙江省国民经济和社会发展统计公报》，2015 年 2 月 27 日，浙江统计信息网（http：// tjj. zj. gov. cn/tjgb/gmjjshfzgb/201003/t20100305_ 122159. html）。

浙江省农业厅：《浙江省生态循环农业发展"十三五"规划》，2016 年 8 月 22 日，浙江省人民政府官网（http：//www. zj. gov. cn/art/ 2016/8/22/art_ 5495_ 2181193. html）。

《浙江：15 年久久为功 "千万工程"造就千万美丽乡村》，2018 年 4 月 24 日，新蓝网（http：//n. cztv. com/news/12892190. html）。

浙江城乡统筹调研组：《城乡统筹的浙江观察》，《观察与思考》2012 年第 12 期。

《浙江农村扶贫历程》，《浙江日报》2016 年 8 月 24 日第 3 版。

赵柳惠：《浙江省农业面源污染时空特征及经济驱动因素分析》，硕士学位论文，浙江工商大学，2015 年。

周景洛、梁玉骥：《推动浙江民营经济新飞跃——浙江省委书记习近平访谈录》，《中国报道》2005 年第 7 期。

张叶：《浙江农村工业化、城镇化与生态环境》，《浙江学刊》1998 年第 4 期。

张明生：《浙江发展生态农业的实践、问题与对策》，《浙江农业科学》2015 年第 7 期。

张秀梅：《聚力乡风文明 助推乡村振兴》，《中国社会科学报》2018 年 6 月 13 日。

张小劲：《民主建设发展的重要尝试：温岭"民主恳谈会"所引发的思考》，《浙江社会科学》2003 年第 2 期。

张若健：《2013 年浙江农村发展形势分析与 2014 年展望》，载《浙江蓝皮书 2014 年浙江发展报告》，浙江人民出版社 2014 年版。

《习近平总书记重要指示在浙江引起强烈反响，车俊做出批示》，2018 年 4 月 24 日，新蓝网（http：//n. cztv. com/news/12892217. html）。

《习近平：浙江这个经验做法要进一步推广》，2018 年 4 月 23 日，新蓝网（http：//n. cztv. com/news/12891609. html）。

《习近平等分别参加全国人大会议一些代表团审议》，2018 年 3 月 8 日，新华网（http：//www. xinhuanet. com/politics/2018lh/2018 - 03/08/c_ 1122508329. htm）。

习近平：《习近平谈治国理政》（第二卷），外文出版社 2017 年版。

《中央农村工作会议在北京举行 习近平作重要讲话》，2017 年 12 月 29 日，新华网（http：//www.xinhuanet.com/politics/2017 - 12/29/c_ 1122187923.htm）。

习近平：《决胜全面建成小康社会 夺取新时代中国特色社会主义伟大胜利——在中国共产党第十九次全国代表大会上的报告》，人民出版社 2017 年版。

《习近平：脱贫攻坚战冲锋号已经吹响 全党全国咬定目标苦干实干》，2015 年 11 月 28 日，新华网（http：//www.xinhuanet.com/politics/2015 - 11/28/c_ 1117292150.htm）。

习近平：《关于〈中共中央关于制定国民经济和社会发展第十三个五年规划的建议〉的说明》，2015 年 11 月 3 日，新华网（http：//www.xinhuanet.com/politics/2015 - 11/03/c_ 1117029621.htm）。

《习近平在重庆调研时强调确保如期实现全面建成小康社会目标》，2016 年 1 月 16 日，新华网（http：//www.xinhuanet.com/politics/2016 - 01/06/c_ 1117691671.htm）。

《习近平：鼓励基层改革创新大胆探索 推动改革落地生根造福群众》，《人民日报》2015 年 10 月 14 日第 1 版。

《习近平：健全城乡发展一体化体制机制 让广大农民共享改革发展成果》，2015 年 5 月 1 日，新华网（http：//www.xinhuanet.com/2015 - 05/01/c_ 1115153876.htm）。

习近平：《在庆祝中国人民政治协商会议成立 65 周年大会上的讲话》，《人民日报》2014 年 9 月 22 日。

《习近平：汇聚起全面深化改革的强大正能量》，2013 年 11 月 28 日，新华网（http：//www.xinhuanet.com/politics/2013 - 11/28/c_ 118339435.htm）。

习近平：《关于〈中共中央关于全面深化改革若干重大问题的决定〉的说明》，《人民日报》2013 年 11 月 15 日第 1 版。

习近平：《之江新语》，浙江人民出版社 2007 年版。

习近平：《干在实处 走在前列——推进浙江新发展的思考与实践》，中共中央党校出版社 2006 年版。

习近平：《以建设社会主义新农村为主题　深入开展农村先进性教育活动》，《求是》2006年第8期。

《习近平：深入实施"千村示范、万村整治"工程全面推进社会主义新农村建设》，2005年10月7日，浙江三农网（http：//www.zj3n.gov.cn/html/main/syzcview/17952.html）。

车俊：《高举改革大旗　扛起改革担当　当好新时代全面深化改革的排头兵——车俊在全省全面深化改革大会上的讲话》，2018年1月3日，新华网（http：//www.zj.xinhuanet.com/2018-01/03/c_1122205112.htm）。

李强：《实施千村示范万村整治工程，全面推进美丽乡村建设》，《乡村工作通讯》2013年第22期。

《唐一军同志在全省消除集体经济薄弱村视频会议上的讲话摘要》，《浙办通报》2017年第72期。

王辉忠：《打造美丽乡村建设升级版思路和对策研究》，载中共浙江省委政策研究室、浙江省人民政府发展研究中心《省级重点调研课题文集（2015）》。

夏宝龙：《省委农村工作会议上的讲话》，2017年2月。

2014年《夏宝龙同志在全省农村工作会议上的讲话》摘要，收录于浙江省农业和农村工作办公室《农村工作学习文件2013—2016年度》。

《袁家军省长在全国改善农村人居环境工作会议上的发言》，2018年4月27日，新蓝网（http：//n.cztv.com/news/12894289.html）。

赵洪祝：《全面推进美丽乡村建设》，《今日浙江》2012年第21期。

赵洪祝：《在全省农村工作会议上的讲话》，2010年2月23日。

《十八大报告：不走封闭老路也不走改旗易帜邪路》，2012年11月8日，人民网（http：//js.people.com.cn/html/2012/11/08/181607.html）。

中共中央：《关于进一步加强和完善农业生产责任制的几个问题》，中发〔1980〕75号文件。

中共浙江省委、浙江省人民政府：转发省农村政策研究室、省乡镇企业局《关于乡镇集体企业推行股份合作制试行意见》，省委办

〔1993〕6号。

中共浙江省委：《关于进一步促进农业增效农民增收的若干政策意见》，浙委〔2001〕1号。

中共浙江省委、浙江省人民政府：《关于加快欠发达地区经济社会发展的若干意见》，浙委〔2001〕17号。

中共浙江省委：《浙江省统筹城乡发展 推进城乡一体化纲要》，浙委发〔2004〕93号。

中共浙江省委、浙江省人民政府：《关于推进欠发达地区加快发展的若干意见》，浙委〔2005〕22号。

中共浙江省委办公厅、浙江省人民政府办公厅：《关于推进小城镇综合改革试点的通知》，省委办〔1996〕30号。

中共浙江省委办公厅、浙江省人民政府办公厅：《关于积极有序推进农村土地经营权流转的通知》，2001年9月。

浙江省人民政府：《关于加快发展乡镇企业的若干规定》，浙政〔1984〕44号。

浙江省人民政府：《关于进一步加强村镇建设的通知》，浙政〔1997〕14号。

浙江省人民政府：《关于加快推进浙江城市化若干政策的通知》，浙政〔2000〕7号。

浙江省人民政府：《浙江省人民政府办公厅关于加快推进农业领域"机器换人"的意见》，浙政办发〔2016〕19号。

浙江省政府办公厅：《全面开展村经济合作社股份合作制改革的意见》，浙政办发〔2014〕101号。

浙江省农业和农村工作办公室编：《农村工作学习文件2011—2012年度》上下册。

浙江省农业和农村工作办公室编：《农村工作学习文件2013—2016年度》。

浙江省统计局编：《新中国65年浙江经济社会发展成就》，2014年9月，第14页。

《浙江省第三次农业普查主要数据公报》。

《浙江省第二次农业普查主要数据公报》。

《2011 年度浙江省环境状况公报》。

Cyril E. Black, The Dynamics of Modernization: A Study in Comparative History, New York: Harper & Row, 1966.

Immanuel Wallerstein, The Modern World-System I Capitalist Agriculture and the Origins of the European World-Economy in the Sixteenth Century, New York: Academic Press, 1980.

Immanuel Wallerstein, The Modern World-System IV Centrist Liberalism Triumphant, 1789 – 1914, Berkeley, CA: University of California Press, 2011.

J. Dean Jansma et al., "Rural Development: A Review of Conceptual and Empirical Studies," in Lee R. Martin, eds., A Survey of Agricultural Economics Literature, Volume 3: Economics of Welfare, Rural Development, and Natural Resources in Agriculture, Minneapolis, MN: University of Minnesota Press, 1981.

Joseph M. Bessette, "Deliberative Democracy: The Majority Principle in Republican Government", in How Democratic Is the Constitution? Eds. Robert A. Goldwin and William A. Schambra, Washington: AEI Press, 1980.

Terence K. Hopkins, Immanuel Wallerstein, The Age of Transition: Trajectory of the World-System 1945 – 2025, London: Zed Books, 1996.

后　　记

　　《乡村发展：浙江的探索与实践》课题的研究和书稿撰写，由我院乡村研究中心和院内相关部门的科研人员组成课题组，集体承担。本课题于2017年年初动议，于2017年6月被立项为我院重大专项课题，于2017年9月被立项为浙江省第二期文化研究工程重大项目。研究与撰写过程中，课题组发挥前期学术积淀深厚、科研人员学科背景多样、组织协调机制高效灵活、课题组成员高度团结等优势，深入实地调研、广泛收集资料、反复切磋研讨、虚心求教专家，精心打磨书稿。其间，课题组按进度定期召开内部讨论会，研讨思路、篇目、框架、体例、内容和行文规范，集思广益；数次邀请专家就思路、篇目、书稿进行指导、评审，聆听、汲取专家们的研究成果和思想智慧；多次赴省市县的相关政府部门座谈请教，倾听、学习来自乡村建设实践的真知灼见；根据自查结果和专家审稿意见三次大幅度全面调整修改书稿，各种局部调整更是多至不可胜数。经过一年多来高强度的全力投入、集体攻关，终于2018年8月完成书稿撰写，交付出版。

　　本书各章节作者为：

导　论　第一节　陈　野　王　平

　　　　第二节　王　平

　　　　第三节　李　旭

　　　　第四节　王　平

第一章　闻海燕

第二章　李明艳

第三章　第一节　李明艳

　　　　　第二节、第三节、第四节　刘　健
第四章　第一节　李明艳
　　　　　第二节、第三节、第四节、第五节　闻海燕
第五章　第一节　张秀梅
　　　　　第二节、第三节　张秀梅、唐　玉
　　　　　第四节　唐　玉
第六章　周　静
第七章　王　平
第八章　第一节　王　平
　　　　　第二节　闻海燕　王　平
　　　　　第三节　刘　健
　　　　　第四节、第五节、第六节　王　平

　　此外，陈野研究员负责和承担了本课题项目策划，确立研究主题、思路、理论分析框架和研究内容，设计篇目大纲，组织开展实地调研和资料收集等工作，并先后五次对全部书稿做了统稿工作。闻海燕研究员与陈野研究员一起承担了本项目学术研究与行政协调等方面的许多事务，以其长期从事农村经济研究的深厚学术积淀和多种资源，对本课题研究的顺利开展起到关键作用。王平副研究员就深化课题理论论述和综合性重要内容的研究方法与路径，无私奉献了许多积极建言和研究思路并承担撰写任务。科研处王玮老师承担了部分编务工作。课题组全体成员以认真负责、刻苦钻研、严谨踏实、精益求精的研究态度和工作精神，为课题研究尽心竭虑，无私奉献，并在研究中形成了精诚团结、友好合作、交流研讨、互帮互助的优良团队氛围。

　　在本课题进行的同时，我们还承担了同样被列为浙江省第二期文化研究工程重大项目的《乡村发展：浙江的探索与实践》之"村庄个案研究丛书"。我们从浙江省11个设区市中各选一个具有典型意义的村庄，开展系统性的综合研究，撰写11部研究专著。因此，本书也是此"村庄个案研究丛书"的一个总论性的研究，旨在为其提供基本的分析框架和理论预设。

　　借此书稿完成撰写、即将交付出版之际，我们衷心感谢浙江省社科联、省社科规划办领导对本课题研究的重视信任和在研究过程中的悉心关怀和指导！衷心感谢蓝蔚青、毛丹、王景新、郎友兴、郭红东、梁敬明、任强等专家学者，张伟斌、迟全华、毛跃、潘捷军、陈柳裕、顾益康、邵峰、郭占恒、计时华、顾承甫、张若健、邵晨曲、方杰、吕伯军、邹红波、陈安等领导对本课题研究的指导、帮助和赐教！衷心感谢中共浙江省委宣传部、省委组织部、省文明办、省农办、省民政厅、省住建厅和金华、衢州、嘉兴、绍兴、丽水、舟山市的宣传部、农办、社科联、文化局、旅游局等众多政府部门对本课题研究和实地调研的大力支持和鼎力相助！

  回望这一段紧张而压力重重、拼搏而终有所获的，或四处奔忙、或枯灯独坐的研究经过，我们自感本次课题研究和书稿撰写，是一次整合院内乡村研究相关科研力量以团队合作形式开展重大主题研究的实战历练，为我院培育乡村研究平台、打造乡村研究品牌、历练乡村研究队伍、承担乡村研究重大课题，作出了有益尝试，取得了可见成效。故此，深有所感，颇有所获，亦有所待。特作此记，以为忆念。

陈野
2018年8月30日